WORK RULES!

INSIGHTS FROM INSIDE GOOGLE THAT WILL TRANSFORM HOW YOU LIVE AND LEAD

by LASZLO BOCK

ワーク・ルールズ!

君の生き方とリーダーシップを変える

ラズロ・ボック グーグル人事担当上級副社長◉著

鬼澤 忍／矢羽野 薫◉訳

東洋経済新報社

ワーク・ルールズ！

君の生き方とリーダーシップを変える

For Annabelle, Emily, and Lila

may you always love what you do

Original Title:

Work Rules!: Insights from Inside Google
That Will Transform How You Live and Lead

by Laszlo Bock

はしがき

悪夢のようなキャリア

グーグルの完ぺきな履歴書づくりを振り返って

私がはじめて給料をもらったのは1987年、14歳のときだった。9年生に上がる前の年、無二の親友のジェイソン・コーリーとともに、通っていた高校からサマースクールの討論の授業に登録するよう頼まれていた。翌年には、私たちはそのクラスで教えるようになり、それぞれ420ドルを稼いだ。

以後28年にわたり、千鳥足で歩くかのようにさまざまな職歴を重ねてきた。それは、職業カウンセラーの悪夢とでも言うしかないものだった。総菜店《デリカテッセン》、レストラン、図書館で働いた。カリフォルニアでは高校生の家庭教師をし、日本では小学生に英語を教えた。まず実生活で自分の通う大学のプールの監視員を務めると、続いてテレビに出てその役を演じた。『ベイウォッチ』というドラマで、1960年代の監視員として回想シーンに登場したり、あの古株の控え俳優として「背景を歩いて横切る男」になったりしたのだ。問題を抱えているティーンエイジャーを支援する非営利団体の立ち上げを手伝い、建物をつくるメーカーに勤めた。たまたまありついたコンサルティングの仕事では管理職並みの給与を手にした。24歳の男がありったけの知恵をしぼった結果、人事は停滞した分野であることに気づき、MBAをとるべくその職を去った。2年後、経営コンサルティング企業のマッキンゼー&カンパニーに入ると、人事問題にはできるだけかかわらないようにした。2000年初頭まで続いたドットコム・バブルのあいだは、テクノロジー企業を相手に、売上げ、ユーザー、組織をいかに増やすかについてアドバイスした。バブルがはじけると、いかにコストを削り、経営を効率化し、新たな事業へ方向転換するかを提言した。

人をまともに扱う職場を求めて

だが、2003年になって私はいらだっていた。

きわめてうまく設計されたビジネスプランでさえ、スタッフの信頼を得られず失敗に終わってしまったからだ。指導者層が人材を最重視すると日頃から語っていながら、結局は交換可能な歯車のように扱ったからでもある（私が初めて携わったプロジェクトの最悪の時：上司に自分のキャリアについてたずねると、彼はこう言い放った。「君たちは矢筒のなかの矢のようなものだ。全員が同じことだ」）。

ブルーカラーの仕事もホワイトカラーの仕事も経験した。最低賃金で働いたこともあれば10万ドル以上の俸給を得ていたこともある。高校も出ていない人や世界の超一流大学で博士号（Ph.D.）をとった人と協力し――またそうした人たちの部下として――仕事をしたこともある。世界を変えることを唯一の目的とする環境で働いたこともあれば、オーナーの利益がすべてという会社にいたこともある。どんな方向に進んでも、職場で人がもっとまともに扱われないことには、まるで納得がいかなかった。人生におけるほかのいかなる活動よりも、人は働くことに長い時間を費やす。最良の雇用主のもとで働いているのに、職場での経験が大いにやる気を失わせ、人間性を奪うとすれば、それは間違っているとしか言えない。

私は、2つの道からひとつを選ぶことにした。ひとつめは、自分のチームをもっと大切に扱い、彼らのアウトプットを向上させ、やがて他人が私を見習ってくれるよう願うこと。2つめは、あらゆる企業の人材の扱い方に変化をもたらす方法を見つけること。私は後者を選んだ。そうすれば、最も多くの人に影響を与える最大のチャンスが手に入ると思ったからだ。そこで、人事部（HR）での仕事を探すことにした。コンサルタント仲間は私が職業人として自殺しようとしていると思ったようだが、こちらは入念な下調べを終えていた。当時、マッキンゼーのOBのデータベースには5000人を超える人材が登録されていたものの、人事に携わっていたのはわずか100人にすぎず、事実上、全員がほかの企業のコンサルタントとして、あるいは新人採用担当者《リクルーター》として働いていた。私はこう考えた。過去に受けてきた訓練や経歴からして、自分は人事を専門とする人材プールのなかでも突出した存在であり、人事問題の新たな解決策を考え出せるに違いないと。そうなれば、もしかしたら、本当にもしかしたら、出世の階段を這い上がるのに20年、30年と待つよりも早くキャリアを築けるかもしれない。自分がより多くの人に影響を与えられる地位にもっと早くたどりつけるかもしれない。

私は、人事についてできるだけ多くを学べる職場で働きたかった。当時、最高の人事環境を持つとされていた企業はペプシとゼネラルエレクトリック（GE）だ。8人の人事担当役員に売り込みの電話をかけてみたものの、返事をくれたのはGEのアン・アバヤだけだった。ハワイ出身で流暢な日本語を操るアンは、いつもどうにかしてわずかな時間をつくり、あちこちでスタッフを支援していた。彼女は私の経歴に興味を抱き、GEのほかの役員たちに紹介してくれた。

GE、そしてグーグルへ

６週間後、私はGEに入社した。いまや晴れて、ゼネラルエレクトリックカンパニーのGEキャピタル部門で、業務用機器ファイナンス部の報酬・福利厚生担当副社長の任についたのだ。友人たちは私の名刺を一瞥するや、どうかしていると思ったようだが、私はその職を手にしてわくわくしていた。最初の上司のマイケル・エヴァンズは、私が実に自由に会社について調べるのを認めてくれたし、才能ある人材に対するGE流のアプローチを理解できるよう支援してくれた。

１９８１年から２００１年にかけてCEOを務めたジャック・ウェルチにとって、人事は重要だった。彼は半分以上の時間を人事問題に費やしていた。最高人事責任者のビル・コナティとともにつくりあげた人事管理システムは、多くの称賛を浴びた。具体的には、業績にもとづいて社員を厳格にランクづけする、12～18カ月ごとに最高の人材を求めて転職を支援する、ニューヨークのクロトンヴィルにグローバル研修センターをつくる、といったことだ。私が入社する2年前、ジャックは新CEOのジェフ・イメルトに権限を譲っていた。おかげで、それまでにどんなものが築かれ、イメルトが別の分野に力点を移すにつれてそれがどう変わっていくかを目にすることができた。

コナティとウェルチは、20対70対10業績ランキングシステムを導入した。これは社員を3つのグループ、つまりトップ20％、ミドル70％、ボトム10％に振り分けるというものだ。トップの従業員は特別扱いを受け、上位の役職、リーダーシップ研修プログラム、ストックオプションといった報奨を手にした。ボトム10％は解雇された。イメルトが指揮をとるようになると、こうした分布強制法は緩和され、「トップ20％」「ミドル70％」「ボトム10％」という明快なレッテルは「最高の人材」「高評価」「要改善」という遠回しな表現に置き換えられた。同僚の話によると、大げさに称賛されているセッションCのプロセス――30万人を擁する大企業に散らばる逸材を1年にわたって審査するというもの――は「歯を失って」おり、「ジャックの意図が働かなくなってまったく別物になってしまった」ということだった。

私は、両CEOのもとで働くという恩恵に浴したわけではない。だが、CEOの表向きのイメージと関心の焦点が、どれだけ深い部分で組織を形づくるかがわかってきた。たいていのCEOは多くのことにきわめて高い能力を発揮する。とはいえ彼らがCEOの地位に就くのは、その時点で会社のニーズにマッチしているひとつか2つの業務に真似のできない手腕を振るうからだ。CEOでさえ専攻科目を明言する必要がある。ウェルチといえば、シックスシグマ――品質と効率を改善するための一連のツール――と人材の重視だ。イメルトはそれに代わって売上げとマーケティングを重視した。その最もわかりやすい手段が、GEがブランド化した「エコマジネーション」だ。これは、より環境に優しい製品をつくり、そうしたメーカーとして認識してもらおうとする活動である。

ＧＥで３年を過ごしたあとの２００６年、私は人事部門のトップとしてグーグルに入社した。いまでも覚えているのは、リクルーターのマーサ・ジョセフソンに、面接にスーツを着て行くのをやめるよう諭《さと》されたことだ。「スーツを着ている人などいません」と彼女は請け合った。「スーツなんて着て行ったら、グーグルの文化を理解していないと思われてしまいますよ」。私はそのアドバイスを受け入れた。とはいえまだ半信半疑だったため、いざというときのために上着のポケットにネクタイを忍ばせるのを忘れなかった。数年後、私はある求職者を面接した。彼はこの面接のためだけに購入したことがすぐにわかる、しゃれたピンストライプのスーツを着ていた。それでも非常に優秀な人材だったので、採用を伝えることができた。私はこう言って面接を終えた。「ブライアン、いい知らせと悪い知らせがある。まずはいい知らせ。まだ面接を受ける予定があるかもしれないが、あなたにはオファーがあるとお伝えしよう。次に悪い知らせ。そのスーツを着る機会は二度とないだろうね」。

世界最高の仕事

私が入社したのは、グーグルの新規株式公開から２年後のことだった。売上げは年に

73％のペースで伸びていた。ちょうどGメールの提供が始まったところだった。このサービスで利用できる無料ストレージは、前代未聞のギガバイトの容量を誇っていた（従来のウェブメールサービスの500倍以上という常軌を逸した容量だったため、Gメールはエイプリルフールのジョークだと思われたほどだ）。グーグルは6000人の従業員を擁し、会社の規模を毎年倍にしようとしていた。こうしたきわめて野心的なミッションの目的は、世界中の情報を――そのすべてを！――整理し、世界中の人々がアクセスできて使えるようにすることだった。

こうしたミッションは、私にとって何よりも刺激的だった。私は1972年に共産主義政権下のルーマニアで生まれた。独裁者のニコラエ・チャウシェスクが支配する、秘密主義と嘘と恐怖が蔓延する国だ。いまでは想像しにくいが、当時のルーマニアは現在の北朝鮮にそっくりだった。政府を批判した友人や家族が姿を消した。共産党員は上質な服、消費財、果物や野菜などを西側諸国から手に入れていたが、私の両親がはじめてバナナを口にしたのは30代に入ってからだ。子どもは両親のスパイをするようそそのかされた。新聞やラジオは、政府がいかに偉大であり、アメリカがいかに悪辣で非道であるかについて、嘘ばかりをまき散らしていた。私の家族は自由を求めて、好きな場所へ出かける権利、好きなことを話し、考える権利、好きな人とつきあう権利を求めて、ルーマニアから逃げ出した。

誰もが情報を入手できるようにすることを目的に設立された会社に入るのだと考えると、とてもわくわくした。自由の国の土台は自由な表現であり、自由な表現を支えるのは情報や事実に触れられる権利だからだ。私はあらゆる環境で暮らし、働いてきた。そして、うまくいかなかった多くの事例を目にしてきた。この職場が本物だとすれば、これは世界で最高の仕事になるはずだと思った。

私が入社して以降、グーグルは6000人だった社員をほぼ6万人に増やし、40カ国以上に70あまりのオフィスを置くまでになっている。『フォーチュン』はグーグルを「最も働きたい会社」に繰り返し指名してきた。アメリカでは前例のない5回。さらに、アルゼンチン、オーストラリア、ブラジル、カナダ、フランス、インド、アイルランド、イタリア、日本、韓国、オランダ、ポーランド、ロシア、スイス、イギリスといったさまざまな国々で数え切れないほどだ。リンクトインによれば、グーグルは地上で最も人気のある職場だという。私たちは毎年約200万通もの就職申込書を受けとる。出願者は世界各地にまたがっており、ありとあらゆる経歴を持っている。このうちグーグルが雇うのは年に数千人にすぎないから、ハーバード大学、イェール大学、プリンストン大学などとくらべて競争率は25倍にもなる。

職業人として自殺するどころか、私がグーグルで過ごしてきた時間は実験と創造の急流下りのようなものだった。へとへとになったこともあれば、いらいらが募ることもあったが、目的、自由、創造に満ちた環境をつくりだすべく、つねに前進を続けてきた。本書で語られる物語のテーマは、私たちが自社の社員についてどう考えているか、この15年のあいだに何を学んできたか、人を第一に考え、生き方とリーダーシップを変えるためには何ができるかということなのだ。

Where's the work that'll set my hands, my soul free

—"WE TAKE CARE OF OUR OWN,"
BRUCE SPRINGSTEEN

目次

第1章 創業者になろう 37

第2章 「文化が戦略を食う」 57

第3章 レイク・ウォビゴンの幻想 95

――新人がみな平均以上の職場はあるのか

なぜ、採用は組織における唯一にして最重要の人事活動なのか

第4章 最高の人材を探す方法 119

――グーグルの「自己複製する人材マシーン」

第7章　誰もが嫌う業績管理と、グーグルがやろうと決めたこと　243

評価や報酬でなく、個人の成長に焦点を合わせることによって業績を改善する

第8章　2本のテール　287

――トップテールとボトムテール

最大のチャンスは最低の社員と最高の社員にある

第11章 タダ（ほぼタダ）ほどステキなものはない　399
グーグルの人事プログラムの大半は誰でも真似できる

第12章 ナッジ／選択の背中を押す　431
小さなシグナルが振る舞いを大きく変える。生産性を25％向上させた1通のメール

第13章 人生は最高のときばかりじゃない

人についてグーグルが犯した最大の間違いと、間違いを回避するためにできること 477

第14章 あなたにも明日からできること

——あなたのチームと職場を変える10のステップ 503

人事オタクのためのあとがき

世界初のピープル・オペレーションズ・チームを築く

なぜグーグルのルールはあなたの役に立つのか

わが社と同じように機能する驚くべき（また驚くほど成功する）職場

10億時間前、現代のホモサピエンスが現れた。
10億分前、キリスト教が始まった。
10億秒前、IBMのパソコンが発売された。
10億グーグル検索前……今朝だ。
――ハル・ヴァリアン　グーグル・チーフエコノミスト
２０１３年　12月20日

グーグルは２０１４年に16歳になったが、そのずっと前から私たちの生活の一部になっている。私たちはインターネットで何かを探すのではない。「ググる」のだ。ユーチューブには1分ごとに１００時間分を超えるビデオがアップロードされている。ほとんどの携帯電話やタブレットで、グーグルが提供するオープンソースの無料ＯＳ、アンドロイドが使われているが[*1]、これは２００７年以前には市場に存在しなかった。グーグルプレイからダウンロードされたアプリは500億を超えている。2008年に発表された、安全、高速、オープンソースのウェブブラウザーであるクロームは、7億5000万あまりの実際《アクティブ》の利用者《ユーザー》を抱え、「クロームブック」を動かすOSへと成長している。

誰もが思う疑問――グーグルはどんな仕組みで動いているのか

グーグルは何ができるかを探求しはじめている。自動運転車もそうだし、プロジェクト・ルーンもそうだ。後者は、気球を利用して地上の最果ての地までインターネットサービスを提供しようとするものだ。右目の上に位置するちっぽけなレンズ（左目バージョンの開発にも着手している）でウェブと世界を融合するグーグルグラスのようなウェアラブルコンピューティング製品もある。グーグル・スマート・コンタクトレンズは、糖尿病患者のために血糖モニターとしても機能する。

毎年、数万人におよぶ見学者が、世界中に散らばるわが社の施設を訪れる。社会起業家や実業家、高校生や大学生、CEOや著名人、国家元首や王や女王。そしてもちろん、私たちの友人や家族が、無料のランチを食べに喜んで立ち寄ってくれる。こうした人たちはみな、この職場をどうやって運営しているのか、グーグルはどんな仕組みで動いているのかとたずねる。グーグルの文化とは何か？　気を散らすものがこれだけありながら、どうやって仕事をやりとげるのか？　イノベーションはどこから起こるのか？　社員は本当に自分の時間の20％をやりたいことに使っているのか？

「グーグラー」を名乗るわが社の社員でさえ、ときには自社のやり方に疑問を抱くことがある。人材の採用にそれほど多くの時間をかけるのはなぜか？　給与以外の特典を与えられる人もいれば、与えられない人もいるのはなぜか？

『ワーク・ルールズ！』はこうした疑問に対する私なりの答えだ。

グーグルの社内に多くのルールブックや就業規則があるわけではない。だから、これは社の公式な方針ではない。そうではなく、グーグルがなぜ、どう動いているかについての私なりの解釈である。人間の本性について私が正しいと信じていること――また、行動経済学と心理学の最近の研究から明らかになっていること――のレンズを通して見た景色である。人事担当上級副社長として、文字どおり数千人に及ぶグーグラーとともに、彼らの生き方やリーダーシップの形成においてひとつの役割を演じるのは、特権にして喜びであり続けている。

＊1　「オープンソース」とは自由に利用・改変できるソフトウェアのこと。たとえばアマゾンの電子ブックリーダーであるキンドルは、アンドロイドを改変したOSを使っている。

最も働きやすい職場

グーグルがアメリカで最も働きたい会社に初めて選ばれたのは、私が入社して1年後のことだった（といっても私の手柄ではない――タイミングがよかったのだ）。この賞を主催する『フォーチュン』と調査機関「グレート・プレイス・トゥ・ワーク」が、ジャック・デピーターズとともに私をパネルディスカッションに招いてくれた。デピーターズは、アメリカ北東部に84店舗を展開するスーパーマーケット・チェーン、ウェグマンズの店舗運営担当上級副社長だ。ウェグマンズは『フォーチュン』の最も働きたい会社ランキングに17年連続で登場している。2005年には頂点に立ち、それ以来毎年トップ5に入っている。

私たち2人をステージに上げた目的は、両社の異なる経営理念を浮き彫りにすることにあった。すばらしい雇用主となる道はひとつではないと示すためだ。ウェグマンズは株式非公開の地方小売企業であり、平均の利幅が1%という業界で事業を営んでいる。主に地元で採用された社員の大半は高卒者だ。1916年から営業を続けており、ずっと家族経営を守ってきた。当時のグーグルは創業9年の株式公開したグローバルなテクノロジー企業であり、利幅はほぼ30%に達していた。世界中からやってくる新入社員は、まるでトレーディングカードのように博士号をコレクションしていた。両社はこれ以上ないほど毛色が違っていたのだ。

私は、両社のあいだには異なる点より共通点のほうがはるかに多いことを知って唖然とした。

ジャックによると、ウェグマンズはグーグルとほぼ同じ原則を守っているという。「わが社のCEOのダニー・ウェグマンは『心を込めてリーダーシップをとることが事業を成功させる秘訣だ』と言っています。こうしたビジョンにのっとり、わが社の社員は自由裁量権を与えられています。お客様に不愉快な思いをさせないよう最善を尽くすためです。私たちがこの原則を採用するのは、コストを度外視してでも社員とともにつねに正しい決定を下すためなのです」。

ウェグマンズは接客について社員に完全な自由裁量権を与えている。2013年には社員向けに510万ドルの奨学金を提供した。さらにある女性社員には、彼女の手作りクッキーがとてもおいしいからと、店内にベーカリーを開くよう勧めたのだ。

やがて、こうしたアプローチをとっているのはウェグマンズとグーグルに限られないことがわかった。ブランディックス・グループはスリランカの衣料品メーカーで、国内に40を超える工場を有し、インドとバングラデシュで大々的に事業を展開している。同社の最高人材活用責任者であるイシャン・ダンタナラヤナによれば、彼らの目標は「大量の女性労働力を奮起させること」であり、社員には「普段着で出社し、自分の可能性を十分に発揮して」ほしいと言っているという。ブランディックスはCEOや役員が全社員と接しやすくすることに加え、以下のような施策を実行している。妊婦に健康補助食品や薬品を支給する、ディプロマ・プログラムを用意して、社員が働きながら学べるばかりか、起業家となってみずから事業を始めるトレーニングを受けられるようにする、すべての工場で労働者会議のメンバーを任命し、全社員が事業に関与する手助けをする、社員の子どもに奨学金を提供する、など。同社は地域社会に恩返しもする。そうした活動のひとつが、社員の村に井戸を掘る「水と女性プログラム」だ。「このプログラムを通じて地域社会におけるわが社の社員の地位が向上し、彼らは乏しい清浄な水の管理に内々に関与することになります」。

こうしたあらゆる試みのおかげで、ブランディックスはスリランカ第2位の輸出企業となり、雇用条件、地域社会への貢献、環境に優しい事業活動に対して数々の賞を受けた。どうすればこうなれるのかを、イシャンが詳しく語ってくれた。「社員が指導部を信頼していれば、彼らがブランド大使となって、自分の家族、社会、環境を少しずつ変化させていきます。生産性が向上し、事業が成長し、顧客が活気づくおかげで、事業の投資収益率は黙っていても上がっていきます」。

ブランディックスのアプローチを、2013年4月24日にバングラデシュで起きたラナプラザ・ビル崩壊事件と比較してみよう。8階建てのこのビルには、5つの衣料メーカー、銀行、いくつかの商店が入っていた。前日、ビルの壁にひびが見つかったため、人々がラナプラザから避難するという事件が起きていた。翌日、銀行と商店がビルに入らないよう社員に指示したのに対し、衣料メーカーは戻るよう命じた。1100人を超える人々が命を落とし、ビル内の企業託児所にいた子どもたちも犠牲になった。

もっと身近なところで、1999年の『リストラ・マン』という映画をとりあげよう。架空のテクノロジー企業における無意味な習慣と官僚主義をさりげなく描いた映画だが、カルト的な人気を博したのは、ただちにぴんとくるものがあったからだ。

映画のなかで、プログラマーのピーター・ギボンズは、催眠療法士に自分の仕事をこんなふうに説明する。

ピーター：そういうわけで、今日は自分のブースに座っていました。働きはじめてこのかた、人生の1日1日が前日より悪くなっているのがわかります。つまり、先生が私を目にする1日1日が、私の人生で最悪の日にあたるというわけです。

スワンソン医師：今日はいかがですか？　あなたの人生で最悪の日なのでしょうか？

ピーター：はい。

スワンソン医師：いやはや、それはひどい。

優れた人を引きつける磁石

まるで異なるこれらの例について考えたのは、CNNインターナショナルの記者から仕事の未来に関する記事を頼まれたときのことだ。グーグルのような職場が示すモデル——私が「自由度の高い」アプローチと呼ぶもので、社員は大きな自由裁量権を与えられる——は未来のやり方だと、彼女は主張した。トップダウン、階級制、指揮統制を特徴とする経営モデル——「自由度の低い」環境——はまもなく消えてなくなるはずだというのだ。

いつかはそうなるかもしれない。だが、まもなくと言えるだろうか？　命令指向で自由度の低い経営が一般的なのは、それが利益を生み、手間がかからず、大半の経営者がほかの選択肢を恐れているからだ。言いつけどおりに動いてくれるチームを運営するのは簡単だ。しかし、何かを実行する理由をチームに説明しなければならないとしたら？　さらに、その行動が正しいかどうかを議論する必要があるとしたら？　彼らが反対したら？　やりたくないと言ったら？　間違えれば、愚か者に見られるのではないか？　やるべきことをチームに命じ、確実に実行させるほうが迅速で効率もいいはずだ。本当に？

いや、それは間違いだ。地上で最も有能な人々は、物理的にますます自由に動き回り、テクノロジーを通じて結びつき、また何よりも、雇用主の目につきやすくなっている。こうしたグローバルな幹部要員は自由度の高い企業で働きたがるから、有能な人材はその手の企業に流れ込む。適切な環境を構築できるリーダーは、地上で最も有能な人材を引きつける磁石となるだろう。

だが、そうした職場をつくるのは難しい。経営の中枢における権力の力学が自由とは逆方向に働くからだ。社員は上司に依存し、上司を喜ばせたがっている。だが、上司を喜ばせることを重視すれば、腹を割って話し合うのは危険なことになりかねない。上司が喜んでくれなければ、部下は不安になるか、あるいは腹を立てるかもしれない。一方、上司は部下に結果を出させる責任を負う。課題や自分の気持ちを口に出せたり出せなかったりという難しい状況では、最高の成果をあげられる者はいない。

権力と権威を譲り渡す

グーグルのアプローチはこの難局を打開する。私たちは、権力と権威をマネジャーから社員へと譲り渡すよう意識している。グーグルのマネジャーが自分の一存では下せない決定の例を以下に挙げてみよう。

- 誰を雇うか。

●誰を解雇するか。
●ある人の業績をどう評価するか。
●ある人に関する昇給、ボーナス、株式付与をどれくらいにするか。
●優れた経営手腕への褒賞を誰に与えるか。
●誰を昇進させるか。
●コードはどの時点で、ソフトウェア・コードベースに組み込める品質となるか。
●製品の最終的設計およびそれを発表する時期。

こうした決定のそれぞれが、マネジャーに代わって、同僚のグループ、委員会、独立した専門チームなどによって下される。新たに雇われたマネジャーはこれをいやがる！　雇用のあり方を理解したあとでさえ、昇進の時期が来ると、最高の人材だと思う人物を自分の一存で昇進させられないことに唖然とする。問題は「最高の人材」の定義が人によって異なることだ。あるいは、あなたにとっての最低の人材が私にとっての最高の人材より優れている可能性もある。この場合、全員を昇進させるべきであると同時に、ひとりも昇進させるべきではないことになってしまう。組織全体が最も公正な状態になるよう求めるなら――そうなれば社員は会社をいっそう信頼するようになるし、報酬はいっそう有意義なものとなる――マネジャーはこうした権力を手放し、いくつものグループを通じて結論が調整されるようにしなければならない。

これらの昔ながらのアメとムチを使えないとしたら、マネジャーはどうすればいいのだろうか？　残された道はひとつしかない。グーグルのエリック・シュミット会長の言葉を借りれば「マネジャーはチームに奉仕する」のだ。ご多分に漏れず、わが社にも例外や失敗はある。とはいえ、グーグルのリーダーシップの原則的なスタイルは、賞罰を与えることではなく、障害を取り除いてチームを鼓舞することにマネジャーが集中するというものだ。わが社の弁護士のひとりは、上司のテリ・チェンについてこう語っている。「『恋愛小説家』という映画の決め台詞をご存じですか？　ジャック・ニコルソンがヘレン・ハントにこう言うのです。『君と出会ったおかげで、もっといい人間になりたいと思うようになったよ』。これこそ私が上司のテリについて感じていることです。彼女は私に、よりよいグーグラー、よりよい商標弁護士、よりよい人間になりたいと思わせ、その手助けをしてくれるのです！」。何とも皮肉だが、優れた経営の脈打つ心臓に到達する最善の方法は、マネジャーが何より頼りにしているあらゆるツールを取り上げてしまうことなのだ。

自由《フリーダム》は無料《フリー》

幸いなことに、グーグルが採用している原則をもとにすればどんなチームでもつくれる。

MITのリチャード・ロックは、この手のアプローチが衣料業界でも通用することを明らかにした。彼はメキシコにあるナイキのTシャツ工場2社を比較した。A工場は従業員に多くの自由を与えた。生産目標を設定し、チームを組織し、仕事の切り上げ方を決めるよう求め、トラブルに気づいた際に生産を止める権限も認めた。B工場は従業員を管理した。与えられた仕事を忠実にこなすよう命じ、いつどうやって仕事を始めるかについて厳格な規則を付け加えた。ロックによると、A工場の従業員はほぼ2倍の生産性を達成し（A工場は1日あたりTシャツ150枚、B工場は80枚）、手にする賃金は多く、生産コストも40％低かった（A工場はTシャツ1枚あたり0・11ドル、B工場は0・18ドル）。

シェフィールド大学のカマル・バーディ博士と6人の研究者は、22年間にわたって308社の生産性を調査し、似たような結論に達した。これらの企業はいずれも「総合的品質管理」や「ジャストインタイム在庫管理」といった昔ながらの業務改善プログラムを実行していた。バーディによると、これらのプログラムはときに一部の企業の生産性を改善することもあったが、全体としては「総合的な業績改善効果は見られなかった」という。言い換えれば、これらのプログラムが確実かつ継続的に業績を改善したという証拠はなかったのだ。

では、どうすれば業績が改善したのだろうか？　それは、以下のような場合に限られていた。企業が社員に権限を与える（たとえば意思決定の権限をマネジャーから取り上げて個人やチームに与える）プログラムを実行したとき、仕事に必要なこと以外を学ぶ機会を社員に提供したとき、社員のチームワークへの信頼を（チームに自主性を認め、自己管理を認めることによって）高めたとき、あるいはこれらの施策を組み合わせて実行したとき。こうした要素は「調査対象となった社員ひとりあたりの付加価値を９％増やしていた」。要するに、企業が社員にいっそうの自由を与えるための策をとったときにだけ、業績は改善したのである。

だからといって、グーグルのアプローチは完ぺきであるとか、グーグルはあってしかるべきミスも犯さないなどと言うつもりはない。第13章で見るように、私たちはここに至るまでにいくつもあざをつくっている。私の示す事例や主張には、場合によってはある程度の健全な懐疑が向けられることだろう。自分を弁護するために言えるのは次のことだけだ。これは実際にグーグルで功を奏しているやり方であり、私たちがグーグルをそのように運営している理由なのである。似たようなアプローチは、ブランディックス、ウェグマンズ、さらには大小含め数十におよぶその他の組織やチームでうまく機能している。

以前、シカゴで地元の最高人事責任者（ＣＨＲＯ）のグループを相手にグーグルの文化について話したことがある。プレゼンテーションが終わると、ある人が立ち上がり、あざ笑うようにこう言った。「そういったお話はすべて、グーグルにとってはいいことなのでしょうね。あなた方は巨額の利鞘を手にしていますから、社員をそれほど大事に扱う余裕があるのです。われわれにはとてもできません」。

私は、わが社の取り組みの大半にはコストがほとんどかからないことを説明するつもりだった。また、賃金が横ばいの時代であっても、仕事を改善したり社員を幸せにしたりできることも。それどころか、経済が最悪の状態にあるときこそ、社員を大事に扱うことが何より重要なのだ。

私が答える前に、ある最高人事責任者が反論した。「何がおっしゃりたいのですか？　自由《フリーダム》は無料《フリー》です。これは私たちの誰にでもできることです」。

まさにそのとおり。

必要なのは、社員は基本的に善良なものだという信念――そして、社員を機械ではなくオーナーのように扱う勇気だけだ。機械は与えられた仕事をこなすが、オーナーは会社やチームの成功に必要なことなら何でもやる。

社員は生活の大半を仕事に費やしているにもかかわらず、ほとんどの人にとって仕事は骨の折れる労働であり、目的のための手段にすぎない。なくてもかまわないものだ。

私たちがすべての答えを持っているわけではない。だが、人を見つけ、育て、自由、創造、遊びのある環境に置きつづける最高の方法について、すばらしい発見をしてきた。

グーグルが人事で収めている成功の秘訣は、大小の組織に属する個人やCEOによって再現できる。無料の食事といった特典は、どんな企業にも真似できるものではない。だが、グーグルのすばらしさを生み出しているものを真似することは、誰にでもできるのである。

第1章

創業者になろう

ラリーとセルゲイがグーグルによる社員の扱い方の基礎を据えたように、自分のチームの働き方と生き方の基礎を据えることができる

どんな偉大な物語にも始まりのエピソードがある。

ティベリス川のほとりに捨てられた赤ん坊のロムルスとレムスは、オオカミの乳を飲み、キツツキから食べ物をもらい、その後、親切な羊飼いに育てられる。若者に成長したロムルスは、ローマの都を建設した。

赤ん坊のカル・エルがロケットに乗せられて地球へと向かう途中、その背後で故郷の惑星クリプトンが爆発してしまう。カンザス州スモールヴィルに着陸したカル・エルは、

マーサとジョナサンのケント夫妻に大切に育てられる。長じてメトロポリスへ出たカル・エルは、スーパーマンのマントを身につける。

1876年、トマス・アルヴァ・エディソンはニュージャージー州メンロパークに研究所を開設し、アメリカ人の数学者、イギリス人の機械工、ドイツ人のガラス吹き工、スイス人の時計工を呼び集めた。彼らは13時間以上にわたって発光する白熱電球を開発し、エディソン・ゼネラル・エレクトリック・カンパニーの礎を築いた。

オプラ・ウィンフリーは、貧しいティーンエイジャーの母のもとに生まれた。幼児期に虐待を受け、家から家へたらい回しにされたものの、やがて優等生となる。その後、ナッシュヴィルのWLAC-TVで最年少かつ黒人初のニュースキャスターを務め、世界で最も成功したマスコミ人にして感動を与えるビジネスピープルとなった。

こうした物語は実にさまざまだが、それでもすべてがどこか似ている。神話学者のジョゼフ・キャンベルによると、世界中のほとんどの神話の土台には、原型となるごく少数の物語があるという。私たちは冒険へいざなわれ、度重なる試練に直面し、知恵を身につけ、やがて優れた能力や平和を手にする方法を見つける。人間はみずからが語る物語のレンズを通して歴史を見ることによって、物語を生きる。私たちがお互いの人生のタペストリーに共通の糸を見いだしたとしても、不思議はないのだ。

ラリーとセルゲイ――始まりのエピソード

グーグルにも始まりのエピソードがある。ほとんどの人が、グーグルがスタートしたのは、創業者のラリー・ペイジとセルゲイ・ブリンがスタンフォード大学の新入生向けキャンパスツアーで出会ったときだと思っている。だが、実はそのはるか以前からスタートしていたのだ。

ラリーの物の見方は家族の歴史によって形づくられた。「祖父は自動車工場の労働者でした。私は祖父が会社から身を守るためにこしらえた武器を持っています。祖父はそれを携えて出社したものでした。先端に鉛の塊がついた長い鉄パイプです」。ラリーはこう説明する。「労働者は、座り込みストライキのあいだ自分の身を守るために武器をつくったのです」。

セルゲイの家族は1979年にソ連から亡命してきた。共産主義体制による反ユダヤ主義からの自由と休息を求めてのことだ。「私に反抗心があるのは、モスクワで生まれたせいだと思います」とセルゲイは語る。「まあ、それが大人になるまでついてきたのでしょうね」。

仕事のやり方に関するラリーとセルゲイの考え方は、幼少期における学校での経験からも影響を受けている。セルゲイはこう語っている。「私はモンテッソーリ教育の恩恵を受けたと思っています。この教育法は、生徒が自分のペースで活動する自由を存分に与えてくれます」。当時のグーグルの生産管理担当副社長で、現ヤフーCEOのマリッサ・メイヤーは、スティーヴン・レヴィの著書『グーグル　ネット覇者の真実』のなかでこう言っている。「ラリーとセルゲイがモンテッソーリの子どもだったことを知らなければ……グーグルは理解できません」。この教育環境は子どもの学習ニーズと個性に合わせてつくられている。子どもはあらゆることに疑問を抱き、みずからの意志で行動し、創造的に行動するよう奨励される。

1995年3月、22歳のラリー・ペイジはカリフォルニア州パロアルトのスタンフォード大学へ向かっていた。ミシガン大学を卒業し、スタンフォードでコンピュータサイエンスの博士課程に進学しようと考えていた。21歳のセルゲイは2年前にメリーランド大学を卒業し、すでに博士課程に在籍していた。[*1] ボランティアで入学予定者のためのツアーガイドを務める予定で、ラリーのグループの担当になったのは言うまでもない。

2人はすぐに軽口をたたきあう仲になり、数カ月後にはラリーが新入生としてやってきた。ラリーはワールドワイドウェブに、とりわけウェブページ同士のつながりに魅せられた。

1996年、ウェブは大混乱していた。簡単に言えば、サーチエンジンは最も関係の深い有用なウェブページを表示しようとしていたが、ウェブページを順位づける方法は、主としてページ上のテキストとタイプされた検索クエリ〔訳注：検索時に入力する語句〕とを対照することだった。しかし、これでは抜け道が残ってしまう。ウェブページのオーナーは、目に見えないかたちで人気のある検索語をページ上に隠すなどといったトリックを使い、順位を上げることができた。たとえば、自分の運営するペットフードのサイトに人を集めたければ、ブルーの背景にブルーの文字で「ペットフード」と１００回書くことで検索順位は上昇するはずだ。もうひとつのトリックは、自分のウェブページを記述している、読者には見えないソースコードのなかで、語句を何度も繰り返すというものだった。

ラリーは、重要なシグナルが見過ごされていると考えた。インターネットユーザーがウェブページをどう評価しているかという点だ。人々は最も有益なページにしかリンクを張らないから、そうしたサイトにはほかのサイトから多くのリンクがあるはずだ。このシグナルはページ上に書かれた語句そのものよりずっと有力であることがわかる。

とはいえ、ウェブ上のあらゆるリンクを特定し、あらゆるウェブサイト同士の関係の強さをすべて同時に表にまとめられるプログラムをつくるのは、超人的に複雑な課題だった。幸い、セルゲイも同じくその課題が実に魅力的であることに気づいた。２人は「バックラ

＊1　セルゲイは1年早く高校を卒業し、大学を3年で修了した。

ブ」という検索エンジンを開発した。これは、ある人が見たサイトからその前に見たばかりのサイトへとさかのぼることによって、バックリンク［訳注：あるウェブサイトに別のウェブサイトから張られたリンク］を特定するものだ。1998年8月、サン・マイクロシステムズの共同創業者のひとりであるアンディ・ベクトルシャイムが、まだ法人化もしていない「グーグル社」に対して10万ドルの小切手を切ったのは有名な話だ。そこまで知られてはいないが、2人はその少し後に、アンディと会った同じベランダでスタンフォード大学教授のデイヴィッド・チェリトンからさらに10万ドルの小切手を受け取っている。

会社を始めるために大学を去るのは気が進まなかったため、ラリーとセルゲイはグーグルを売却しようとした。だが、できなかった。2人はアルタ・ヴィスタに100万ドルで買わないかと持ちかけたが、いい返事はなかった。続いてエキサイトと交渉した。クライナー・パーキンス・コーフィールド・アンド・バイヤーズというベンチャーキャピタルの共同経営者であるヴィノッド・コースラの勧めに従い、75万ドルに値下げしたものの、エキサイトは乗ってこなかった。*2

これは、2000年にグーグルの最初の広告サービスであるアドワーズが始まる前のことだった。グーグル・グループ（2001年）、イメージズ（2001年）、ブックス（2003年）、Gメール（2004年）、アップス（ビジネス向けのスプレッドシートやドキュメント2006年）、ストリートビュー（2007年）、そして、私たちが毎日のように使っている数十におよぶその他の製品もまだなかった。１５０を超える言語でグーグル・サーチが使えるようになる前であり、わが社にとって初の国際オフィスを東京に開設（２００1年）してもいなかった。さらに、搭乗する予定の飛行機が遅れているとき、アンドロイドを搭載したスマートフォンが事前に知らせてくれるようになってもいなかったし、メガネのフレームに取り付けたグーグル・グラスに向かって「よしグラスよ、写真をとってクリスに送って」と言えば、クリスがあなたの目を通して風景を見られるようになることもわかっていなかった。

あなたが世界を変えようとしているなら……

ラリーとセルゲイの野望は、すばらしい検索エンジンの開発にとどまるものではなかった。２人はまず、自分たちが社員をどう処遇したいのかを知ろうとした。現実離れして聞

＊2　グーグルの歴史の重要な教訓のひとつは次の点だ。成功のために必要なのは、すばらしいアイデア、絶妙のタイミング、卓越した人材……そして、運である。当時はそう思えなかったものの、会社の売却の失敗は途方もない幸運だった。キャンパスツアーでラリーとセルゲイがたまたま出会ったことや、その他の数々の出来事もそうだ。グーグルの成功の秘訣は賢明さや勤勉さにあると主張するのは簡単だが、それは必ずしも正しくない。賢明さや勤勉さは成功のための必要条件ではあっても、十分条件ではない。わが社は幸運でもあったのだ。こうしたことを知れば、グーグルのホームページにある「I'm Feeling Lucky」ボタンはまったく新たな意味を帯びてくる。

こえるかもしれないが、有意義な仕事に取り組む会社、社員が情熱のおもむくままに活動する会社、社員とその家族を大切に扱う会社をつくりたかった。ラリーはこう語っている。「自分が大学院生だとすれば、やりたいことは何でもできます。本当に優れたプロジェクトは、多くの人に実際に取り組みたいと思わせるものです。私たちはこうした考えをグーグルに取り入れてきましたが、それは本当に本当に役立ちました。あなたが世界を変えようとしているなら、重要なことをしようとしているのです。朝、あなたはわくわくしながら目を覚ますでしょう。有意義でインパクトのあるプロジェクトに携わりたいと願っているはずです。それこそ、実は世界に足りないものです。グーグルにはまだそうしたものがあると思います」。

グーグルにとってきわめて有意義で、社員に愛され、実に効果的な人事慣行は、ラリーとセルゲイがまいた種から芽を出したものが多い。週に1度の全社員ミーティングが始まった当時は、「全」社員が集まってもごくわずかしかいなかった。わが社はいまや立派な都市ほどの規模になっているというのに、このミーティングは依然として続いている。ラリーとセルゲイはつねづね、ひとりのマネジャーではなくグループによって社員の採用を決めるべきだと主張していた。自分が取り組む課題を共有するためだけにミーティングを開こうとする社員は、わが社が毎週主催する数百におよぶテックトークに舞台を移した。創業者たちは草創期にとても気前が良く、おかげで会社の所有権が共有されるというほぼ前例のない事態に至った。つまりグーグルは、これほどの規模の企業としては数少ない、全社員に株を与える会社のひとつなのだ。コンピュータサイエンスにもっと多くの女性を引き込もうとする試みは、社員が30人にも満たない時代にセルゲイのじきじきの求めに応えて始まった。職場で犬を歓迎する方針は、設立当初の10人の社員のアイデアだった（猫に対するわが社の立場も同じことだ。それは行動規則のなかで次のように述べられている。「私たちは猫が好きだ。しかしわが社は犬企業であるから、原則として、猫がわが社のオフィスにやってくると思われれば、かなりのストレスになるだろう」）。そしてもちろん、食事の無料提供の伝統は、無料のシリアルと巨大なボウルに入った無料のエムアンドエムズチョコレートから始まったものだ。

２００４年8月19日にグーグルが株式を公開した際、セルゲイは投資家向けの目論見書に手紙をつけ、創業者が１９０７人の社員にどんな思いを抱いているかを次のように語った（斜字体は本人による）。

> わが社にとっては、グーグラーを自称するわが社の社員がすべてです。グーグルは、卓越した科学技術者やビジネスピープルといった才能ある人材を引きつけ、活用する能力をもとに組織されています。幸い、わが社は創造的で、信念を持ち、仕事熱心な多くのスターを採用してきました。これからもさらに多くの人材を採用したいと願っていま

す。私たちは彼らに報い、彼らを大切に扱うつもりです。

わが社は、無料の食事、医師の診察、洗濯機など、多くの独自の福利厚生を社員に提供しています。これらの制度が会社にもたらす長期的メリットについては、慎重に検討しています。今後も、福利厚生は削減されるのではなく追加されるものとお考えください。社員の相当な時間を節約し、健康と生産性を向上させる福利厚生については、些細な負担を惜しんでも大金を無駄にするだけです。

現在のわが社があるのは、グーグルの株式の相当量を社員が保有しているおかげです。社員が優秀だからこそ、グーグルはコンピュータサイエンスのほとんどあらゆる領域で、刺激的な仕事をしているのです。きわめて競争の激しい業界にあって、わが社のプロダクトは卓越した品質を誇っています。優秀な人材がグーグルに引きつけられるのは、世界を変える権限を手にできるからです。グーグルは大量の計算資源を保有しており、社員への割り当ても豊富なため、個人が変化を起こせます。わが社の大きな強みは重要なプロジェクトを遂行する職場であり、そこで働く社員はわが社に貢献し、成長することができます。グーグルへの貢献に対して、また世界をよりよい場所に変えることに対して、優秀で勤勉な社員が報酬を手にできる環境の整備に全力を注ぎます。

グーグルが幸運だったのは、創業者が自分のつくりたい会社についてここまで強い信念を持っていたことだ。

労働者の価値を認めた先駆者たち

だが、ラリーとセルゲイがパイオニアだったわけではない。ヘンリー・フォードは、組み立てラインを大々的に取り入れたことで最もよく知られている。一方、仕事を評価して報酬を与えるという彼の哲学が、当時としては驚くほど進歩的だったことはあまり知られていない。

仕事に全力を尽くすタイプの労働者は、企業にとって最高の労働者だ。だが、適切に評価しなければ、彼がいつまでもそうしつづけるとは期待できない……ある人が、１日の仕事によって生活必需品が手に入るだけではなく、楽をする余裕も得られると感じているなら、また自分の息子や娘にはチャンスを、妻には人生の楽しみを与えてやれると感じているなら、その仕事は彼にとってよいものに思えるし、彼にはその仕事に全力を尽くす自由がある。これは彼にとっても会社にとってもよいことだ。１日の仕事から一定の満足を得ていない人は、報酬の最良の部分を失っているのである。

ヘンリー・フォードがこの文章を書いたのは90年以上前の1922年だというのに、これはグーグルの見解と完全に一致する。さらに、フォードは労働者に手を差しのべた。1914年、自社工場で働く労働者の賃金を1日5ドルへと倍増させたのだ。

さらに以前の1903年、ミルトン・S・ハーシーは、のちのハーシーカンパニーの礎だけでなく、ペンシルヴェニア州ハーシータウンの礎をも築いた。19世紀から20世紀初頭にかけて、アメリカには2500を超える企業城下町があり、最盛期には国内人口の約3％を抱えていた。だが、大半のケースとは違い、ハーシーは「連棟住宅が立ち並ぶ個性のない企業城下町をつくろうとはしなかった。彼が望んだのは、並木道、2世帯が住めるレンガ造りの家、きれいに刈り込まれた芝生などのある『本当のホームタウン』だった」。

ミルトン・ハーシーの成功とともに、道徳的な責任感と慈悲心が大きく頭をもたげてきた。ハーシーの野望はチョコレートの製造に限られるものではなかった。彼は自社工場を取り囲むまったく新しいコミュニティを思い描いていたのだ。ハーシーが社員のために建設したモデルタウンには、快適な住まい、安価な公共交通機関、質の高い公立学校制度、レクリエーションを楽しみ文化に触れる多様な機会があった。

とはいえ、フォードやハーシーの見解がすべて好ましかったわけではない。嫌悪すべきものもある。フォードは反ユダヤ的な著作を出版したことで広く批判され、のちに謝罪した。ハーシーもまた、自分の監督下でハーシータウンの新聞に人種差別的な論評が掲載されるのを認めた。だが、少なくとも一部の人々にとって次の点は明らかだ。この2人の創業者はともに、労働者を製造に必要なインプット以上の存在と見なすことの価値を認めていたのである。

もっと最近の、道徳的な曖昧さのない事例を提供してくれるのが、マーヴィン・J・ケリーだ。ケリーは1925年にベル研究所に入り、1951年から1959年まで所長を務めた。彼の在職中、ベル研究所はレーザー光線と太陽電池を発明し、大西洋を横断する電話線を初めて敷設し、マイクロチップの出現を可能にする重要なテクノロジーを開発し、バイナリーコードシステムの研究を通じて情報理論の基礎を築いた。こうした成果の土台となったのは、ベル研究所のさらに以前の業績であり、1947年のトランジスタの発明もそのひとつだった。

所長に就任するやいなや、ケリーは型破りな方法で組織運営に着手した。まずは、ニュージャージー州マレーヒルにある研究所の物理的な設計をがらりと変えた。専門化した研究分野ごとに分かれた伝統的なフロアレイアウトに代えて、ケリーは各部門に交流を強いるようなレイアウトを求めた。結局、各オフィスをフロア全体にまたがる長い廊下に沿って配置することで、廊下を歩けばほぼ間違いなく同僚が顔を合わせ、おたがいの仕事へと引き込まれるようにした。次に、ケリーは「フランケン・チーム」をつくった。分野の異なる専門家はもちろん、「思想家と実践家」をひとつのチームとして結びつけたのだ。ベル研究所の歴史を綴った『世界の技術を支配するベル研究所の興亡』の著者であるジョン・ガートナーは、そうしたチームのひとつについてこう述べている。「トランジスタ・プロジェクトでは、物理学者、冶金学者、電気技師が意図的に混ぜ合わされた。つまり、理論、実験、製造の専門家が肩を並べて仕事をすることになったのだ」。

さらに、ケリーは研究員に自由を与えた。ガートナーはこう続けている。

ケリーは、特に研究には自由がきわめて重要だと思っていた。ベル研究所の科学者には大きな自律性を持つ者もいたため、ケリーが研究を許可して数年たつまで、その仕事が進展していることがわからない場合もあった。たとえば、ケリーがトランジスタを開発することになる研究者チームを立ち上げたときは、2年以上を経てようやく発明に結びついたのだ。その後、トランジスタの大量生産を可能とするために別のチームを設置すると、ケリーはその仕事をあるエンジニアに任せ、プランを考えるよう命じ、そのあいだ自分はヨーロッパへ行ってくると告げたのだった。

ケリーの事例がとりわけ興味をそそるのは、彼がベル研究所の創設者でもなければ、人気急上昇中のスター研究者でもなかったからだ。それどころか、自分のプロジェクトへの資金提供が不十分だとして2度も辞職しているのだ（どちらの場合も、資金の増額を約束されて呼び戻された）。ケリーは気が変わりやすく、ひどいかんしゃく持ちだった。初期のマネジャーだったH・D・アーノルドは「彼が自分自身の判断を信じていなかったため、長いこと低い管理職ポストにとどめておいた」。結果として、彼の昇進の歩みはゆっくりしたものとなった。物理学者として12年間働いてから真空管開発の責任者となり、さらに6年をかけて研究を監督する立場についた。ベル研究所の所長となったのは、入所してから実に26年後のことだった。

創業者のようにふるまう

この物語で私がとても気に入っているのは、ケリーが創設者のように、オーナーのように行動したところだ。彼はベル研究所の業績だけを気にしていたわけではない。そこがどんな職場かも気にしていたのだ。彼の望みは、管理者の監視の目から自由にすばらしい才能が発揮される一方で、廊下では天才たちに絶えず肘で突かれているといった状況だった。建築設計や人の往来パターンに配慮するのは彼の仕事ではなかったが、そうすることで、ケリーは歴史上有数のイノベーティブな組織の精神的な創設者となったのだ。[*3]

グーグルに話を戻すと、ラリーとセルゲイは、ほかの社員が創業者として振る舞う余地を意識して残した。ビジョンを持つ人々に、自分自身のグーグルをつくる機会を与えたのだ。スーザン・ウォジスキ、サラー・カマンガー、マリッサ・メイヤーの3人組は、何年ものあいだ「ミニ創業者」と呼ばれていた。3人は、わが社の広告、ユーチューブ、検索といった事業を構築し、リードしつづけた初期の重要なグーグラーだった。それに手を貸したすばらしいコンピュータ・サイエンティストが、シュリダール・ラマスワミ、エリック・ヴァーチ、アミット・シンガル、ウディ・マンバーといった面々だ。天賦の才に恵まれたエンジニアのクレイグ・ネヴィル＝マニングがニューヨーク事務所を開いたのは、シリコンバレーの郊外よりもその大都市のほうが好きだったからだ。グーグルの販売チームを構築し先導するためにネットスケープの販売部門トップから引き抜かれたオミッド・コーデスタニは、ラリー、セルゲイ、エリック・シュミットに、しばしばグーグルのビジネスファウンダーと呼ばれている。時計の針を10年以上進めても、グーグラーは依然としてオーナーのように振る舞っている。クレイグ・コーネリアスとリチャード・トレイテルは、絶滅危惧言語の保護をわずかでも手助けしようと、グーグルのためにチェロキー語のインターフェイスをつくることにした。2011年のはじめにエジプト政府がインターネットをシャットダウンすると、ウジワル・シン、スティーヴ・クロッサン、アブデルカリム・マルディーニは、ツイッターのエンジニアと手を組んでスピーク・トゥ・ツイート

(Speak2Tweet) をつくった。この製品は、音声メールボックスからメッセージを取り出してツイートに変換し、世界中に拡散させるものだ。これによってエジプト人は、世界といっせいにコミュニケーションする手段を、また、音声メールボックスに電話で接続してお互いの意見を聞く手段を手にしたのである。

創業者はあなた

並外れたチームや組織をつくりはじめるのは創業者だ。しかし、新しい会社をスタートさせることだけが、創業者になる道ではない。創業時の社員であれ、数十年前から続く企業への新入社員であれ、誰もが創業者になれるし、みずからのチームの文化を創造することができる。

グーグルが社員を成功に導く唯一のモデルを見つけ出したとは思っていない。私たちが

＊3　いままでにない職場をつくったのは男性だけではない。ファッションデザイナーにして起業家のマドレーヌ・ヴィオネは、11歳のときに見習いのお針子としてパリで働きに出た。1912年、36歳のときに自分の名を冠した店を開き、その後の10年でバイアスカットを創案すると、コルセットを廃して、細身で体にぴったりした布地に代えた。ノースウェスタン大学教授のデボラ・コーエンによれば、大恐慌のただ中でさえ、彼女の会社の従業員は「無料の医療・歯科治療、産休、ベビーシッター、有給休暇」を利用できたという。［出典：http://www.vionnet.com/madeleine-vionnet; http://www.theatlantic.com/magazine/archive/2014/05/the-way-we-look-now/359803/.］

あらゆる答えを持っているわけではないのは確かだ。希望とはほど遠い多くの大失敗を重ねてきた。だが、私たちはラリーとセルゲイの当初の直感の多くが正しかったことを証明し、経営にまつわる言い伝えの一部が誤りだったことを暴き、その過程でいくつかの衝撃的な事実を発見してきた。私たちが学んできた教訓を多くの人に知ってもらうことで、あらゆる職場で人々の仕事の経験を少しでも改善できればと、心から願っている。

ロシアの作家レフ・トルストイは「幸福な家庭はどれも似たようなものだ」と書いた。[*4] 成功する組織もまた、どれもよく似ている。そうした組織は、自分たちが何を生み出すかについてはもちろん、自分たちがどんな組織であり、どんな組織になりたいかについて共通の意識を持っている。自己の理想像（ことによるとうぬぼれかもしれないが）を思い描くなかで、自分たちの起源のみならず運命について考え抜いているのだ。

本書の執筆に際して私が願っていることのひとつは、読者がみずからを創業者だと考えるようになってほしいということだ。会社全体の創業者ではないとしても、チーム、家族、文化の創始者なのだと。グーグルの経験から得られる基本的な教訓は、自分は創業者になりたいのか、それとも従業員になりたいのかを最初に選ばなければならないということだ。これは、文字どおりの所有権の問題ではない。態度の問題なのだ。

ラリーはこう語っている。「労働者が会社から身を守らなければならなかったあの日々から、どれほど遠くまで来たことかと思わずにはいられません。リーダーとしての私の仕事は、わが社で働くすべての人がすばらしい機会を持てるようにすること、また彼らが有意義な影響を与え、社会の改善に貢献していると感じられるようにすることです。私たちはひとつの世界として、その仕事をより上手にこなしています。私の目標はグーグルが先頭に立つことであり、後に続くことではありません」。

これこそ、創業者の考え方だ。

研究者や上級幹部が、あなたや周囲の人々を成長させる環境を整えるには、まずその環境に対して責任をとる必要がある。職務記述書に記載されていようといまいと、許されていようといまいと、これは事実である。

最高の創業者は、ほかの創業者が自分と並び立つ余地を生み出すものだ。

いつの日か、あなたのチームにも始まりのエピソード、創業神話ができるだろう。ローマ、オプラ・ウィンフリー、グーグルと同じことだ。あなたや、あなたの仕事や、あなたのチームについて、人々がどんな物語を語るかを考えてみよう。いまや、あなたにはその物語の設計者になるチャンスがある。自分が創業者になりたいのか従業員になりたいのかを選ぶのだ。

自分がどちらを選びたいか、私はわかっている。

＊4　レフ・トルストイ『アンナ・カレーニナ』。トルストイは「不幸な家庭はいずれもそれぞれに不幸である」とすげなく結論している。

WORK RULES

創業者になるために

□自分を創業者と見なすことを選ぼう。
□さあ、創業者のように行動しよう。

第2章

「文化が戦略を食う」

社員に自由を与えれば、驚くようなことをしてくれる

私は職場で多くの風変わりなメールを受け取る。たいていはグーグルで働きたい人からのものだ。履歴書がシルクスクリーン印刷されたTシャツ、パズル、スニーカーが届いたことさえある（「会社に足を踏み入れたい」人から……おわかりですね？）。さらに異色なメッセージは自室の壁に掲げてある。そのひとつが「文化が戦略を食う」という格言の書かれた手紙だ。こんな言葉は初耳だったが、あまりにも馬鹿げているので、経営にまつわる戯言《ざれごと》の一例としてとっておこうと考えた。

グーグル画像検索で「google culture」を検索すれば、次のページのスクリーン・ショットのような画像が現れるはずだ。

これらの画像は、わが社を初めて訪れた人がグーグルの文化をどう理解するかを端的に表している。カラフルなすべり台とビーンバッグチェア、無料のごちそう、常識はずれのオフィス（そう、自転車に乗った人がオフィスを通り抜けていく）、ともに働く幸せそうな人たち、過ぎていく楽しい時間。これらのすべてが、この職場では「遊びとしての仕事」がテーマであることを示している。こうした見方にはもっともな部分もあるが、グーグルの文化の根ははるかに深い。MITスローンスクールの元教授、エド・シャインによれば、グループの文化を研究する方法は3つあるという。物理的スペースのような「人工物」や行動を見る方法、グループのメンバーが抱いている信念や価値観を調べる方法、そうした価値観の背後にある基本的な想定について深く掘り下げる方法。グーグルを覗いて、その物理的スペースに目が行くのは無理もない。ちょっと居眠りするためのナップポッドがあるかと思えば、すべり台が各フロアをつなげている。ペンシルヴェニア大学ウォートンスクールの史上最年少の終身教授であるアダム・グラントは、こう語ってくれた。「人々が人工物をもとに強力な文化を解釈するのは、それが何より目につくからですが、根底にある価値観や想定のほうがはるかに重要です」。

アダムの言うとおりだ。

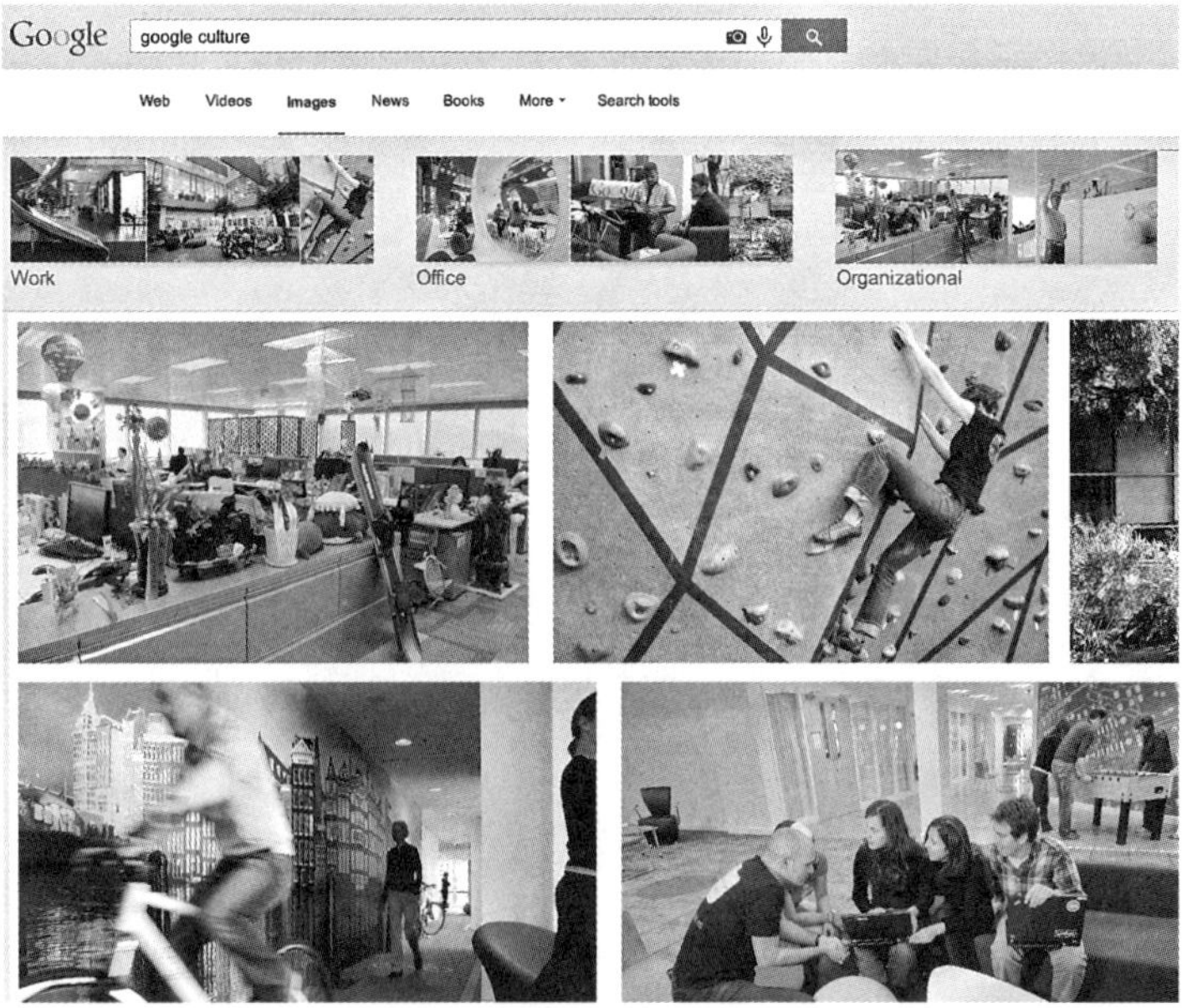

「google culture」で画像検索した場合の典型的な検索結果　© Google, Inc.

実のところ「楽しい」はグーグラーが自社の文化を語る際に最もよく使う言葉だ（私は通常、いかに会社を愛しているかを語る社員には疑いの目を向けるのだが、これらの調査は匿名で行われる――どちらかと言えば、事態がより悪く聞こえるようにするインセンティブがあるのだ！）。

私たちは早い段階で「スーツがなくても真剣に仕事はできる」と判断し、わが社の事業の進め方を導く10の信念のリストである「グーグルが掲げる10の事実」にこの考え方を取り入れた。[*1]

たいていの企業は自社ブランドを神聖視するものだが、私たちはそれすら遊び道具にしてしまう。ウェブサイト上でグーグルの通常のロゴをグーグル・ドゥードゥルに変えるのだ。最初は

バーニングマンのグーグル・ドゥードゥル　© Google, Inc.

1998年8月30日のことだった。冗談半分にラリーとセルゲイのオフィス不在のお知らせを出したのである。

2人は、芸術、共同社会、独立独歩をテーマに、ネヴァダ州の砂漠で毎年開催されるバーニングマンというフェスティバルに参加すべく、会社を留守にしていた。ロゴの真ん中に描かれた人物がバーニングマンその人を表している。

2011年6月9日、私たちはインタラクティブなドゥードゥルを使い、ソリッドボディのエレキギターの生みの親のひとりであるレス・ポールを追悼した。ユーザーがマウスや指でギターの弦をかき鳴らすと、音楽がつくれるようにしたのだ。赤いボタンをたたけば、自分の歌を記録し共有することさえできた。いくつかの試算によると、その日グーグルのサイトを訪れた人々は音楽の制作に530万時間以上を費やしたという。

私たちは毎年エイプリルフールを祝っている。2013年4月1日にはこんな発表をした。ユーチューブは、実は史上最高のビデオを見つけるための8年にわたるコンテストだったのであり、ついにその勝者を発表するときがきたと。私のお気に入りのいたずらはグーグル動

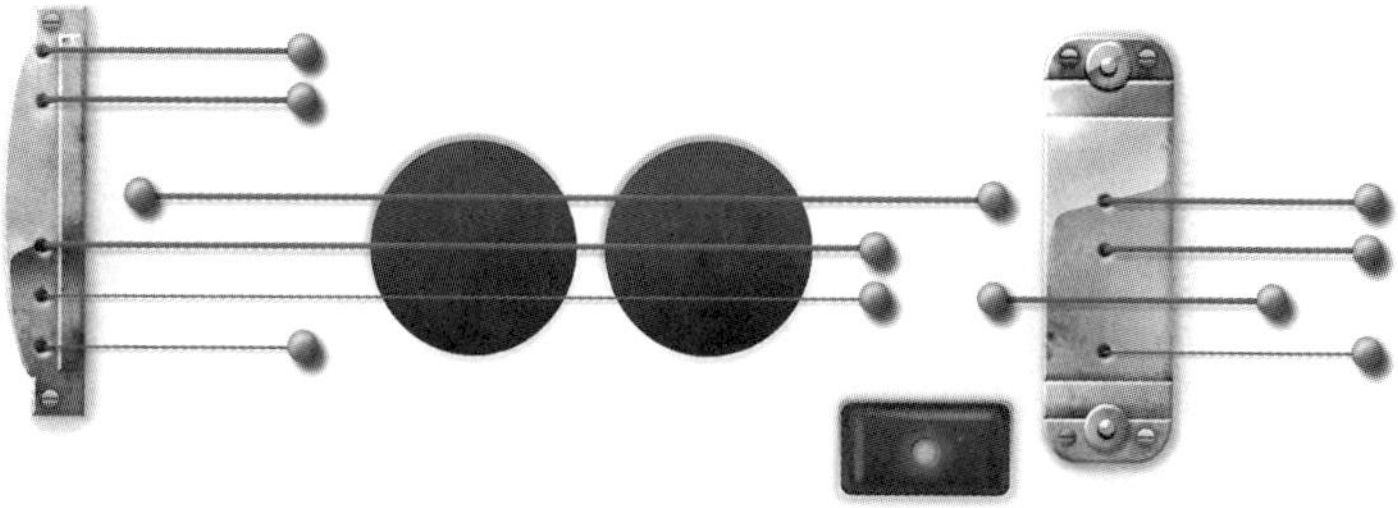

レス・ポールのグーグル・ドゥードゥル　© Google, Inc.

物翻訳だ。これはイギリスでつくられたアンドロイド用アプリで（アンドロイドはモバイル機器向けにわが社が開発したオペレーティングシステム）、動物の鳴き声を英語に翻訳する。グーグル翻訳が実際に変換していた一部の言語、たとえばスウェーデン人のシェフ（『マペットショー』より――「ボーク、ボーク、ボーク！」）や海賊英語（「Ａｒｒｒ！」）と混同されることはなかった。２０１２年４月１日には、グーグルプレイで音楽を探していると、ドロイド君になったカニエ・ウェストが現れて「もしかして、ビヨンセ？」と語りかけた。

私たちは現行の製品でも楽しんでいる。わが社は毎年サンタトラッカーを公開し、サンタクロースが世界中を旅しているあいだ、子どもたちが彼を追跡できるようにしている。また、この次にグーグル・ドットコムやブラウザーのクロームを使うときは、「do a barrel roll」

＊1　「グーグルが掲げる10の事実」は以下のとおり（グーグル公式サイトより）。①ユーザーに焦点を絞れば、他のものはみな後からついてくる。②1つのことをとことん極めてうまくやるのが一番。③遅いより速いほうがいい。④ウェブ上の民主主義は機能します。⑤情報を探したくなるのはパソコンの前にいるときだけではない。⑥悪事を働かなくてもお金は稼げる。⑦世の中にはまだまだ情報があふれている。⑧情報のニーズはすべての国境を越える。⑨スーツがなくても真剣に仕事はできる。⑩「すばらしい」では足りない。

とタイプすると何が起こるかを試してほしい。
こうしたすべての楽しみは、あまりにもふざけて聞こえるので真剣には受け取れないかもしれない。だが、楽しさはグーグルの最も重要な部分であり、嘘偽りのない探究と発見の機会を生み出す。もっとも、それは本質を表す特徴というより、私たちが何者であるかということの結果だ。グーグルがどんな仕組みで動いているか、あるいはわが社がなぜこうした経営手法を選ぶのかは、そこからはわからない。この点について理解するには、わが社の文化を定義する3つの要素を探究する必要がある。すなわち、ミッション、透明性、発言権だ。

ミッションは重要

グーグルの文化にとってミッションはひとつ目の礎石である。「世界中の情報を整理し、世界中の人々がアクセスできて使えるようにする」(公式サイトより)というのがそれだ。わが社のミッションは他社とくらべるとどうだろうか? 2013年の他社のミッションをいくつか引用してみよう(強調は筆者による)。

IBM:

わが社は、コンピュータシステム、ソフトウェア、ストレージシステム、マイクロエレクトロニクスをはじめ、業界最先端の情報テクノロジーの発明、発展、製造をリードするよう努めています。ワールドワイドな専門的ソリューション、サービス、コンサルティング業務を通じ、これらの先進的テクノロジーをお客様にとっての価値へと転換します。

マクドナルド：
マクドナルドのブランドミッションは、お客様のお気に入りの場所となること、飲食のスタイルとなることです。世界中に展開するわが社の店舗は、「勝利のプラン」というグローバル戦略のもとに管理されています。この計画が目指すのは、従業員、商品、場所、価格、景品がもたらす格別の顧客経験です。わが社は業務の改善と顧客経験の向上に継続的に取り組みます。

プロクター・アンド・ギャンブル：
わが社のブランドの製品とサービスが提供する優れた品質と価値は、現在および将来にわたり、世界中の消費者の生活を改善します。その結果、消費者はトップクラスの売上げ、利益、価値創造で報いてくれるでしょう。従業員、株主、さらには生活と労働の場であるコミュニティを繁栄させてくれるのです。

いずれもきわめて理にかなったミッションだ。

とはいえ、これらを読むと2つのことが即座に明らかになる。第一に、私はみなさんにお詫びしなければならない。企業のミッションステートメントという、おそらく世に知られている最悪の形の文献を苦労して読んでもらったことに。第二に、グーグルのミッションは、簡潔である点と、多くのことが話題になっていない点で際立っている。利益も市場も出てこない。顧客、株主、ユーザーにも触れていない。これがわが社のミッションなのはなぜか、これらの目標を追求しているのは何のためなのかもわからない。むしろ、情報を整理し、世界中の人々がアクセスできて使えるようにすることが良いのは自明だと考えられている。

この種のミッションが個人の仕事に意味を与えるのは、それが事業目標ではなく道徳だからだ。歴史上きわめて大きな力を振るった運動は、そこで求められたものが独立であれ平等な権利であれ、道徳的な動機を持っていた。こうした考え方を拡張しすぎたくはないが、革命を起こすのは利益や市場シェアではなく理念だと言っていいだろう。

重要なのは、私たちがこのミッションを決して達成できないことだ。整理すべき情報もそれを使えるようにする方法も、尽きることはないからである。これが、絶えずイノベーションを起こし、新たな分野に進出するモチベーションとなる。「マーケットリーダー」になろうというミッションは、いったん達成されればさらにインスピレーションを生むことはほとんどない。グーグルのミッションには広い視野があるおかげで、スピードメーターではなく羅針盤に従って舵を切ることによって前進できる。つねに反対意見はあるもののーー第13章でそのいくつかを取り上げるーーこのミッションへの信頼が基本的に共有されているため、ほとんどのグーグラーは結束している。これが、数十人だった社員が数万人に増えても強い文化を維持できるかどうかの試金石となる。

わが社を思いがけない分野へ駆り立てているミッションのひとつが、2007年に始まったグーグルストリートビューだ。その単純だが気の遠くなるほど壮大な目的は、世界全体が路上からどう見えるかを記録することによって、歴史的資料をつくるというものだ。その土台となったのがグーグルマップの成功であり、グーグルマップの基礎を据えたのがジョン・ハンケとブライアン・マクレンドンだった。2人は2001年にキーホールという会社を創業し、それを3年後にグーグルが買収したのだ（2人はいまでもグーグルの副社長の地位にある）。

数年にわたって上空からの地図を眺めたあとで、ラリーはこんな疑問を抱いた。人が実際に見るように、つまり地上の視点から画像を撮れないものだろうか？　それもまた情報だし、コミュニティが時間とともにどう発展し、変化するかがわかるはずだ。もしかする

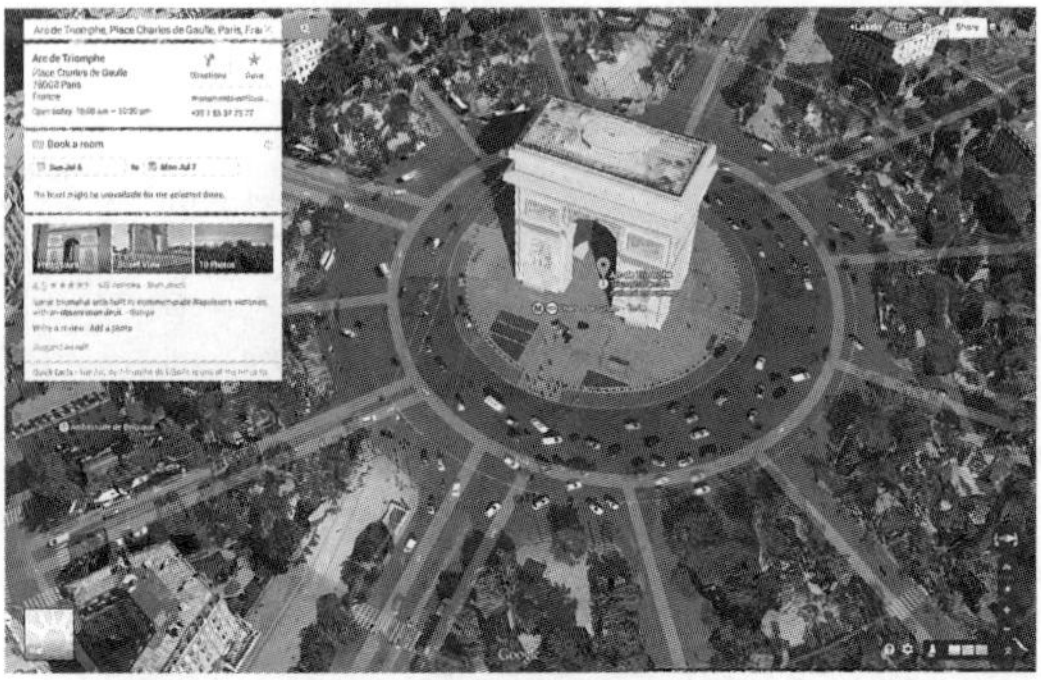

グーグルマップでパリ上空から凱旋門を望む　© Google, Inc.

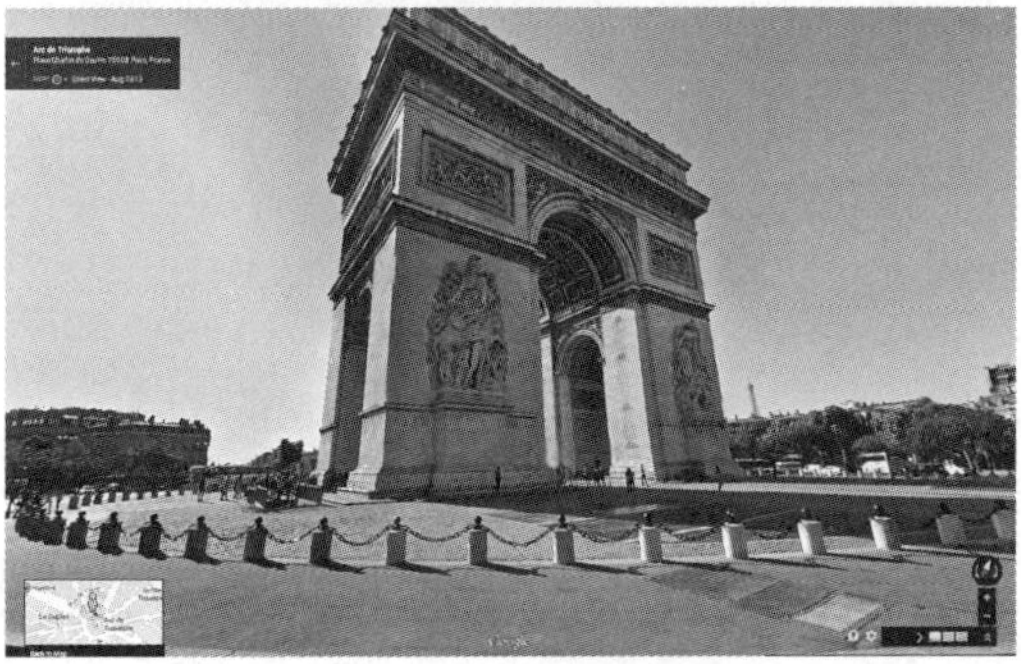

グーグルストリートビューで路上から凱旋門を見上げる　© Google, Inc.

と何かおもしろい展開があるかもしれない。

そして、ある展開があった。

凱旋門だ！

凱旋門はフランスのために戦って命を落とした人々を追悼して１８０６年に製作が依頼され、30年後に完成した。地球上の大半の人々は、パリを訪れることも、凱旋門広場を歩くことも、凱旋門の下で「不滅の火」を見ることもない。

だが、インターネットを使っている20億人の人々は、すぐに凱旋門を見ることができる。あるいは、エベレストのベースキャンプを訪れるの

ネパール、エベレストのクムジュン村にある南ベースキャンプ　© Google, Inc.

ガラパゴス諸島周辺の海中をガラパゴスアシカとともに　© Google, Inc.

も、ガラパゴス諸島の周辺でアシカと一緒に泳ぐのも自由だ。

　わが社の壮大なミッションは、驚くべき実益をもたらしてもきた。社外でのことだが、MITメディアラボのフィリップ・サレセス、カトヤ・シェヒトナー、セザール・イダルゴは、ボストンとニューヨークの映像をオーストリアのリンツとザルツブルクの映像と比較してみた。どんな特徴――たとえば街路の汚れや街灯の数――によって、地域が豊かと感じられるか貧しいと感じられるか、また、経済

インド、アグラのタージマハル　© Google, Inc.

状態や階級を示すこうした指標が安全性と関係しているかどうかを調べるためだ。最終的に、彼らのとった手法を利用して、いくつもの都市が希少な資源の最善の分配法を決定した。つまり、植樹や道路の補修によって、地域がより安全と感じられたり、実際に安全になったりするかどうかをその基準としたのだ。

グーグルの地図製品がつくるプラットフォームは、100万を超えるウェブサイトやアプリ開発者によって事業の構築に利用されてきた。そうしたサイトやアプリには、Airbnb、Uber、WazeからYelpまでがあり、毎週10億人を超えるユーザーにサービスを提供している。[*2]

顧客価値の創造や利益の拡大といった従来のミッションを奉じていれば、わが社がストリートビューに取り組むことはなかっただろう。また従来のミッションからすれば、ウェブサイトのランク付けのためにバックリンクを数えるなどといったことも考えられない。しかし、わが社の幅広いミッションは、グーグラーやその他の人々にすばらしい

ニューヨークシティー、セントラルパークでくつろぐ男性と飼い犬。プライバシーを守るため、グーグルストリートビューによって顔にぼかしが入れられている。ジェン・リンが見つけた画像　© Google, Inc.

ものを生み出す余地を与えた。こうして次々になしとげられる創造と達成は、グーグルのミッションを、想像可能な限界を超えて絶えず追い求めるべきものとして明確にしたことの直接の結果である。

　地球上で最も有能な人々が、インスピレーションをもたらす大きな目標を欲している。リーダーの課題はそうした目標を生み出すことだ。グーグルといえども、自分の仕事と会社のミッションの強固なつながりを誰もが同じように感じているわけではない。たとえば、グーグラーに関する2013年の調査では、わが社のセールスチームでは86％の社員が「仕事とグーグルの目的の明確な結びつきを理解している」と強く思っていたのに対し、グーグルのほかの

＊2　公正を期すと、街頭の映像の撮影をめぐって、グーグラーとユーザーがプライバシーに関する懸念を引き起こしているという事実もある。わが社はこうした懸念に敏感であろうとしている。たとえば、社の規定により、顔やナンバープレートにはぼかしを入れて匿名性を守ることになっている。右上のタージマハルの写真を見ていただきたい。一方、わが社のアルゴリズムはやや熱心すぎる嫌いがあり、人間以外の友人を匿名扱いしてしまう場合もある（上の写真をご覧あれ）。

部門では91%だった。同じミッション。同じ会社。さまざまなレベルにあるつながりと動機。こうした状況に対処するにはどうすればいいのだろうか?

答えはアダム・グラントが知っている。『GIVE & TAKE 「与える人」こそ成功する時代』でグラントは、目的には幸福だけでなく生産性も増進する力があると書いている。多くの卓見がそうであるように、彼の答えは、指摘されてみれば当たり前のように思える。大いに驚かされるのは、その影響の大きさだ。

アダムは、ある大学の寄付金を募集するコールセンターで働く有給従業員を調査した。彼らの仕事は、見込みのありそうな人に電話をかけて寄付を依頼することだ。グループAは対照群であり、所定の仕事をこなしただけだった。グループBは、ほかの従業員がこの仕事で得た個人的利益、つまり知識の習得と金銭についての話を読んでいた。グループCは、奨学金の受給者が、そのおかげでいかに生活が改善したかについての話を読んでいた。グループAとグループBの成績に違いは見られなかった。対照的に、グループCが取りつけた寄付の約束は週に155%(週に9件から週に23件へ)、寄付金の額は143%(1288ドルから3130ドルへ)増えた。

ある人に関する話を読むことでそれほど大きな違いが生じたとすれば、実際に誰かに会えばさらに大きな影響が出るのだろうか? アダムは寄付金募集係のあるグループに、奨学金の受給者と会って5分間質問できる機会を与えてみた。その結果、それから1カ月のあいだに、週の寄付金額は400%以上はねあがった。

アダムは、こうした効果がほかの仕事でも同じように見られることを発見した。おぼれた人を救う話を読んだライフセーバーは、泳いでいる人を21%余計に監視するようになった。ほかの学生が書いた手紙を編集する学生は、はじめに書き手に会った場合、20%多くの時間を作業に費やした。

では、アダムの得た洞察とは何だろうか？ たとえ数分間であれ、手を貸そうとしている相手に従業員を会わせることは、彼らへの最大の動機付け要因なのだ。それは、人の仕事に出世主義や金銭を超えた意味を吹き込むのである。

誰でも、心の底では自分の仕事に意味を見いだしたがっているものだ。極端な例を挙げてみよう。魚をさばくことは有意義な仕事だろうか？ シャプテ・シェルパ・ピナシャはそう思っている。彼が働くラス&ドーターズは、スモークサーモン、ベーグル、特製料理を提供するマンハッタンの食料品店だ。40歳のピナシャがラス&ドーターズで働きはじめたのは10年あまり前のことだが、生まれたのはヒマラヤ山脈の東部の村だった。4人兄弟の末子で、木の小屋で暮らしていた。働きはじめたのは15歳のときだ。エベレストの登山者のために約40キログラムの食料袋をベースキャンプに運び、外国人に同行して山々を旅して歩いた。現在の仕事は、世界最高峰の頂上を目指す人たちに力を貸すことよりも重要ではないのだろうか？ 「2つの仕事はそれほど違いません」。ピナシャは『ニューヨーク・

タイムズ』のコーリー・キルガノン記者にそう語っている。「ともに人を助ける仕事ですから」。多くの人が鮭の燻製をスライスする「だけのこと」と見なすだろうが、ピナシャは自分の仕事により深いミッションを見いだそうとしているのだ。

私たちはみな、自分の仕事が重要なものであってほしいと願っている。自分が世界に変化を起こしていると知ることほど、モチベーションを高めるものはない。イェール大学のエイミー・ウェズニスキーの話によると、人々は自分の仕事を、ただの作業（生活のなかで積極的意味は大してないが、避けては通れないもの）、キャリア（「勝ち取る」あるいは「前進する」ためのもの）、天職（社会的に有用な仕事をしているという喜びと充実感の源泉）のいずれかだと考えているという。

一部の職業はほかの職業にくらべて天職と見なされやすいと思われるかもしれない。ところが、意外なことに、天職かどうかは自分の考え方次第だということがわかっている。エイミーは、医師と看護師、教師と図書館員、エンジニアとアナリスト、マネジャーと秘書などを調査した。すると、どの職業においても約3分の1が自分の仕事を天職だと見なしていた。そうした人たちはより幸福なだけでなく、より健康でもあると報告されている。

言われてみれば当然のように思える。だが、どれだけの人々が、自分の仕事により深い意味を見いだそうと時間をかけてきただろうか？　どれだけの企業が、あらゆる社員、とりわけ営業部門から最も遠い場所にいる人々に顧客と接する機会を与え、自分の仕事が人に役立っている様子を目にできるようにしているだろうか？　それを始めるのは難しいのだろうか？

私たちはすでにグーグルで実験を始めている。こうした人間的な接触を活用し、あらゆる人をわが社のミッションと直に結びつけるのだ。私は最近、セールス部門の300人の社員のグループと話をした。彼らはオンラインで1日中、小企業がインターネットを通じて商品を宣伝する手助けをしている。グーグラーにとって、この手の仕事は退屈な反復作業になりかねない。だが、私はこう語りかけた。こうした小企業のオーナーが助けを求めているのは、諸君にとっては簡単な問題も彼らにとっては難しいからなのだと。諸君は数え切れないほどの広告キャンペーンを運営してきたが、彼にとってはこれが初めてのキャンペーンなのだ。アリゾナ州ノガレスにあるオーダーメイドのカウボーイブーツメーカー、ポール・ボンド・ブーツカンパニーが口コミによる販売から脱皮しようと、グーグルを通じて初めて広告を出して売上げを20％伸ばした。ポールの会社は突如として、これまでとは比較にならないほど大きな世界とつながったのだ。会社の物語のビデオをグーグラーとともに初めて見たとき、彼らは感激し、刺激を受けた。当時のグローバルビジネス担当上級副社長だったニケシュ・アローラは、これを「魔法の瞬間」と呼んだ。こうした瞬間を見守り、共有することによって、グーグラーはわが社のミッションとつながりつづける。こうしたつながりを築くことで得られる利益が、仮にアダムが発見したものの半分だとしても、それはすばらしい投資であることがわかるはずだ。

社員は善良だと信じているなら、彼らと情報を共有することを恐れてはならない

わが社の文化の2つ目の礎石は透明性である。「オープンが原則」とは、オープンソースのコミュニティでときどき聞かれるフレーズだ。グーグルのオープンソース事業を率いるクリス・ディボナは、それをこんなふうに定義している。「いかなる情報も共有できないと想定するのではなく、あらゆる情報はチームと共有できると想定することだ。情報の制限は意識してようやくやるべきことであり、そうするには十分な理由がなければならない。オープンソースにおいては、情報の隠蔽はカウンターカルチャーなのだ」。グーグルがこうした考え方を生み出したわけではないが、それを実行に移してきたと言っていい。

一例として、グーグルのコードベースを考えてみよう。コードベースとは、あらゆる製品を動かしているあらゆるソースコード――コンピュータプログラム――の集まりだ。わが社のほぼすべての事業、たとえばサーチ、ユーチューブ、アドワーズ、アドセンス（インターネット上で目にするあの青いテキスト広告）を機能させるためのコードが含まれている。コードベースには、グーグルのアルゴリズムや製品の仕組みにまつわる秘密が隠されてい

る。一般のソフトウェア企業では、新人エンジニアが見られるのは、担当する製品に必要な一部のコードベースだけだ。グーグルの場合、新規採用されたソフトウェアエンジニアは、初めて出社したその日にほぼすべてのコードベースにアクセスできる。わが社のイントラネット（企業内ネットワーク）では、製品ロードマップ、新規事業計画、社員スニペット（週1回の状況報告）、さらには社員とチームの四半期目標（いわゆるOKR〔Objectives and Key Results：目標と主要な結果〕……これについては第7章でさらに取り上げる）を見ることができる。ほかの社員が何に取り組んでいるかが誰でもわかるようにするためだ。新たな四半期に入って数週間が過ぎると、会長のエリック・シュミットは、取締役会でほんの数日前に行われたのと同じプレゼンテーションを社内で公開する。私たちはあらゆるものを共有しているし、グーグラーが情報を外部に漏らすことはないと信じているのだ。

週に1度の金曜夜の全社員ミーティング（TGIF、数千人が直接、またビデオを通じて参加し、数万人がオンラインで再放送を視聴する）で、ラリーとセルゲイは会社全体のホスト役を務める。前週の情報の更新、製品のデモンストレーション、新入社員の歓迎などが行われるが、最も重要なのは、会社の誰からの、どんなテーマについての質問にも30分をかけて回答することだ。

この質疑応答は何より大切な部分である。

あらゆることが質問や議論の対象となる。取るに足りない質問（「ラリー、あなたはいまや

CEOなのだから、そろそろスーツを着てはどうですか?」。答えは絶対に着ない）から、事業に関する質問（「クロームキャストを構築するコストはどれくらいですか?」）、技術的な質問（「『ガーディアン』と『ニューヨーク・タイムズ』によれば、国家安全保障局（NSA）は内部文書で、暗号製品に密かに脆弱性を組み込むよう主張しているそうです。わが社のユーザーのデータを安全に暗号化しておくために、エンジニアとして私に何ができるでしょうか?」）、そして倫理的な質問（「私にとってプライバシーとは、オンラインであるテーマについて発言する際、そのテーマと実名を結びつけずにすむことでもあります――たとえば、ユーチューブ上でアルコール中毒者更生会のビデオについてコメントする際、自分自身がアルコール中毒であることを公にしないといったことです。グーグルはこの種のプライバシーをいまでも守ってくれますか?」）に至るまで。[*3] どんな質問も公平に扱われるし、あらゆる質問が回答に値する。

質問が選ばれる方法にまで透明性が行き渡っている。ハングアウト・オンエアQ&Aという（ぎこちない）名称のツールが使われるのだ。ユーザーは質問を出せるだけでなく、それについて議論や投票もできる。このクラウドソーシングを通じて、観衆の関心を反映する度合いに従って質問に優先順位がつけられるのだ。

２００８年、大統領に選ばれたオバマの政権移行作業チームは、質問受け付けイベント――全国規模の一連のタウンホールミーティング――の一環として、このツールを利用した。その場にいたすべてのアメリカ国民が、大統領に答えてほしい質問を出すよう勧めら

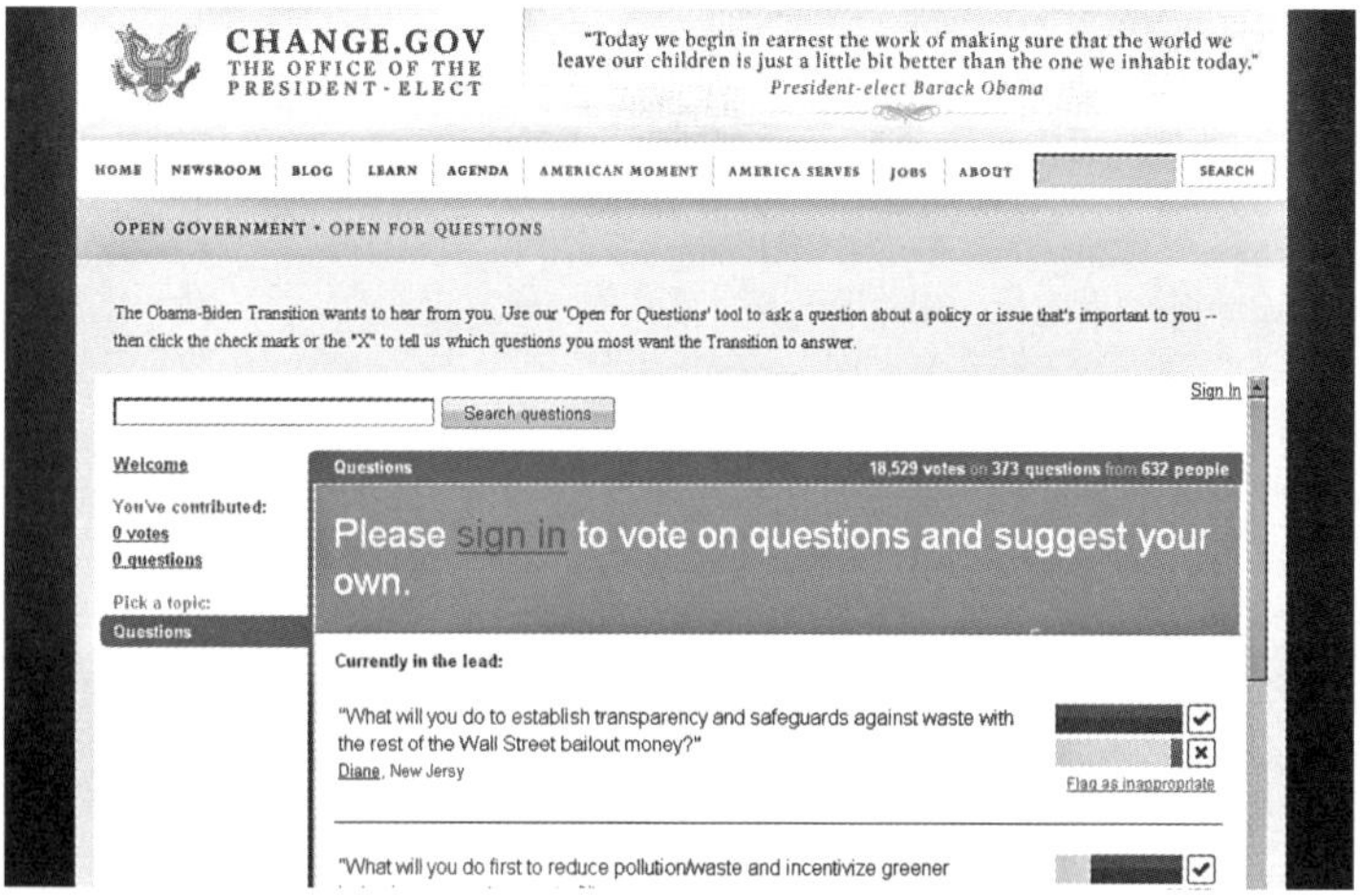

グーグル・モデレーター
2008年にオバマ—バイデン政権移行作業チームによって使われた Change.gov

れたのだ。参加者たちは1万を超える質問を出し、どれが最も重要かを決めるために100万回を超える投票をした（上のスクリーン・ショットを参照のこと）。

高い透明性の利点は、何が起きているかを全社員が知っていることだ。これは些細なことに思えるかもしれないが、そうではない。大きな組織は、無駄な仕事をするグループを知らず知らずのうちに抱え、資源を浪費していることが多い。情報を共有していれば、さまざまなグループの目的の違いを全社員が理解できるので、社内の対立が避けられる。このアプローチに逆行するのは、社内の対立をあおり、各チームにかかわる情報を見えにく

＊3　こうした質問やユーザーの意見を受けて、2014年、グーグルプラスで実名の代わりに別名《エイリアス》を使えるようにした。

くする会社だ。アルフレッド・スローンは、ゼネラルモーターズCEOとしてこのタイプの文化を生み出したことで有名だ。それが頂点に達したとき、GMは5つの大きなブランドを持ち、それぞれがほかのブランドと多かれ少なかれ競合する自動車を販売していた。たとえば、トヨタが中価格帯セダンのカテゴリーで売っていたのは1車種、つまりカムリだけだ。同じカテゴリーでGMは、ビュイックから2車種（アリュールとルサーン）、キャデラックCTS、シボレーから2車種（インパラとマリブ）、ポンティアックG8、そしてサターン・オーラを出していた。GMのある部門で売上げが増えると、ほかの4つの部門で減ってしまったのだ。

ときにはグーグルも類似製品を出すことがある。不健全な競合を最小限に抑えるため、グーグラーにはそうした製品について知らせ、この競合を継続させる理由を説明することにしている。そのために「遅延結合」を利用することが多い。これはプログラミング用語を転用した言葉で、決定の先延ばしにも有益なケースがあることを示すために使っている。たとえば、わが社は2つオペレーティングシステムをつくっている。クローム（主としてノートパソコンとウェブブラウザー向け）とアンドロイド（主としてスマートフォンとタブレット向け）である。ある面から見れば、消費者に対して、ノートパソコン上でのクロームの使い心地とスマートフォン上でのアンドロイドの使い心地のどちらかを選んでほしいと求めるのはナンセンスだ。両者ともグーグルがつくっているのだから、同じものであるべきではないだろうか？　だが、この2つのチームは異なる強みを持っており、自分たちのテクノロジーを新たな方向に推し進めている。クロームは起動が速く、Wi-Fiの堅牢性が高い。一方アンドロイドは、グーグル・プレイ・ストアでアプリケーションのエコシステムを拡大している。これまでのところ、両者のシステムを持つことによるイノベーションと学習のメリットは、どちらか一方に決めてしまうコストを上回っている。

わが社はまた「ドッグフーディング」[*4]という不適切な名前のついた、テクノロジー企業によく見られるテクニックを用いている。グーグラーが先頭を切って新製品を試し、フィードバックするのだ。ドッグフーダーは誰よりも早くわが社の自動運転車に試乗し、日常的な利用法について有益な意見を述べた。こうして、グーグラーは何が起こっているかを学び、チームは早期の貴重なフィードバックを手にする。

透明性の思いがけない利点のひとつは、データを共有するだけで成績が向上することだ。

＊4　この表現をテクノロジー業界に広めたのは、マイクロソフトのポール・マリッツだ。1988年の社内メールで、自社のサーバー製品の利用を勧めたときのことだった。だが、ペットフードのカルカンをつくっているマース・インクの役員は、自社製品のドッグフードを文字どおり食べてしまうことで、かなり以前から知られていた。『ジ・インディペンデント』のジョエル・ブレナーは、1992年7月26日付けの記事（「火星の生活」）でこう報じている。「私たちは、カリフォルニア州ヴァーノンにあるマースのペットフード部門の『編集室』にいる。［販売担当副社長のジョン］マレーは、手入れの行き届いた手をためらうことなくドッグフードに突っ込むと、濃厚なグレイビーソースから湿った茶色い塊をすくい上げ、口に放り込む。『とてもおいしいので、動物の食欲をそそります』とマレー。『実際、冷めたシチューのような味ですよ』。1990年代半ば、私は同じ部屋を訪れ、同じことを目撃した。

メリーランド州ボルティモアにあるジョンズ・ホプキンス病院の外科医、マーティー・マカリー博士はこう指摘している。ニューヨーク州が病院に対し、冠動脈バイパス手術による死亡率の報告を要求しはじめた。するとそれ以後の4年間で、心臓手術による死者が41％減ったのだ。成績を透明にするという単純な行為だけで、患者の転帰（病気の帰結）を一変させるのに十分だったのである。

社内の透明性をわが社よりもさらに高めている企業がいくつかある。1450億ドルの資産を保有する世界最大のヘッジファンド、ブリッジウォーター・アソシエイツは、あらゆる会議を記録し、全社員が見られるようにしている。ブリッジウォーターの創業者であるレイ・ダリオはこう説明する。「私が最も大切にしている信条は、真実の把握は……成長のために不可欠だということです。透明性を徹底すること、みずからの自尊心の壁を取り払うことを通じて、私たちは真実を把握します。ミスや個人的弱点を探り出し、自身を向上させられるようにするためです」。

記録は、コミュニケーションの手段としてだけでなく学習ツールとしても利用されている。マネジャーは編集された記録を定期的に受け取っている。それによって最近の出来事に関する重要な最新情報を知り、意思決定がどう下されるかを理解し、最高幹部でさえどれほど学び、成長しているかを実感させられるのだ。記録はまた、より正確な判断やコミュニケーションを促すためにも利用される。実際に起きたことを再び見られる以上、「そんなことを言った覚えはない」とか「そんなつもりで言ったのではない」などという言い訳はもはや通らない。さらに巧妙な目的は、政治活動を減らすことだ。会議での発言をあとで聞かれてしまうとなれば、誰かを裏切るのは難しい。

ブリッジウォーターにとって透明性の価値は絶大なものであり、社員哲学と事業運営の基盤となっている。透明性がその会社を支えているのだ。高潔さ、強靭な文化、数十年におよぶ市場を上回るパフォーマンスという彼らの実績には、文句のつけようがない。

同時に、こうした透明性のレベルはグーグルよりもはるかに高い。理由のひとつは、わが社がプライバシーは個人の権利だと確信していることだ。たとえば、ユーザーデータはしっかり守られている。法の執行命令――必要とあらば私たちはそれに異議を申し立てるが――にもとづいてユーザーデータの提供を求められたときでさえ、透明性レポート(www.google.com/transparencyreport)を発行し、その種のあらゆる要求をできるかぎり公開している。また、わが社が過ちを犯すこともある。2010年には、ストリートビューの撮影車両がWi-Fiネットワークから意図せずして通信データを収集してしまった。こうした場合、私たちはその過ちをただし、将来のミスを防ぐための措置を講じる。

私たちは、ブリッジウォーターと同じ課題に取り組むためのメカニズムを手にしている。たとえば「裏切り」問題を解決する方法はこうだ。誰かに関する悪意あるメールを書くと、その人物が当然のごとくメールのスレッドに加わってくるのである。私はこんなことを覚えている。初めてメールである人に関する不平を書いたところ、上司はすぐさまそのコピーを当の人物に送ってしまったのだ。こうして、私たちはすぐに問題を解決しなければならなくなった。この事件は、同僚とは直接話すのが大切だという明白な教訓となった！

そういうわけで、透明性、つまりオープンが原則だとしてもその程度はさまざまだ。ほとんどの組織はこの領域でリスクとは無縁なので、失うものはほとんどなく、得られるものは多い。基本的に、あなたが（大半の人と同じく）「社員はわが社の最大の資産」だと言うなら、オープンを原則としなければならない。さもないと、社員と自分自身に嘘をついていることになる。社員が重要だと言いながら、重要ではないかのように扱っているからだ。オープンを原則とすれば、社員はこう実感できる。自分たちは信頼に値するし、優れた判断力を持っていると信じてもらっているのだと。何が（いかに、なぜ）起こっているかについてさらに情報を与えれば、彼らは仕事をより効率的にこなせるし、トップダウン型のマネジャーには予想もできない仕方で会社に貢献してくれる。

誰もが自分の運命を支配したがっている

グーグルの文化にとって発言権は3つ目の礎石だ。発言権とは、会社の経営方針について、社員に対して実際に発言の機会を与えることを意味している。あなたは社員が優秀だと信じ、彼らの意見を歓迎するか、あるいはそうではないかのどちらかだ。多くの組織にとっては実に恐ろしいことだが、自分の価値観に忠実に生きるにはそれしかない。

わが社の人事慣行の多くは、社員の発案によるものだ。たとえばアメリカの税法では、同性愛のカップルはパートナーが受けとる医療給付の額に応じて所得税を納めなければならない。一方、異性愛の夫婦はその必要がない。あるグーグラーが給付金担当副社長のイヴォンヌ・エイジェイにメールを出し、これはフェアでないと訴えた。イヴォンヌは「あなたの言うとおり」と返信した。彼女は同性カップルに特別手当を出し、追加所得税を相殺できるようにした。これによってグーグルは、そうした措置をとる最初の大企業のひとつに、また世界規模でそうした措置をとる最初の企業になった。

社員に発言権を与えることには、私たちの価値観を生活のなかで具現する以上の明確な利益がある。テキサス大学オースティン校のイーサン・バリスはこう述べている。「昔から認識されてきたように、社員にアイデアを表明する権利を与えることは、質の高い意思決定を促し、組織効率を高める重要な要因である。発言権に関する研究からわかってきたのは、社員に遠慮なく話してもらうと、意思決定の質、チームのパフォーマンス、組織のパフォーマンスに対してプラスの効果があるということだ」。

２００９年、年次調査を通じて、仕事がどんどんやりにくくなっているという声がグーグラーから届いた。彼らは正しかった。わが社の規模は2倍になっていた。２００６年末に1万6774人だった社員は、2008年末には2万2222人に、売上げは106億ドルから218億ドルに増えていた。だが、最高財務責任者（CFO）のパトリック・ピシェットは、トップダウンで会社主導の提案を発表する代わりに、グーグラーに力を与えた。いままでは毎年恒例のプログラムとなっている「官僚バスターズ」を発足させたのだ。これによって、グーグラーは最大のフラストレーション源を特定し、解決へ向けて努力することになった。第1段階で、彼らは570のアイデアを出し、5万5000回を超える投票をした。フラストレーションの大半は簡単に対処できる小さな問題から生じていた。いくつか例を挙げてみよう。カレンダーのアプリでグループを追加できなかったため、大きな会議の日取りがいつまでも決められなかった。承認される予算の基準があきれるほど低かったため、マネジャーはごく少額の取引さえ見直すよう求められた。時間節約ツールが（皮肉なことに）なかなか見つからなかった。グーグラーの求める改革を実行すると、彼らは満足し、仕事は実際にやりやすくなった。

これとは対照的な例として、わが国有数の企業のある人事担当役員との対話を思い出す。「わが社のCEOは社員にもっとイノベーティブになってほしいと願っています」と彼女は言った。「彼からあなたに電話してみるよう言われました。グーグルはイノベーティブな文化を持っていることで知られているからです。彼のアイデアのひとつは『創造性の部屋』をつくり、テーブルサッカー、ビーンバッグチェア、ラヴァランプ［訳注：内部で液状の物体が浮遊するインテリア照明」、たくさんのスナック菓子などを用意するというものです。そうすれば、人々は常識外れのアイデアを思いつくことができます。どう思われますか？グーグルはどうしているのでしょうか？」。

私はグーグルの文化がどう機能しているかを少し話し、こう提案した。CEOが幹部会議を録画し、その記録を社員と共有してはどうでしょう、そうすれば社員は会社で何が進行しているかがわかるし、自分たちのリーダーにとって何が大事なのかを理解できます。私は突拍子もないアイデアを出そうとしていたにすぎないのだが、これは意思決定のあり方を社員と共有する有力な方法かもしれないと思った。当時は知らなかったが、ブリッジウォーターが考えていたことはさらにスケールが大きく、すべての会議を録画するというものだった。「とんでもない」と彼女は反論した。「そんなことをするつもりはありません」。では、地位の低い社員を記録係として幹部会議に加えてはどうでしょうか、そうすれば彼らが媒介となってその知識を会社中に伝えるかもしれません（わが社の製品担当上級副社長だったジョナサン・ローゼンバーグは、こうしたやり方を開拓した）。「だめです。そうした情報を地位の低い社員と共有することはできません」。

うーん……わかりました。では、CEOが社員ミーティングを開く際、社員が恐くてできないような挑発的で厳しい質問を投げかけるよう仕向けるというのはどうでしょう。「まさか、彼はそんなことはしないでしょう。とんでもないメールがどれだけ送りつけられるかを考えてください」。観点を変えて、提案箱を設置し――彼女もこれは役に立つかもしれないと認めた――それから四半期ごとに自薦による社員グループにどの提案を実行すべきかを決めさせてはどうですか。場合によっては、そのための予算を彼らに与えてもいいかもしれません。「だめです。それはうまくいかないでしょう。彼らが何をしでかすか、誰にわかるというのですか?」。

ほかの面では非凡なこの企業は、社員がCEOに直接意見を表明し、対話するごくわずかな機会さえ与えることを恐れていた。ここまで話したところで、私は彼女のビーンバッグチェアとラヴァランプがうまくいくよう祈ったのだった。

文化が最も重要なのは、それが試されるとき

これら3つの文化的礎石――ミッション、透明性、発言権――は、2010年に中国におけるグーグルの運営方針を議論した際の中心テーマだった。中国では法律や政治がやっかいな状況にあるせいで、サーチエンジンで特定の検索クエリに対する検索結果を表示することが禁じられている。たとえば「天安門広場」を検索しても、政府が承認したサイトしか表示されない。これでは、誰もが情報にアクセスできるようにならないではないか! 透明性と発言権というわが社の価値観を守るには、どうすればいいだろうか?

2002年以降、わが社のグローバルウェブサイトであるwww.google.comが、中国では定期的に利用できなくなっていた。2006年にwww.google.cnを立ち上げたのは、何か違うことを試してみようと思ったからだ。中国でサイトを開設して以来、わが社は現地の法律を遵守していた。検索結果をフィルターにかけざるをえないとき、ほかのサーチエンジンは単純に結果を削除しただけだったが、わが社は画面の最下部にこんな1行を追加した。「現地の法律、規則、政策に従い、一部の検索結果は表示されていません」。ときには、情報の欠如が情報そのものになることもある。

中国のインターネットユーザーは賢明だ。この小さなシグナルだけで、彼らが事実から遠ざけられており、どこかほかの場所でそれを探さねばならないと知らせることができた。

私たちは無邪気にもこんな希望を抱いていた。わが社の行動をきっかけに他社も似たような告知を出し、やがて、検索結果を削除する必要がなくなるかもしれないと。実際に起きたのは正反対の事態だった。検索結果がフィルターにかけられていることをユーザーに告知しはじめてから、わが社のサービスの速度が落ちるようになったのだ。さしさわりのない検索結果でさえ、表示されるまでに数ミリ秒どころか数分かかることもあったし、ときにはウェブサイトが完全にブロックされ、中国のユーザーに利用できなくなることもあった。

こうした事態にもかかわらず、グーグルは中国で成長を続けた。ユーザーは真実を知りたがっていたのだ。

グーグルのサービスへの干渉がひどくなると、私たちはどう対応するのが正しいかについて激論を交わした。エリックは経営陣によるスタッフミーティングを毎週開いていた。約2時間におよぶ会議の多くで、少なくとも30分が中国に関する話題に割《さ》かれた。

会社中のグーグラーもまたこうした議論に加わった。エンジニア、プロダクトマネジャー、上級経営者が出席する製品検討会議の場で、金曜夜の全社員ミーティングで、一度に数千人が参加する長いメールでの議論で、社内の廊下やカフェで、議論が繰り広げられた。

一方ではこんな意見があった。わが社のミッションに何らかの意味があるとすれば、また、私たちが透明性の価値を信じているとすれば、どうして検閲作業に積極的にかかわることができるだろうか？　このケースで自社の文化や信条を傷つけてしまえば、別の場所でもそうすることになりはしないだろうか？　もっと強力なメッセージを出すには、中国政府に協力するよりも、中国から引き上げるほうがいいのではないだろうか？

他方ではこういう考え方もあった。中国は長い社会的・政治的サイクルを持つ国だから、変化については数年ではなく数十年単位で考えるべきではないだろうか？　わが社がこの問題への取り組みを続けなければ、誰がやるのだろうか？　どんなに制限されていようと、真実に到達した人はいたはずだから、何もないよりましではないだろうか？

2010年、数千時間におよぶ議論を終え、世界中の社員からの意見に耳を傾けたあとで、検索結果の検閲はできないと判断した。政府の検閲命令を無視するのは違法行為だ。わが社が、活動する国の法律を遵守することは言うまでもない。だとすれば、残された選択肢はひとつ。中国で開設したwww.google.cnによる検索の提供をやめるしかない。

だが、中国のユーザーに背を向けたくはなかった。www.google.cnを訪れた人々には、わが社が香港に開設したwww.google.hkに行くよう勧めるメッセージを出した。1997年にイギリス政府が香港の統治権を中国に返還したとき、引き渡しの条件は、50年のあいだ中国本土のほとんどの規制から香港を除外するというものだった。おかげで、私たちはあと37年にわたって自社の文化を守り、中国にかかわることができる。この香港のサイトは、本土のユーザーが使おうとしてもブロックされたり速度が遅くなったりすることが多い。だが、このサイトがあるおかげで、中国語による現地サイトを続けることができる。中国国内では、わが社が撤退して以降、検索結果が検閲されているとき告知を出すことが普通の慣行になりつつある。中国の検索市場におけるわが社の存在感は徐々に薄くなっているが、それは正しい対応だったのである。

社員に自由を与えれば、驚くようなことをしてくれる

こうしてみると、何とも驚いたことに「文化が戦略を食う」というフレーズはまったく正しかったのだ。私がそれを理解したのは、グーグルで5年を過ごしたあと、『シンク・クォータリー』からわが社の文化について記事を書いてほしいと依頼されてようやくのことだった。私たち経営陣の討論を振り返ってみると、中国のケースがそうであるように、一貫して経済性ではなくわが社の価値観を支える文化にもとづいて決論が下されていた。ミッション、透明性、発言権というわが社の文化的礎石が、私たちを何度となく次のような課題に向き合わせた。意見が分かれる難題に取り組むこと、そうした難題について議論すること、そうした難題を明瞭な戦略に分解すること。つまり、わが社の文化がわが社の戦略を形成していたのであって、逆ではなかったのだ。

私がこのフレーズの出所に疑問を抱くまでにさらに数年を要した。有力な経営理論家のピーター・ドラッカーの言葉とされているが、それには根拠がないことを知ったのだ。このフレーズはフォードモーターカンパニーの戦略会議室の壁に掲げられている。２００６年に社長のマーク・フィールズが、強靭な文化が成功の秘訣であることを思い出させるために貼ったのだ。

この道を踏み出せば、でこぼこ道を行くことになる。文化は絶えず移り変わるものだ。たとえば、グーグラーはこんなことを言っている。「グーグルの文化は変化しており、わが社はもはや私が入社した会社ではありません」。「社員が数百人しかいなかった当時のことを覚えていますーーそれはまったく違う会社でした。いまでは何か別の大企業のように感じます」。「わが社はもはや楽しいだけの職場ではありません」。

これらの言葉はそれぞれ、グーグルは道に迷ってしまったと嘆く人の口から出てきたものだ。

最初の言葉は2000年（社員は数百人以下）のもの。次が2006年（社員6000人）。最後が2012年である（社員5万人ーー何とも皮肉なのは、この年にグーグラーが自社の文化を語る際に最も多用した言葉が「楽しい」だったからだ！）。実のところ、グーグルの歴史上のあらゆる時点で、文化が劣化しつつあるという懸念が存在していたのだ。ほぼあらゆるグーグラーが、初期のグーグルの幸福な日々を恋しがる……彼らはそれを、自分が入社して最初の数カ月のグーグルの姿と同一視することが多い。ここには次の2点が反映されている。グーグルに入って最初の数カ月がどれほど人の心を鼓舞するか、また、グーグルがどれほどのスピードで進化しつづけているかということだ。

私たちは文化を失うのではないかと絶えずおびえる一方で、現在の文化に不満を募らせている。これはいい兆しだ！　一歩間違えれば文化を失いかねないと感じていれば、社員は文化への脅威に目を光らせるようになる。社員が心配するのをやめるとすれば、憂慮される事態だろう。

こうした懸念に対処するひとつの方法は、議論しやすい環境をつくることであり、フラストレーションをてこにして文化の強化を図ることだ。グーグルにはステイシー・サリヴァンという秘密兵器がいる。ステイシーはグーグル初の人事責任者として1999年に入社した。テニス大会での優勝経験があり、バークリーの卒業生でもある彼女は、いくつものテクノロジー企業でキャリアを積んできた。聡明で、クリエイティブで、すがすがしいほど率直で、あきれるくらいチャーミング。要するに、まさにグーグルが雇いたくて仕方ないような人物なのだ。グーグルによるターゲット雇用プロファイルの作成に貢献したことからも、それがうなずける。現在、ステイシーはグーグルの最高文化責任者の地位にある。これまでにその肩書きを担った唯一の人物であり、グーグルの文化がそれ自体に忠実でありつづけるようにする責任を負っている。彼女はこう説明している。「早くも初日から、私たちは文化について心配していました。文化は変化していることをいつも感じていました。そのため、中核文化をしっかり守るために絶えず戦わなければならなかったのです」。

ステイシーはカルチャークラブという世界規模のネットワークを構築した。これは、わが社の70あまりの各オフィスで、グーグルの文化を守る役割を担う現地のボランティアチームだ。少しばかりの予算（たいていは年に1000ドルから2000ドル）を持つカルチャークラブの任務は、現地オフィスの文化を推進することである。グーグルのほかの部門とのつながりを維持しつつ、遊びや率直な議論を奨励する。カルチャークラブのリーダーに指名されるには、特に申し込みをする必要はない。リーダーのように行動するだけでいい。たとえば、現地オフィスのイベントの運営を引き受ける、積極的に意見を述べる、そして——これが重要だが——何が「グーグル的」かについて他人からアドバイスを求められる存在になるといったことだ。

やがて、ステイシーがあなたに目をとめ、この役割を引き受けてくれるよう依頼することだろう。

先に述べたように、偉大な企業をつくりあげるには多くの方法があり、自由度の低いモデルでも高いモデルでも企業は成功を手にしてきた。グーグルが後者であるのは明らかだ。創業者のように考え、行動することを選んだら、次はどんな文化を生み出したいかを決める番だ。あなたは社員についてどんな信念を持っているだろうか？　自分の信念に従って社員を処遇する勇気があるだろうか？　私の個人的・職業的経験によれば、社員に自由を与えれば、私たちを驚かせ、喜ばせ、仰天させるようなことをしてくれるものだ。ときには失望させられることもあるだろう。だが、完ぺきな人間などいはしない。そうした事態は自由の欠陥を示すものではなく、トレードオフのひとつにすぎないのだ。

人の心をつかむミッションを見つけること、透明性を保つこと、社員に発言権を与えることの論拠は、いくぶんプラグマティックなものだ。世界中で増えている、有能で、機動力があり、やる気にあふれるプロフェッショナルや起業家の集団は、こうした環境を求めている。これからの数十年間、地球上で最も才能があり、最も勤勉な人々を引き寄せるのは、社員が有意義な仕事に携わり、所属する組織の運命を左右できる職場だろう。もちろん、道徳的な論拠もある。その根底にはきわめて単純なこんな格言がある。「自分がしてもらいたいと思うことを、他人にしてあげなさい」。

WORK RULES

すばらしい文化を築くために

□自分の仕事は重要なミッションを持つ天職だと考えよう。
□社員に与える責任、自由、権力の程度を、安心して与えられるよりやや大きくしよう。あなたが不安を感じていないとすれば、十分に与えていないということだ。

第3章

レイク・ウォビゴンの幻想

新人がみな平均以上の職場はあるのか

なぜ、採用は組織における唯一にして最重要の人事活動なのか

アメリカの歴史上最高額の宝くじに当たったと想像してみよう。6億5600万ドルが手に入ったのだ。やりたいことは何でもできる。ちょっとありそうにないが、あなたは優勝できるプロ野球チームをつくることにする。

あなたには2つの選択肢がある。大金を積んで地上最高の選手を雇うこともできる。あるいは『がんばれ！ ベアーズ』の手法をとってもいい。場違いな人の寄せ集めチームをつくり、指導、猛練習、モチベーションと人間本性への深い洞察の力で、彼らを勝者の

チームへと鍛え上げるのだ。[*1]

ヤンキース戦略か、ベアーズ戦略か

あなたに優勝チームを与えてくれそうなのはどちらの手法だろうか？　幸い、どちらの手法も過去に試されたことがある。

ワールドシリーズが初めて開催されたのは１９０３年のことであり、それ以来１０８回を数えている。ニューヨーク・ヤンキースはそのうちの40回に出場し、27回優勝している。優勝回数で2位につけるセントルイス・カージナルスの4倍近い数字だ。

ヤンキースの優勝記録を支える主な要因は、最高の選手に最高の金額を支払うという露骨な戦略であり、２０１３年の支払総額は2億２９００万ドルに達している。[*2]１９９９年以降毎年、ヤンキースの俸給総額は球界最高であり、その前年は2番目に高かった。実のところ、１９９８年以降、俸給総額の上位2チームのうちのどちらか――ヤンキースかボストン・レッドソックス――がワールドシリーズの38％を制している。また同じ期間の53％で、この両チームのどちらかがワールドシリーズに進出している。

これは驚くべき結果だ。優勝がランダムに起こるとすれば、メジャーリーグのチームがそれぞれの年にワールドシリーズで優勝する確率は3％になるはずだ。では、俸給総額の高いチームがそれほどの頻度で優勝しながら、すべての年に優勝するわけではないのはなぜだろうか？

よりよい野球選手が誰かを知るのは実に簡単だ。全試合が公開され、記録されているから、成績は調べられる。ルールやポジションは十分に理解されているので、一貫した評価基準を決められる。そして、彼らの報酬はわかっている。マイケル・ルイスが『マネー・ボール』を書き、データ分析を選手の成績に応用するというオークランド・アスレチックスの賢明な戦略を詳述してから数年が過ぎた。それにもかかわらず、文句なしに最高の選手は誰かについて合意する、あるいは誰がすばらしい1年を迎えるかを予測するのは依然としてきわめて難しい。だが、上位5～10％に入る選手を特定するのは難しくない。金に糸目をつけないなら、前年にずば抜けた成績をあげた選手をすべて雇ってしまえば、

＊1 『がんばれ！ ベアーズ』を知らない若い読者は、『メジャーリーグ』、『飛べないアヒル』、『リトルジャイアンツ』、『アルマゲドン』、『ピッチ・パーフェクト』などを思い浮かべてほしい……この比喩にふさわしい映画はたくさんある。

＊2 俸給総額は主な要因ではあるが、唯一の要因ではない。たとえば、ヤンキースは20世紀の前半にはアメリカンリーグへの影響力から（ジェフ・カッツの *The Kansas City A's and the Wrong Half of the Yankees*, 2007 を参照）、後半には市場の積極的管理から恩恵を得ていた。この時期はサンフランシスコ・ジャイアンツのファンにとっては見守るのがつらかった。とはいえ、最高の成績を上げた選手に報酬を払うことは、ほかのスポーツでも同じように成功と結びついているようだ。『エコノミスト』は、1996年から2014年にかけてのイギリスのサッカーについて検証し、「任意のシーズンに獲得された得点数の変動の55％は、俸給に使われた金額によって説明できる」ことを発見した。同誌はこの相関関係が因果関係を証明するものではないことを認めている（"Everything to Play for," *The Economist*, May 10, 2014, page 57）。

優勝チームを手にできる可能性はかなり高い。もっとも、前年にリーグで最高の成績をあげた選手を雇ったからといって、翌年も最高の成績をあげるとはかぎらない。むしろ、そうなることはめったにない。だが、彼らの全体としての成績が、リーグの全チームの少なくとも上位半分から3分の1に入ることにはかなり自信を持っていいだろう。

言うまでもなく、このアプローチの欠点はコストだ。ヤンキースの支払総額は、この期間に3倍以上の2億2900万ドルへ跳ね上がった。1998年から1億6300万ドルも増えたのだ。現在では、ヤンキースでさえ最高額を支払いつづけられるかどうかが疑問視されている。最高の野球選手を買うという戦略の発案者は、ジョージ・スタインブレナーだった。彼の後を継いだ息子のハルは、メジャーリーグの贅沢税を避けるため、2014年の支払総額を1億8900万ドル以下に抑えようと計画していた。

アクイ・ハイアリングはよい方法か

CEOもこの戦略を推進するのが好きだ。グーグルの社員番号20を持ち、わが社のブランドと検索方法の構築に尽力してくれたマリッサ・メイヤーは、2012年7月16日にヤフーのCEOに就任した。その後1年のあいだに、ヤフーは少なくとも19の企業を買収した。たとえば、Jybe（アクティビティとメディアレコメンデーション）、Rondee（無料の電話会議サービス）、Snip.it（ニュースのクリッピングアプリ）、Summly（ニュースの要約アプリ）、Tumblr（フォトブログ）、Xobni（メールの受信箱と住所録の管理アプリ）、Ztelic（ソーシャルネットワークの分析）など。これらの買収案件のうち価格が公表されたのは5件だけだが、その総額は12億3000万ドルに達する。Tumblrを除き、ここに挙げたすべての企業が、買収されると自社サービスの一部あるいはすべてを停止し、社員はヤフーの既存のチームに合流した。

企業を買収してそのサービスを停止することは、最近のシリコンバレーの現象であり、アクイ・ハイアリング（acqui-hiring）というぎこちない呼称で知られている。その表向きの目的は、すばらしい製品をつくることによって能力を証明してきたが、買収がなければ社員として自社に加わることはなかったはずの人々を獲得することだ。

アクイ・ハイアリングが、成功する組織の構築に適した方法か否かはいまだにはっきりしない。第1に、それには驚くほど金がかかる。ヤフーは3000万ドルでSummlyを買収し、そのサービスを停止し、3人――わずか17歳の創業者のニック・ダロイジオとほかに2人――を除く全社員を解雇した。ひとりあたりにすると1000万ドルになる。またアクイ・ハイアリングが「安く」あがる場合でさえ、まだまだ高い。Xobniの31人の社員には、ひとりあたり130万ドルかかった。こうした金をすべて払ったうえに、ほかの社員とまったく同じように、継続的な給与、ボーナス、株式報奨が必要なのだ。

アクイ・ハイアリングによって雇われた人たちは、自分たちの製品が消えてなくなるのを目にする。それはつらい経験だ。金銭がその穴埋めをするとされているものの、私はこんな話を耳にしてきた。シリコンバレーの至るところで、こうして雇われた多くのエンジニアが、十分な見返りを手にしたら再び独自の活動を始めようとチャンスを待っているだけだというのだ。またアクイ・ハイアリングによって雇われた社員が、通常の方法で雇用された社員よりも優れた成果を上げるかどうかもはっきりしない。そういう人もいるが、一般的にそう言えるという証拠は見たことがない。

合併や買収の3分の2以上が、製品や事業が継続するときに価値を生み出せていない。それを考えると、アクイ・ハイアリングをうまく機能させるには、それによって雇われた社員に何か特別な部分がなければならない。アクイ・ハイアリングがまずいアイデアだと言っているわけではない。手放しですばらしいアイデアとは言えないということなのだ。

最高のものを買うことは、野球チームをつくるにはいい方法かもしれない。だが、会社をつくるにははるかにやりにくい方法だ。社員を探すための労働市場は、野球選手の市場ほど透明性はない。ある人物の業績に関して手に入る証拠は、彼が働いた現実の記録ではなく、履歴書と本人（ときには身元保証人）の話だけだ。野球のポジションはどこのチームであろうとほとんど変わらない。1塁を守る方法は限られている。ところが、たとえばマーケティングの仕事の進め方は多種多様だ。より高い報酬を提示したからと言って、応募者が増えるだけであり、応募者の質が上がったり、凡庸な人材をふるい落としてすばらしい人材だけを選べたりするわけではない。

ベアーズ戦略がうまくいかない3つの理由

こうしたあらゆる理由のために、ほとんどの組織は、たとえ認めていなくても『がんばれ！ ベアーズ』戦略を推進する。経営陣はこんなふうに語るだろう。最高の人材を採用したうえで、教育し、訓練し、指導して、チャンピオンに育てあげるのだと。この手の主張が疑わしい理由は3つある。

ひとつ目。この戦略を実行したら、チャンピオン級の業績をあげる組織が増えるのだろうか？ ヤンキースは37％の確率でワールドシリーズに出場し、出場したときには67％の確率で優勝している。そのレベルの業績を上げる組織はきわめて少ないし、それを100年続けた組織はさらに少ない。

2つ目。こうした組織が採用活動の優れた手腕を本当に持っているとすれば、その採用方法に何か特別な点があってしかるべきではないだろうか？ ところが、ほとんどの組織は同じ方法で採用を進めている。求人を出し、履歴書を審査し、何人かを面接し、採用者を選ぶのだ。それより手の込んだことはしない。すべての会社が同じ方法をとっているとすれば、どこかの1社がライバル企業と異なる結果を得る理由があるだろうか？　以上のことからして、当然ながら、企業は平均的な人材を採用することになる。採用者のなかにスーパースターや役立たずが含まれていることは、どの企業でもあるだろう。だが、全体として見れば、採用される新入社員の質は平均的なものである。

3つ目。ほとんどの人は面接するのが得意だとはとても言えない。私たちは最高の人材を採用していると思っている。というのも、結局のところ私たちはきわめて的確に人柄を判断できるのではないだろうか？　面接を始めると、すぐさまその人物を品定めし、性格や能力をうまく把握できるのではないだろうか？　過去に戻って面接ノート（わざわざノートをとっていればの話だが）を見返し、採用した人が数カ月、数年後に実際にあげている成績と比較していないとしても、それがどうしたというのだろうか？　私たちは最高の人材を雇ってきたと心の底で信じているのだ。

だが、それは間違っている。

人々が採用に取り組む姿勢は、ギャリソン・キーラーが描くレイク・ウォビゴンという架空の町を思い起こさせる。この町では「すべての子どものできが平均以上」なのだ。私たちはみな採用が得意だと思っているが、それが事実かどうかを改めて検討することはない。だから、進歩することも決してない。多くのデータからわかるのは、面接の最初の3分から5分（あるいはさらに短い時間）で大半の評価が決まること、残りの時間はその偏見の裏付けに費やされること、面接担当者は意識せずとも自分に似た人に好意的になること、ほとんどの面接技術は役に立たないことなどだ。ジョージ・W・ブッシュがウラジーミル・プーチンと会った際、こう述べたことを思い出してほしい。「私はその男の目を見た……彼の魂を感じとることができた」。

私たちは自分が優れた面接者だと考えることに加え、自分が選ぶ受験者も平均を上回っていると確信している。さもなければわが社が職を提供することはないはずだからだ。だが、すばらしい面接のあとで感じる子どもじみた楽観と、1年後に採用者の成績を評価する際のしらけた現実とのあいだには不愉快な食い違いがある。一握りのスターは記憶に残るものだ。一方、ほぼすべての採用者がスターになると確信していたことは忘れてしまう。

こうして、採用活動は平凡な結果に終わる。

トレーニングでスーパースターをつくれる？

それなら、トレーニングによって社員の力を伸ばすことはできないだろうか？ リーダーシップアカデミー、グローバルトレーニングセンター、テレ・ラーニングなどで有名な企業がたくさんあるではないか？ そうしたものを活用すれば、新入社員を有能な人材に育てられるのではないか？

それほど簡単な話ではない。効果的なトレーニングを設計するのは難しいのだ。一部の専門家は、トレーニングの90％は適切に設計されていないし実行もされないため、成績の持続的向上にも行動の変化にもつながらないとまで言っている。平均的な成績の人にトレーニングを受けさせてスーパースターに変身させるのはきわめて難しい。それでも可能だと言う人もいるし、それは正しい（わが社のアプローチについては第9章で述べる）。平凡な成績の人が有能に変わった事例はあるが、そうした成功の大半は、トレーニングのたまものというより仕事の背景や種類の変化の結果である。

アルベルト・アインシュタインのケースを考えてみよう。彼はそもそも教師として雇ってもらえず、その後スイス特許庁では昇進できなかった。アインシュタインは、彼をスイスの歴史上最高の特許庁職員へと変える授業に出席したわけではない。また、教育学の学位を取らず、教育賞も取ろうとしなかった。彼が成功できたのは、本業に知力を使う必要がほとんどなかったからだ。おかげで、まったく無関係な分野を自由に探究できたのである。

こうして、有能な人々を集めるための2つの道が残される。まさに最高の人材を雇う方法を見つけるか、あるいは平均的な成績の人を雇って最高の人材に変えるか。ずばり言って、次のような状況のどちらがいいだろうか？

	トレーニングにかかる費用	採用にかかる費用
一社員あたり	**606.36ドル**	**456.44ドル**
総人事費用に占める割合	**18.3%**	**13.6%**
収益に占める割合	**0.18%**	**0.15%**

企業は新たな社員を雇うよりも、現在の社員をトレーニングすることに資金を使っていた。2012年のデータ

A　私たちは成績が上位10％以内の人材を雇う。彼らはすぐにすばらしい仕事を始める。

B　私たちは平均的な成績の人材を雇い、トレーニングプログラムを通じて、最終的には上位10％以内の成績を上げられるようにする。

こう言われると、難しい選択であるようには思えない。並外れた人材を獲得するための予算がおそらく十分あるのに、それが間違った用途に使われていることがわかっているなら、なおさらだ。『コーポレート・エグゼクティブ・ボード』によれば、企業は採用よりもトレーニングにかなり多くの金額を投資しつづけている。

企業はさらに、いかに多くの費用をトレーニングに使っているかを誇らしげに語ることによって、悪徳を美徳へ変えてしまう。だが、いつから、支出が良好な結果の目安になったのだろうか？　「私の体力は万全だよ——今月はジムの会費に500ドルも使ったからね」などと自慢する人がいるだろうか？　トレーニングに莫大な予算を費やしているからといって、社員に投資している証拠にはならない。それは、そもそも適切な社員を雇えなかった証拠にすぎないのだ。第9章で、トレーニング予算を削り、浮いた資金を採用に回すための戦略をいくつか提案したい。

グーグルは社員への投資の初期段階に力を入れている。つまり、社員にかける時間と資金の大部分を、新たな社員を引きつけ、評価し、育てることに投じるのだ。人事予算に占める割合で見ると、わが社が採用にかける費用は平均的な企業の2倍以上になる。事前にうまく社員を選べれば、雇ったあとは手間をかけずにすむ。上位10%に入る求職者であれば、どんなに悪くても平均的な年間成績は達成するだろう。社内で最低の成績しかあげられない可能性は低い。だが平均的な求職者の場合、多額のトレーニング資源を使うばかりか、平均を上回る期待と同じくらい、はるかに下回る成績で終わる心配もある。

なぜ型破りな採用法を取り入れたか

わが社が型破りな採用法に重点的に取り組むことによって、社員への投資の初期段階に力を入れることにしたのはなぜだろうか?

ほかに選択肢がなかったのだ。

グーグルは2人の若者が寮の部屋で始めた企業だ。当時、市場は飽和状態にあり、ユーザーはマウスを1回クリックするだけでライバル企業へ鞍替えできた。創業以来、競い合うための唯一の方法が、世界一正確で高速な検索サービスを提供することなのはわかっていた。だが、わが社に必要なものを構築できるだけのエンジニアを雇うのは不可能だと思っていた。わが社に必要なものとは、インターネット上の何から何までを識別し、分類するウェブクローラー、そこにあるものから意味を抜き出すアルゴリズム、80を超える言語を翻訳するツール、あらゆるものを実際に機能させるためのテスト、こうしたすべてのデータを蓄えて提供するためのデータセンター、最後に、開発とサポートを必要とするその他数百におよぶ製品などだ。わが社の成長に対する最大にして唯一の足かせは、どんなときであれ、すばらしい社員を見つける能力だった。

長年にわたり、わが社はヤンキースのような大きな強みを持っていなかった。つまり、カネだ。単純に最高のものを買うことは、ほとんどの組織にとってそうであるように、発展期のグーグルにとって選択肢とはならなかった。1998年、グーグルは収益をあげられず、数年にわたって業界最低の給与水準にあった。2010年になっても依然として、グーグルに入るほとんどの社員は、入社時に50％以上というかなりの減給を受け入れていた。給与に目をつぶり、この無鉄砲でちっぽけな新興企業に入社してくれるよう相手を説得するのは、簡単な仕事ではなかった。ほかの多くの人と同じように、私も減給を受け入れてグーグルに入社した。いまだに覚えているのは、GEでの最後の日に所属部門のCEOから言われたこんな言葉だ。「ラズロ、このグーグルとかいうのは、ずいぶんかわいらしい会社のようだね。幸運を祈っているよ。だが、うまくいかないようだったら電話をくれ。わが社には君にやってもらいたい仕事がある」。

グーグルは検索ゲームで後れをとってもいた。ヤフー、エキサイト、インフォシーク、ライコス、アルタビスタ、AOL、マイクロソフトといった企業がすでに主要なプレーヤーとなっていたからだ。私たちは採用候補者を感心させてインスピレーションを与え、グーグルが特別な何かを提供することを納得してもらわなければならなかった。だが、入社してくれるよう説得する前に、人を雇う新たな方法を考え出し、他社よりもよい採用結果を確実に得られるようにする必要があった。

並外れた人材を選び出すには、採用の方法を根本的に考え直さざるをえなかった。実際にどうしたかについては、この先の2つの章で詳述するつもりだ。ありがたいことに、さらにカネがかかることはないが、採用についての考え方を2つの面で大きく変えなければならない。

採用にもっと時間をかける

ひとつ目の変化は、採用にもっと時間をかけることだ。

入社志願者のうちでトップレベルの人材は(せいぜい!)10%にすぎない。そのため、あなたはそれよりずっと多くの志願者と会って面接をこなすことになる。私が「せいぜい」と言うのは、実のところ、ほとんどの業界でトップレベルの人材は仕事を探していないから、もっと正確に言えば彼らは現在の居場所で成功を収めている人材だからだ。よって、入社申込書をもとにすばらしい人物を採用できる可能性は低い。

だが、そうした人材は待つだけの価値がある。ナレッジ担当上級副社長のアラン・ユースタスがよく言うように「一流のエンジニアは平凡なエンジニアの３００倍以上の価値がある……ひとりの並外れた科学技術者を失うよりも、工学部大学院生の1クラス全体を失うほうがましだ」。

そうした人物のひとりがジェフ・ディーンだ。ジェフは初期のグーグラーで、世界一速く正確な検索を可能とするアルゴリズムを支えるキーパーソンだ。彼は数名の仲間と協力して、わが社の検索方法を何度もすっかりつくりなおしてしまった。たとえば会社の草創期に、ジェフ、サンジェイ・ゲマワット、ベン・ゴメスは、検索インデックスをディスクから取り出すのではなく、メモリーに保存しておく方法を考案した。それだけで、検索の効率は3倍に向上した。

ジェフはまたすばらしい男であり、同僚から信じられないほど尊敬されている。グーグラーがジェフに関する「事実」を投稿する内部サイトがあるのだが、それはドスエキスというビールブランドのＣＭに登場する「世界一おもしろい男」がやってのける離れ業に近い。

●ジェフ・ディーンのキーボードにコントロールキーがないのは、ジェフ・ディーンがつねにコントロールしているからだ。
●アレクサンダー・グラハム・ベルが電話を発明したとき、ジェフ・ディーンからの不在着信が表示されていた。
●以前インデックスのサーバーがダウンしたとき、ジェフ・ディーンは2時間にわたり、ユーザーの打ち込む検索クエリに手作業で回答した。イーバルの品質評価は5ポイント改善した。
●1998年、科学者たちは12月31日にうるう秒を加え、ジェフ・ディーンにY2Kのバグを修正する時間を与えた——世に知られているあらゆるシステム内にあるバグを。
●ジェフ・ディーンはかつて、たまたま居合わせた人にゼノンのパラドックスを説明した。その人は2度と動かなかった。
●ジェフ・ディーンにとって、「NP」[*3]は「No Problemo」を意味する。
●世界が熱核戦争の危機に瀕しているとしても、人々はWOPR〔訳注：映画『ウォー・ゲーム』に登場する核戦争シミュレーター用の人工知能〕にコンピュータそのものではなくジェフの相手をさせるだろう。
●ニュートンはかつてこう語った。「私が遠くを見渡してきたのは、やがてジェフ・ディーンが私の肩の上に立ってさらに遠くを見渡してくれるからだ」。

私たちにとってジェフは特別な存在だが、彼だけが特別なわけではない。サラー・カマンガーは、検索語に対するオークションの構築法についてある卓見を持っており、エンジニアのエリック・ヴァーチと緊密に協力してわが社初の広告システムをつくりあげた。たとえば出版事業の場合、雑誌には読者１０００人につき広告主にいくら請求されるかが表示される。サラーは前もって値段をつけるのではなく、ユーザーが検索するあらゆる語句に対してオークションを催すことを思いついた。どんな順番で広告が表示されるかをグーグルが独断で決めるのではない。そうではなく、広告主が広告リストのなかで望む位置に対して入札するのだ。費用は1ワードあたり1セント以下から10ドル以上までの幅がある。こうした卓見の直接の帰結として、株主には数十億ドルの、広告主には新事業における数千億ドルの価値が生み出される一方、ユーザーはウェブ全体から探していたものを正確に見つけられるようになり、快適さが増した。

その他の並外れたグーグラーには以下のような人々がいる。ディアン・タンは、最大の

＊3　私が「NP」という略語を持ち出したのは、親友のガス・マタンマルの影響だ。ガスは数学、物理学、経営学の学位を持ち、家庭教師・試験対策企業のシリコンバレー・アドバンテージ・テスティングで取締役を務めている。NPを説明できる人がいるとすれば、それはガスだろう。ガスはこう教えてくれた。「クラスNPには、非決定性チューリングマシーンによって多項式時間において対応する決定問題が解決できるような、あらゆる計算問題が含まれる」。うーん……すると彼は私のために翻訳してくれた。「君がコンピュータ・サイエンティストでないなら、『NP問題』は『本当に、本当に、解くのが難しい問題』を表すことに使えるだけだろう」。

技術的貢献をなした者に与えられる「グーグルフェロー」という敬称を持つ一握りのエンジニアのひとりだ。タンは数年にわたり、広告の質を確実に向上させつづけることにチームを集中させてきた。そして最近、グーグルXのある秘密プロジェクトに着手した。文字どおりミクロ経済学の本を書いたハル・ヴァリアン博士は、わが社の経済学チームを率いている。シャルロッテ・モニコは、ロンドンを本拠とするわが社のピープル・オペレーションズ・チームの一員で、オリンピックに出場した経験がある十数名のグーグラー・オリンピアンのひとりだ。インターネットの共同開発という重要な業績によって「インターネットの共同の父」として知られるヴィント・サーフは、わが社の先導的エバンジェリストである。さらに、光学式マウスの発明者（ディック・ライアン）や、エキサイトの共同創業者（ジョー・クラウスとグラハム・スペンサー）、ウシャヒディの創設者（オリ・オコーラ。ウシャヒディは、市民ジャーナリストや目撃者がアフリカにおける暴力をレポートできるようにするクラウドソーシング・ユーティリティー）、クロームの開発者（サンダー・ピチャイとライナス・アプソン）、ディグの創業者（ケヴィン・ローズ）などが肩を並べ、数万人におよぶその他のすばらしい社員とともに働いているのだ。

自分より優秀な人だけを雇う

どうすれば、自分が傑出した人材を見つけたかどうかがわかるだろうか？　私の単純な経験則——また、人を雇う方法にもたらされるべき第2の大きな変化——は「自分より優秀な人物だけを雇え」というものだ。

私がこれまでに雇った人はすべて、何らかの点で私より優れている。たとえば、人材分析および報酬担当副社長のプラサド・セティは、物事を分析的に洞察する力がある。人材育成担当副社長のカレン・メイが気配りのできるカウンセラーなのは、彼女の感情的知性が私よりもはるかに高いからだ。わが社のために多様性と青少年教育プログラムを指揮しているナンシー・リーは、うらやましいほどの大胆さと明確な展望を持っている。人員配置・社員サービス担当副社長のスニル・チャンドラは、事業運営の手腕に長け、先見の明にあふれているうえ、いかなるプロセスもユーザーにとってより速く、より安く、よりよいものにできるようだ。これらの人々はいずれも、明日にも私の仕事をこなせるかもしれない。私は毎週のように彼らから学んでいる。私はこれらの各人を雇うために長いこと待った。カレンには、やっと入社してくれるまでに4年間もはねつけられた。これらの傑出した人々を見つけるのにかかった時間はもっと長い。だが、こうした時間にはつねに待つだけの価値があった。

自分より優れている人を待つことにもっと時間をかける気になったら、次は採用に関する権限をマネジャーに手放してもらう必要がある。前もって言っておかねばならないが、グーグルが新たに雇うマネジャーはこれを嫌う！　マネジャーは自分のチームを選抜したがるものだ。ところが、意欲に満ちたマネジャーでさえ、人材発掘の作業が長引くと採用基準をゆるめてしまう。たとえば大半の企業のマネジャーは、当初は希望する秘書の質について非常に高いハードルを設定する。ところが3カ月もたつと、たいていのマネジャーは電話に出てくれる人なら誰でも採るようになってしまう。さらに悪いことに、個々のマネジャーはえこひいきをする可能性がある。つまり、友人を雇いたがったり、取締役や大口顧客に好意を示すためにインターンを採用したりするのだ。最後に、マネジャーに採用決定を任せると、チームのメンバーに対して彼らの権力が大きくなりすぎてしまう（のちの章で、私たちがマネジャーの権力を最小限に抑えるために実際に努力している理由を述べたい）。

6カ月くらいが過ぎると、わが社の新任マネジャーはこう気づく。自分が雇おうとしている人材の質は過去にどの社で経験したものより高いし、自分は同じ厳格なプロセスをくぐり抜けてきた並外れた人々に囲まれているのだと。採用の決定権がないことを彼らが気に入るようになると言うつもりはない。だが、彼らはその価値を認めているのだ。

アイビーリーグより州立大クラストップの卒業生

こうした厳格さには喜ばしい副作用もある。そのひとつが、最高の人材は必ずしも私たちが想定するような人たちに見えないということだ。グーグルがまだ小さく、年に数百人しか採用していなかった頃は、立派な経歴の人だけを雇うのは簡単だったし、効率的でもあった。つまり、スタンフォード、ハーバード、MITといった大学の卒業生で、きわめて高く評価されている企業だけで働いてきた人々だ。わが社が成長し、年に数千人の新入社員を雇う必要が出てくると、最高の人材の多くはそうした学校へ行っていないことがわかってきた。もしかすると読者は驚かないかもしれないが、これが初期のグーグルの姿だったのであり、率直に言って、当時のわが社のやり方はもっとエリート主義的だった。私たちは依然としてみずからの最善の直感——それは他人の直感と同じく間違っているかもしれない——にもとづいて人事問題に対処していたので、データによって補足しようとはしなかった。

そこで、私たちは立ち直る力や困難に打ち勝つ力を発揮してきた求職者を探しはじめた。いまでは、アイビーリーグの平均的な——場合によっては平均以上の——卒業生より、州立学校をクラスのトップで卒業した聡明で勤勉な学生のほうを採用したいと考えている。

何をやりとげたかにくらべれば、どこの大学を出たかはそれほど重要ではない。業務によっては、大学に行ったかどうかはまったく関係ない。大切なのは会社に何をもたらすかであり、これまでどうやって自分自身を際立たせてきたかだ。わが社の創業者のひとりも大学教育を終えていないことを考えれば、これはある意味で当然のことである。わが社はいまや、全米の300を超える学校からコンピュータ・サイエンティストを、また世界中の学校からさらに多くの人を採用しているが、最高の成果を上げる者のなかには1度も大学に足を踏み入れたことのない人もいる。

だが、最後に注意を述べておかないとしたら、怠慢のそしりを免れないだろう。2001年のエンロン崩壊を受けて、マルコム・グラッドウェルは『ニューヨーカー』に「逸材という神話：賢い人々は過大評価されているか？」と題する記事を書いた。エンロンとマッキンゼーの「賢い人々」への執着を槍玉に挙げ、両社を強く批判したのだ。「マッキンゼーはもちろん、エンロンにいるその信奉者のさらに大きな欠点は、組織の知能は社員の知能の関数にすぎないという想定だ。彼らがスターを信じているのは、システムを信じていないからである」。

こうした見方は、マッキンゼーで私自身が経験したこととはまるで相容れなかった。マッキンゼーは、人材育成を目的とする強力な一連の社内システムを持っており、顧客企業にも同様のシステムをつくるよう勧めていたからだ。それにもかかわらず、次の点には私も同感だ。頭の良さを基準に盲目的に人を雇い、やりたいことは何でもできる際限のない自由を与えれば、突如として壊滅的な失敗を招くことになる。最高の人材を雇いたいと願うのは当然だが、「最高」とは知性や専門技術といった唯一の属性によって定義されるものではないのである。

「逸材という神話」の教訓

第8章で述べるように、ある環境でスターだからといって、新たな環境でもスターになれるとはかぎらない。だから、自社の環境で人を確実に成功に導くことがきわめて重要になる。第5章で、グーグルがそれをどう実現しているかを詳しく説明したい。その方法は幅広い属性を探すことであり、なかでも最も重要なのは謙虚さと誠実さである。こうしたその他の属性はわが社の雇用プロセスにおいてとても重要な要素なので、ベン・ゴメス——検索に関するグーグルの最初の3つの特許のうち2つに携わった人物——はこう述べている。「それは興味深い現象です。自分より優れた人々を面接し、『ノー』と言うのですから」。

「逸材という神話」の教訓は「賢い人を雇ってはならない」ではなく、「賢いというだけで雇ってはならない」というものだった。もっともなアドバイスである。これ以上ない採用とは、有名人、トップセールスパーソン、明敏なエンジニアを雇うことだけではない。自社の環境下で成功を収め、ともに働くすべての人をいっそうの成功に導いてくれるまさに最高の人材を見つけることなのだ。

採用とは利用できる人事機能のうちで最も重要なものだが、ほとんどの人は私たちが思うほどそれに長じていない。手持ちの資源を採用活動の改善に向け直せば、開発可能なほぼいかなるトレーニング・プログラムよりも多くの見返りが手に入る。

WORK RULES

採用のために（ショートバージョン）

□資源が限られていることを考え、人事予算をまず第一に採用活動に投資する。
□時間をかけて最高の人材だけを雇う。何らかの点で自分より優れた人材だけを雇う。マネジャーに自チームのメンバーの採用を任せてはならない。

第4章
最高の人材を探す方法
グーグルの「自己複製する人材マシーン」

私たちがグーグルの取締役会議を終えると、インテルCEOにして取締役のひとりであるポール・オッテリーニはこう締めくくった。「最も感銘深いことは、みなさんのチームが世界初の自己複製する人材マシーンをつくりあげたということです。このシステムはすばらしい人材を採用するだけでなく、会社とともに発展し、世代を重ねるたびに進歩していくのです」。私はゴールしてほっとして倒れ込むマラソンランナーのような気持ちだった。それは2013年4月のことであり、グーグルは過去2年間で1万人以上の社員を増やしていた。

実際、わが社は毎年のように約5000人ずつ社員を増やしてきた。そこまで絞る前に、まずは毎年100万人から300万人の求職者からの応募を受けつける。つまり、ふるいにかける人々の約0・25％しか雇わないということだ。比較のために一例を挙げると、2012年にハーバード大学は志願者の6・1％に入学許可を出した（3万4303人の志願者のうち2076人が入学を認められた）。ハーバードは入学するのが非常に難しい大学だが、グーグルに入社するのとくらべれば25倍も簡単なのである。

それは実際に創業者とともにスタートした

ラリーとセルゲイは、ウルス・ヘルツル（わが社の最初の10人の社員のひとりで、現在の技術インフラ担当上級副社長）の助けを借りて、グーグルの採用システムの土台を築いた。それは、最も賢い人だけを雇いたいという強い希望をかなえるべくスタートしたものだ。のちに私たちがその採用プロセスを改良したのは、IQだけで人がクリエイティブになったりチームプレーヤーになったりするわけではないからだ。とはいえ、それはすばらしい出発点だった。

ウルスはこう説明した。「本当にひどい経験をしました。当時、私は社員7人のある小さな新興企業で働いていたのですが、サンに買収され、わがチームのメンバーはあっというまに7人から50人くらいに増えたのです。ところが、生産性は以前より落ちてしまいました。新たに加わった40人の社員の大半が実際には役に立たなかったからです。彼らのおかげで節約できる時間よりも、彼らのために使わねばならない時間のほうが長かったのです。15人のチームであっても全員が本当に優秀であれば、わがチームははるかに良い業績を上げられたことでしょう。私がいくぶん恐れていたのは、グーグルのエンジニアを10人から50人に増やすことによってかえって生産性を落としてしまうことでした」。

創業者たちは委員会方式による採用が大事だと認識していたため、わが社で唯一の会議机を兼ねる卓球台を囲み、採用候補者を一緒に面接することが多かった。彼らはひとりの面接者がつねに正しい判断を下すことはないと直感していた。この直感はのちに、わが社が2007年に行った「集合知」研究で定式化されている。これについてはすぐあとで論じたい。スーザン・ウォジスキはラリーとセルゲイをよく知っており、2人がグーグルの最初のオフィスとして借りていたガレージの所有者でもあったが、その彼女でさえ、わが社初のマーケティングリーダーとして仕事につくために面接を受けなければならなかった。

重要なのは、彼らがまた客観的な基準に従うべきだという直感を持っていたことだ。この基準は、それを維持することに責任を負う唯一にして最終的な主要審査員によって課されるのが望ましい。現在、私たちはその責任を上級リーダーの2つのチームに分散している。ひとつは生産管理とエンジニアリングを担当するチーム、もうひとつは販売、金融、その他すべてを担当するチームだ。そしてわが社には、あらゆる——そう、あらゆる——採用候補者に対するひとりの最終的審査員がいる。CEOのラリー・ペイジだ。

これらふたつのチームの唯一の目的は、創業者が設けた高い質的基準に、私たちが忠実でありつづけるようにすることだ。あなたが会社やチームをスタートさせたとすれば、新入社員に何を求めているかは正確にわかっている。つまり、新事業に関してあなたと同じように意欲に満ち、賢明で、興味を抱き、情熱的だということだ。そして、あなたが雇う最初の数人の社員は、その基準を満たすだろう。だが、彼らが採用する側に回ると、あなたと同じ基準で人を雇うことはない。彼らが悪意を持っていたり無能だったりするからではなく、あなたが求めているものを正確に理解していないからだ。

したがって、採用者の世代が進むごとに、採用される人材は前の世代よりもやや劣ることになる。組織が大きくなるにつれ、友人や顧客を援助したり関係を築いたりするために、彼らの子どもを雇おうとする誘惑も大きくなる。こうした行為が意味するのは、ほとんどつねに人材の質への妥協である。結果として、小さな会社やチームのときは一流の人材を雇っていたのに、大きな会社になると平凡な人材を雇うことになってしまうのだ。

初期——じっくり時間をかけて驚くような人材を採用する

２００６年以前、グーグラーは採用候補者を見つけるためにありとあらゆることを試していた。モンスタードットコムなどのウェブサイトに求人広告を出すといった、伝統的な戦術をテストしたこともあった。これらの方法はそれなりに機能したものの、十分とは言えなかった。ひとりを採用するまでに、数万人の候補者を不採用としていたからだ。*1 このあふれんばかりの候補者をふるいにかけるのに、大変な時間がかかっていた。

他社と同じくわが社も身元照会を行っていたが、その一方で求職者追跡システムを構築してもいた。求職者の履歴書を在職中のグーグラーの履歴書と突き合わせ、重複があれば——たとえばあるグーグラーと同じ年に同じ学校に通っていたとか、同じ時期にマイクロソフトで働いていたなど——自動的にそのグーグラーに照会のメールが送られる。その求職者を知っているか、彼をどう思うかとたずねるメールだ。求職者が指定する身元照会人はたいてい称賛の言葉を並べるものだが、こうした「裏口」照会ならもっと正直な内容になるはずだ。この手法によって「上司にへつらい、部下を蹴飛ばす」人がふるい落とされ

＊1　２０１２年の春、私たちは採用候補者を仕事によりマッチさせるためのアルゴリズムを使いはじめた。２０１３年半ばまでに、採用率は28％上昇した（すなわち１０００人の候補者に対して、従来より28％多くの人を採用している）。

た。*2

こうしたすべての情報がまとめられ、採用候補者ひとりにつき50ページあまりの採用書類ができあがると、それを採用委員会が検討した。採用委員会はいくつもあった。各委員会の構成メンバーは、補充対象の仕事に詳しいが、直接の利害を持たない人たちだった。たとえば、オンラインセールス業務のための採用委員会は販売担当者からなっていたが、採用担当マネジャーや採用候補者と一緒に働く社員は含まれていなかった。これは、客観性を確保するための措置だ。

私たちは人材斡旋会社と契約した。だが、そうした企業がこちらの求めるものを理解するのは難しかった。というのも、私たちが雇いたかったのはエキスパートではなく「聡明なゼネラリスト」だったからだ。自分が携わっている仕事を熟知している人より、賢明で好奇心旺盛な人を雇いたがっていることに、人材斡旋会社は当惑した。彼らの混乱がフラストレーションへと移行したのは、私たちがこう主張したときのことだ。ほとんどの顧客企業がしているように顧問料を支払うのではなく、採用が成立した場合にのみ料金を支払うと。それだけではない。私たちは数十回の面接を要求し、求職者の99％を不採用とし、たいていの場合、求職者が現に手にしている金額よりも低い報酬を提示した。

私たちは突拍子もないことを試してみた。2004年、マサチューセッツ州ケンブリッ

不可解な広告板

おめでとうございます。あなたは第2段階に進みました。www.Linux.orgにアクセスし、Bobsyouruncleをログインとして、次の方程式の答えをパスワードとして入力してください。

f(1)=7182818284

f(2)=8182845904

f(3)=8747135266

f(4)=7427466391

f(5)=＿＿＿＿＿＿

第2のパズル　© Google, Inc.

Google(LABS)™

Congratulations.

Nice work. Well done. Mazel tov. You've made it to Google Labs and we're glad you're here.

One thing we learned while building Google is that it's easier to find what you're looking for if it comes looking for you. What we're looking for are the best engineers in the world. And here you are.

As you can imagine, we get many, many resumes every day, so we developed this little process to increase the signal to noise ratio. We apologize for taking so much of your time just to ask you to consider working with us. We hope you'll feel it was worthwhile when you look at some of the interesting projects we're developing right now. You'll find some links to more information about our efforts below, but before you get immersed in machine learning and genetic algorithms, please send your resume to us at problem-solving@google.com.

We're tackling a lot of engineering challenges that may not actually be solvable. If they are, they'll change a lot of things. If they're not, well, it will be fun to try anyway. We could use your big, magnificent brain to help us find out.

Some information about our current projects:

- Why you should work at Google
- Looking for interesting work that matters to millions of people?
- http://labs.google.com

2つのパズルを解いた人への特典画面　© Google, Inc.

おめでとうございます。

お見事です。うまくいきましたね。Mazel tov（ヘブライ語で「おめでとう」の意）．あなたはグーグルラボにたどり着きました。お目にかかれてうれしく思います。

グーグルを構築しながら私たちはひとつのことを学びました。探しているものを見つけやすくするには、相手から会いに来てくれるようにすればいいのです。私たちが探しているのは世界最高のエンジニアです。そして、あなたが会いに来てくれました。

ご想像のとおり、私たちは毎日、実に多くの履歴書を受け取っています。そこで、信号対雑音比を上げるため、このささやかなプロセスを開発した次第です。一緒に働いていただけるようお願いするためだけに、かなりのお時間を使わせてしまったことをお詫びします。私たちが目下進めている興味深いプロジェクトの一部をご覧になり、時間をかけた甲斐があったと感じていただければ幸いです。下記のリンクをたどれば、私たちの企画に関してより多くの情報をお知りいただけます。しかし、機械学習と遺伝的アルゴリズムに没頭する前に、履歴書をわが社までお送りください。送付先：problem-solving@google.com.

私たちが取り組んでいるエンジニアリング上の多くの難題は、実は解決できないものかもしれません。解決できれば、多くのことが変わるでしょう。解決できないとしても、そう、それに取り組むのはいずれにしても楽しいことのはずです。あなたの大きく優秀な頭脳の助けを借りれば、私たちは問題を解決できるかもしれません。

現在のプロジェクトに関する情報をご覧いただくには、下記のリンク先をご参照ください。

ジに、またカリフォルニア州の101フリーウェイから少し離れたところに、不可解なパズルを掲載した広告板を設置したのだ（125ページの写真）。好奇心旺盛で野心あふれるコンピュータ・サイエンティストが、パズルを解いてくれるのではないかと期待してのことだ。

このパズルを正しく解くと、[*3] 第2のパズルが掲載されたウェブページにたどり着ける。この第2のパズルを解くと、[*4] 右に示すような画面に出会える。

結果はどうなっただろうか？ 私たちはひとりも採用しなかった。[*5] 広告板はメディアで盛んに取り上げられたものの、資源の無駄遣いになっただけだった。人材募集チームは洪水のような履歴書と問い合わせに対応しなければならなかったからだ。訪問者の大半は2

＊2 この表現の出所はオランダのラドバウド大学教授、ルース・フォンクらしい。"The Slime Effect: Suspicion and Dislike of Likeable Behavior Toward Superiors" (*Journal of Personality and Social Psychology* 74, no. 4 (1998) : 849–864) というすばらしいタイトルの1998年の論文で、彼女はオランダのこんな表現を無断で引用している。「上司の靴をなめ、部下の尻を蹴り上げる」。論文では7つの実験について述べられており、ひとつ目の実験の目的は、こうした振る舞いをする人々が「(a) 極端に嫌われており (b) きわめて卑屈」であることを示すことだった。

＊3 頭を悩ませる人がいるといけないので答えを書いておくと、7,427,466,391である。

＊4 これらの数字はeに現れる10桁の数列のうち、合計が49になるもの。f(5) = 5966290435である。

＊5 2013年に採用記録をチェックし、これが事実かどうかを調べてみた。広告板を設置した直接の結果として雇った人はいなかったが、25人のグーグラーが少なくとも広告板を見たことはあると言った。彼らは全員、それをおもしろ広告だと思っていたのだが、ある人はこう指摘している。「パズルはとても良かったのですが、高速道路沿いの広告板に不可解な長い文章が書かれているというのは、最善の広告手法ではないかもしれません」。高速道路を少しでも安全にしよう！

つのパズルを解いていなかった。解いた人を面接してわかったのは、ソロの競技会でうまくできたからといって、必ずしもチームプレイヤーになれるわけではないということだ。また、このコンテストで勝利を収めた人々がすばらしい力を持っているとしても、それはひとつの分野に限ってのことである場合が多い。あるいは、有限の結果とはっきりした解決法がある問題を解くのには慣れていても、現実の世界で複雑な難問に対処するとなると話は別なのだ。グーグルにとって課題となるのは後者であり、私たちが探しているのは、目の前の問題を解けるだけでなく、将来いかなる未知の問題が現れても解決できる人材なのだ。

採用のプロセスを進めるあいだ、私たちはそれぞれの求職者について多くの観点から情報を集めた。ひとつの見方だけではゆがんでいる可能性があると思ったからだ。しかし、見当違いの情報を集めたこともあった。すべての求職者が、SATの成績、もし手に入れば大学院のテストの成績、大学の成績証明書を提出しなければならなかったのだ。私が面接を受けたとき、大学に電話して13年前の成績証明書を取り寄せることをグーグルが望んでいるとは信じられなかった。大学を出て20年も30年も経っている人々にとって、この要求はさらに風変わりに聞こえた。*6

学業成績や成績証明書を要求することは、賢い人に近づくための単刀直入な手段だと考えられていた。それによって、自分の記録について嘘をつくがっかりするほど多くの人々が排除されていた。ところが、2010年、わが社の分析によって次のことが明らかになった。卒業して最初の2~3年を過ぎると、学校の成績から仕事の成績は予測できないのだ。そこで、学業成績や成績証明書の提出を求めるのをやめたのである。

2000年代半ば、面接者は求職者に好きなように質問できたが、いかなる特定の体系にも従っていなかったため、彼らのフィードバックは見識に欠けていることが多かった。面接者のあいだで調整がなされていなかったせいで、特定の属性について聞き忘れることもよくあった。そのため、求職者はさらに面接を受けるために戻ってこなければならなかった。

このせいで、多くの求職者が悲惨な経験を味わった。当時のメディアには、グーグルの採用プロセスをめぐる恐ろしい話があふれていた。「彼らはあなたを使い捨ての消耗品として扱う」「悲しいことだが、その会社（あるいはその採用部門）が傲慢にして無礼であるという報道は……誇張されたものではない」。

ご想像のとおり、採用マシーンは実にのろのろとしか動かなかった。グーグルに採用されるまでには6カ月以上かかることもあったし、求職者は採用通知を手にするまでに15~25回もの面接に耐えねばならないこともあった。ひとりのグーグラーが、たったひとつの

＊6　学業成績や成績証明書の提出を長いこと求めてきたとはいえ、わが社はつねに、第5章で説明する制約を心に留めてきた。求職者の全体像を感じ取ろうと努めてきたのだ。

仕事に応募してきた数百人、数千人という人々のうち10人あまりを面接した。面接を行い、最終的な採用者に関するフィードバックを書くのに10～20時間を費やした。合格した受験者がそれぞれ受ける15～25回の面接にこの時間をかけると、150時間から500時間の労働時間があらゆる採用プロセスに投じられる計算になる。しかも、新人採用担当者、採用委員会、そして創業者が費やす時間は考慮されていない時点での話だ。

だが、いまにして思えば、当時はこれが理にかなったトレードオフだった。採用マシーンが過度に慎重に運用されていたのは、ある目的があったからだ。つまり、誤検出——面接の段階では優秀に見えても、実際には業績を上げられない人——を避けることに主眼が置かれていたのだ。優秀な人材を2人雇い損ねたとしても、うんざりするような人物をひとり避けることができるなら、わが社にとってはそのほうが良かった。小さな企業には、あとになって使い物にならないとわかるような人間を雇う余裕はない。無能な人材や社内政治が好きな人々はチーム全体に悪影響を及ぼす。彼らを指導したり追放したりするには、経営陣が相当な時間を無駄にしなければならない。グーグルはあまりにも急激に成長し、あまりにも多くのものを手にしていたため、そんなリスクを冒すわけにはいかなかった。だから、まさに適任という求職者が見つかるまでは、ポストを空席にしておいた。エリック・シュミットはかつて私にこう語ったことがある。「現実には、君が追い出すべき社員が何人かいる。だが、新規採用の目的はそうした社員を抱えないようにすることのはずだ！」。

厳格な採用基準と、採用活動への徹底的な集中の相乗効果によって、希望どおりのすばらしい人材を雇うことに成功した。最初の100人の社員のなかにはその後（ヤフーやAOLの）CEO、ベンチャーキャピタリスト、慈善家などに転身した人もいれば、言うまでもなくグーグラーでありつづけ、グーグルの最も重要な新規事業を率いている人もいる。たとえばスーザン・ウォジスキは、わが社の広告サービス業務を主導したあとで、ユーチューブ部門を指揮するために異動した。

実際、16年を経ても、当初の100人の社員の約3分の1がいまでもグーグラーだ。*7 初期の社員がこれほど長く残っているのは、新興企業にはめったにないことだし、社員が10人から1万人に増えるのに応じ、彼らが個人的・職業的に成長しつづけられるのはさらにまれなことだ。

私たちが会社を成長させることにこれほど注力している主な理由のひとつは、社員のためにすばらしい仕事を十分に生み出すことにある。ラリーはかつてこう説明している。「社

*7　こうしたグーグラーには以下のような人たちがいる。サラー・カマンガー、ウルス・ヘルツル、ジェフ・ディーンとサンジェイ・ゲマワット（この2人は副社長にしてグーグル・シニアフェロー）、ジェン・フィッツパトリック、ベン・スミス、ベン・ゴメス（すべてエンジニアリング担当副社長）、ステイシー・サリヴァン（副社長にして最高文化責任者）、マット・カッツ（ウェブスパムチームのトップにして、グーグルをめぐる課題に関する最も率直、有名、明快な思索家）、ミズ・マグラス（広告の品質管理責任者）、クリシュナ・バラット（グーグルニュースの考案者にしてわが社のバンガロールのサイトの創設者）、その他大勢。

員数で見ればわが社は中規模の企業だ。わが社には1万人の社員がいるが、外に目を向ければ数百万人の社員を抱えている組織もある。要するに100倍ということだ。そこで、わが社に100倍の社員がいるとしたら、何ができるかを想像してほしい」。彼は社員によくこう語っている。将来は社員のひとりひとりが、会社に在籍しながら現在のグーグルくらいの規模の企業を経営できるようになるはずだと。

こうして、採用システムは機能していたものの、自己複製する人材マシーンとはとても言えなかった。2006年に私が入社するまで、シリコンバレーで会った2人にひとりが、グーグルが採用活動でふるう絶対的な権力に苦い経験をさせられていたように思える。あるソフトウェアエンジニアは、彼を面接したグーグラーの傲慢さについて語ってくれた。私が取引している不動産業者の弟はグーグルで不採用になった1週間後、別のリクルーターから同じ仕事のことで電話を受けた。地元の食堂で働くウェイターの友人は、グーグルで面接を受けているところだった——なんと、過去8カ月にわたって受けつづけていたのだ！　当のグーグラーでさえ、自社の採用プロセスがすばらしい人材の獲得につながっていることは認めつつも、あまりにも時間がかかるうえに独善的ではないかと不満を漏らしていた。

わが社が問題を抱えていることは明らかだった。ひとりを雇うのに250時間かかるとすれば、年に1000人を雇うのに25万時間を費やす必要があることになる。言い換えれば、１０００人を雇うためには１２５人の社員がフルタイムで働く必要があるということだ。２００７年以前、わが社には採用目標さえなかった。優秀な人材をできるだけ多く採用せよと指示されていただけだったのだ。そこで、私たちはこれでもかとばかりにリクルーターを増やし、グーグラーからますます多くの時間を奪った。わが社の採用プロセスはあまりにも資源と時間がかかるうえ、求職者にとっても苦痛が大きすぎた。

干し草の山のなかの針――70億人のなかから最高の求職者を見つけ出す

創業以来長きにわたり、わが社にとって最高の人材供給源は既存社員からの紹介だった。一時は、ほかの社員の紹介で入社した人が全社員の半数以上を占めたこともある。ところが２００９年になると、社員による紹介のペースが落ちはじめた。創業以来10年のあいだ、紹介はわが社にとって何より重要な人材供給源だったので、これにはかなり不安を感じた。

最も簡単でわかりやすい対策は、紹介の成功報酬を上げることだった。つまり、こういう理屈である。平均的なグーグラーが、２０００ドルの紹介ボーナスをもらえるチャンスがある場合に７人を紹介するなら、金額を上げればもっと多く名前を挙げてくれるに違いない。私たちはボーナスを４０００ドルに増やした。

ところが、紹介のペースはまったく上がらなかった。

要するに、紹介ボーナスを動機としている人はほとんどいなかったのだ。友人や同僚をグーグルに紹介する理由をグーグラーにたずねたときは、その熱烈な反応にびっくりさせられた。

「からかっているのですか？　この職場は最高です！　友人がここで働ければどんなにいいかと思いますよ」。

「ここで働いている人たちはとてもクールです。私はこの場にふさわしい人を知っています」。

「私は自分よりも大きなものの一部になっています。そう言える人がどれだけいるでしょうか？」。

私は当初「こうした社員は会社をどれほど盲信しているのだろうか？」と思ったものだ。しかし、さらに多くの社員に話を聞き、調査結果を検討してみると、これらの反応がまぐれ当たりではないことがわかった。社員は実際に自分の仕事を愛しており、ほかの人々にも共有してほしいと願っていたのだ。紹介ボーナスのことを口にした人はごくわずかにすぎなかった。

紹介ボーナスは外発的な動機付け、つまり自分の外側から生じる動機である。外発的な動機付けのほかの例を挙げれば、世に認められること、昇給、昇進、記念品、旅行などがある。対照的に、グーグラーのケースは自分の内側から生じる内発的な動機付けである。その例としては、家族やコミュニティに恩返ししたいという気持ち、好奇心を満たすこと、難しい仕事をやりおえたことによる達成感や自尊心が挙げられる。

グーグラーは内発的な理由で求職者を紹介することがわかった。わが社は1度の紹介について1万ドルを提供できたかもしれないが、それでも結果は同じだったようだ。

だが、どうにも腑に落ちないことがあった。社員が内発的な理由で求職者を推薦していたのだとすれば、推薦のペースが落ちていたのはなぜだろうか？　社員にとってグーグルでの仕事が楽しくなくなっていたのだろうか？　私たちは本来のミッションから逸脱していたのだろうか？

そうではない。紹介してもらった人の扱い方について、私たちの手際があまりにも悪かっただけなのだ。ほかの人材供給源とくらべれば紹介は収穫が多い、つまり紹介による求職者はウェブサイトや人材斡旋会社を通じての求職者より採用される確率が高いとしても、採用者数は面接した人の5％をはるかに下回っていた。これはグーグラーにとっていらいらする状況だった。実際には20人にひとりも採用されないというのに、なぜ優秀な人材を紹介しつづける必要があるのだろうか？　さらに悪いことに、求職者があまりにも多すぎる面接に耐えているというのに、紹介者は友人がどんな目に遭っているかについて、絶えず情報を伝えてもらえるわけではなかった。

この問題に対処すべく、私たちはそれぞれの求職者が受ける面接の回数を思い切って減らした。また、紹介してもらった人向けに最高のサービスを開発した、紹介してもらった人には48時間以内に電話をかけ、紹介してくれたグーグラーには求職者の状況に関する最新情報を毎週提供するのだ。グーグラーと求職者はこうした手続きを喜んでくれたが、紹介してもらえる求職者の数は変わらなかった。それでも私たちは、そもそも紹介が減っているのはなぜかという謎を解明したのだ。

世界中のすべての人々を知っているわけではない しまった──わが社の社員は

私たちが紹介に依存しすぎたせいで、グーグラーのネットワークは枯渇しはじめていた。この状況に対応するため、「助成想起」を実践することにした。助成想起とは市場調査のテクニックのひとつで、被験者は広告を見せられたり製品名を告げられたりしたあと、それに触れたことを覚えているかどうかをたずねられる。たとえば、この1カ月のあいだに洗濯洗剤のコマーシャルを見た覚えがあるかどうかをたずねられ、そのあとでタイド［訳注：

アメリカの洗濯洗剤」のコマーシャルを見た覚えがあるかどうかをたずねられるといった具合だ。こうしたちょっとしたひと押しによって人々の記憶がよみがえりやすくなるのだ。

　誰かを紹介する場合、人々は数名の知人を真っ先に思い浮かべることが多い。だが、自分が知っている人全員を徹底的に検討することはめったにないし（あるグーグラーは自分の母親を紹介したことがある――しかも彼女は採用された！）、応募可能なすべての仕事について完ぺきに知っているわけでもない。私たちはマーケターと同じように人々の記憶を呼び起こすことによって、紹介の件数を三分の一以上増やした。たとえば、特定の職務に推薦するなら誰かとたずねた。「これまで一緒に働いたなかで最高の財務担当者は誰ですか？」とか「プログラミング言語のルビーを使える最高の開発者は誰ですか？」などと質問したのだ。また、グーグラーを20人から30人のグループごとに集め、外部調達会議《ソーシングジャム》を開いた。彼らには、グーグルプラス、フェイスブック、リンクトインで接触がある人たちを念入りに調べるよう頼み、紹介されるすばらしい人材をすぐに追跡できるようリクルーターが待機した。大きな質問（「わが社が雇うべき人を知っていますか？」）を小さく扱いやすい質問（「ニューヨークで優秀なセールスパーソンを知っていますか？」）に分解することによって、より多くのより質の高い人材を紹介してもらえるようになる。

　だが、これだけ努力しても、わが社の求人の多様なニーズを満たすには不十分だった。採用率がかつての平均値の10倍以上になったとしても、私たちが望むスピードで成長するには、毎年30万件以上の紹介が必要となるはずだった。最も多かった年でも、私たちが受けた紹介は10万件にも満たなかった。

ここに至るまでに、私たちはショッキングな事実に気づいていた。本当に優れた人々は仕事を探していないのだ。すばらしい業績を上げる人々は、現に在籍している組織に満足しているし十分な報酬を得ている。彼らが紹介の対象として人々の頭に浮かぶことはない。どうして、現在の仕事に満足している人をわざわざ紹介しようとするだろうか？　彼らが仕事に応募しないのは間違いない。

そこで、私たちは人材募集チームを再構築することにした。それまで彼らは、入ってくるものをフィルターにかけることに、つまり履歴書をふるいにかけたり、面接のスケジュールを組んだりといったことに力点を置いていた。ところが、いまや社内の人材斡旋会社と化し、地球上で最高の人材を探し出して育成するという目標を追求していた。数百人もの優秀なリクルーターがgHireという自社製品を使ってこうした人々を発見し、時間をかけて――ときには数年にわたって――育成する。gHireはわが社が開発・改良してきた求職者のデータベースで、求職者をふるいにかけ、追跡するためのさまざまなツールを備えている。

その結果、この社内のヘッドハンターは毎年、わが社の採用者の半数以上を見つけ出している。外部の企業を利用する場合よりも低コストで、市場に対する洞察は従来より深く、同時に、求職者に対してはより温かく心地いい経験を提供している。

毎年、テクノロジーの力によって優秀な人材を見つけ出すのは容易になっている。（言うまでもなく）グーグル・サーチやリンクトインのおかげで、さまざまな企業の社員を見つけるのはかなり簡単な作業だ。実際、ある企業や業界で働いている人をすべて特定し、そこから誰を引き抜くかを決めることも、いまや可能になっている。私たちはこれを「知りうる宇宙」と呼んでいる。つまり、職種、企業、採用候補者のプロフィールという宇宙の内部にいるあらゆる人々を体系的に探し出すのだ。

コーネル大学を卒業した人全員を知りたい？　2013年の中頃、私はリンクトインに「コーネル」と打ち込み、1秒足らずで21万6173人の名簿を手に入れた。チームにたまたまコーネル大学の卒業生がいれば、その人は全卒業生のデータベースにアクセスすることだろう。ひとつの学校、企業、職歴や経歴をもとにした採用に興味があろうとなかろうと、数百あるいは数千人の潜在的採用候補者のリストが簡単につくれるのだ。

個人がインターネット上で公開し、その後削除した情報でさえ、ときにはまだ発見できる場合がある。ウェイバックマシーンというインターネットアーカイブのサービスが、1996年以降の2400億ものウェブページを定期的にバックアップし、検索可能な形で記録しているのだ。私たちがウェイバックマシーンを利用するのは、それが採用候補者にとってプラスになるかもしれないと思ったときだけだ。たとえば、ある求職者は

2008年にウェブサイトを始めていた（すごい！）。そのサイトはのちに買収された（やった！）。ところが、現在のウェブサイトはきわめて女性差別的で（それはまずい）、言論の自由に寛大なわが社からしても目に余るものだった。この人物は不採用となるはずだったが、わが社の採用プロセスをここまで進んできた人はほとんどが優秀な人材だとわかっていたので、私はこのサイトの初期のバージョンをチェックしてみようと提案した。すると、彼が最初につくったサイトは現在とくらべると大学新聞に似た体裁で、スポーツ、映画、有名人などの記事を載せていた。コンテンツが変わったのは、会社が買収され、彼が退職したあとのことだった。わが社は彼を採用した。

わが社はこれらのテクニックを活用しつつ、一握りの傑出した企業についてほぼ全社員のリストを作成し、誰がグーグルにうまくフィットしそうかを（不完全ながら）評価してきた。この調査の候補となるのが、ほかの大手テクノロジー企業であることは明らかだ。それらの企業もわが社の社員について似たようなリストをつくっているはずだ（まだつくっていないとしても、これからつくることは間違いない）。リストができあがるとその一部を検討する。その際、当該分野に精通しているか、それらの人物を知っているグーグラーの力を借りる。私たちはオンラインで抜き取り検査を行い、グーグルで最も成功しそうな人を見つけるのに役立つものがほかにないかを調べる。それからネットワークに働きかけ、人間関係を築く。これにはメールや電話を使ったり、協議会まで利用したりすることもある。こうした人間関係をスタートさせるのはたいていリクルーターだが、ときにはわが社のエンジニアや役員が最高の仲介役となることもある。また、いまのところは縁がなくても、採用候補者が1年後に不運な日を迎え、グーグルのリクルーターとすばらしい会話をかわしたことを思い出すという可能性はつねにある。わが社の広告とアプリのエンジニアリング担当上級副社長を長く務め、現在はグーグルXの一員として次なる大きな賭けに取り組んでいるジェフ・ヒューバーは、みずから25人あまりの上級エンジニアを採用した。そのうちのひとりの女性とは、彼女が3つの会社を渡り歩くあいだ10年にわたって親交を深め、最終的にグーグルで自分のチームの一員となることを納得させたのだった。

現在では、わが社がみずから運営するグーグルキャリアというウェブサイトが――そのサイトの改善のためにせっせと働いているところだが――最高の人材供給源となっている。企業が提供する求人情報サイトはひどいものだ。情報を見つけにくいうえ、画面を埋める当たり障りのない職務明細書をいくら読んでも、その仕事は実際にどんなものか、自分が加入するチームの様子はどんな感じなのかはさっぱりわからないし、自分がある職務にふさわしいかどうかに関するフィードバックはまったく提供されない。わが社がこうした問題に取り組みはじめたのは2012年のことだった。たとえば、求職者はいまや履歴書を提出するだけではなく、個人のスキルプロファイルを作成できる。グーグルプラスの「サークル」（自分でグループを選び、共有したい情報だけにアクセスを許可する……独身お別れパーティーのどんちゃん騒ぎの写真をもはや上司と共有しなくてすむのだ）を使えば、そうしたスキルをグーグルやほかの企業、あるいは自分が望む一部の社員や組織と共有できる。求職者は現役のグーグラーと直に接し、この会社で働く実際の様子を聞くことができる。求職者が許してくれれば、私たちはその後、いまのところは必要ないが将来は必要になるかもしれないスキルを持つ人たちと連絡を保ち、わが社のニーズが変わったときに彼らにオファーを出すこともできる。

わが社が人材斡旋会社をあまり利用していないのは、それらが無能だからではない（人材斡旋会社の役員には最高の友人が何人かいる……本当に）。グーグルの採用基準とプロセスが厳格かつ特異であり、なおかつわが社の既存の採用能力が高いせいで、人材斡旋会社が役立つ状況が少ないからなのだ。だが、彼らが計り知れない価値を持つケースもある。たとえば、グーグルの存在感が薄く、現地の人材プールがまったくわからない国がある。わが社の韓国オフィスには100人を超える社員がいるが、この国では現地のインターネットポータルにしてサーチエンジンのネイバーに大きく後れをとっている（だがどんどん追いついている！）。ほとんどの人材は家族所有のコングロマリットである財閥で働いており、グーグルはまったくの成り上がり者だ。上級社員を雇う場合、信頼できる人材斡旋会社からの紹介は実に貴重である。

ときには、信じがたいほど機密性が高く、神経を使う人材調査もある。そうした場合、人材斡旋会社のプロフェッショナリズムが大いに役立つ。アプローチしようとする採用候補者は、ほかの会社との話し合いに応じたことを知られただけで仕事を失いかねないからだ。少数の人材斡旋会社は数年にわたって特に有益な仕事をしてくれた。だが私たちは、ともに働く個々の人材調査員のほうが会社より重要であることに気づいた。言い換えれば、人材斡旋会社の内部での質のばらつきのほうが、会社間のばらつきよりも大きいのだ。だから、ともに働くコンサルタント個人の選択は、会社の選択よりもはるかに重要である。

わが社をはじめ、ほとんどの組織が利用してきた最後の人材供給源が、求人掲示板だ。雇用主は手数料を払ってこれらのウェブサイトに求人広告を出し、大量の応募を受ける。よく知られている求人掲示板は、モンスター、キャリアビルダー、ダイス、インディードといったところだろう。グーグルでの経験によれば、求人掲示板は実に多くの応募者を生み出すものの、実際に採用につながる例はごくわずかだ。それについて、私たちはこんな仮説を持っている。グーグルはいまやかなりの有名企業なので、意欲のある求職者なら、実際にグーグルキャリアにアクセスし、直接応募するくらいの自発性はあるはずだ。あまり意欲的でない求職者の場合、求人掲示板を通じて多くの仕事と多くの会社に応募するだろう。そのせいで、雇用主のもとには大量の応募がスパムのように殺到しやすくなる。わが社の求人掲示板からの採用率は非常に低かったため、2012年に求人を出すのをいっさいやめてしまった。

それでもときには、傑出した人材の噂を耳にし、彼らを雇うためなら何でもやることがある。たとえばチームを丸ごと雇い、彼らのためにオフィスを新設するケースさえあるのだ。スピーカーとフィットネスバンドを製造するジョウボーンでピープル・オペレーション《人事》担当副社長[*8]の座につく前、ランディ・ナフリックはグーグルの人材募集組織の主要なリーダーとして、ヨーロッパ、中東、アフリカの技術者採用を担当していた。彼はデンマークのオルフスを拠点とするわが社のチームの雇用に大きな役割を果たした。このチームはやがて、ウェブブラウザーの動作速度に革命を起こすことになる。「優秀なエンジニアからなるこの小チームがオルフスで仕事をしていることは知っていました」とランディは語る。「彼らは前の会社を売り払い、次は何をしようかと考えているところでした。マイクロソフトがそれに目をつけ、彼らにまとわりついていました。マイクロソフトは全員を雇いたがっていたのですが、そうするとチームはレドモンドに移らなければなりません。エンジニアたちは『冗談じゃない』と言っていました。わが社はここぞとばかりに割って入ると、採用に向けていくつかの積極策をとり、こう申し出たのです。『オルフスで仕事をしてください。グーグルのためにオフィスを新設し、すごいものをつくってください』。私たちはチームを丸ごと雇いました。クロームのジャバスクリプトをつくったのはこのグループです」。

過去を振り返ると、創業者が当初から質の高い人材の採用に気を配っていた点で、グーグルは幸運だった。とはいえ、人材の質を重視するだけでは十分ではない。私たちはもっと大きい多様な網を打つ必要があったし、もっと急ぐ必要があった。

採用マシーンをつくるための第1段階は、あらゆる社員をリクルーターに変えるべく、人材の紹介を依頼することだ。しかし、友人をひいきするという誰もが持っている自然なバイアスを抑制するため、客観的な立場の人に採用を決めてもらう必要がある。組織が成長すると、第2段階として、最高のネットワークを持つ人々に優秀な人材の確保にもっと時間を割いてくれるよう頼む番だ。人によっては、それがフルタイムの仕事になるかもしれない。

最後に、積極的に実験に取り組むことだ。求人掲示板が役に立たないとわかったのは、それを試してみたからだ。オルフスでの実験が教えてくれたのは、ときにはこちらの条件を押しつけるより、相手の条件どおりにひとつのチームを雇うほうが理にかなっている場合もあるということだ。

だが、人材の見つけ方がすでにわかっているとすれば、雇うべきなのは誰で、見送るべきなのは誰かを知るにはどうすればいいだろうか？　次章では、採用の決定をきちんとくだすのがとても難しい理由を説明し、100年にわたる科学と少数の優れた直感がわが社

＊8　ランディのこの肩書きはわが社から借用したものだ。ランディがそうしてくれたことをうれしく思っている。

のユニークな採用システムにつながった経緯を話したい。

WORK RULES

卓越した採用候補者を見つけるために

□自分が求めるものを徹底して具体的に描くことによって、最高の人材を紹介してもらう。
□採用活動を全社員の仕事の一部にする。
□最高の人材の注意を引くには、突拍子もないことでも恐れずやってみる。

第5章

直感を信じてはいけない

直感がよき面接者であることを妨げるのはなぜか、よりよい採用のために何ができるか

「第一印象を与えるチャンスは1度だけ」。これは、1980年代にプロクター・アンド・ギャンブル社のシャンプー「ヘッドアンドショルダーズ」の広告キャンペーンで使われたキャッチフレーズだ。この言葉には、残念ながらほとんどの面接の実態が要約されている。本当に重要なのが「最初の5分」であることは、これまでもたくさん書かれてきた。面接者は最初の評価を初めの5分で行い、それ以後の時間は最初の評価を確認するために費やされるというのだ。初めに好印象をもてば、面接者はその印象をさらに補強する理由

を探す。面接者が受験者の握手の仕方やぎこちない自己紹介を気に入らなければ、採用面接は実質的にそこで終わっている。なぜなら、面接者はそれ以後の時間を不採用にする理由を探すために費やすからだ。のちにより重要な決定を下すために使われるこうしたごく短い観察の時間は「薄切り」と呼ばれている。

トレド大学で心理学を学ぶトリシア・プリケットとネハ・ガダ＝ジェインはフランク・ベルニエリ教授と共同で研究を進め、２０００年、面接の結果は最初の10秒で下された判断から予測できると述べた。２人は実際の面接をビデオに録り、短く編集したものを被験者に見せることによってそれを発見した。

それぞれの面接ビデオをもとに、受験者がドアをノックするところから始まり、席について10秒後で終わる薄切りビデオがつくられ、実験を知らされていない被験者に示された。被験者は、採用可能性、適性、知力、意欲、責任感、信頼性、冷静さ、人格的温かみ、礼儀正しさ、好感度、表現力の評価表を渡されていた。すると、11の評価項目のうち9項目について、薄切りビデオによる判断と実際の面接者の最終評価とが有意に関連していた。このように、握手や簡単な自己紹介から得られる第一印象は、（あらかじめ質問項目などを決めて行う）構造的採用面接の結果を予測させるものだった。

問題は、最初の10秒にもとづくこうした予測が役に立たないことだ。

こうした予測は、ある人物を本当に評価するというより、その人に関する自分の考えを確証するために面接するという状況を生み出す。心理学者はこれを確証バイアスと呼ぶ。つまり「自分の信念や仮説を確証できるように、情報を探し、解釈し、優先順位をつける性向」だ。ごくわずかなやりとりをもとに、私たちはすでに持っているバイアスや信念に強く影響された判断を、即座に、無意識にくだす。続いて、知らず知らずのうちに、受験者を評価することから自分の第一印象を確証する証拠を探すことに重心を移してしまう。[*1]

マルコム・グラッドウェルとミシガン大学の心理学者であるリチャード・ニスベットは、この無意識の自己欺瞞について次のように述べている。

こうした錯覚の根底にあるのは、私たちがさしたる根拠もなくこう思い込んでいるという事実だ。自分は目の前にあるものを理解しつつあるし、個人の素質を見抜くことができるのだと……ある人を面接し、それに1時間かけるとき、その人の行動のサンプル

＊1　確証バイアスは、潜在意識が私たちに判断を誤らせる多くの現象のひとつにすぎない。グーグルは、バイアスがより少なく開放的な職場をつくるべく、潜在意識のバイアスを減らそうと努力してきた。こうした努力の一部が、"You Don't Know What You Don't Know: How Our Unconscious Minds Undermine the Workplace" (*Google* [official blog], September 25, 2014, http://goo.gl/kxxgLz) という記事で紹介されている。

を――ましてやおそらくバイアスのかかっているサンプルを――集めているなどと考える人はいない。そうではなく、自分はホログラムを、つまり小さくて不明瞭ながらもその人の全体像を見ていると思っているのだ。

要するに、ほとんどの面接が時間の無駄なのは、面接者が最初の10秒で得た印象を確証するために99・4％の時間が費やされているからなのだ。「あなた自身について聞かせてください」「あなたの最大の弱みは何ですか?」「あなたの最大の強みは何ですか?」。こんな質問には何の価値もない。

多くの企業で採用されているケース面接や難問奇問にも、同じく価値はない。たとえばこんな問題だ。「クライアントは製紙会社で、第2工場の建設を検討しています。建設すべきでしょうか?」とか「マンハッタンにガソリンスタンドがいくつあるか当ててください」など。何よりいらだたしいのは「ボーイング747には、ゴルフボールがいくつ積めるでしょうか?」とか「私があなたを5セント硬貨の大きさに縮め、ミキサーのなかに入れてしまったら、どうやって脱出しますか?」といった質問だ。

こうした類の質問でわかるのは、せいぜいのところ、訓練すれば改善できる個別のスキルにすぎず、受験者を評価する役には立たない。最悪の場合、こうした問題は相手の知らない取るに足りない情報や知見を土台にしているため、面接者を賢くなった気にさせたり自己満足を感じさせたりするだけに終わってしまう。また、採用候補者が仕事であげる業績を予測する力は、仮にあったとしてもほとんどない。これは、ひとつには職務との関係が薄いためであり（日常業務のなかでガソリンスタンドの数を推定しなければならない機会がどれだけあるだろうか?）、ひとつには流動性知能（これは仕事ぶりの予測に役立つ）と難問奇問のような洞察問題のあいだに相関がないためであり、さらには、本当に優れている人と、こうしたスキルを磨いてきただけの人を区別する手段がないためである。

正直に言えば、面接時のこうした質問はグーグルでも使われてきたし、間違いなく今後も使われつづけるだろう。それについては申し訳なく思っている。この種の質問は誰にとっても時間の無駄なので、私たちはそれを止めさせるべくあらゆる手段をとっている。私を含むグーグルの上級幹部は毎週、採用候補者について検討する際、こうした質問への答えは無視している。わが社の広告板に関して見たように、評価の試みがうまく機能しない場合もある。幸いなことに、『インターンシップ』という2013年の映画――グーグルの実習生《インターン》になろうと決意する2人のくたびれた腕時計セールスマンを描いたコメディ――が、前述したミキサーの質問への答えを教えてくれる。だから、少なくともこの質問が、グーグルの採用面接で問われることはもはやない。[*2]

科学の世紀が答えの方向性を示す

1998年、フランク・シュミットとジョン・ハンターは、面接時の評価から職務能力《パフォーマンス》をどこまで予測できるかという85年にわたる研究をメタ分析し、その結果を発表した。19の異なる評価方法を調べてわかったのは、よく行われている非構造的採用面接は、ある人が採用されたあとにどれくらいの業績を上げるかを予測するには不向きだということだった。非構造的面接の決定係数（r^2）は0・14であり、社員の職務能力の14％しか説明できないことになる。[*3]これは、身元照会（7％）よりやや良く、職務経験年数（3％）より良く、「筆跡学」つまり筆跡による能力解析（0・04％）よりずっと良い。筆跡学を利用している人がいることには驚かされるが、医師の筆跡の読みやすさを調べる病院があるのかもしれない……。

ある人の職務能力を予測するための最善の指標は、ワークサンプルテストである（29％）。これは、採用された場合に担当する職務に似た仕事のサンプルを応募者に与え、その出来栄えを評価するものだ。実際の職務能力は、他人との協調能力、不確実な状況への適応力、学習能力など、さまざまなスキルに左右されるから、ワークサンプルテストといえども職務能力を完全に予測することはできない。さらにやっかいなのは、多くの職場で、応募者にやらせてみるのにふさわしい仕事はあまりないことだ。コールセンターやタスク指向の強い仕事への応募者にはワークサンプルテストを与えられるが（またそうすべきだが）、たいていの職務では日々の変動要因がきわめて多いため、代表的なワークサンプルを準備する

＊2　「正しい」答えはこうだ。その質問であなたは縮む――質量が変わる――ことになるが、ほかの点は何も変化しないから、あなたの強度質量比は上昇し、簡単にミキサーから飛び出せるのだ。正しい答えを思いつく前、ヴィンス・ヴォーンとオーウェン・ウィルソン演じる主人公は、ミキサーはきっと壊れるから（2人はかつてミキサーを売っていたので、それがわかっていた）、自分たちは安全だと考えていた。で、それから？「グーグルは5セント硬貨みたいにちっぽけな男2人を、広い世界に解き放った」と2人は叫んだ。「将来の可能性を考えてみよう！……サングラスを修理する？　そんなくだらないことは放っておけ！　ひょっとしたら、病気と闘うために人体内に送り込まれるあの小さな潜水艦に乗り組むのか？……ミキサーに放り込まれるものと思っていたが。いまや俺たちは人命を救おうとしているのか!?……はるばる来たもんだぜ！」。

＊3　ここでは話を簡単にしている。より厳密に言えば、決定係数とは、ひとつ以上の変数から結果をどこまで予測できるかを測る尺度だ。決定係数の値が統計的に有意で100％に近ければ（これは実生活の乱雑さを考えれば社会科学においてはめったに起こらない！）、モデル中のほかのデータを基に自信をもって結果を予測できる。決定係数がゼロ％に近ければ近いほど、予測の精度は低下する。決定係数は変数間の基本的な相関関係に、つまり、複数の事態が同時に起こる比率にもとづいている。決定係数であれ相関関係であれ、因果関係を測るものではない。言い換えれば、高い正の相関関係がある（たとえば $r^2=0.9$）としても、AがBを引き起こすことを意味するわけではない。AとBが同時に起こったというにすぎないのだ。たとえば、私が毎朝6時にジョギングに出かけ（それほどの自律心があればいいのだが！）、その前に犬を庭に出してやるとする。私のジョギングのタイミングは犬が庭に出るタイミングと相関している（その逆も言える）。この2つの現象は同時に起こる傾向があるからだ。しかし、一方が他方を引き起こしているわけではない。とはいえ、十分な量のデータを持ち、ほかの要素を調整し、何らかの統計的テストによって結果が間違いないことを確認できるなら、相関係数は役に立つものと立たないものを判断する出発点としてかなり有効だ。採用の場合、面接での成績がその後の職務上の業績を引き起こすことは決してない。だが――ほかのさまざまな変数を調整したあとでは――ある人が職務上どのくらいの力を発揮するかを予測する助けになる。

ことができない。

エンジニアリングであれ生産管理であれ、わが社の技術部門に応募する人にはすべて、何らかのワークサンプルテストを受けてもらう。面接でエンジニアリングに関する問題を解くよう求めるのだ。ウルス・ヘルツルによれば「わが社は受験者のスキルを実際にテストすることを前提に面接を行います。たとえば、何かのコードを書いてもらったり、これについて説明してもらったり。わかりますね？　履歴書は見ません。受験者が何ができるかを実際に調べるのです」。エリック・ヴァーチはこう付け加える。「面接は幅広い分野のエンジニアによって行われます。彼らは多くのきわめてデータ指向の質問をします。『あなたが……したときのことを話してください』ではなく『これを実行するためのアルゴリズムを書いてください』といった具合です」。

職務能力を予測するための2番目に適切な指標は、一般認識能力テストだ（26％）。ケース面接や難問奇問とは対照的に、これは正誤がはっきりした本当のテストであり、IQテストと同じようなことが明らかになる。これが予測に役立つのは、一般認識能力には学習能力が含まれているからであり、生の知性と学習能力が結びつけば、ほとんどの仕事でほとんどの人が成功できるからだ。しかし、高度に標準化されたこの種のテストには、非白人・非男性の受験者を差別するという問題がある（少なくともアメリカでは）。アメリカの大学進学適性テスト（SAT）を使って予測すると、女性と非白人の大学での成績は一貫して低くなる。フィリス・ロザーは1989年のSATについての研究で、能力も大学での成績も同等の男女を比較したところ、女子は男子とくらべてSATの得点が低いことがわかった。その理由には、テストの形式（多項選択式ではなく短答式の解答と小論文が課されるアドバンストプレースメントテストでは、性差による違いは見られない）、採点法（男子はひとつのありうる答えを除外してから正答を考える傾向が強く、これが得点を押し上げる）、さらには問題内容（「SATでは、女子は人間関係、美学、人文科学の得点が高いが、男子はスポーツ、物理科学、ビジネスの得点が高い」）までがある。[*4] こうした研究は何度も繰り返されており、この種の標準テストは改善されてきたものの、まだ完ぺきではない。[*5]

＊4　ロザーの研究はこの男女差を明らかにしたが、残念ながら、なぜそうした差があるのかは説明しなかった。ひとつ考えられるのは、男子も女子もすべての問題に答えるのに優劣のない立場にいるが、双方とも「ステレオタイプ脅威」に陥っているという説明だ。つまり、ステレオタイプが当事者に強く意識されていると、彼らはその固定観念に沿って行動する傾向があるという心理的現象である。たとえば研究が示すところでは、受験者がテストの直前に何らかのステレオタイプを知らされると、成績が変わってしまう。ある基礎研究では、数学のテストの前に、女子のグループにそのテストでは性差が生じると教えておくと、実際に性差が見られ、女子の得点は男子より低くなった。性差は生じないと聞かされていた別の女子のグループでは、同じテストでも成績に差は見られなかった（出典：Stephen J. Spencer, Claude M. Steele, and Diane M. Quinn, "Stereotype Threat and Women's Math Performance," *Journal of Experimental Social Psychology* 35, no. 1 (1999)：4–28）。

＊5　2014年、SATを作成し管理するアメリカ大学入試センターは、これらをはじめとする問題に対処するために、SATを改革していると発表した。この試みが成功するとしても、すでに大学にいて大学院への入学願書を提出したり、仕事に就いていたりする者にとっては、彼らがSATを再受験するとは考えられないから、助けにならないだろう（出典：Todd Balf, "The Story Behind the SAT Overhaul," *New York Times Magazine*, March 6, 2014）。

これを証明する実例を紹介しよう。南カリフォルニアにある教養大学のピッツァー・カレッジは、GPAが3・5以上、もしくは高校での成績がクラスの上位10％以内だった受験生であれば、希望に応じて試験の点数を報告しなくてもいいことにした。それ以来、合格者のGPA平均は8％上昇し、有色人種の学生が58％増えた。

一般認識能力テストと並ぶのが構造的面接だ（26％）。受験者は、回答の質を評価する明確な基準を備えた一連の質問に答える。調査研究ではつねに構造的面接が利用されている。その基本的な考え方は、評価の変化は面接を受ける者の回答の良し悪しの結果であり、面接者の持つ基準が高いか低いか、発する質問が易しいか難しいかは関係ないというものだ。

構造的面接には2つの種類がある。行動面接と状況面接だ。行動面接では、受験者はこれまでの業績を説明し、現在の仕事に必要なものにそれを調和させることが求められる（「……したときのことについて話してください」など）。状況面接では、仕事に関連した仮想的な状況が提示される（「もし……だとしたら、どうしますか?」など）。熱心な面接者なら、受験者の話の背後にある誠実さや思考プロセスを評価するため、念入りに探りを入れる。

構造的面接を利用すれば、構造化されていない仕事への適性すら予測できる。構造的面接は受験者と面接者の双方にとってよい経験となるうえ、最も公正だと受け取られることもわかった。では、なぜ、もっと多くの企業がそれを採用しないのだろうか?　そう、構造的面接は実施するのが大変なのだ。質問や手順を文書にまとめてテストし、面接者にはそれを忠実に守らせなければならない。さらに、求職者が情報を交換してすべての回答を準備したりしないように、絶えず手を入れ続けなければならない。これはかなりの手間だ。だが、これに代わる通常の面接は、きわめて主観的だったり差別的だったり、あるいはその両方だったりして、すべての人にとって時間の無駄である。

もっとよい方法がある。調査の結果、複数の評価手法を組み合わせるほうが、ひとつの手法だけを用いるより優れていることがわかっている。たとえば、一般認識能力テスト（職務能力の26％を予測できる）は、誠実性評価（10％）と組み合わせれば、誰が仕事で成功するかをより正確に予測できる（36％）。私の経験では「仕事の完了」について誠実性が高い人——つまり、ほどほどのところでよしとせずに、仕事が完成するまでやり遂げる人——は、自分のチームやチームをとりまく状況に責任を感じる傾向も強い。言い換えれば、雇われている者というより、むしろ企業のオーナーのように行動することが多いのだ。私がグーグルに入社して1カ月くらいした頃のこと。技術サポートチームのジョシュ・オブライエンにあるIT問題の件で助けてもらったとき、とても驚いたことを覚えている。その日は金曜日で、まもなく午後5時になろうとしていた。私は月曜日には終わるだろうとジョシュに言った。ジョシュは「それで問題ないが、終わらせてしまおう」と答えると、問題が解決するまで仕事を続けたのだ。

さて、どんな評価手法を採用しようか？

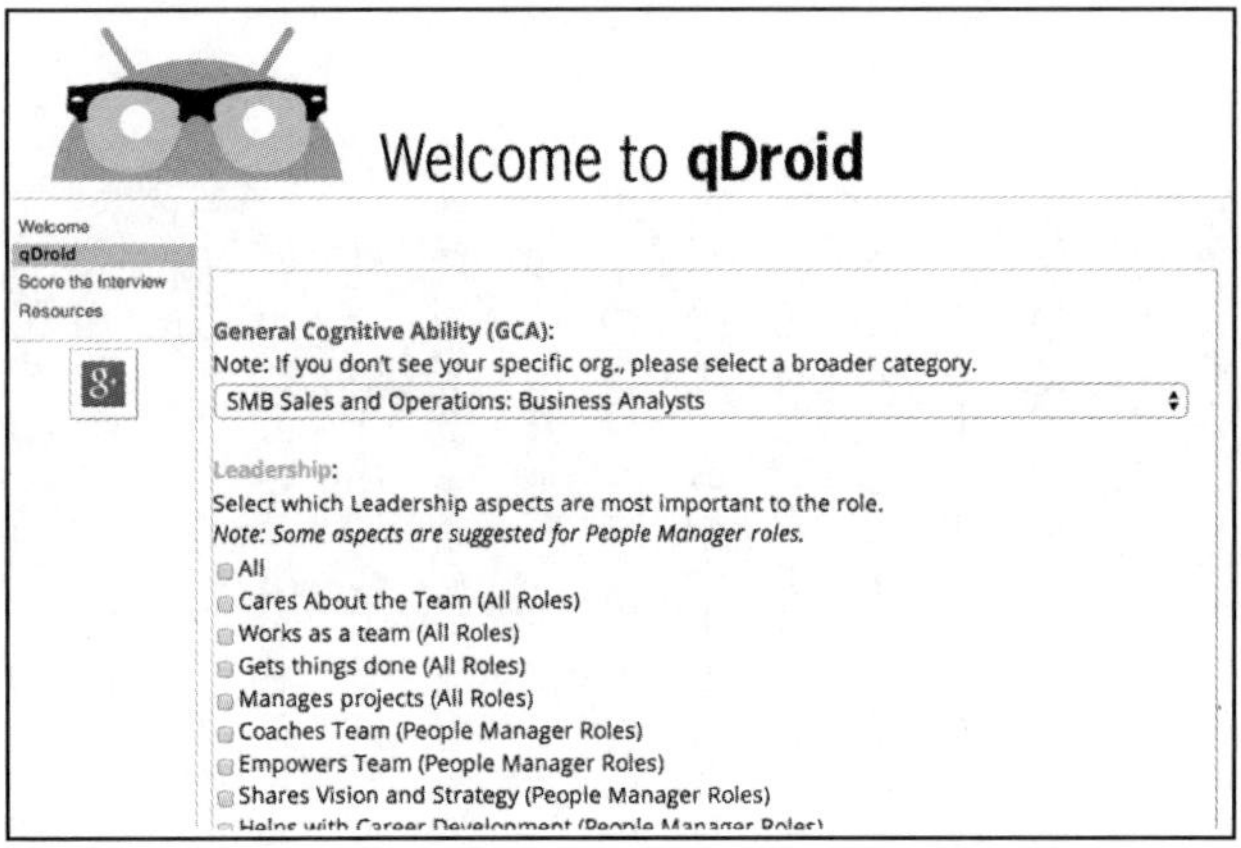

qDroidのサンプル画像　© Google, Inc.

qDroidへようこそ

ようこそ
qDroid
面接を採点する
リソース

一般認識能力（GCA）
注：ぴったりの組織がない場合は、より上位のカテゴリーを選んでください

SMB セールス・オペレーション：ビジネスアナリスト

リーダーシップ
その職務にとってリーダーシップのどの側面が最も重要かを選んでください
注：いくつかの選択肢は人材育成向け

□すべて
□チームへの気配り（すべての職務）
□チームとしての職務遂行（すべての職務）
□仕事をやり遂げる（すべての職務）
□プロジェクト管理（すべての職務）
□チームの指導（人材育成向け）
□チームへの権限委譲（人材育成向け）
□ビジョンと戦略の共有（人材育成向け）

面接の目的は、採用候補者がチームに加わったとき、どのくらいの力を発揮するかを予測することにある。私たちはこの目的を達成すべく、科学の語るところを実行する。つまり構造的行動面接と構造的状況面接を、認識能力、誠実性、リーダーシップの評価と組み合わせるのだ。*6

面接者を手助けするため、私たちは「qDroid」という社内ツールを開発した。面接者は求職者に担当させようと思っている仕事を選び、テストしたい属性にチェックを入れると、面接ガイドがメールで送られてくる。そこには、その仕事に対する職務能力を予測できるように設計された質問事項が並んでいる。このおかげで、面接で有効な質問を見つけて発するのが簡単になる。また、面接者は面接パネルでほかのメンバーと記録を共有できるので、全員が協力してあらゆる角度から求職者を評価することができる。

このやり方の巧妙なところは、すでに有効性の確認された質問事項を参考にしやすいため、面接者が望めば自分自身の質問を確実につくれる一方で、より信頼性のある面接をするようせっついていることだ。

＊6 わが社のピープル・アナリティクス（人材分析）チームの一員で博士号を持つメリッサ・ハレルはこう付け加える。「構造的面接に切り替えることは当然の選択でした。それによって、将来の職務能力がはるかに正確に予測できるようになるからです。加えて、この手法は多様性を増すためにも適しています。質問項目や採点基準を練ることによって、無意識のバイアスへの依存が軽減されるからです」。無意識のバイアスの働きについてさらに読みたい場合、http://goo.gl/UtCBSi を参照のこと。

面接での質問例をあげてみよう。

●あなたの行動がチームに前向きな影響を与えたときのことを聞かせてください。（補足質問：あなたの主要な目標は何であり、その理由は何でしたか？　チームメイトの反応はどうでしたか？　今後はどんな計画がありますか？）

●目標達成のためにチームを効果的に運営したときのことを聞かせてください。あなたはどんなアプローチをとりましたか？（補足質問：あなたの目標は何であり、個人としてまたチームとして、それをどう達成しましたか？　チームのメンバーそれぞれに応じてリーダーシップをどう変えましたか？　こうした特定の状況から学んだ最も重要なことは何でしたか？）

●他人（同僚、クラスメート、顧客など）とうまく協働できなかったときのことを聞かせてください。あなたから見て、その人とともに働くのが難しかった理由は何ですか？（補足質問：問題を解決するためにどんな手順を踏みましたか？　その結果はどうでしたか？　ほかにどんなことができたと思いますか？）

まだ草稿の段階で本書を読んでくれたある人が私にこう言った。「こうした質問はありふれていて、ちょっとがっかりだね」。彼は正しくもあったし、間違ってもいた。これらの質問は確かにあたりさわりのないものだが、注目せずにいられないのは答えのほうなのだ。

とはいえ、これらの質問によって、「単に優秀な求職者」から「傑出した求職者」を選り分けるための確実で信頼できる基盤が手に入る。というのも、傑出した求職者は、自分の選択を説明するための並外れて優れた事例や理由を持っているからだ。あなたはすばらしい人物と平凡な人物をはっきりと見分けられるはずだ。

「あなたの職業倫理を最もよく表している歌は何ですか?」とか「車にひとりで乗っているとき何を考えていますか?」——ともに他社の面接で使われた質問——などと問うのは確かに面白いかもしれない。だが、目的は仕事に最適な人物を見きわめることであり、自分の心理的傾向を引き出したり(「何だって! 私も車のなかで同じことを考えているんだ!」)、仕事をなしとげる能力との関連が証明されていなかったりする質問をして、いい気になることではない。

その後、私たちは面接を一貫した規定に従って採点する。[*7] グーグルバージョンの一般認識能力採点法には5つの評価項目があり、まずは受験者が問題を理解する能力から見ていくことになる。

それぞれの評価項目について、面接者は受験者がどこまでできたかを示さなければならず、職務能力ごとのレベルが明確にされる。続いて、面接者は受験者が一般認識能力をど

*7 「行動基準評定尺度(BARS)」としても知られている。

の程度証明したかを正確に書き留め、あとで審査する人が自分で評価を下せるようにしなければならない。

わが社の面接での質問と採点表について聞くや、この懐疑的な友人はこう口をすべらせた。「ばかばかしい！　要するに陳腐な言葉を重ねただけの大企業話法じゃないか」。だが、あなたが同種の職務向けに面接した直近の5人について考えてほしい。あなたは彼らに同じような質問をしただろうか、それとも、それぞれ別の質問をしただろうか？　それぞれの応募者に必要なことはすべて聞いただろうか、それとも、時間切れだったろうか？　全員を厳密に同じ基準で判定しただろうか、それとも、疲れていたり、虫の居所が悪かったり、嫌なことがあったりして、誰かに厳しくしてしまっただろうか？　ほかの面接者があなたの判定を参考にできるように、詳細な記録を残しただろうか？

簡潔な採用規定があればこうした問題すべてに対応できる。面倒、曖昧、複雑な仕事環境を整理し、測定と比較が可能な結果にまとめ上げるからだ。たとえば、技術サポート要員を採用するために面接しているものと想像してほしい。「解決策を特定」と評価される手堅い回答は「お客さまのご依頼どおりノートパソコンのバッテリーを修理しました」というものだろう。きわめて優れた答えは次のようなものだ。「そのお客さまはバッテリー寿命について不満を訴えられたことがあり、近く旅行に出るご予定だったので、必要に備えて予備バッテリーも持参しようと考えました」。退屈に思える規定を適用することは、乱雑な状況を定量化して管理するための重要な鍵なのだ。

こうした仕組みをすべて自力で構築したくなければ、構造的面接の質問例がオンラインで簡単に見つかる。これを自社の環境に合わせて利用すればいい。たとえば、アメリカ復員軍人援護局のウェブサイト（www.va.gov/pbi/questions.asp）では、100近い質問のサンプルが公開されている。これを使えば、採用活動をただちに改善できるはずである。

もうひとつ忘れてならないのは、あなたは受験者を評価したいだけではないということだ。彼らがあなたと恋に落ちるようにしたいのである。本当に。受験者にすばらしい体験をしてもらい、関心事を語ってもらい、人生で最高の1日を過ごしたような気分で帰ってもらいたい。面接がやりにくいのは、会ったばかりの他人と親密に話すことになるうえ、受験者はとても弱い立場にいるからだ。面接の最後に満足感を覚えてもらうためなら、時間をかける価値はつねにある。受験者は自分の体験を他人に語るだろうし、何よりそうすることが他人を遇する適切なやり方だからだ。

ときには、肩の凝らない会話のために時間を残しておくという簡単な方法でもかまわない。面接者はあまりにもあっさりと自分の関心事に焦点を合わせてしまう。面接者は忙しく、相手をできるだけ手早く評価する必要があるからだ。しかし、受験者は面接者より重大な決断を下そうとしている。結局のところ、企業には大勢の社員がいるが、ひとりの社員はひとつの仕事しかできないのだ。私は受験者に対し、ここまでのわが社の採用手続きをどう思うかと必ずたずねるよう努めており、この質問のために少なくとも10分を残すようにしている。

面接が終わると、私たちはヴォックスポップ[*8]というツールを使ってあらゆる受験者を調査する。彼らが採用手続きについてどう思ったかを調べ、のちにそのフィードバックに従って手続きを修正するためだ。ヴォックスポップにもとづき、グーグルは現在、社内見学ツアーの実施を検討している。時間があればランチを提供し、面接者は受験者の質問に答えられるよう5分の時間を残す。また交通費の支払いまでに時間がかかりすぎるとの受験者の指摘を受け、その時間を半分以下にした。

かつて、シリコンバレーの誰もがグーグルでの惨めな経験を語りたがっていた時代もあったが、現在では面接を受けたが採用されなかった人の80%が、グーグルに応募するよう友人に勧めたいと言っている。勧めている本人が採用されなかったことを考慮すれば、これはかなりすごいことだ。

面接での質問の仕方はわかった。では、問うべき質問をどう選ぶか？

私たちは以前、できるだけ頭のよい人物を採用すればいいのだと考えていた。しかし、ガリー・カスパロフのように頭脳明晰な人々のチームが、力を合わせて本当の大問題を解決するのに最もふさわしいとは限らない。そこで2007年、採用した約1万人だけでなく不採用にした数百万人も対象にして、私たちはさまざまなテーマを探究しはじめた。技術者を採用するには技術的能力をテストする必要がある。加えて、ある人がグーグルで成功するかどうかを予測できる4つの明確な属性があることがわかった。

①一般認識能力　当然ながら、新たな状況に学んで適応できる、頭のよい人材がほしい。忘れないでもらいたいが、これは求職者が実生活において困難な問題をどう解決してきたか、どう学ぶのかを理解するということであり、GPAやSATの得点をチェックすることではない。

②リーダーシップ　これも当然だ。リーダーを欲しがらない企業はない。しかし、グーグルが探すのはある特別なタイプのリーダーシップで、「創発的リーダーシップ」と呼ばれる。これは正式な肩書きとは無関係なリーダーシップの一形式である――グーグルではどんな取り組みにも正式なリーダーはめったにいない。私はこうたずねられたことを思い出す。あなたは最終的に社員全員の給料の10％アップにつながったあるプロジェクトの「エグゼクティブ・スポンサー」だそうだが、それはどういうことかと。

＊8　ヴォックスポップ（VoxPop）は、ラテン語で「民衆の声」という意味のウォークスポプリ（vox populi）の短縮形。

そこで、自分にもわからないし、グーグル社内では無意味な肩書きなのだと説明した。入社して日が浅い社員はたいてい、そうした肩書きを私の名前に付け加えていたが、それは私が上級副社長だったからだ。しかし、そのプロジェクトでの私の役割はほかのメンバーと同じだった。意見を出し、分析を行い、望ましい結果が得られるよう手伝う。グーグルでは、チームが存続するあいだはずっと、さまざまなタイミングでさまざまなスキルが必要だと考えられている。したがって、さまざまな人がリーダーシップを担い、貢献し——同じく重要なことだが——特定のスキルが役目を終えたらほかのメンバーと同じ立場に戻る必要がある。私たちには自分の手柄を鼻にかけるリーダーを強く嫌う傾向がある。つまり「私たちが」より「私が」をはるかに頻繁に口にし、どうやって達成したかより、何を達成したかをもっぱら重視する人たちだ。

③「グーグル的であること」 私たちがほしいのはグーグルで成功する人材だ。これはきちんと定義された枠組みではないが、以下のような属性を含んでいる。愉快なことを楽しむ（そうでない人はいるだろうか?）、ある程度の謙虚さを備えている（自分が間違っている可能性を認められない人は、これがなかなか身につかない）、きわめて誠実である（従業員ではなく企業オーナーであってほしい）、曖昧さを楽しむ余裕がある（事業がどう進展するかはわからないため、グーグルの舵取りをするには社内で多くの曖昧さと向き合わなければならない）、人生において勇気のいる、あるいは興味深い道を進んできたという証拠を手

にしている。

④職務関連知識 私たちがふるいにかける属性のうちできわめて重要性が低いのは、担当している職務について実際に知っているかどうかだ。私たちの推理と経験によれば、同じ仕事を長いこと上手にこなしてきた人は、グーグルである状況に出会った場合、それまで成功してきた解決策を繰り返そうとすることが多い。心理学者のアブラハム・マズローはこう書いている。「手にしている道具が金槌だけだとすれば、あらゆるものを釘のように扱いたくなるはずだ」。こうしたやり方の問題は、新たなものをつくりだすチャンスを失ってしまうことだ。対照的に、私たちの経験によれば、みずから学ぼうとする好奇心旺盛な人は、ほぼあらゆるケースで正しい答えを出すばかりか、きわめて斬新な解決策を生み出す可能性がはるかに大きい。*9 エンジニアリングや生産管理のような技術職については、私たちはコンピュータ・サイエンスに関する専門知識をかなり幅広く評価する。だがこの場合でさえ、ひとつの分野に特化した知識よりも、コンピュータ・サイエンスに関する一般的な（といっても専門家レベルの）理解を有する人を採用しようとする。公平のために言うと、私たちはもっぱらゼネラリストを

*9 もちろん、特定の専門知識が必要とされる職務もある。税務申告書の記入方法を知らないスタッフだけで構成される税務部門を持ちたい人はいない。だが、こうした部門の場合でも、わが社は経歴が異なる新しい考え方のスタッフを混ぜるようにしている。

採用するという哲学から、より洗練された手法に重心を移してきた。つまり、人材のポートフォリオを見渡してゼネラリストとエキスパートの適正なバランスをとるのだ。規模が大きいことの恩恵で、高度に専門化した領域を築ける一方、そうした専門領域においてさえ、専門性にとらわれない新鮮な考え方が絶えず流れ込んでくるよう監視を怠らないようにしている。

私たちはこれらの属性を特定すると、すべての面接のフィードバックで、それぞれの属性について具体的にコメントするよう求めることにした。面接者全員があらゆる属性を評価する必要はなかったが、少なくとも2人の独立した面接者がそれぞれの属性を評価しなければならなかった。加えて、書面によるフィードバックには、評価した属性、質問した項目、受験者の回答、その回答についての面接者の評価を入れるよう求めた。こうした形式が非常に有効なのは、のちに審査にあたる者が受験者を独自に評価できるようになるからだ。言い換えれば、あなたが私を面接してよい印象を持たなかったとしても、質問の内容と私の回答を書き留めておけば、のちの審査者が回答の善し悪しを独自に評価できる(もちろん、これほど詳細な記録を取るのは気まずい場合もある。グーグルの面接者のほとんどは「メモをとっても構いませんか?」とたずねてから面接を始める。なかにはノートパソコンでメモを取る者さえいるが、これは受験者を少しまごつかせる)。こうしたやり方をすれば、受験者にちょっとした2度目のチャンスを与えられるばかりでなく、面接者自身が他人の評価に長じているかどうかを判断しやすくなる。ある面接者に「間違った思い込みをする」という一貫したパターンが見られれば、面接者自身を教育したり、面接から外すよう指示したりする。

採用プロセスが実際にうまくいっていることをつねにチェックする

おわかりのように、私たちは優れた人材を採用するために多くの投資をする。だが、私たちは事業を運営するうえで、何をするにしても必ず改善の余地があると想定している。1998年にグーグルがはじめてつくった検索インデックスには、2600万のウェブページが含まれていた。2000年にはそれが10億に増え、2008年には1兆ページに達していた（1000000000000!）。

グーグル検索チームのジェシー・アルパートとナイサン・ハジャジによれば、わが社は検索エンジンをより包括的・効率的にしてきたという。「わが社のシステムは、検索クエリに応えるためにはじめて一揃いのウェブデータを処理して以来、長足の進歩を遂げてきました。当時はすべてをバッチ処理していました。つまり、1台のワークステーションが2600万ページについてページランク（検索結果に優先順位をつけるアルゴリズム）のグラフを2～3時間で計算し、その一連のページをグーグルの検索インデックスとして一定の期間利用したのです。現在（2008年）では、グーグルはウェブ内を継続的に見て回り、更新されたページ情報を集め、すべてのウェブリンクのグラフを1日に数回つくりなおしています。1兆件のURLのグラフは、1兆の交差点でできた地図に似ています。したがって、私たちは1日数回、アメリカ全土のあらゆる道路のあらゆる交差点を調査するのと同じことをコンピュータ上で行っているのです。違いは、アメリカの地図よりも5万倍広く、道路も交差点も5万倍多いという点です」。当然ながら、これも5年以上前の話だ。2012年に発表されたグーグルナウというアンドロイドアプリは、利用者が知る必要のある情報を予測して対策をとる。たとえば、あなたのスマートフォンが次のフライトの搭乗券を手に入れ、高速道路の渋滞を知らせて脇道を使うように勧め、近くで行われている面白いイベントを教えてくれるのだ。

わが社の製品が不断に改良されているように、採用の仕組みも絶えず進歩している。受験者やグーグラーのために、スピード、エラー率、経験の質のバランスをとるため、検討と努力を怠らないようにしている。たとえば、現在はあるビジネスチームの人事責任者だが、当時は人材募集チームのアナリストで博士号を持つトッド・カーライルは、受験者ひとりにつき最大25回もの面接を行うことが本当に役立つかどうかを調べた。カーライルは、受験者を採用すべきかどうかは、4回の面接によって86％の信頼性で予測できることを発見した。その後の面接では1回につき1％しか予測精度は向上しなかった。グーグルが余分な時間をかける価値も受験者が苦労する価値も、まるでなかったのだ。そこで私たちは「4回の法則」を実行に移し、受験者が実際に受けられる面接の回数を制限した（ただし、一定の場合については例外を認めている）。この変更だけで、わが社が採用に費やす平均時間は従来の90～180日から47日に減り、社員の労働時間は数十万時間も短縮した。

現在に至るまで、私たちは毎回正しいことをやっているなどとは決して考えていない。不採用にした受験者の応募書類を見直して、間違いがなかったかどうかを評価し、間違いがあれば修正し、そこから学ぶようにしている。わが社の「再評価プログラム」は、ソフトウェア技術者のような特定の職務についている全社員の履歴書を、最も共通するキーワードを割り出すアルゴリズムにかけるところから始まる。続いてこのキーワードのリストが、厳選されたリクルーターとマネジャーのグループによって検討され、増補される。例をあげよう。もしIEEE（電気電子技術者協会）が共通キーワードとして出てくれば、彼らはキーワードとしてほかの職能団体の名称を追加するかもしれない。更新されたリストは別のアルゴリズムにかけられる。今度は過去6カ月の受験者を調べ、採用者と不採用者の履歴書に現れる頻度に応じてキーワードをウェイト付けする。最終的に、次の6カ月間に送られてくる履歴書を、こうしてウェイト付けされたキーワードをもとに採点する。高得点をとっていながら不採用となった受験者に目印を付け、リクルーターが検討し直せるようにする。2010年には、不採用となった30万人のソフトウェア技術者の履歴書を

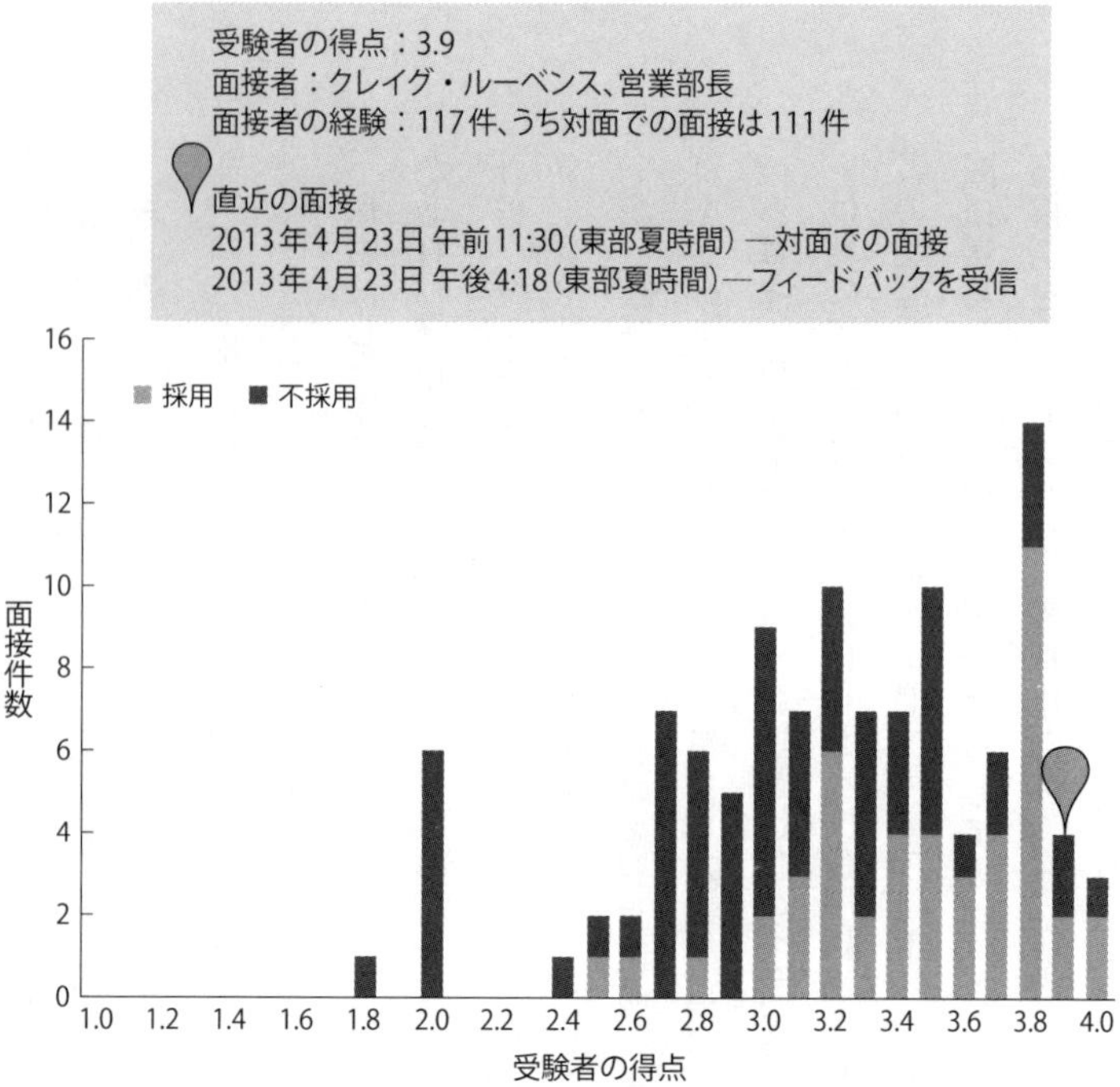

面接者へのフィードバック例　© Google, Inc.

このシステムによって処理し、1万件の応募書類を見直し、150名を採用した。150名を採用するためにここまでやるのは、手間がかかり過ぎだと思われるかもしれない。だが、1・5%という採用率は、グーグル全体の0・25%という採用率の6倍にあたる。

私たちは採用に際して受験者の側を見るだけではない。面接者のほうも、受験者を判別する能力についてフィードバックを受け取る。すべての面接者が、自分が過去に面接で付けた点数と、面接した人たちが採用されたかどうかの記録を見ることができる。

こうしたフィードバックを通じて面接者は、グーグラーになる適性のある人物を自分が正しく評価できているかどうかを知る。過去の面接の記録を見直し、自分が見抜いたことや見逃したことから何かを学ぶよう促されるからだ。さらに、それぞれの受験者の情報をあとで審査する人が、ある面接者の判断が信頼できるか、それとも無視すべきなのかを知ることもできる。

資質については決して妥協しない

私たちはここまで、採用候補者を発見して面接することに焦点を合わせてきた。しかし、これらは採用プロセスの2つの部分にすぎない。表面的には、あらゆる組織の採用プロセスは同じように見えるし、かなり退屈な仕事だ。求人を出す。履歴書を集める。それを検討する。面接する。誰かを採用する。ZZZ……。

もう少し掘り下げてみよう。グーグルのやり方は、求職者から応募があるやいなや、まるで異なる様相を呈しはじめる。応募者をふるい分けるプロセスには6つの独自のパートがあり、資質の基準は決して下げないこと、決定に際してはできるかぎりバイアスを排除することを目標にしている。

まず第1に、評価はラインマネジャーではなく専門のリクルーターによって行われる。グーグルのリクルーターは履歴書を読み解くエキスパートであり、100カ国を超える国々から履歴書を受け取っている場合に大きな役割を果たす。たとえば大学生を評価するなら、GPAの点数は考慮すべきかなり重要な要素だと思えるかもしれない。だが、日本からの応募者に関してはそうでもない。日本では大学への入学は主として全国的なテストの結果で決まる。そのため、高校生はそのテストで好成績をあげることに注力し、数年にわたって毎週15から20時間も塾に通うことが多い。しかし、いったん一流大学に入ってしまうと、成績をまったく気にしない。歴史的に、日本の大学生は塾での鬱々とした時間と「サラリーマン」(過去の日本に特有の年功序列と終身雇用を土台とするキャリアを示す用語)生活の単調さとの狭間で、遊びと自由という最後のあがきにふける。日本の大学の成績は採用データとしては実質的に意味がないが、どこの大学に通っていたかを知ることは、少なくとも新卒者の採用については役に立つ。

わが社の専門のリクルーターは、わが社が携わるさまざまな職務を熟知してもいる。現在のグーグルのビジネスには、検索、自動運転車、時代を先取りした眼鏡、光ファイバーベースのインターネットサービス、製造業、ビデオスタジオ、ベンチャーキャピタルなどがあることを考えれば、すべてを熟知するのは至難の業だ! これがとても重要なのは、誰かがあなたの会社のある仕事に応募してきても、その人はあなたの会社がやっているこ

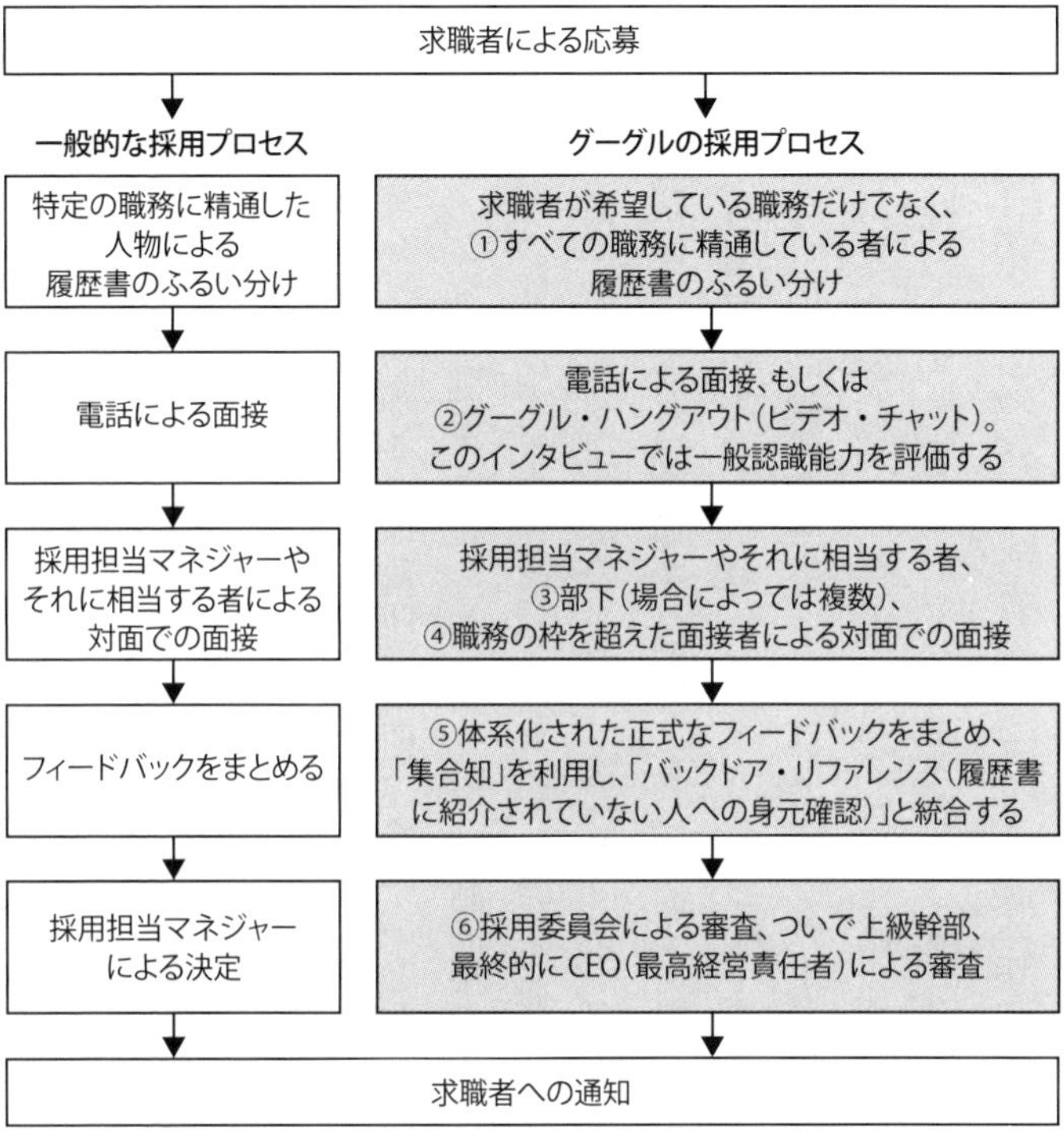

一般的な採用プロセスとグーグルの採用プロセスとの比較 © Google, Inc.

とをすべて知っているわけではないからだ。実際、ほとんどの大企業は部門ごとに別々の採用チームを持っている。ある部門の生産管理の仕事には採用されなかった人でも、ほかの部門のマーケティングの仕事ではすばらしい力を発揮したかもしれない。だが、この2つの部門のリクルーターが話し合うことはないから、マーケティングの仕事につくことは考慮されない。アンドロイドのプロダクトマネジャーとしては不採用になった人でも、電気通信会社と協力して行うセールス業務には最高の候補者かもしれない。グーグルのリクルーターは会社のあらゆる部門に採用候補者を送り込める。そのためには、あらゆる仕事に目配りができ、そこで何が行われているかを理解しておくことが必要だ。さらに当面はふさわしい仕事がなくても、きわめて優秀な応募者については、将来の機会に備えて記録を残しておく。

履歴書をふるい分け、選別したら、採用プロセスの第2段階である遠隔面接へと進む。これをうまくやるのは対面での面接よりずっと難しい。信頼関係を築き、言葉にならないサインを読み取るのが大変だからだ。電話面接が英語に堪能でない人にとって特にやっかいなのは（グーグルの社内言語は英語）、電話を通じて自分の考えを理解してもらうことがいっそう難しくなるためである。私たちはグーグル・ハングアウトを好んで使う。これなら映像による意思疎通が可能であり、画面やホワイトボードを共有できるので、技術職への応募者は面接者と一緒にソフトウェアコードを書いたり検討したりできる。ハングアウトは特別な設備、会議場、あるいはダウンロードを必要としない。応募者はグーグルプラスにログオンし、ハングアウトへの参加を誘うポップアップを受け取るだけでよい。要するに、インスタント・ビデオ会議である。遠隔面接は対面での面接よりはるかに安上がりだから、ハングアウトを使えばコストを最小限に抑えられる。また、グーグラーも応募者も時間を節約できる。わが社のリクルーターが遠隔面接を数百回もこなすという恩恵に浴してきたのに対し、一般的な採用担当マネジャーは数回程度しか経験したことがないかもしれない。

リクルーターがまず初めに遠隔面接によって応募者を評価すれば、採用のための最重要の属性を、堅実かつ確実にふるいにかけられることにもなる。応募者の問題解決力や学習能力は、この段階で評価されることが多い。私たちは早い段階でこうした評価をすませ、のちの面接者がリーダーシップや曖昧さを楽しむ余裕といったその他の属性に焦点を合わせられるようにしている。

余談ながら、専門のリクルーターは、面接中に想定外の事態が起きても柔軟に対応する準備がある程度できている。たとえば、ママと一緒にやってきた受験者。あるいはベルトをし忘れてきたエンジニア候補の場合、ホワイトボードにコードを書こうと向き直るたびにズボンがずり落ちそうになる。そんなときはグーグルの経験豊富なリクルーターが救いの手を差し伸べ、自分のベルトを貸してあげたりする。

私はこれまで受けた他社のあらゆる面接で、上司や同僚になるかもしれない人たちと顔を合わせてきた。だが、私の下で働くことになる人に会うことはまずなかった。グーグルはこうしたやり方をひっくり返す。あなたは、おそらく自分の上司や同僚になるはずの人に会うだろう（もっとも、それが可能ならの話だ——「ソフトウェア・エンジニア」とか「会計ストラテジスト」といった大きな職務グループの場合、採用にかかわるマネジャーはひとりだけではない）。

しかし、もっと重要なのは、あなたの下で働くことになる人のひとりか2人と顔を合わせることだ。ある意味で、彼らの評価はほかの誰の評価よりも大きな意味がある。何しろ、これからあなたとともに生活しなければならないのだから。したがって、わが社のやり方の3つ目の重要な違いは、部下となる者が採用候補者を面接することだ。これは、グーグルが非階層的な組織だという強力なシグナルを応募者に送るとともに、マネジャーが新たなチームに昔なじみを採用する縁故主義を防ぐ助けにもなる。最善の応募者とは、面接に立ち会った部下に、この人から学びたいとか学ぶことにわくわくすると感じさせる人物なのだ。

第4に「職能の枠を超えた面接者」を挙げよう。つまり、応募者を面接する部門とほとんど、あるいはまったく無関係な人が面接者となるのだ。たとえば、法務チームや広告宣伝チーム（後者はグーグルの広告宣伝サービスを支えるテクノロジーを設計している）に属する誰かに、販売部門の採用候補者の面接を依頼することがあるかもしれない。これは公平な評価をするためだ。職務の異なるグーグラーは、欠員が出ている特定の仕事にはまるで興味がなさそうだが、新規採用者の質を高く維持することには大いに関心がある。彼らはまた「薄切り」の誤りの影響を受けにくい。ほかの面接者とくらべ、応募者との共通点が少ないからだ。

第5に、わが社は応募者に関するフィードバックをきわめて独特の方法で収集する。私

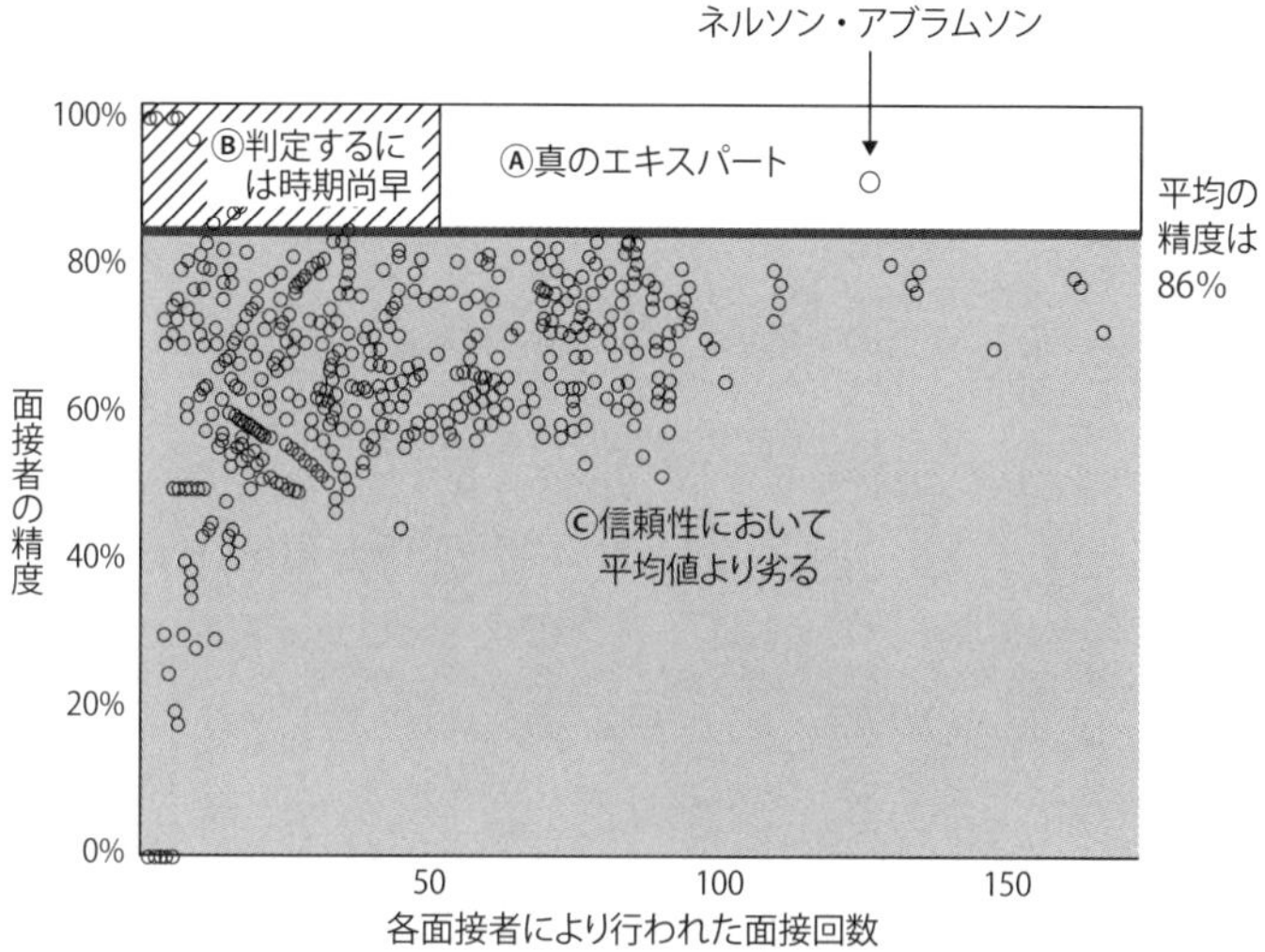

個人の面接の精度を示す散布図（各ドットがひとりの面接者を表す）。面接の平均得点から導かれた86%という精度と比較されている。面接者の精度は、面接者が採用したい応募者のうち実際に採用される人の割合として定義されている。グループⒶに属するのはネルソン・アブラムソンだけで、彼は「集合知」に打ち勝つ唯一の人物だ。グループⒷに属する面接者は集合知より精度が高そうに思えるが、十分な数の面接をこなしていないので、それがスキルによるものか、運がよかっただけなのかは統計的に証明できない。ほとんどの面接者は「集合知」より精度が劣り、グループⒸに分類されている

たちは、面接のフィードバックによって採用にかかわる属性をどこまで評価すべきか、バックドア・リファレンスをどこまで利用すべきかを話し合ってきた。そのうえ、応募者に関する個々の評価者のフィードバックにはそれぞれ同じウェイトを置いている。部下によるフィードバックには、採用担当マネジャー以上ではないにしても、少なくともそれと同じくらいの価値がある。トッド・カーライルの調査からわかったのは、最適な面接回数は4

回ということだけでなく、実質的に面接者がひとりだけの場合、その評価はあまり役に立たないということだった。

あるいは、公平を期して言えば、その場合でも役に立つグーグラーがひとりだけいた。ネルソン・アブラムソンだ。前ページのグラフの右上隅にひとつだけぽつんとあるドットがネルソンである。しかし、カーライルがさらに調査を進めると、ネルソンは不当に有利な立場にいることがわかった。ネルソンはグーグルのデータセンターに勤務していた。これは、検索結果が数ミリ秒でユーザーに届くようにするため、インターネットを効率的にコピーするサーバーのグローバルなネットワークだ。こうした仕事には非常に独特なスキルが必要となるが、ネルソンはこの仕事への応募者だけを面接していた。彼の社員番号は580だったから、こなしてきた面接の数も多い。だが、5000件の技術者の対面面接をすべて分析して見つかったこの種の事例は、これだけだった。

ほかの状況でも見られたように[*10]「集合知」は採用の決定にも応用できるようだった。したがって、私たちは個別面接のフィードバックスコアを報告しつづけているが、重視するのは平均点だ。これには、ひとりの人物が受験者を不採用にする権限を持つことを防ぐとともに、ある受験者のために誰かが政治的に動く力を手にすることを制限するという利点がある。

第6に、私たちは公平無私な再審査者を信頼している。構造的面接を行って採用にかかわる属性を探ることに加え、それぞれの応募者に対し、慎重を期して少なくとも3段階の再評価を行っている。まず採用委員会が評価を下し、応募者を次の段階へ進ませるべきかどうかを勧告する。たとえば人事部門の場合、採用委員会を構成するのはわが社のチームの主要セグメントに責任を負うさまざまな役員や副社長だ。採用委員会のメンバーは、自分のチームに属することになる応募者の評価には関与しない。彼らはそれぞれの応募者についての40～60ページの情報資料を読む。参考までに、重要な評価要素の一部を抄録しておく（次ページ）。

採用委員会が受験者を不合格にすれば、採用のプロセスはそこで終わる。ある受験者を支持すれば、採用委員会のフィードバックが採用資料に追加され、上級幹部審査《シニアリーダーレビュー》に回される。週1回のこうした会議で、客観性を高めるための次なる段階として、何人かの最高幹部がその週の受験者を評価する。３００人を超える受験者がいる週もあれば、20人しかいない週もある。この段階で、受験者は採用者として推されたり、不採用となったり、さらに情報を出すよう求められたりする。これはたいていの場合、属性についてさらにテスト

＊10　たとえば、ミシガン大学のスコット・ペイジによれば、オバマ大統領の金融チームによる金融市場動向の予測を平均したところ、連邦準備制度理事会の少人数の経済学者グループによる分析よりも正確だったという。人気クイズ番組『百万長者になりたい人は？』の場合、かつての司会者のレジス・フィルビンによれば、回答者がスタジオの観客に助言を求めると95％の確率で正解が得られたという。また、検索結果に優先順位をつけるアルゴリズムであるグーグル・ページランクは集合知に大きく依存している。

Candidate's Name: [redacted]	
Name of Reference: [redacted]	and Co-Head of Corporate Securities
Company Name: Fortress Investment Group	Phone Number: 415-284-7423
Check Comp	

Role-related knowledge a
Leveraging on Google succ
consumers journey through
knowledge and insights for our clients is crucial for the role she is applying for and Google's

Makes Sound Decisions: Solid

Offer Coversheet for [redacted]
Position/Title: Children's Center, Infant Toddler Support Teacher **Job Grade:** N1 **Location:** US-SVL-TC3 **VP:** [redacted] Offer ID: 74396
Recruiter: [redacted] **Lead Recruiter:** [redacted]

Candidate Summary

Type of Hire: Direct Hire

Education

School, Country	Selectivity	Degree, Field	[redacted]	[redacted]	Grad Date	Graduated?
San Jose State University		Undeclared			December 2003	NO
Ohlone College		AssociateDegree, Early Childhood Studies			May 2004	NO
California State University, Sacramento		BachelorArts, Child Development			May 2006	YES

Work History

Company/Organization	Position	Start Date	Term Date
Children's Creative Learning Centers, Inc. - Cisco Campus	Pre-Kindergarten Math and Phonics Instructor, Pre-Kindergarten Head Teacher, Preschool Head Teacher	November 2008	In Progress
Children's House of Los Altos	Preschool Teacher/School Age Program Director	August 2006	June 2008

Years of Relevant Industry Experience: 4

[redacted]

[redacted]

Interview Data

Number of Interviews: 5 **Average Score:** 3.4

Additional Notes

Per [redacted] Director of Benefits: I support hiring [redacted] as an Infant Toddler Support Teacher at the Children's Center. [redacted] received a BA from California State University, Sacramento in Child Development. She currently works at a play based center and is eager to join Google's program which is inspired by the principles of the Reggio Emilia approach and fosters collaborative learning and developmental growth. She has several years of experience working at Children's Creative Learning Centers at the Cisco Campus so she is familiar with the corporate element of working with employee sponsored child care. She also spoke strongly about working collaboratively with teachers, parents and children. Children's Center Director [redacted] spoke with [redacted] and [redacted] thought the candidate was very poised and articulate displaying good values and core thinking that is in line with the Google Children's Centers. For these reasons, I think she would make a good Infant Toddler Support teacher at the Google Children's Centers.

RULE OF 7:
* Will report to: [redacted] Site Director
* Manager's team size: 26
* People Manager?: No

GCA INTERVIEWER: [redacted] Google Children's Center, Operations Manager

採用資料の一部　© Google, Inc.

するか、または採用のために要求されるレベルを再検討するためだ。ここで不採用になる理由としていちばん多いのは何だろうか？　文化である。[*11]グーグラーはありとあらゆる政治的見解を持っているが、透明性と発言権の文化的価値は広く支持されており、グーグルの運営法の核心をなしている。ジェフ・ヒューバーは最近、ある受験者についてこう語っている。「彼はきわめて優秀な人材です——技術面接の得点はとても高く、きわめて明敏であり、採用される資格は十分あります——しかし、ひどく傲慢で、自分のチームに加えたがる面接者はいません。優秀な受験者ですが、グーグルには向きません」。

上級幹部審査で何人かの受験者が支持されると、ラリー・ペイジのもとに週ごとの採用推薦者リストが送られる。この報告書に含まれるのは、すべての受験者に関する詳細な採用資料へのリンクのほか、それぞれの受験者の略歴、審査の各段階におけるフィードバックと推薦意見だ。ラリーからのフィードバックでいちばん多いのが、ある受験者がグーグルの雇用基準を満たさないかもしれないとか、ポートフォリオに示された創造性が満足できる水準に達していないのでは、といったものだ。また、これはフィードバックそのものより重要なのだが、ラリーは全社へ向けてこんなメッセージを発する。採用は首脳部によって真剣に検討されており、私たちはうまくやり遂げる義務があるのだ、と。そして、

＊11　ここで言う文化とは、具体的には、この章の前のほうで述べた属性を指している。つまり、誠実さ、曖昧さを楽しむ余裕などなどだ。それはまた、グーグルで働く人の種類を増やし、均質化を防ぐことにもつながる。

新入のグーグラー（「ヌーグラー」と呼ばれる）は、ラリーが自分たちの応募書類をじかに再審査したことを知ると必ず大喜びする。

もっと伝統的なプロセスにしたがえば、現在のように6週間もかけることなく、1～2週間で新人を雇うことができそうだ。また、必要ならより迅速に仕事を進めることもできる――他社からも内定をもらっていて早急に返事をしなければならない応募者のために、数週間おきに特急で手続きを進めるケースもある。*[12] さらに、アメリカやインドの大学のキャンパスでは1日採用プログラムを実施し、それによって入社率が向上するかどうかをテストしたこともある。これまでのところ、採用までの時間を短縮しても、応募者の経験が改善されたり入社率が高まったりすることはない。したがって、手続きをスピードアップするよりも、見逃しかねない優秀な人材を採用する方法を見つけることに、引き続き重点を置いている。

まとめ――いかにして最高の人材を採用するか

こんなやり方をしていたらグーグラーは相当な時間をとられるのではないかと思ったなら、それはそのとおりだ。

しかし、心配するほどではない。4つの簡単な原則に従えば、ごく小さなチームでさえ採用を大幅に改善できるのだ。

グーグルの社員数が約2万人に達するまでは、ほとんどの社員が週に4～10時間を採用に費やし、最高幹部は丸1日を費やすことも多かった。採用に年間8万～20万時間が使われていたことになる。しかも、ここには人材募集チームが費やす時間は含まれていない。こうしたことは急成長のために必要だったが、人材の質に妥協しないためにも欠かせなかった。正直なところ、当時の私たちにできる最善のやり方がそれだった。もっと効率的

---

*12　これは「爆発する採用通知」と呼ばれている。ある期日までに受諾しなければ、内定がふいになって（爆発して）しまうからだ。新卒採用でよく見られるこの方法が、シリコンバレーではますます目立つようになっている。こうしたやり方は応募者にさまざまな不当な圧力をかけると思う。応募者は、強要されることなく最善の意思決定を行えるように、自由であるべきだ。結局のところ、企業は多数の社員を抱えているが、ひとりひとりはたったひとつの職務にしかつけない。それは、彼らが自信を持てる仕事であるべきだ。

当時ハーバード大学の教授だったロバート・J・ロビンソンは、1995年の論文"Defusing the Exploding Offer: The Farpoint Gambit"（*Negotiation Journal* 11, no. 3: 277–285）」で、「爆発する採用通知」にどう反撃するかを述べた。このタイトルは『新スタートレック』のエピソード「未知への飛翔（Encounter at Farpoint）」を参考にしたものだ。宇宙船エンタープライズの船長が異星人の裁判官により裁判にかけられている。裁判官は守衛に「いいか、この罪人が『有罪です』以外の返事をしたら（銃の）引き金を引くのだ」と命じる。裁判官はピカード船長にこう質問をする。「罪人よ、お前の申し立ては?」。それに対してピカード船長はこう答える。「有罪です……暫定的に」。ピカードはいまや有罪でもなく（「暫定的」）死んでもいないので、強制的な条件は意味がなくなっている。

ロビンソンの賢明なアイデアは、「爆発する採用通知」に対しても同じことをすればいいというものだ。つまり「お申し出をお受けします、ただし暫定的に」と返事をするのだ。優位に立つための策として、合理的な条件を提示して（たとえば「上司になる人と会えれば」とか「返事を待っている会社からもっとよい条件が提示されなければ」など）最終期限を延ばすといい。「いったん最終期限を延ばしてしまえば、脅しは威信を失う」とロビンソンは主張する。

な採用法を見つけるには、数年にわたる調査と実験が必要だった。

２０１３年には、社員数は約４万人に増えていたが、平均的なグーグラーが採用に費す時間は、週に１・５時間にすぎなかった。採用総数は社員が2万人だったときのほぼ2倍に達していたにもかかわらずだ。わが社は、グーグラーがそれぞれの採用に費やす時間を約75％削減した。この時間をさらに減らし、人材募集チームと彼らの時間をさらに効率的に管理すべく努力を続けている。

しかし、最高の採用テクニックは、すばらしい人材という核心を手にしていることだ。ジョナサン・ローゼンバーグは、自分のオフィスに２００人のグーグラーの履歴書の束を置いていた。グーグルへの入社を決めかねている受験者がいると、その履歴書の束を渡してこう言うのだ。「あなたがともに働くことになるのはこうした人たちです」。これらのグーグラーは、世界最高の多くの学校をはじめ、あらゆる種類の学歴を持っていた。ジャバスクリプト、ビッグテーブル、マップリデュースといった独創的な製品やテクノロジーを開発した人もいた。世界有数の革新的な企業で働いた経験がある人もいた。さらには、オリンピック選手、チューリング賞やアカデミー賞の受賞者、シルク・ドゥ・ソレイユのメンバーだった人、コップ積みの名人、ルービックキューブのチャンピオン、マジシャン、トライアスロン選手、ボランティア、退役軍人、そして、あなたが思いつく限りの優れた分野で業績をあげてきた人たちがいた。受験者は必ず、すばらしい履歴書だけを選びだしたのではないかとたずねる。するとジョナサンは、グーグルの製品をつくっている社員のなかから無作為に選んだものだと正直に答える。ジョナサンが受験者に逃げられたことは一度もなかった。

では、自己複製する採用マシーンをつくるにはどうすればいいだろうか？

①**求める人材の質の基準を高く設定する**　採用活動を始めるに先立ち、どんな属性を持つ人材が欲しいのかを決め、最高の人材とはどういうものかをグループとして定義する。まず間違いのない経験則は、自分より優れた人物だけを採用するというものだ。妥協は絶対にいけない。

②**自分自身で採用候補者を見つける**　リンクトイン、グーグルプラス、同窓会データベース、職能団体などが調査を容易にする。

③**採用候補者を客観的に評価する**　採用候補者の部下や同僚になる者を面接に加える。面接者は必ず詳細な記録を残す。バイアスのかかっていないグループが実際の採用可否を判断する。定期的に面接記録を見直し、その記録と新規採用者の仕事ぶりをくらべ、自分の人材評価能力に磨きをかける。

④**採用候補者に入社すべき理由を伝える**　自分が携わっている仕事がなぜ重要なのかをはっきりさせ、採用候補者に一緒に働くことになる驚くべき人々を紹介する。

こう書くのは簡単だが、私の経験から言わせてもらうと、実際に行うのは非常に難しい。マネジャーは、自分の部下を自分で採用できないという考え方をひどく嫌う。面接者は、決まった形式で面接やフィードバックをするよう言われることが我慢ならない。人々は自分の直感に反するデータに異議を唱え、あらゆる職務についてそれほど高い資質が必要なわけではないと主張する。

そうした圧力に屈してはならない。

人材の質を確保するために闘うのだ。

私はよくこんなことを言われる。「電話に応対してくれて、会議のスケジュールを調整してくれる秘書が欲しいだけです――頭脳明晰でなくても、そういった仕事をこなしてくれればいいのです」。だが、これはとんでもない論法だ。優れた秘書はマネジャーにとって強力な梃子として働く。時間の割り振りを上手に行い、仕事の優先順位を判断して重要度の低い仕事を後回しにし、連絡してくる人に対しては本人の顔となる。こうした役割はとても重要で、平均的な秘書と卓越した秘書の違いはきわめて大きい。私は、最高の秘書であるハンナ・チャと一緒に働ける幸運を忘れてはならない。

あなたがチームや組織の改革にかかわっているなら、そのための唯一にして最善の方法は、より良い人材を採用することだ。それには意志と忍耐がいるが、効果はある。人への投資を採用に集中させることだ。そして、決して妥協してはならない。

こうした採用方法には、もうひとつの有益な効果がある。ほとんどの組織で、新たに加わった社員は自分の力を証明しなければならない。グーグルの場合、採用プロセスの質が信用されているので、新入社員であっても初日から信頼され、チームの完全なメンバーとして扱われる。

その格好の例を見てみよう。2011年、ダライ・ラマが南アフリカのデズモンド・ツツ元大主教の80歳の誕生日に招かれた。ケープタウンでデズモンド・ツツ記念平和講義を行うためだ。2人はともにノーベル平和賞受賞者で、これは歴史に残る会談になるはずだった。ところが、伝えられるところによると、中国政府から圧力を受けて、与党のアフリカ民族会議はダライ・ラマに入国ビザを発給しないことに決めた。ツツ元大主教は激怒して言った。「わが国の政府――私の代理である政府！――は、中国に弾圧されているチベットの人々を支援しないと言う。ズマ大統領よ、あなたとあなたの政府は私の代理ではない」。1週間前にグーグルで最初の製品を発売したばかりのヌーグラー、ローレン・グローヴズはまずチベットへ、次いで南アフリカへ派遣された。彼はグーグル・ハングアウトを使った2人の会談を設定し、数千マイル離れているにもかかわらず、両者の対面による会談を実現した。これは10月8日の祝賀式の最大の呼び物になった。

翌日、私たちは『ニューヨーク・タイムズ』に全面広告を出した。

ダライ・ラマとツツ元大主教のサインが入ったこの広告の原本は、わが社のオフィスに

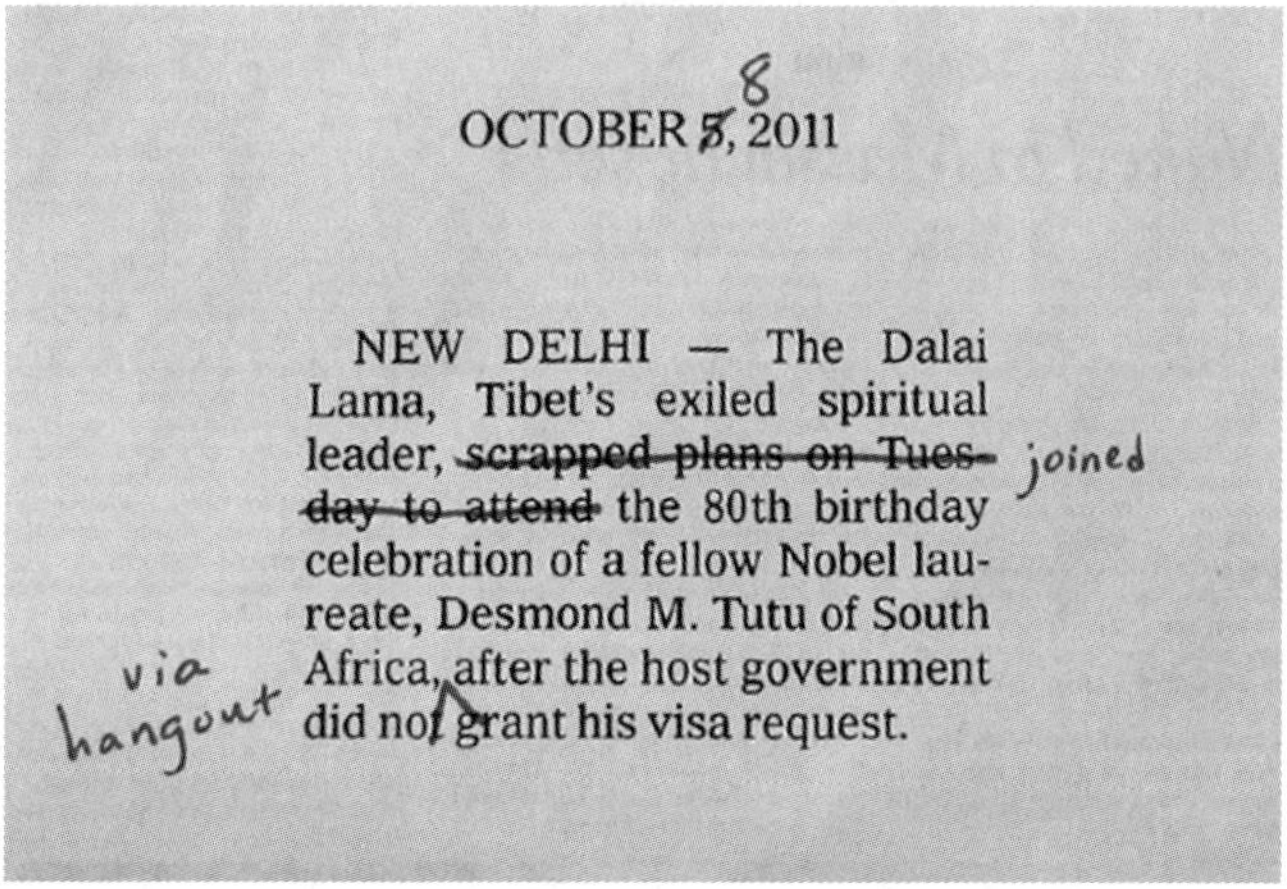

OCTOBER ~~5~~ 8, 2011

NEW DELHI — The Dalai Lama, Tibet's exiled spiritual leader, ~~scrapped plans on Tuesday to attend~~ joined the 80th birthday celebration of a fellow Nobel laureate, Desmond M. Tutu of South Africa, via hangout after the host government did not grant his visa request.

2011年10月~~5~~8日

ニューデリー発――亡命中のチベットの精神的リーダーであるダライ・ラマは、同じくノーベル賞受賞者である南アフリカのデズモンド・M・ツツの80歳の誕生祝賀式に~~火曜日に出席する予定だったが、これを取りやめた~~。主催者である南アフリカ政府へのビザ申請が認められなかったため。

ハングアウトを使って参加した

ハングアウトによるダライ・ラマとデズモンド・ツツ元大主教の会談の成功を祝う『ニューヨーク・タイムズ』の広告　© Google, Inc.

掲げられている。その会議の議長はこう述べている。「ダライ・ラマがこの場にいらっしゃらないのは誠に残念ですが、こうして到来したテクノロジーの世界にとても感謝しています。おかげで、私たちはお二人の会談を実現できるのです」。

これはローレンの力によるものだった。彼はグーグラーになってまだ5日目だったが、私たちは彼ならこの会談を実現できると信じていたのだ。

WORK RULES

新入社員を選ぶために

- □求める人材の質の基準を高く設定する。
- □自分自身で採用候補者を見つける。
- □採用候補者を客観的に評価する。
- □採用候補者に入社すべき理由を伝える。

第6章

避難所《アサイラム》の運営は避難者に任せる

マネジャーから権力を取り上げ、社員を信頼して運営を任せる

あなたは上司に信頼されているだろうか？

あなたが部屋へ入って行っても、彼女は宝飾品を隠したりはしないだろう。しかし、あなたが自分は昇進にふさわしいと思っている場合、思い通りに自分を昇進させられるだろうか？　週に1日、本業以外の活動に取り組みたい、あるいはほかの社員のための勉強会を開きたいと思い、自分の仕事はいままでどおりにこなす方策を思いついたとして、あなたにそれが実行できるだろうか？　あなたが取得できる病気休暇の日数に上限はあるだろ

うか？

同じく重要なことだが、あなたは自分の上司を信頼しているだろうか？　彼女はあなたを後押しし、あなたのために闘い、あなたが仕事を完成できるよう助けてくれるだろうか？　ほかの仕事をしたいと考えているとして、あなたは上司にそれを相談できるだろうか？

これは、誰もが一緒に働きたいと願うマネジャー像だ。しかし、実際にそうしたマネジャーに恵まれる者はほとんどいない。グーグルの社員は人事管理《マネジメント》について絶えず強い不信感を抱いてきた。多くのエンジニアはこんなふうに考えている。マネジャーというのはディルバート〔訳注：アメリカの人気漫画の主人公でエンジニア〕のように、せいぜいのところ、組織図のずっと高いところにいて十分な情報を持たない人たちから、実務を担う者を守ってくれる階層のことだと。

しかし、第8章で詳しく検討する「プロジェクト・オキシジェン」という人事評価プログラムを通じて、マネジャーが実はさまざまに役立っていることが明らかになった。私たちはマネジャー自身に不信感を抱いているわけではないことがわかる。そうではなく権力を、そして歴史的に見てマネジャーがそれを乱用してきたあり方を強く疑っているのだ。

昔ながらのマネジャーは、あなたの給与、昇進、仕事量、職場への出入り、忙しいか暇かを管理し、さらに近頃では、その監視の目を終業後や週末にまで向けている。マネジャーはこうした権力の源を必ずしも乱用するわけではないが、その恐れはある。有害な上司についての懸念は文化の至る所に見てとれる。たとえば、『ジ・オフィス』というコメディドラマに登場するマイケル・スコットというマネジャーから、このところ氾濫している『あなたの職場のイヤな奴』とか『馬鹿から先に死ぬ』といった本にいたるまで（前者は馬鹿なマネジャーと働きながら生き延びる方法、後者は馬鹿なマネジャーになる方法を教えてくれる）さまざまな例がある。

GEで働いていたとき、私はある上級幹部を知った。その人をエレンと呼ぶことにしよう。エレンは出世街道を驀進《ばくしん》しており、ある部門のトップを任されていた。ある朝のこと、オフィスに駆け込んでくるなり、エレンは秘書の机に小さな紙袋を置いてこう言った。「リサ、この袋を大急ぎで私のかかりつけ医のところへ持って行ってちょうだい。検便のサンプルを提出しなければならないの」。その紙袋には、その朝エレンが採取した、まだ温かいモノが入っていた。

エレンは自分がやったことに問題があるとは露ほども考えていなかった。彼女は多忙な経営幹部だから、秘書に町中を歩いて自分の排泄物を運んでもらえば、仕事の効率が上がるというだけのことだ。

あなたはこんな警句を耳にしたことがあるだろう。「権力は腐敗する。絶対的権力は絶対的に腐敗する」。イギリスの歴史家であるアクトン卿が1887年にこの言葉を記したとき、彼はリーダーシップの本質をさらに鋭く指摘していた。アクトン卿はマンデル・クライトンと論争していた。歴史家にして英国国教会の主教でもあるクライトンは、教皇や国王をいくぶん免責する異端審問の歴史について執筆中だった。アクトン卿は多くの人が理解しているよりもさらに強硬な主張を展開した。

私は、教皇や国王は悪事を働かなかったという都合のいい前提のもと、彼らを一般人とは別に裁くべきだという教会法を受け入れることができない。何らかの前提があるとすれば、それは逆に、権力者に対して不利に働く前提であり、権力が大きくなるに従ってその度合いも強まっていくはずだ……偉大な人間とはたいてい悪人であり、彼らが権力ではなく影響力を振るうときでさえそれは変わらない。権力が腐敗しやすいこと、あるいは必ず腐敗することを考えればなおさらだ。祈祷によって、それを行う者が浄化されるという主張ほど異端的なものはない。そう主張する時点で……目的が手段を正当化するようになるのだ。

アクトン卿は権力が腐敗することを学術的に述べているだけではない。権力を持つ者はそうでない者より高い道徳規範を持たなければならないと叫んでいるのだ。

こうした背景を考えれば、エレンの行為はそれほど驚くことではない。何と言っても、エレンは懸命に働き、犠牲を払って、現在の上級幹部の肩書を手に入れたのではないだろうか？　彼女が多忙なのは言うまでもない。秘書がエレンの時間を15分でも節約できれば、その貴重な時間をさらなる株主価値の創出に振り向けられるのだから、GEにとっても有益ではないだろうか？　さらに、こうしたことが仕事上のニーズを超えて私的なニーズを満たすために行われたらどうだろうか？　そう、エレンは私的な時間にも会社の仕事をしていることが多かったのだ。彼女の私生活を手助けすることは、仕事を手助けすることとそれほど変わらない、そう考えていいだろうか？

そうではない。

マネジャーは悪人ではない。

だが、個人としての私たちは、権力の便利さとちょっとしたスリルに酔ってしまいがちだ。同時に、ヒエラルキーを生み出してしまう（そしてそれに立ち向かう！）責任は、マネジャーだけにあるわけではない。私たち社員もまた、自分自身のヒエラルキーを生み出してしまうことが多い。

グーグルが直面している課題のひとつは、社員がいち社員ではなく企業オーナーのように感じ、考え、行動するようになってほしいということだ。しかし、人間というものは権威に従い、ヒエラルキーを求め、狭小な自己の利害に集中するようにつくられている。あなたが出席する会議について考えてみよう。賭けてもいいが、いちばん偉い人が決まってテーブルの上座に座るはずだ。それは彼らが、最初に部屋に入って最高の席を取るために、オフィスからオフィスへと先を争って急ぐからだろうか？

次の機会によく観察してほしい。ぞろぞろと入室する出席者たちは、いちばん上座の席を空けておくはずだ。ここからわかるのは、ヒエラルキーを生み出す私たちの微妙で油断のならない性質である。指示も、話し合いも、意識して考えることさえもなく、私たちは「上司」のために席を空けておくのだ。

私はグーグルでもこうした行動を目にするが、そこには「ひとひねり」がある。グーグルの最上級幹部のなかには、こうした力学をよく知っていて、それを打破しようと会議テーブルの片側の中央付近に座る人もいる。相談役のケント・ウォーカーはいつもそうしている。「ある意味で、こうした座り方は『アーサー王の円卓』に見られる力学を生み出します――ヒエラルキーが弱く、私との1対1のやりとりではなく、出席者同士の会話へと社員を引き込みやすいのです」[*1]。

会議を何回か開くと、決まって、今度はその席が空いたままになる。人間はルールにきわめて従順であることがわかる。2007年まで、グーグルの採用方針は「優秀な人材をできるだけ多く採用せよ」というものだった。2007年に採用予算を導入したのは、活用しきれないほど多くの人材を採用していたからだ。各チームはいまや、毎年採用できる人数に上限を設けていた。ポストが温存すべき貴重な資源になるにつれ、グーグルが「過剰の精神」から「不足の精神」へあっというまに宗旨替えしたことには驚かされた。それぞれのチームが最高の人材を確保しようとしていたため、役職はかつてなく長いあいだ空席とされるようになった。社内での異動がそれまで以上に難しくなったのは、空きポストが必要だったからだ。

いまでは、状況はやや改善している。私たちはこうした課題に取り組んできた。ルールを変えて、必要な場合——たとえば、あるグーグラーがほかのチームからの異動を希望する場合——には採用予算をオーバーしても構わないことにしたのだ。ほとんどのリーダーは予備予算も組んでおり、例外的な採用に対応する余裕を残している。しかし、当時私が驚いたのは、社員に多くの自由を与えたがっている企業においてさえ、単純なルールの導入によって行動が大きく変わってしまうという事実だった。

最高のグーグラーは、理にかなう場合には自分の判断でルールを破る。ちょっとした例をあげてみよう。グーグラーは月に2人までのゲストを会社のカフェに連れて来ていいことになっている。たまたま両親と子供を連れて来る社員がいても、それはかまわない。ときに社員のみんなにすばらしい経験をしてもらうことのほうが、ルールを墨守するよりもよいのだ。

＊1　とはいえ、ケントはその座り方が実用的でもあることを率直に認めている。「私は会議の議題をホワイトボードに書くので、その真向かいにいれば最も集中力を保ちやすいことも理由のひとつです」。

とはいえ、予算となれば話は別だと思われるかもしれない。予算の本質は、その範囲内に収まるようにしなければならない点にある。だがグーグルでは、たとえ予算をオーバーすることになっても、本当に傑出した人材なら受け入れる余地をつくるべきだとされている。多くの人は規範の遵守を重んじる精神を持っているので、こうした提案はきわめて画期的だと感じられる。

1960年代にスタンレー・ミルグラムがイェール大学で行った物議を醸す実験は、同じ論点をいっそう強烈に主張するものだ。ミルグラムは「ナチスによるホロコーストはどうして起こったのか？」という問題を研究していた。社会の声を無視してではなく、社会の積極的・消極的支持を得て、数百万もの人々を殺すなどということがなぜ可能だったのか？　人間とは、良心に照らしてまったく受け入れ難いそうした行為に走るほど、権威の影響を受けやすいのだろうか？

被験者は記憶についての実験だという説明を受け、姿の見えない「生徒」が教えられた言葉を思い出せない場合に電気ショックを与えるよう指示された。生徒が間違えるたびに、電圧を15ボルトずつ上げるスイッチを入れる。電圧は15ボルトから420ボルトまで上がるようになっている。最後の2つのスイッチには「XXX」という表記があり、435ボルトと450ボルトに対応していた。電圧を上げるたびに、被験者には録音されている生徒の叫び声が、続いて悲鳴が聞こえてきた。300ボルトで、生徒は壁をこぶしで叩き、心臓の具合がおかしいと訴えはじめた。315ボルトを超えると反応がなくなった。実験は、被験者がそれ以上スイッチを入れることを拒否するか、450ボルトのショックを与えるかしたところで終了した。450ボルトを3回まで与える実験もあり、この場合は終了までに31回のショックが与えられた。

ミルグラムの最初の実験には40人の被験者が参加した。そのうち26人は450ボルトになるまでショックを与えつづけた。実験が始まって19回目のショックを与えたところで、生徒は何も言わなくなった。しかし、被験者の65％は指示に従いつづけ、生徒がまったく反応しなくなったあとも12回のショックを与えた。最後までは続けなかった14人のうち、実験を中止するよう求めたり、事前に許可を得ずに犠牲者の様子を見に行ったりした者はひとりもいなかった。

（実験に関する重要な事実は、実際に電気ショックを受けた者はいなかったということだ。スイッチを入れても何も起こらなかったし、悲鳴は事前に録音されたものだった）[*2]

マネジャーは権力を蓄え、行使する傾向がある。

社員は命令に従う傾向がある。

はっとさせられるのは、多くの人がマネジャーと社員という2つの役割を同時に果たしていることだ。私たちはみな、支配型のマネジャーに対して、また話を聞こうとしない社員を管理することに、フラストレーションを感じた経験がある。

この時点で、読者はおそらくこう思っているだろう。「ワオ！　事態は急に悲観的になってきたぞ」。

希望はある。

「あなたの上司はあなたを信頼しているか？」というのは深遠な問いだ。

あなたが社員は基本的に優秀だと信じており、組織が有効な採用活動をできるなら、社員に自由を与えても何も恐れることはない。

思い出してほしいのだが、章タイトルにある「アサイラム」の第一の定義は「避難所」である。職場に関するより崇高な願望のひとつは、職場とは社員が自由に創造し、開発し、成長できる避難所だというものでなければならない。だとすれば、避難している人たちにその場の運営を任せてはどうだろうか？

大規模な権限委譲への第一歩は、社員が安心して意見を言えるようにすることだ。日本には「出る杭は打たれる」という諺がある。これは服従せよとの警告だ。

私たちがマネジャーからできるかぎり権力を奪い取ろうとする理由はここにある。マネジャーの正式な権限が少なければ少ないほど、彼らが自分のチームに与えざるをえないアメやムチは少なくなるし、チームが取り入れるべき自由裁量の余地は増えることになる。

ステータスシンボルを排除する

グーグルのマネジャーが独断で社員を採用できない仕組みについてはすでに論じたので、この先の数章では、マネジャーが他人の意見を聞かずには報酬額や昇進を決められない仕

＊2　ミルグラムの実験は何かのついでに言及されることが多いものの、詳細は明らかにされている。彼は少なくとも19種類のやり方でこの実験を行った。第8実験は女性の被験者だけで行われた。服従度は男性の場合と同じだったが、女性は男性よりも強いストレスを感じていたという。ミルグラムの報告によれば、性別にかかわらず「多くの被験者が実験の場で緊張している様子で、いっそう強いショックを与えるときにはなおさらだった。多くの場合、緊張度は実験室での社会心理学実験ではめったに観察されないほどの極限に達した。被験者たちは汗を流し、震え、口ごもり、唇を噛み、うめき、体に爪を立てた。こうした反応は、この実験では例外ではなく、広く見られた……従順な被験者は電気ショックを与えつづけたが、それは極度のストレスのもとで行われることが多かった。300ボルトを超えるショックを与えることは気が進まないと訴える人もいれば、実験者に従わなかった人と似たような恐れを見せる人もいたが、それでも彼らは服従した」[出典：Stanley Milgram, "Behavioral Study of Obedience," *Journal of Abnormal and Social Psychology* 67, no. 4 (1963):371-378]。
ミルグラムは実験への参加者を追跡調査し、長期的影響が残っているかどうかを評価した。驚いたことに84％が実験に参加したことを「とても良かった」あるいは「良かった」としており、15％が「どちらとも言えない」と答えた。ミルグラムが『Obedience to Authority（服従の心理）』（New York: Harper & Row, 1974）に引用し、しばしば言及される参加者からの1通の手紙がある。それを読むと、ミルグラム実験によって、意思決定の仕方についてそれまで存在しなかったあるレベルの自覚が、参加者のなかに生じたことがわかる。「1964年に被験者となったとき、私は誰かを傷つけているとわかっていながら、なぜそんなことをしているのかはまったく意識していなかった。自分自身の信念に従って行動しているのはいつで、権威に従順に従っているのはいつかを認識している人はほとんどいない」。

組みについても紹介していきたい。従業員が会社のオーナーであるように感じ、行動するような、権限委譲が大きく進んだ環境を整えるには、採用や昇進を斬新な方法で進めるだけでは駄目だ。ヒエラルキーを求めるという人間の生まれつきの傾向を和らげるため、私たちは権力や地位を示すものを取り除こうとしている。たとえば実際、グーグルには意味のある明確な職務階層は4つしかない。インディビジュアル・コントリビューター、マネジャー、ディレクター、バイスプレジデント（副社長）だ。キャリアを通じてインディビジュアル・コントリビューターに留まる技術系社員のために、これと並行するキャリアパスもある。これらの職務階層を経て昇進するには、個人の知的能力、影響力、リーダーシップなどが重要になる。言うまでもなく誰もが昇進に関心があるため、ディレクターやバイスプレジデントへ出世するのは容易でない。

グーグルがいまより小さかった頃、私たちはディレクターの2つの階層を公式に区別していた。下位のディレクターの肩書きは「ディレクター、エンジニアリング」、上位のディレクターは「エンジニアリング・ディレクター」としてあった。ところが、肩書きの語順といったわずかな差異があるだけで、社員は階層の違いにこだわることに気づいた。そこで、その区別を廃止した。

率直に言って、会社が大きくなるにつれて、この方針を維持することは次第に難しくなっている。私たちがかつて完全に禁止していた肩書き、たとえば「グローバル」とか「戦略」といった言葉を含む肩書きが、社内に忍び込んでいる。「グローバル」を禁じたのは、それは自明のことであり、自己を美化する言葉だったからだ。そうではないと明確に否定しないかぎり、グローバルでない仕事などありえない。「戦略」も同様に大げさだ。中国の春秋時代に生きた孫子は戦略家だった。アレキサンダー大王も戦略家だった。私自身が長年にわたっていわゆる戦略コンサルタントとして働いてきた。その経験から言って、肩書きに「戦略」と付けるのは求人への応募者を増やすいい方法だが、それによって仕事の本質が変わることはほとんどない。私たちは社員の採用時にその肩書きを規制していたが、入社後に本人が自分でつける肩書きを把握するため、社員のデータベースを絶えず更新することまではできなかった。[*3] 私たちの取り組みによって、ほかの大半の企業とくらべて、肩書きの重要性が低下してくれるよう願うしかない。

第4章で紹介したジョウボーン社のランディ・ナフリックは、肩書きを重視しない習慣をどうやって広めたかを、また誰でもそれになじめるわけではない実情を話してくれた。「グーグルではリーダーシップと肩書きは一致していませんでした。私は最高の業績をあげている部下にリーダーシップを発揮する機会を与え、肩書きの権威なしでリーダーシップを発揮する技術を学べるよう援助したものです。やがてこれらのリーダーは、リーダー

＊3　そう、グーグルでは自分の肩書きを選べるのだ。

シップやフォロワーシップを奮い立たせる方法、自分の決定を同僚集団に行き渡らせる方法を完ぺきに習得したので、彼らを人事管理に携わるポジションに異動させることも容易になりました。ジョウボーン社で（ほかのテクノロジー企業から）人事業務のパートナーを採用したとき、私は同じことをやろうとしました。肩書きはリーダーシップの後についてくるものだと説明したのです。入社して数週間足らずで彼がこうたずねてきたときには、赤信号がともっていたと言えます。『しかし、肩書きがなければ、やって欲しいことをどうやってやらせればいいのですか?』。彼は半年もしないうちに退社しました」

だが私たちは、肩書き以外でヒエラルキーを表したり強化したりするものも排除した。つまりグーグルでは、最上級幹部であっても新入社員と同じ便益、特典、資源しか受け取らないということだ。役員用の食堂も、駐車場も、年金もない。2011年に、社員が財務部とともにボーナスを投資できるようにする退職貯蓄制度（グーグル運用投資基金）を導入したとき、私たちはほかの多くの企業とは対照的に、上級幹部のみならず全社員が利用できるようにした。ヨーロッパでは役員が自動車購入の補助金を受け取るのが普通だが、わが社はそれを全社員に提供し、上級幹部が受け取る金額を制限することによって、提供する費用が偏らないようにした。不満の声もあったが、業界の慣行に合わせるよりも、全員が参加できることのほうが重要だった。

ヒエラルキーのない環境を望むなら、自分の価値観を目に見える形で気づかせる必要が

自転車に相乗りするパトリック（左）と私　photo courtesy of Brett Crosby

ある。さもないと、ヒエラルキーを求めるという生まれつきの傾向が頭をもたげるのは避けられない。象徴と逸話が重要だ。ジェラルド（ジェリー）・フォード大統領の報道官を務めたロン・ネッセンは、大統領のリーダーシップのスタイルについてある逸話を披露している。「大統領はリバティーという犬を飼っていた。リバティーが大統領執務室の絨毯の上で粗相をすると、海軍所属のスタッフが後始末をしようと飛んできた。ジェリー・フォードは言った。『私がやろう。どきなさい、私がやるから。他人の飼い犬の糞の後始末なんてするものではない』」。

このちょっとしたエピソードが人の心をつかむポイントは、アメリカ最高の権力者が、個人の責任を理解していただけでなく、それを公に示すことの象徴的価値を認識していたことだ。

パトリック・ピシェットがスーツを着てブリー

フケースを抱える代わりに、ジーンズをはいてオレンジ色のバックパックを背負っている理由はここにある。そう、ピシェットはグーグルの最高財務責任者であり、事業を大ヒットさせたいという際限のない欲求と、わが社の財務状態を慎重かつ責任を持って管理することのバランスを取る役目を負っている。だが、彼は気さくで、思いやりがあり、人間的でもある。わが社の敷地内を自転車で走りまわることで、グーグルの最高幹部といえども普通の人間にすぎないことを見せているのだ。

マネジャーの意見ではなく、データにもとづいて意思決定する

権力の象徴や権力者のような態度を最小限に抑えるだけではなく、私たちはデータにもとづいて意思決定をする。オミッド・コーデスタニはグーグルに入る前はネットスケープ社にいた。彼はこう語っている。「ネットスケープの伝説的CEOであるジム・バークスデールは、ある経営会議の場でこう言いました。『事実を知っているなら、それを発表してくれ。みんなで活用しよう。だが持っているのが意見なら、私の意見を採用しよう』」。

バークスデールの発言は、ユーモラスであるとともに暴君的にも聞こえかねなかったが、大成功を収めたマネジャーの考え方をよく捉えている。結局のところ、彼らが（理想的なことに）マネジャーになったのは、優れた判断を下したからだ。だとすれば、どうして彼らの

判断に任せてはいけないのか？

一方で、バークスデールは、私たち個人にとっての大きなチャンスに光を当てている。データに依拠すること――さらに言えば、あらゆる話し合いにデータの裏付けを求めること――によって、マネジャーの昔ながらの役割をひっくり返すことができるのだ。最も有用な事実がそれぞれの意思決定に影響を及ぼし、マネジャーは直感の提示者から、真実の探究における進行役に変身する。ある意味で、あらゆる会議がヘーゲル弁証法を実践する場になる。司会者が命題《テーゼ》を提示すると、会議の出席者が反対命題《アンチテーゼ》を提示し、意見をはねつけ、事実を問い、どちらの決定が正しいかを吟味するのだ。その結果が統合命題《ジンテーゼ》であり、単なる意見表明に依拠した場合よりも真実に近づくことになる。グーグルの昔から変わらない基本方針のひとつは「政治活動をするな。データを使え」である。

ハル・ヴァリアンがこんな話をしてくれた。「データに依拠することはあらゆる人にとって有益です。上級経営者は、広告の背景色に最もふさわしいのは黄色か青かを議論して時間を浪費すべきではありません。実験してみればいい。そうすれば、経営者は余裕をもって定量化しにくい事柄について頭を悩ますことができる。このほうがはるかによい時間の使い方になるのが普通です」。

私たちはデータ（証拠）を活用し、噂、偏見、古くからの明らかな誤解を排除しようとしている。ひとつのやり方は俗説を破壊することだ（これは、アダム・サヴェッジとジェイミー・

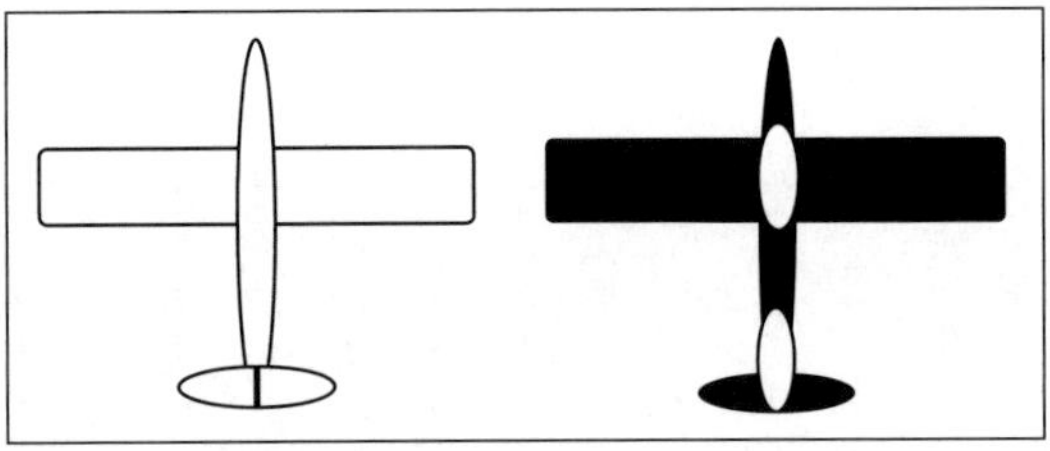

爆撃機の損傷部分を示すウォールドの図

ハイネマンのすばらしいテレビ番組『怪しい伝説』のアイデアを借りたものだ。番組のなかで2人は一般に流布する俗説が本当かどうかをテストしている。たとえば「アルカトラズ島からの脱出は可能か?」[*4]「雨のなかを走るのと歩くのとでは、どちらのほうが濡れるか?」[*5]など)。この番組に触発されて、私たちは社内の通説をテストし、可能なかぎり誤りを暴こうとしている。

組織内で事態がどう進展するかについて、人々はあらゆる種類の想定——実際には憶測——をする。こうした憶測のほとんどは、サンプルバイアスに根ざしている。サンプルバイアスの教科書的説明は、第2次世界大戦中にアブラハム・ウォールドによってなされた。ウォールドはハンガリー出身の数学者で、統計調査グループ(コロンビア大学に拠点を置き、戦時中にアメリカ政府から統計にかかわる任務を与えられていたグループ)のメンバーだった。爆撃機の生還率の改善のために軍に何ができるかをたずねられたウォールドは、爆撃から帰還した機体の弾痕の位置を調べ、どこに防弾装甲を追加するのが効果的かを判断しようとした。国立第2次世界大戦博物館によれば、ウォールドは上に示す略図を描いた。右側の飛行機の黒く塗られた部分は弾痕の最も多かった場所だ。

ウォールドの結論は、直感に反し、操縦席と尾翼を最も強化すべきだというものだった。ウォールドが調査しているサンプルは生還した爆撃機だけであり、翼、機首、胴体を銃弾に貫かれていた。ウォールドは自分がバイアスのかかったサンプルを調べていることに気づいた。操縦席や尾翼を撃たれた爆撃機はいっさい生還していなかったからだ。防弾装甲を最も必要とするのは、その場所だったのである。[*6]

サンプルバイアスはあらゆる人を悩ませる。たとえば2010年、年に1度の社員意識調査で、多くの技術系社員がグーグルは業績の思わしくない社員に断固たる対応をしていないと感じていることが明らかになった。実際、10人で構成されるあるチームの場合、9人のメンバーが業績の上がらないひとりのメンバーを問題視していた。そして、自分たちがその人物の能力を向上させたい、あるいは首にしたいと思っても、誰も手助けしてくれ

＊4　可能。
＊5　歩くほうが濡れる。
＊6　これは生存バイアスの例でもある。すなわち、母集団全体ではなく生き残った者だけを考慮することによって、分析を歪めてしまうバイアスだ。新興企業やヘッジファンドの業績を観察しているアナリストがこの誤りをよく犯すのは、存続している企業だけを調査対象とし、すでに破綻したり廃業したりした企業を無視しているからだ。そのせいで、新興企業やヘッジファンドの業績は実際よりもバラ色に見える。もちろん、本書に頼り過ぎることも生存バイアスの一例かもしれない。本書で説明していることのなかに学ぶべき教訓があるのは間違いない。だが、失敗した企業の教訓について考えることも同じように重要である。グーグルの人事部門は、分析における生存バイアスを可能なかぎり避けようとしている。たとえば、私たちは不合格だった応募者を――二重盲検法で――採用し、彼らの仕事ぶりを観察することによって、わが社の採用慣行をテストしているのだ。

ないと結論を下していた。彼らは、業績の思わしくないメンバーを抱えていないほかの同規模の5チームに目を向けていなかったし、マネジャーや人事部員が水面下で当の社員に手を貸していることにも気づいていないことが多かった。これは典型的なサンプルバイアスであり、たまたま目にした欠陥のある小さなサンプルをもとに結論を出している。こうした場合、業績の上がらない人物のプライバシーを尊重して、何が起こっているかを公にしないようにしている。だが、私はあえて、わが社がつねに水面下で動いていることをグーグラーに知らしめた。また、全社員から寄せられる実際のデータを、業績管理に関する研修教材や講義に取り込んだ。

結果として、技術系社員はこの問題についていちじるしく前向きになり、「自分のチーム内で、業績の思わしくない同僚にうまく対応しているか?」という質問に対して肯定的回答が（100点満点で）23点も増加した。さらに好ましいことに、グーグラーたちはいまや、そうした動向についてたがいに話し合っている。最近あるメールのスレッドで、ひとりのグーグラーが、自分が怠け者と見なすある人物の欠点に対策が取られていないことに苛立《いらだ》ちを表明していた。別のグーグラーが話に割って入り、その怠け者はおそらく目を付けられつつあるが、「ネコ弁護士《ロイヤーキャット》」は人事部門が詳しい事情を全社員と共有するのを許さないだろうと解説した。そのとおり！

昇進は俗説が幅をきかせるもうひとつの領域だ。私たちは昇進者の氏名と簡単な経歴をリストにしてメールで発表するが、とても大きい組織なので、全員を知ることは不可能だ。そこで、グーグラーはリストを見渡し、祝意を伝えるために当然ながら知人の名前を探す。しかし、彼らはそうしながら無意識に憶測を立てている。「サリーの昇進はわかったが、デイヴはだめだったな。サリーはＣＦＯと仕事をしているからに違いない」「ワオ！　アンドロイド（モバイル機器）・チームから昇進した連中を見てみろ……インフラストラクチャー（データセンター）部門からの昇進はほとんどいないな。会社はユーザーと関係する仕事だけを気にかけているみたいだ」。典型的な憶測をいくつか挙げてみよう。お偉方の声には影響力があるはずだから、昇進するには自分のプロジェクトになるべく大勢のお偉方を巻き込む必要がある。「よりセクシーな」製品分野に所属していると有利だ。たったひとつの否定的評価が昇進の見込みを粉砕することがある。本社を拠点とするプロジェクトは目につきやすいので、そこで働いているときのほうが昇進しやすい、などなど。こうした憶測リストはまだまだ続く。毎年、私たちがグーグラーの意識調査を行うと、昇進のプロセスが公正でなかったと言われる。いくつかの部署、プロジェクト、職務であからさまな「えこひいき」が見られたというのだ。

これらの憶測が正しいとすれば、懸念を抱くのももっともだ。しかし、そんな憶測はすべて間違っている。

グーグラーが時間を割いて、自分の目に映った問題を人事部門に相談してくれれば、私たちはデータに照らしてそれを調べる。だが大半のグーグラーはそんな相談はしないし、いずれにせよ私たちにはすべての相談に答える時間がない。私たちが絶えず受け入れている新入社員が、同じ誤った結論を下すだけではない。すでにしばらく在籍しているグーグラーでさえ、ときには私たちの約束にある程度の（おそらく健全な）疑いを持ちつづけている。結局のところ、人事チームは経営陣のために働いているのではないか？　人事チームは一般社員を安心させることには関心がないのだろうか？

ブライアン・オングとジャネット・チョウに登場してもらおう。ブライアンはグーグルの採用プロセスのあらゆる段階を追跡・評価するチームの責任者だ。数年前はピープル・アナリティクス（人材分析）チームに在籍し、私たちの判断を事実によって確実に裏付ける役割を担っていた。ジャネットは、検索、広告、データセンター、Gメールといった主要製品分野にかかわる人事問題全般を担当するバイスプレジデント（副社長）だ。2人は、より効率的で長続きする方法は、昇進に関するすべてのデータをグーグラーと共有することだと判断した。そこで、大量の計算を行い、一連の会合を開き、社員があとで点検できるようにそれらを記録し、すべてのデータを共有するためのサイトを構築した。すると、以下のようなことがわかる。

●はるかに上位の役職者と一緒に仕事をしても、大した効果はない。昇進候補となった全社員の51%が昇進していたのに対し、はるかに上位の役職者と仕事をした人の場合、昇進率は54%だった。多少高い比率だが、大きな差ではない。

●担当する製品分野は関係ない。年度によって数%の差が出る場合もあるが、全体としては、どんな仕事に携わっていても昇進の可能性は同じだ。

●フィードバックが悪くても損はしない。実際、昇進する人の昇進検討資料には改善を促す建設的なフィードバックが含まれているものだ。昇進のチャンスをつぶすのは、きちんと体系化されていない、あるいはつねにバグのあるコードといった深刻な欠陥を示す証拠である。警戒を要するもうひとつのサインは情報の明白な欠如だ。したがって、建設的なフィードバックを含まない昇進検討資料は、実は審査委員会に警戒を促すサインなのである。昇進候補者はぱっとしないフィードバックを求めたり受け取ったりすることを恐れてはならない。それは自分を挫折させるわけではなく、どう改善すべきかをはっきり教えてくれるからだ。現実をわからせれば社員は向上を望むものだ。

●担当するプロジェクトの拠点がどこにあるかによって、昇進の可能性が左右されることはない。たとえば、カリフォルニア州マウンテンビューにあるグーグル本社の昇進率はほかの場所とほとんど同じだ。

データを共有するためのサイトは、最新の事実と求められる新たな分析によって定期的に更新される。かなりの作業だが、昇進を決めるプロセスにバイアスがないことを示すためには欠かせない。このプロセスはうまく機能していると言い張っていれば、楽だったことだろう。だが、事実によって俗説を一蹴し、その事実を誰でも自由に知ることができるようにするほうが、はるかによい。

私たちは自分自身とグーグルの製品を頻繁にテストし、決定が事実にもとづいていることを確認する。私たちは優れたアイデアを育てるいっぽうで、まずいアイデアを排除したいと願っている。それによって、最も有望なアイデアを自由に試してみる余裕が生まれるからだ。たとえば、2010年にはグーグル・サーチの機能に516の改良を施した。重要な改良の一例は「カフェイン」というコードネームで呼ばれ、検索結果を以前にくらべて50％「新鮮」にするものだった。グーグルは、誰かが検索クエリを入力するたびにウェブ全体を検索するわけではない。そうではなく、関連性やサイトの質などに応じて各種のサイトやページに前もって優先順位を付け、続いてそれらのサイトにインデックスを付けて検索結果がほぼ瞬時に得られるようにしている。「カフェイン」はインデックス化の速度を50％速める改良だった。その導入時、「カフェイン」は毎秒数十万ページのウェブページを並行的に処理していた。それらのページを印刷して重ねれば、毎秒3マイルの高さに達する量だ。

改良を施す前にはテストを行い、きちんと機能することを確認した。私たちはA／Bテストを活用した。評価者に2組の検索結果を並べて見せてから、彼らの反応を観察し、どちらの結果が優れているかをフィードバックしてもらうのだ。わかりやすいイラストを使って、広告の背景が青い場合と赤い場合では、利用者がどちらを多くクリックするかを調べた。取るに足りない問題のように思えるが、コカ・コーラやペプシにとっては大問題だ。私たちは1％テストも利用した。数十億人のユーザーを対象に変更を実施する前に、1％のユーザーにその変更を通知し、どんな反応があるかを観察するのだ。２０１０年だけで、８１５７回のA／Bテストと２８００回を超える1％テストを実施した。言い換えれば、毎日30回を超える実験を行い、何がユーザーに最も役立つかを探っていたことになる。しかも、これは検索サービスについてだけの話だ。

人事問題にも同じ手法を使った。アップワード・フィードバック・サーベイ（UFS）（マネジャーの職務能力についての定期的な調査——第8章でさらに説明する）を実施した際には、A／Bテストを行った。サーベイの実施を発表するメールに役員のサインがある場合と、個人名のない「UFSチーム」というメールエイリアスが書かれている場合では、グーグラーが上司にフィードバックする可能性が高いのはどちらかを調べたのだ。回答率に差はなかったため、私たちはメールエイリアスを使うことにした。単純に、メールを一通書くほうが、それぞれの役員にメールを書いてくれるよう頼むより簡単だからだ。

私たちが公開する主要プログラムの大半は、まずサブグループでテストされる。社員数が2万人を超えたとき、グーグルがいまや紛れもない大企業になったことで、懸念される問題はあるかと初めて聞かれたことを覚えている。私はこう答えた。「つねに気にしているのはグーグルの文化です。とはいえ、大きいことの長所は、何がグーグラーを本当に幸福にするかを知るために何百回も実験できることです」。あらゆるオフィス、チーム、プロジェクトが、実験を行ってそこから何かを学ぶ好機になる。これは、大きな組織が逸してきた最大の好機のひとつであり、数千ではなく数百人の社員からなる企業にも当てはまる。経営陣が下す決定を組織全体に一方的に押しつけるケースがあまりにも多すぎるのだ。経営陣が間違っていたらどうする？　誰かがもっとよいアイデアを持っていたら？　その決定はある国では有効でも、ほかの国では違っていたら？　こう考えると、企業がもっと実験を行わないのは、私から見ればどうかしている！

どうして10人、50人、１００人を切り離し、別のことを試してみないのか？　あるいは、まず小グループでやってみてはどうだろうか？　『太っちょアルバートとコスビー家の子供たち』というアニメでコメディアンのビル・コスビーが言っていたように「注意しないと、やらないうちからわかった気になってしまう」ものだ。

自分の仕事や会社を形づくる方法を見つける

権限という昔ながらのツールをリーダーから奪いとり、事実にもとづいて決定を下すことに加え、私たちはグーグラーに、自分の仕事や会社をみずから形づくるというめったにない自由を与えている。これをやったのはグーグルが初めてではない。スリーエムは65年以上にわたり、職務時間の15％を社員に与えて自由な研究をさせている。「スリーエムの中核的な信念は、創造には自由が必要だというものです。だからこそ、1948年頃から勤務時間の15％を自分のプロジェクトに使うよう社員に奨励してきたのです。会社の資源を利用し、独自のチームをつくり、みずからの見識に従って、問題の解決を図ってもらいます」。「ポストイット」がこのプログラムから生まれたのは有名な話だし、使うほどに鋭利になる便利な研磨材「トライザクト」もそうだ。

グーグルの場合は勤務時間の20％を社員に与える。つまりエンジニアは1週間の20％を、日常業務とは別だがグーグルのビジネスに関係すると思われる、自分の興味を引くプロジェクトに回せるのだ（それでもグーグルの場合、非常に多様な領域をカバーすることになる）。エンジニアリングとかかわりのない部門では、勤務時間の20％ルールが適用されるプロジェクトとして正式に認められるものはないが、グーグラーは時間を見つけて独自のサイドプロジェクトに取り組むことが多い。たとえばセールス部門のクリス・ジェンティールは、マイノリティーの経営する企業がインターネットを活用する手伝いをすることに決めたし（やがて、それは彼のフルタイムの仕事になった）、競技社交ダンスの元選手でグーグルの不動産チームの一員であるアンナ・ボテリョは、社内のダンス教室で教えようと仲間を募集した。

クロームチームの生産管理担当副社長、シーザー・セングプタが２００９年に本業としていたのは、グーグル・ツールバーとデスクトップの管理だった。これは、ブラウザーやデスクトップ・コンピュータに入っているグーグル製品のダウンロード版である。クロームチームがブラウザーをつくりはじめたとき、シーザーと数人のエンジニアは、クロームの設計をオペレーティングシステム（ＯＳ）に応用したらどうなるだろうと考えた。ＯＳとは、電話、タブレット、コンピュータなどに動き方を指示するプログラムだ。当時は、コンピュータが起動するまでに５分以上かかることもあった。その原因の一部は、フロッピーディスク・ドライブのようなもはや誰も使わない時代遅れのハードウェアを点検していた点にあった。シーザーと彼のチームはこれを改善しようと、勤務時間の20％を使って非公式のプロジェクトを開始した。彼らは不要なステップをすべて排除し、クロームのプラットフォームを土台にして、クロームブックというノートパソコンのプロトタイプをつくった。これは８秒で起動した。

実のところ、20％の時間の使い方はさまざまだ。サイドプロジェクトにほぼ100％の力を集中する者もいれば、サイドプロジェクトにはいっさいかかわらない者も多い。現実には「勤務時間の120％ルール」だとジョークを飛ばす者もいる。つまり、本業の代わりにではなく、それを終えたあとにサイドプロジェクトを進めるというわけだ。より一般的に言えば、成功を収めるプロジェクトは、誰かが自分の時間の5～10％を使うところから始まり、成果が表れてくるにつれて徐々に時間が延び（また徐々に協力者を引きつけるようになり）、やがて正式な製品になるのだ。

活用される20％の時間は年を追って増減を繰り返しており、最後に調査した際には、およそ10％程度が主流だった。ある意味で、現実がどうあるかよりも、勤務時間の20％を別の仕事に使えるという考え方のほうが重要だ。それは、経営陣による正式な監視をややはずれたところで活用され、今後も変わらないだろう。才能にあふれる創造性豊かな人々が仕事を強要されることはありえないからだ。

『ワイアード』のライアン・テイトは、私が見るかぎり、この点を最もうまく要約している。

「20％ルールに」そぐわないものもある。つまり、明文化された独自の方針、詳細なガイドライン、担当するマネジャーを備えた、十分に具体化された企業プログラムだ。入社のオリエンテーションで「20％ルール」の権利を手にする者はいないし、サイドプロジェクトのことで頭を悩ませるよう追い込まれる者もいない。20%ルールは、つねにやや場当たり的に活用され、最も聡明、勤勉、粘り強い社員――どんな困難があろうと、あるアイデアが実現するまで見届けようという覚悟のある人――に能力のはけ口を与える。

たとえば、エンジニアのポール・ブックハイトは2年半にわたってGメールの開発に取り組んだあと、グーグルが検索とはかけ離れた事業に手を出すことを懸念するお偉方をどうにか説得して、それを商品化した。

グーグラーは、製品を生み出すことだけに携わっているわけではない。会社の運営方法の決定にも関与する。数年前、私たちは30人のエンジニアのグループに、エンジニアリング部門全員の業績と給与のデータを名前を伏せて提供し、ボーナスをどう配分するかを検討してもらった。彼らはより実力主義のシステムを望んだ。こんな例を考えてみよう。2人のエンジニアがいて同レベルの業績をあげているが、一方は入社時に給与交渉をうまくやった。彼の年俸を10万ドル、給与交渉をするつもりはなかったもうひとりは9万ドルとする。2人は同じレベルの業績をあげているから、ともに20%のボーナスをもらった。エンジニアたちは、それは公正ではないと主張する。一方の人物は2万ドルのボーナスをもらい、もう一方は同じ業績をあげているのに1万8000ドルしか受け取っていないからだ。そこで、エンジニアたちの要望にもとづき、私たちはボーナスの算定基準を、実際の給与から同じ仕事についている全社員の給与の中央値に変更した。これによって、2人は自分の業績に見合ったボーナスを受け取れるようになった。

余談ながら、これは大半の企業においてとても現実的な課題だ。男女間に平均給与の差があることは十分に裏付けられている。この差が生じるひとつの原因に、採用時の給与交渉に対する男女の向き合い方の違いがある。たとえば、カーネギーメロン大学のリンダ・ボブコックと作家のサラ・ラシェヴァーは、カーネギーメロン大学の経営学修士（MBA）取得者の初任給は男性のほうが女性よりも高く、それは主として男性のほうが高い給与を要求する傾向にあるからだと報告した。男性の57％は給与について交渉したが、女性で交渉したのは7％にすぎなかった。グーグラーからの情報をある程度参考にして、わが社の給与体系はこの種の構造的な歪みや不公平をなくすことを目標に構築されている。

とはいえ、報酬、時間の活用、採用、その他の人事問題につねにそこまで分析的に取り組んでいたわけではない。社員が2500人程度だった2004年、ラリーとセルゲイは、グーグルはかなり大きくなりつつあるので、社内を歩き回って知った顔と話すだけでは、社員がどのくらい満足しているのかがぴんとこないと感じていた。その解決策は、ステイシー・サリヴァンが全員と面談し、見つけ出すはずだった。

ステイシーは幸福度調査を提案して課題に立ち向かおうとしたが、参加者は全社員の半分をはるかに下回った。それればかりか、もっといい方法を設計できると考えたエンジニアたちが、競合する調査をみずから実施したのだ。その名称は？　彼らはさらに高いハードルを設定しなければならなかったから、エクスタシー度調査とされた。エクスタシー度調査はエンジニアに特有のニーズを扱っており――たとえば、勤務時間の20％ルールについてたずねたのはこの調査だけだった――当初はほかの技術系スタッフの信頼も高かった（何と言っても同じエンジニアが設計したのだから！）。

2007年まで2つの調査が並行して実施されたが、有用性は限られていた。質問項目が異なっていたため、全社的な比較がまったくできなかったからだ。のちにプロジェクト・オキシジェンに取り組むミシェル・ドノヴァンは、もっとよい方法を見つけたいと考えた。翌年、彼女はエンジニアや営業部員をはじめあらゆる人と手を組んで、全グーグラーの関心を引きつけるとともに、科学的に妥当で時間の経過に合わせて測定できる調査を開発した。こうして、グーグルガイストが誕生した。

グーグルガイストとは「グーグルの精神」を意味し、当然ながら社員によって選ばれた名称だ。4万人を超えるグーグラーを対象にした年次調査であり、社員がグーグルを形づくるための最強にして唯一のメカニズムだ。グーグルガイストには毎年100くらいの質問項目がある。「まったくそう思わない」から「強くそう思う」までの5点法で採点するようになっていて、補足として自由回答式の質問がいくつか付いている。

質問項目の30～50％は、最も差し迫った問題は何かに応じて毎年変更されるが、それ以

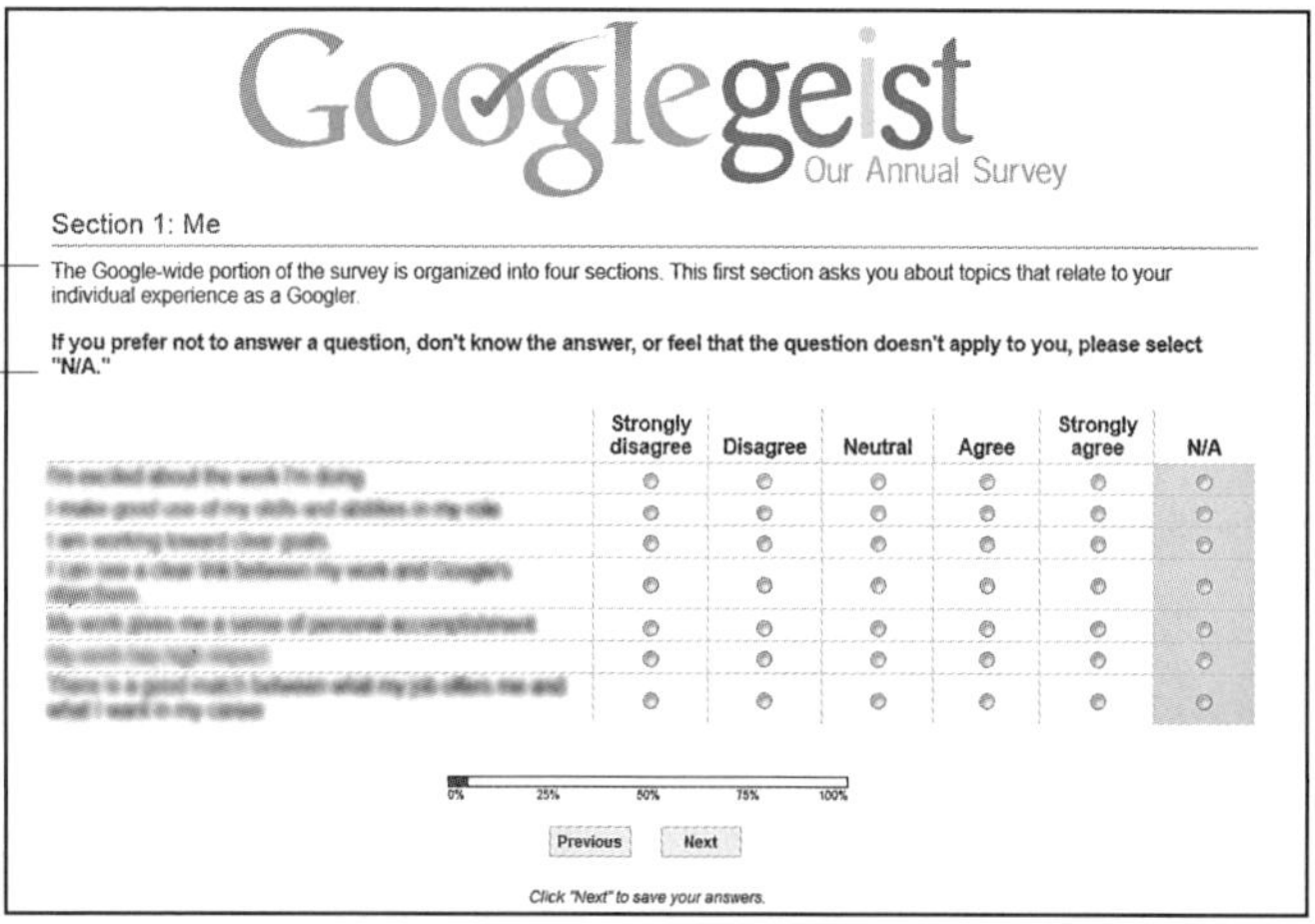

この調査はグーグル全体に関するもので、4つのセクションに分かれています。この最初のセクションでは、グーグラーとしての個人的な経験にかかわるトピックについておたずねします。

質問に答えたくない、答えがわからない、質問が自分に当てはまらないと思う場合、「該当なし」を選んでください。

2014年版グーグルガイスト調査の最初のページ © Google, Inc.

外は、時間の経過による会社の変化を追跡できるよう同じ質問が繰り返される。毎年、約90％のグーグラーが回答を寄せる。

グーグラーの正直な意見を聞きたいので、２通りの回答方法を用意してある。「内密に」と「匿名で」だ。「内密に」とは、回答者の氏名は削除されるが、会社の分析に役立つその他のデータ——たとえば、勤務地、職位、担当製品など——は残されるという意味だ。したがって、あるグーグラーがカリフォルニア州サンブルーノにあるユーチューブ部門の女性マネジャーであることはわかるが、誰であるかは特定できない。そうした（もちろん名前以外の）データを見るのはグーグルガイストの中核チームだけであり、個人が特定できる形での結果報告は行われない。「匿名で」回答する場合はもう一歩踏み込み、個人を特定するような情報は、回答者が自分で記入しないかぎりいっさい報告されない。

グーグルガイストが独特なのは、外部コンサルタントではなく、調査設計から組織心理学にいたるあらゆる分野で博士並みの専門知識を有するグーグラーによって作成され、すべての結果が（良かろうと悪かろうと）1カ月以内に全社で共有され、翌年にはそれを土台にしてグーグルの文化と効率を改善する活動が社員主導で行われるからだ。3人を超える回答者を部下に持つマネジャーは全員、マイガイストと称するレポートを受け取る。このレポート――実際にはインタラクティブなオンライン・ツール――を通じて、マネジャーは自分用につくられた報告を読み、共有することができる。この報告には、彼らのチームに対するグーグルガイストのスコアがまとめられている。チームのメンバーが3人だろうと30人だろうと、マネジャーは自分のやり方をチームがどう見ているかがはっきりわかる。ワン・クリックするだけで、マネジャーは情報を共有する相手を選べる。たとえば、直属のチームだけか、特別に選んだグーグラーからなるもう少し広範な組織か、あるいはグーグル全体か、といったように。大半のマネジャーがこの機能を利用する。

ここには好循環がある。私たちが学んだことにもとづいて行動を起こすと、結果として

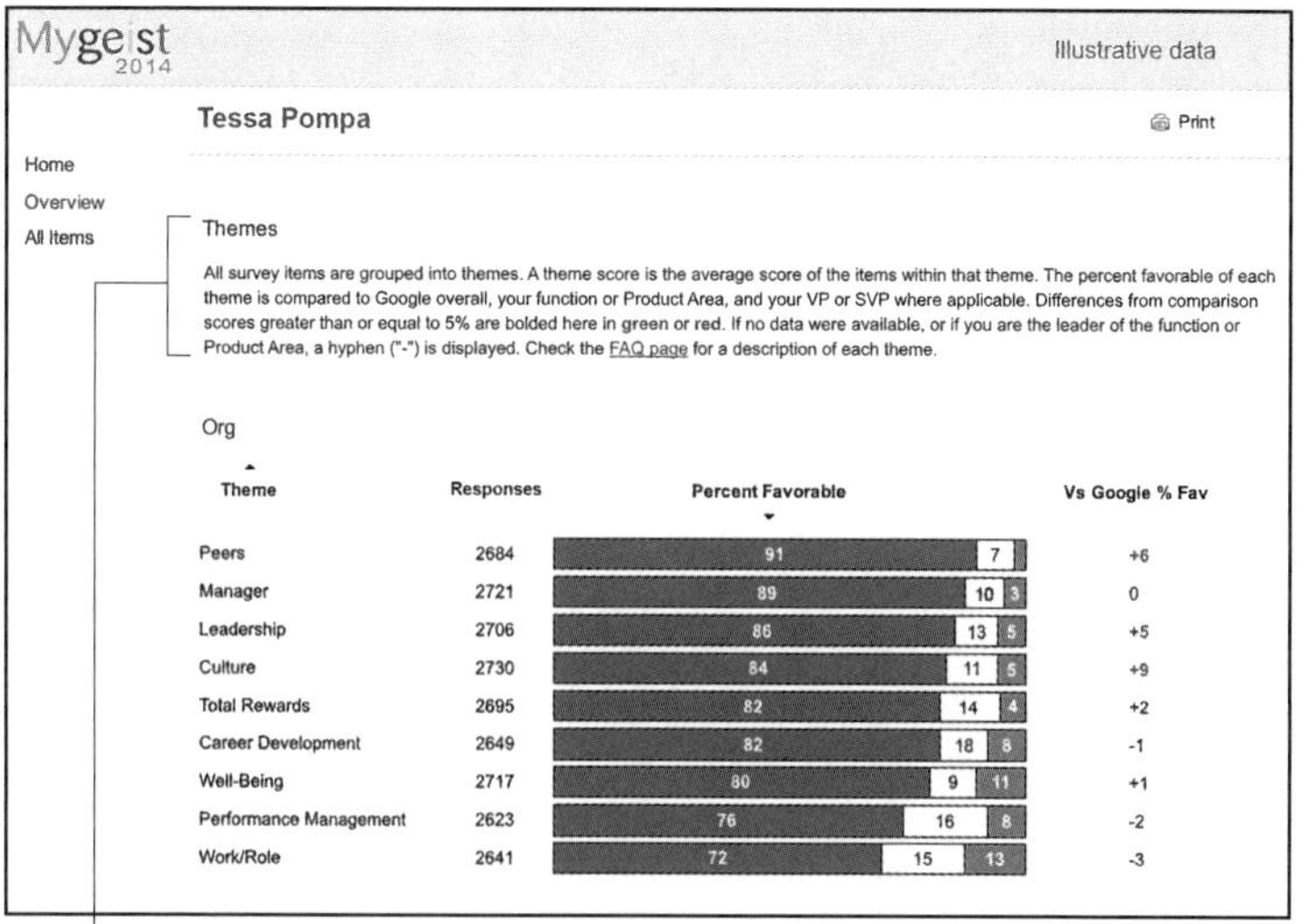

テーマ
すべての調査項目はテーマ別に分かれています。ひとつのテーマのスコアはそのテーマに含まれる項目の平均点です。各テーマにおける好評価の割合がグーグル全体、あなたの職務または製品分野、あなたの所属部門の副社長または場合に応じて上級副社長と対照されています。比較スコアと5%以上差があれば緑か赤の太字になっています。データがない場合、あるいはあなたが職務や製品分野のトップにいる場合、ハイフン（" - "）が表示されます。各テーマについての説明はFAQのページをチェックしてください。

2014年のグーグルガイスト調査における個人用マイガイストのレポート例。データは実例 © Google, Inc.

将来の調査への参加が促され、それが今度は、どこを改善すべきかについていっそう正確な視点を与えてくれるのだ。私たちはこのサイクルを実現するために公開の原則をとっている。つまり、回答者が100人以上いる副社長に関するレポートは、自動的に全社に公表されるのだ。第2章に登場した、台本なしでは社員と質疑を行えない臆病なCEOであれば、こんなことを考えただけで震えあがってしまうに違いない。一方、社員の回答は（ゴマすりを防ぐために）匿名であり、マネジャーの成績が業績評価や報酬の決定に影響することもない。社員にはどこまでも正直であってもらいたいし、マネジャーには守りに入るのではなく進んで改善に取り組んでもらいたいのだ。

大事なのは、グーグルガイストが重要な評価尺度に焦点を合わせていることだ。ほとんどの社員調査は帰属意識に焦点を合わせている。プラサド・セティが言うように、帰属意識は「人事関係者のお気に入りですが、実際には多くを語らない漠然とした概念です。社員の帰属意識が80％だとして、それは何を意味するのでしょうか？」[*7]。コーポレート・エグゼクティブ・ボード（CEB）社はこんなことに気づいた。「社員の帰属意識の意味は、学術研究者のあいだでも実務家のあいだでも曖昧だ……この用語はさまざまな場面で、心理的状態、特質、行動、さらには経歴や業績を指すために使われている」。帰属意識は、限りある人材、資金、時間をどこに投資すべきかを厳密には教えてくれない。帰属意識を高めるには、医療プログラムを強化すればいいのだろうか？　マネジャーの質を高める必要があるのだろうか？　あるいは、職務内容の見直しが有効だろうか？　それを知る術《すべ》はない。

グーグルガイストはその代わりに、私たちが手にしている最も重要な結果変数に焦点を合わせる。すなわち、イノベーション（既存の製品を絶え間なく改善することと、明確なビジョンのもとに思い切った賭けに出ることをともに重視し奨励する環境を維持する）、実行（品質の高い製品を迅速に発売する）、定着率（辞めないでほしい人材を辞めさせない）だ。たとえば、社員が退職しそうかどうかを予測する5つの質問がある。これら5つの質問に対するあるチームの好意的回答が70％に満たない場合、私たちが介入しなければ、翌年に退職する社員が増えることがわかっている。好意的回答が70％に満たない質問がひとつだけの場合、課題を特定したうえで、グーグラーとリーダーが人事管理部門の同僚と協力し、そのチームの経験を改善する（ただし、結果が特定のグーグラーに結びつけられることはない）。私たちは、実行の速度や企業文化といったほかの多くの成果も測定するが、何よりもクールな新製品を発表しつづけたいし、懸命に努力して採用した社員に長くグーグルに留まってほしいと願っている。

その効果は大きかった。私たちは人員が減少する恐れのある分野を予測できたし、好況

＊7　かつてコンサルタントの職にあった者として、私はこう明言できる。多くのコンサルタントが帰属意識を万能の解決策として売り込んでいるのだ。彼らは短いアンケートを使って帰属意識を測る。アンケートの典型的な文言はこんな感じだ。「私には職場に親友がいる」「ここ7日のあいだに、いい仕事をして認められたり褒《ほ》められたりしたことがある」「上司や同僚は私をひとりの人間として大切にしてくれているようだ」。

最高人事責任者を務める友人たちによれば、帰属意識調査をしたところで、どこを改善すればいいかはわからないという。自分のスコアが低ければ、親友になってくれるようほかの社員をどうにか説得し、スコアを上げろというのだろうか？　あるいは利益が少ない場合、最善の解決策は社員をもっと褒めるようにすることなのだろうか？　グーグルでも、いくつかの似たようなテーマを（ほかの多くの問題とともに）測定するが、帰属意識のように何でも含まれてしまう概念にまとめることはしない。そうではなく、キャリア開発やマネジャーの資質といったかなり具体的な分野を理解することで、よりよい結果を得ている。

時も不況時も、退職率を一貫して低く抑えることができた。グーグラーは、会社は革新的であり、自分はそのミッションに貢献できると感じつづけている。5年前にくらべると、自分のキャリアの目標をグーグルで達成できるという自信は20％深まり、意思決定のスピードに関する満足度は25％上がり（大きな組織に官僚主義が忍び込むと意思決定のスピードは急激に落ちる）、敬意をもって遇されているという感覚は5％強まっている（基礎点がすでに90％を超えている場合、大幅に上げるのは難しい）。

同時に、この調査からわかるのは、福利厚生のいくつかの分野、とりわけ勤務時間外に仕事から離れる能力に関してはまだやるべき仕事があるということだ。そこで、私たちはさらに状況を改善すべく努力している。たとえばグーグルのダブリン・オフィスでは、「ダブリンの消灯」と称する対策プログラムが編み出された。午後6時に全員が職場を離れ、インターネットを使わないよう奨励されたのだ。ベッドに入る前にこっそりメールを見たりできないように、ノートパソコンを自由に預けられる場所まであった。この実験はうまくいった。2011年に人事部門だけの試みとして始まったこのプログラムは、2013年には2000人を超えるダブリン・オフィス全体が参加するイベントになった。アイルランドの人事部門を率いるヘレン・タイナンはこう報告している。「私のオフィスにはノートパソコンが山積みになっています。みんながパソコンを預けにくるときは、かなりガヤガヤ（くすくす笑う声も）しますね……翌日は多くの人が、前の晩に何をしたか、いろいろなことができて夜の時間がどれだけ長く感じられるかをおしゃべりしています」。

グーグルガイストはまた、私たちがグーグル全社にもたらした大きな変化の源でもある。そうした変化の一部がプロジェクト・オキシジェンであり（このプロジェクトによってわが社の経営に関する考え方が変わったが、詳細については第8章で述べる）、2010年に行った給与に関する方針の大改革だ。後者には、全社員の給与を10％アップすることが含まれていた。それまでグーグルの給与はかなり低かったが、社員が家を買い、家族を持ちはじめると、より高額な固定給を出すことが重要になってきた。給与に関する満足度が時間とともに低下していくのを目の当たりにして、私たちは行動を起こした（もっとも、残念ながら、年俸わずか1ドルだったラリーとセルゲイには、10％上げて1・1ドルにしようという申し出を断られてしまった）。

だが、創業以来、新製品を世に出すことを栄誉としてきたわが社において、グーグルガイストは私たちが見落としていたいくつかの基本的ニーズを明らかにしてくれた。

2007年と2008年、技術系のグーグラーは、目立たないが重要な仕事をしている社員の評価が不十分だと感じていた。たとえば、グーグルのエンジニアはコードベースに同時に情報を付け加えている。この点について少し考えてみよう。数千人の社員がグーグル製品の機能を絶えず、しかも同時に変更している。ちょっとした重複や非効率性がたちまち積み重なるため、製品は速度を落とし、複雑になりすぎ、バグを抱え込む。

「コードの健全性」という言葉は、こうした問題を最少化するために、コードの全般的な持続可能性《サステナビリティー》と拡張性《スケーラビリティー》を維持することを指す（「スケーラビリティー」はテクノロジー業界の専門用語で、私たちが講じた小さな解決策が全世界のために利用できることを語るときに意味するものだ。「スケール」は利用者が100人でも10億人でも同じように役立つことを意味する）。そのために必要なのは、定期的な調査、複雑さを軽減する技術の創出、さらに、単純化の精神をコード開発のプロセスに吹き込むことだ。グーグルガイストを通じて、私たちがこうした活動に十分な注意を払っていないこと、あるいは正当な報酬を与えていないことがわかった。報酬を得ていたのは最も多くのコードを書いた者であり、最も優れたコードを書いた者ではなかったのだ。

私たちは、コードの健全性を保つために全社的な目標を設定したり、他人の仕事のチェックだけに携わる新たな仕事をつくったりすることもできた。あるいはCEOが、来月いっぱいコードの健全性に取り組むよう全社員に命じることもできただろう。

だが、そうはならなかった。グーグルガイストによってコードの健全性に注目が集まったあと、あるエンジニアのグループがみずから組織をつくり、その問題に取り組むことになった。第1に、コードの健全性が重要だとの認識を高めるため、教育や広報活動を活用した。たとえば、テックトーク、わが社のイントラネットを扱った論文、「技術発表」の場として一般的な社内メーリングリストに送られるメール（コードの健全性が重要な理由を説明するもの）などだ。アラン・ユースタスのような尊敬を集める技術系幹部に依頼し、業績管理や昇進に関する一般講演やメールでコードの健全性に言及してもらった。第2に、彼らは人事部門と手を組んで、コードの健全性を業績キャリブレーション会議や昇進審査委員会に欠かせない議題とし、進捗状況を毎年チェックするための質問をグーグルガイストに組み込んだ。第3に、彼らはコードの健全性を自動的に見直すツールをつくった。たとえば、ミュンヘン支社でこの問題に取り組むグループは、C＋＋やジャバのデッドコード（決して実行されないコード）を自動的に検出するツールを開発した。デッドコードを見つけ出して削除すれば、プログラムの動作は速くなり、信頼性も高くなる。最後に、エンジニアたちはシチズンシップ・アワードを創設した。これは、健全なコードの維持に貢献しているグーグラーが、その恩恵に浴している同僚や上司に認めてもらういいチャンスだ。

4年後、コードの健全性の改善に費やされる時間は報われるというエンジニアの自信は、34％高まっている。さらに重要なのは、彼らがみずからの生産性について、わずかではあるが測定できる改善を報告しはじめたことだ。その理由は、彼らのプロジェクトチームのコードベースがいっそう強化されつつあることと、彼らがチーム以外で依存しているシステムが改善しつつあることの両方にある。

グーグルガイストはまた、グーグルのほかの部門を改善するチャンスを定期的に明らかにする。グーグルの販売部門では、小企業（たとえばダウンタウンのブティックやブルックリンのスペイン料理店）を担当する新卒グーグラーのキャリア開発への満足度が、一時的に低下することがわかった。新卒グーグラーはみずから人事部門と協力し、ヨーロッパで試験的なプログラムを設計した。その目的は、グーグラーにさまざまな仕事、特定の役割を持つ事業・製品に関するトレーニング、2年間の自己開発プランを順次経験させ、世界中にネットワークを築くことだった。

そのプログラムを最初に経験した集団は、キャリア開発満足度で（100点満点中）18点、職務継続指標で11点の改善を示した。成功した試行をもとに、そのプログラムは世界中の約800人のグーグラーを対象に展開された。

私たちはまた「クイックヒット」プログラムを定期的に実行し、さらに的を絞った課題に取り組んでいる。「官僚バスターズ」は、生活のなかでいらいらさせられるちょっとした障害を一掃する。たとえば、わが社では経費の報告に紙の領収書を使うことはもはやない。写真をとって送ればいいのだ。「浪費の追放」は、必要以上のプリンターを所有するといった金の無駄遣いを撲滅する。私たちはグーグラーに、多くの同僚に恩恵をもたらし、2、3カ月のうちに実行できる施策を提案してくれるよう奨励している。2012年には1310件の提案があり、それらに対して9万を超える票が投じられた。その結果、得票数で上位の20件が実施された。その多くはあっと驚くようなものではない。たとえば、紙の小切手を送るのをやめる。翌年に向けて新製品の計画や予算作成に忙しい年末には、出席が義務づけられる職務倫理や法令順守の講習会を行わない。面接向けに信頼できる質問を自動的につくってくれる体系的面接ツールを開発し、自分でくだらない質問をひねり出さなくてもすむようにする。ニューヨークやロンドンのようなホテル代の高い都市に社宅を増やす。こうした施策はすべて、積み重なれば会社を退屈でつまらないと感じさせるような、小さくてもいらいらさせる問題を解決したのだ。

期待が小さければ、得るものも小さい。期待は大きく……

こうした大規模な権限委譲は無政府状態《アナーキー》につながると言う人もいるだろう。つまり、すべての人の意見が尊重されるため、誰でも反対意見によって努力を台無しにできる――1万人が「ノー」と言えても、ひとりも「イエス」とは言えない状況だと。現実には、あらゆる問題に意思決定者が必要だ。こうした手法が適正に運営されれば、その結果として満場一致という信じがたい瞬間が訪れることはない。むしろ、最善のアイデアに光を当てるのはデータにもとづく健全な議論である。そのおかげで、方針が決定される際、反対者はたとえ結論に賛成できなくても、決定にいたる論理的根拠を理解・尊重するのに十分な背景知識を持つことになる。

この手法は、ほとんどつねに成功を収める。うまく行かないときは、単純なルールに従えばいい。社内の次の階層へステージを上げ、事実を提示するのだ。それでも決まらなければ、さらに上げる。グーグルでは、最終的にはラリー・ペイジが決定を下すことになる。

私がこの章の大部分を費やして、マネジャーが権限を持つべきでない理由を説明してきたことを考えると、このアドバイスは筋違いに思えるかもしれない。しかし、意思決定におけるヒエラルキーは重要だ。それは問題に決着をつける唯一の方法であり、結局のところ経営者の主要な責務のひとつなのだ。リーダーが犯す過ちは、管理し過ぎることだ。アジア開発銀行のオリヴィエ・セラットはこう書いている。「マイクロマネジメント〔訳注：経営者が細部まで規定して部下に裁量権を与えない管理手法〕はミスマネジメントだ……人々がマイクロマネジメントに走るのは、組織のパフォーマンスに関する不安を緩和するためだ。つまり、他人の行動を絶えず監督し管理していると気が楽になるのだ――これは、本質的には彼らの自信のなさを表しているにすぎない。そうすることで、マイクロマネジャーは自分が管理をしている（役立っている）という幻想に浸れる。もうひとつの動機は、スタッフの能力に対する信頼の欠如だ。マイクロマネジャーは仲間が『やります』と言っても、彼らが職務を見事にやり遂げる、あるいは責任を果たすとは考えないのだ」

それではだめだ。意思決定は、組織のできるかぎり下位のレベルでなされるべきである。セラットはこう続ける。組織図を上っていくべき唯一の問題は「同じデータと情報を与えられたうえで」上位のリーダーが一般社員とは異なる決定を下す問題であると。

社員の創造性を解き放つのに、グーグルほどの企業規模や強力な分析能力は必要ない。リーダーとしてステータスシンボルを放棄すれば、チームのメンバーの言葉に関心を寄せているという何より明確なメッセージになる。社員50人の企業で働いていた頃、最高執行責任者（COO）のトビー・スミスは、私が会社のオーナーであるかのように感じられるよう手を打ってくれた。なかでも最高だったのは、オフィスを彼と相部屋にしてくれたことだった。毎日彼を観察することによって、私は自社のビジネスや社員との関係のつくり方を学び（彼はいつも驚くほどの温かさで「やあ、元気かい?」と電話に応対していた）、会社生活のちょっとした秘訣を参考にさせてもらった（ビジネスシューズを買うときには、同じものを2足買って交互に履くようにすれば、毎日履いて履きつぶすことがない）[*8]。無料の調査ツールはいくつもあるし、グーグル・スプレッドシートにも組み込まれている。それを使えば、社員がどう感じているか、改善したい点は何かをたずねられる。小規模な試験的プログラムを利用すれば、うるさく改革を主張する社員に命じて複雑な状況に取り組ませることもできる。外野から文句を言うのは簡単だ。自分のアイデアを実行する責任を負うのはずっと難しいため、声をあげた人に実際にやらせてみることで極端で非現実的な意見を抑えることができる。

＊8　私は1994年に買った2足のオックスフォードシューズをいまでも持っている。

こうしたことのすべてが、結局は社員をいっそう幸福にし、彼らはより良いアイデアを生みだす。実のところ、あなたの期待が高かろうが低かろうが、社員はそれに応えるのがふつうだ。エドウィン・ロックとゲイリー・レイサムの１９９０年の著作『A Theory of Goal Setting & Task Performance（目標設定と職務遂行の理論）』によれば、困難で具体的な目標（「90％以上正解せよ」）は漠然とした激励や低い期待（「最善を尽くせ」）より強い動機となるだけでなく、実際に優れたパフォーマンスにつながるという。したがって、多くの社員に期待をかけることは理に適っている。

マッキンゼーにいたとき、アンドルーというマネジャーは、私が顧客向けの市場分析を完ぺきに仕上げるものと期待していた。だが、ページごとの書き方や分析の仕方を指示するようなマイクロマネジメントは行わなかった。アンドルーは私たちがもっとできると踏んでいたのだ。

１９９９年、私たちはある金融サービス会社からの依頼を受け、わが社にとって初となるeコマース・プロジェクトのひとつに取り組んでいた（「eコマース」は覚えているだろうか?）。私はプロジェクトの草案をアンドルーのところへ持って行った。すると、彼はそれに手を入れる代わりに「私が見直す必要はあるかい?」とたずねた。私は内心、草案がよくできていても、アンドルーはきっと手直しすべき部分を見つけるはずだと思っていた。そこで、少し待ってくださいと言って、書き直すために席に戻った。２度目に草案を持って行くと、彼はまたしても「私が見直す必要はあるかい？」とたずねた。私はまた席に戻った。４度目、アンドルーがまた同じ質問をしたので、私は言った。「いいえ、見直しの必要はありません。このままでお客様にご覧いただけます」。「すばらしい。よくやったね」。そう答えると、彼は草案にちらりと目をやることもなく、顧客に送付した。

ほとんど期待していなければ、手に入るものもほとんどない。１９７０年代のベストセラー小説『かもめのジョナサン』の作者リチャード・バックは、のちに『イリュージョン』でこう書いた。「あれこれ理屈をつけて自分の限界を正当化するなら、なるほど、それが君の限界なのだ」。マネジャーはさまざまな理由を挙げて部下を信頼しようとしない。ほとんどの組織は、変化に抵抗し社員の力を奪うようにできている。他社のＣＥＯに、グーグルでは大勢の社員が昇進候補にみずからを指名できるとか、ＣＥＯにどんな質問でもできるといった話をすると、いちばんよくある反応は、理屈としてはすばらしいが自分の会社では絶対にうまくいかないというものだ。いわく、社員は現実の仕事に集中しようとしない、あらゆる事実を集めたところで仕事が遅れるだけだ（！）、そんなことは弁護士が認めない、社員（「最も大切な資産」そのもの）が正しい決定を下すとはかぎらない、専用の駐車スペースがほしい……。

しかし、それはうまくいくのだ。あなたに必要なのは、経営者に訪れるつまらない誘惑や地位に伴う指揮統制の衝動と闘うことだ。組織は優れた社員を見つけるために大変な努力を傾けるのに、その後は、自分の職務以外の領域に影響を及ぼす彼らの能力を抑制するのである。

マネジャーにとって、手綱を緩めることはじつに恐ろしい。なにしろ、うまくいかなければ自分のキャリアが危機に陥るのだ。あなたがいまの仕事についているのは、組織をリードするのに最適任だと思われているからだ。

私にとっても手綱を放すことは難しかった。しかし、あるとき面白いことに気づいた。ラリー・ペイジは毎週、グーグルのほかの部門と同じく人事部門に対しても、前週の状況について短い報告書をまとめて全経営陣の検討に供するよう指示している。それは評価のためではなく、何が起こっているかを全員が知るための手段にすぎない。当初、私は毎週自分でそれを書いていた。やがて、チームの誰かに書いてくれるように頼み、私はそれを読んで手を入れるようになった。最後には、プラサドに読むのを任せ、私は手を入れずに送付することにした。

一方で、それは大騒ぎするほどのものではない。ちょっとしたメモにすぎないのだ。他方で、それは人事部門全体の活動をCEOに知らせる唯一の定期報告である。手綱を緩めることによって、私は自分の支配権を少しばかり放棄したものの、ほかの差し迫った課題に集中するための貴重な時間を取り戻した。そして、プラサドは新たな仕事に取り組むチャンスを手にした。

マネジャーが見逃しているのは、自分が支配権を少しばかり放棄するたびに、チームにとってはステップアップのすばらしいチャンスが生まれるということだ。同時に、マネジャー自身も新たな挑戦のための時間を手にすることになる。

社員が不満を感じている領域を選びだし、その修正を任せてみよう。期限や予算といった制約があれば、その内容を伝えておく。社員とのあいだで隠し事をせず、チームや会社の方向付けについて彼らに発言権を与えよう。あなたは社員が成し遂げることを見て愕然とすることだろう。

WORK RULES

社員への権限委譲のために

□ステータスシンボルを廃止する。
□マネジャーの意見ではなく、データにもとづいて意思決定を行う。
□社員が自分の仕事や会社の指針を定める方法を見つける。
□期待は大きく。

第7章

誰もが嫌う業績管理と、グーグルがやろうと決めたこと

評価や報酬でなく、個人の成長に焦点を合わせることによって業績を改善する

『ザ・シンプソンズ』の「担任になったマージ」という回で、スプリングフィールド小学校の教師たちが、給与、学用品、給食などの予算不足に抗議してストライキを起こす。学校は閉鎖され、子どもたちは放ったらかしにされる。1日中ビデオゲームをしている子もいれば、悪戯ばかりしている子もいる。2年生のリサ・シンプソンはパニックに陥る。

リサ：州が認可した時間割もなし、標準テストもやらない、これじゃ勉強も身につかな

いわ。
マージ・シンプソン（リサの母親）：ねえ、少しゆっくりしたほうがいいわよ。
リサ：ゆっくりですって？　ゆっくりなんてできない！　楽をしたり、のんびりしたりなんてできないし、それに……ほかに同義語はない？　思いつかないわ！　ああ、だんだん頭が悪くなっていく！
マージ：あわてなくてもそのうち見つかるわよ。

数日後、リサの状態はさらに悪化する。

リサ：ねえ、見て、見て！　私を評価して、順位をつけて！　私って、すごく、すごく優秀、なんて賢いの！　私の成績をつけて！
マージ：子どもたちのことが心配だわ、あなた。リサがおかしくなりそうなの。今朝なんて、自分のレインコートを切り裂こうとしていたのよ。

誰にもリサ・シンプソン的なところはある。子どものときには、背の順に並ばされる。成績がつけられ、「たいへん良くできました」「良くできました」「もう少し頑張りましょう」などと言われる。学年が進むと、クラスで順位がつけられ、試験を受け、全国平均と比較される。各校のランクを考えながら、大学に願書を出す。人生の最初の20年は、他人と比較されながら過ぎていく。

したがって、大人になって自分の労働環境を設計するときに、同じ状況を再現したとしても不思議はない。それはおわかりだろう。

グーグルも同じだった。私たちは社員が自分の成績を知る必要があると考え、一見ひどく複雑そうに見えるシステムを開発し、社員に自分の現在の位置を知らせるようにしてきた。その過程で、私たちは驚くべき事実を学んだ。いまでもそのシステムの改善に取り組んでいるが、これから述べるように、正しい方向に進んでいると自信を持っている。運が良ければ、私たちが経験してきたのと同じ頭痛や誤りから、読者を救えるはずだ。

負けを認める

こんにちの業績管理システムの大きな問題は、実際に社員を管理するという重要な行為の代役になってしまっていることだ。ミシガン大学で心理学の博士号を取得し、この分野の一流コンサルティング会社、PDRIで社長を務めるイレイン・プラコスはこう述べている。「問題のかなりの部分は、業績管理が形式的な管理システムの内部で、事前に規定された往々にしてばらばらの手続きに還元されてしまったことです……形式的な業績管理システムは……目下の予想について意見交換し、短期的目標を設定し、継続的に指導するという日々の活動を……進めることを目的としていますが……これらの行為は形式的なシステムからかけ離れている」。

要するに、多くの組織で実行されている業績管理は、規則にもとづく官僚的プロセスになっていて、実際に業績を改善するというより、管理自体が目的になってしまっているということだ。社員もマネジャーもそれを嫌っている。人事部門でさえ嫌っているのだ。

目的よりプロセスを重視すると、ずるがしこい社員がシステムを抜け目なく利用する余地が生じてしまう。かつて一緒に働いたドン（もちろん実名ではないが）という営業部長は、役員による業績評価とボーナスの査定が始まる3カ月前になると、決まって私のオフィスに顔を出すようになったものだ。毎年10月に、彼は基礎固めを始めた。「厳しい年になりそうですが、何とか乗り切るべくチーム一丸となって頑張っています」。ドンは決まってそう報告した。11月には、最新状況の報告に来た。「営業の連中は、この厳しい景気に負けず、思ったよりよくやっています」。12月には、詳細な報告があった。「中小企業担当チームの目標達成率は90％に近づきつつあります。男たちはチームとしてヒーローのように闘い、こうした成果を達成しました。ところで、当初1月に決められた目標は、まったく信じられないような数字でした。もともと不可能だったのです！」。

ドンがやっているゲームに気づいたのは、1年後のことだった。わが社はボーナスの支払いを通常より四半期遅らせると決めたのだが、ドンにはそれを話していなかった。ドンが事前交渉のために現れたのは、査定の6カ月前だった。率直に言って、目標達成のためならつねに手段を選ばなかったおかげで、彼は優秀なセールスマンになっていた。しかし、このエピソードはまた、業績管理システムにどこまでゲーム的な要素が浸透しているかを教えてくれた。

実際、業績管理システムの現状には誰も満足していない。ワールドアットワークとシブソンコンサルティングが750人の上級人事管理職を調査したところ、58％が自社の業績管理システムを「Cもしくはそれ以下」と評価していることがわかった。そのシステムが組織の「戦略目標達成」に役立っていると思っていたのはわずか47％で、社員がそのシステムを信頼していると感じていたのは30％にすぎなかった。

現在、流行している対応策は、業績管理システムを放棄することだ。アドビ、エクスペディア、ジュニパーネットワークス（コンピュータ向けハードウェアメーカー）、ケリー・サービシーズ（人材派遣会社）、マイクロソフトなどが、業績評価を廃止した。アドビは廃止について次のように説明している。

インドへの出張中、睡眠不足だった［アドビの最高人事責任者ドナ・］モリスは、『エコノミスト』の記事のためにインタビューを受けていた。「普段よりいらいらして」モリスは業績評価を廃止したいという高まる思いについて率直に語った。いち早くその話題を取り上げようと、モリスはアドビの通信部門と協力し、このテーマについてのブログエントリーをすぐに書き上げ、社内のイントラネットに投稿した。多くの社員がそれをむさぼるように読んだため、アドビのイントラネット史上最も読まれた記事のひとつになった。社内の至るところで、彼らは業績評価への不満について活発な議論を戦わせた。モリスによれば、浮かんできた共通のメッセージは、社員が「自分の貢献が認められないと思っている状況に幻滅している」ということだった。モリスにとって必要な一連の行動がはっきりした。

「私たちは、業績評価を廃止しようという結論にかなり速やかに達しました。つまり、形式的な書面による年1回の評価を止めるということです」とモリスは言う。「さらに、ラベルを貼られているという感じをなくすため、業績のランキングや基準を廃止することにしました」。

昔ながらの業績評価に代えて、アドビは「チェック・イン」――継続的なリアルタイムのフィードバックによる形式張らないシステム――を2012年夏に導入した。

直感的には、魅力的なやり方に聞こえる。社員が満足していないなら、彼らが気に入らないシステムを捨ててしまえばいい。実に簡単だ。

それに、リアルタイムでフィードバックを受けるほうが、1年後にあれこれ言われるよりいいのではなかろうか？

しかし、こうした方策の実行に使われるシステムがうまく機能するという証拠はない。「リアルタイム」は「ただちに」から「数日後に」までを意味するため、学術調査は一貫性のない測定基準に振り回される。ほとんどのリアルタイム・フィードバック・システムが、すぐに「いいぞ！」と言うだけのシステムに変わってしまうのは、人々が互いに良いことしか話したがらないからだ。あなたのコメントはどの程度の頻度で、実際に行動の変化をもたらすような内容になっているだろうか？「あの会議では実によくやってくれた」というのはよくある褒め言葉だが、こんな台詞を聞くことはめったにない。「顧客がテーブルから体を離し、興味をなくしたらしいのに気づいて、何か懸案事項はないかとたずねたね。よくやってくれた。会議の際は今後もボディーランゲージに細心の注意を払ってもらいたい」。

漠然とした社交辞令を言っているほうがはるかに楽だし、実際によく行われているのだ。

目標を設定する

グーグルのシステムでさえ完ぺきにはほど遠かった。業績管理の満足度は、グーグルガイストという年1回のアンケート調査でつねに最低ランクに位置していた。2013年初めの段階で、業績管理のプロセスを好意的に見ていたのはグーグラーの55%にすぎなかった。他社の30%よりはましだったが、それでもかなりひどい数字だ。大きな不満は2つ。時間がかかりすぎることとプロセスの透明性が不十分なことで、それが公正さに関する不安をかきたてていた。私たちのしていることの何が正しく（業績管理システムの満足度を他社の2倍にした——ただし、まだ十分に満足させてはいない）、何が間違っていたのだろうか？

グーグルの業績管理システムはつねに目標設定から始まった。2000年代初め、グーグルの取締役だったジョン・ドーアは、インテルが使って大成功を収めていたある手法を目にし、グーグルに導入した。それがOKR（Objectives and Key Results：目標と主要な結果）だ。結果は具体的、計測可能、検証可能でなければならず、すべての結果を達成すれば目標を成し遂げたことになる。たとえば、目標が検索品質をX%向上させることだとすれば、それに貢献する主な要素は、検索結果の妥当性（ユーザーにとって検索結果がどのくらい役立つか）と待ち時間（どれだけ速く検索結果を出せるか）の改善だろう。品質と効率性の評価尺度はともに重要だ。さもなければ、エンジニアは一方を犠牲にしてもう一方だけを解決しかねないからだ。検索に3分もかかるとすれば、完ぺきな結果とはとても言えない。私たちは検索結果の妥当性とスピードをともに達成しなければならないのだ。

私たちはあらゆるケースで、達成できないとわかっている野心的な目標をわざと設定する。すべての目標を達成するつもりだとすれば、その目標設定はあまり挑戦的ではないのだ。アストロ・テラー[*1]は、グーグルグラス（指の爪サイズの画面の付いた眼鏡型コンピュータ）や自動運転車の開発チームであるグーグルXを指揮している。彼はこんなふうに言う。「ガソリン1ガロンで自動車を80キロメートル走らせたいなら、話は簡単だ。自動車を少しばかり改造すればいい。しかし私が、1ガロンのガソリンで800キロメートル走らせるよう指示したら、一からやり直す必要がある」。私たちはすべての目標をそれほど野心的に設定するわけではないが、テラーのやり方には知恵が含まれている。ラリー・ペイジはよくこんなことを言う。「常識外れの野心的目標を設定して失敗したとしても、きっと何かすばらしいことをやり遂げたことになる」。

そんなわけで、各四半期の初めにラリーは会社にとってのOKRを設定し、すべての社員が自分自身のOKRとおおむね一致させられるようにする。私たちは「完全」を「良い」の敵にはしない。いったん会社の目標を理解すれば、自分の目標と比較するのは簡単だ。会社の目標と大きくずれていれば、それに正当な理由がある場合を除き、自分の目標の焦点を合わせ直すことになる。さらに、すべてのグーグラーが社内のウェブサイトでほかの

＊1　アストロは彼の両親が付けた名前ではない。両親はエリックと名付けたが、高校生のとき、彼はカリフォルニア州バークレーで祖父で物理学者のエドワード・テラーとともに1年過ごしたあと、髪を角刈りにした。友人たちはその髪型が人工芝のアストロターフにそっくりだと言って、それをあだ名にした。彼の名前と職業に類似点があるのはまったくの偶然だ。

グーグラーのＯＫＲを見ることができる。電話番号とオフィスの所在地の次に掲載されているのだ。重要なのは、ほかの社員やチームが何をしているかを調べる方法があること、また、グーグルが成し遂げようとしている大きな構図のなかで自分がどんな位置にいるかを理解するよう促すことだ。最終的に、会社の業績に関する四半期報告に続いて発表されるラリーのＯＫＲが、コミュニケーションの透明性の基準と、それにふさわしい高い目標を設定する。

目標というテーマに関しては、学術調査と直感が一致する。つまり、目標を設定すると業績がよくなるのだ。とはいえ、社内の上から下まで段階的に目標を設定することに時間を費やしても、業績の向上にはつながらない。すべての目標をずらりと並べるのは、時間がかかり過ぎるし、漏れがないようにするのも非常に難しい。私たちは市場ベースのアプローチをとる。そうすることで、やがてわが社のすべての目標が一点に収斂《しゅうれん》するようになる。経営トップのＯＫＲが周知されており、ほかの全社員のＯＫＲも見られるようになっているからだ。会社の方向性からあまりにもずれているチームは目立ってしまうし、全社員にかかわる少数の大規模な施策は直接管理するのが容易になる。この方法は、これまでのところうまく行っている！

業績を測る

２０１３年まで、グーグラーは全員、四半期の末ごとに業績評価のスコアを受け取っていた。この41段階の評価には、１・０（ひどい）から５・０（驚異的）までがある。大まかに言って、３・０未満は「ときどきあるいはつねに期待を下回る」、３・０から３・４は「期待どおり」、３・５から３・９は「期待を上回る」、４・０から４・４は「期待を大きく上回る」、４・４から４・９は「驚異的な業績に近い」、５・０は「驚異的」を意味していた。平均評価は３・３と３・４のあいだで、数四半期の平均値が３・７もしくはそれ以上であれば、昇進させてもらえる可能性が高い。ここには革命的な新しさは何もない。

業績評価システムの科学に結論はない。評価点を３点、５点、10点、50点などと増やせば精度が上がるという確たる証拠もない。41点という評価の尺度は、私たちのエンジニアリング的ＤＮＡから生まれたものだ。３・３点の社員と３・４点の社員をはっきり区別できるのだから、十分に厳密だと感じられた。四半期ごとの評価を長期にわたって平均すれば、３・３５０点の社員と３・３２５点の社員の違いを精密に算定できる。評価点を小数点以下３位まで算出すべきだと思えば、私たちは４００１点評価方式を実際につくったことだろう！　ほんの紙一重でも評価が違えば、その小さな差が報酬に確実に反映されるような、複雑だが使い勝手のよい評価方式も開発した。しかし、それはどうでもいいことだった。業績評価に膨大な時間を費やしていたにもかかわらず、いざ昇給額やボーナスを決める段になると、マネジャーや再審査者は3分の2の確率で、算定された金額を変更してしまったのだ。わが社のマネジャーは3カ月ごとに数千時間を費やし、馬鹿馬鹿しいほど厳密だが報酬を決める根拠になるほど正確ではない成績評価に携わっていたことになる。

年に4回の業績判定にも同じことが言える。私たちがこの取り組みを始めたのには2つの理由があった。ひとつは、会社が急成長していた数年のあいだ、社員がやっていることの管理に役立ったこと。もうひとつは、社員の評価をつねに可能なかぎり現実に合わせておきたかったことだ。だが、ふと気がつくと、私たちは業績を評価し、その評価を調整し(それが何を意味するかはのちに数ページを割いて説明する——とても重要なことだ)、伝達するのに毎年最大で24週間を費やしていた。業績が突然悪化してしまった社員について調べられるとして、こうした頻繁な検討を好むマネジャーもいた。しかし、それは自分への言い訳にすぎなかった。こうした審査を経ずに業績の悪化した社員を調べてはいけないというルールはなかったし、成果を出せていない500人を見つけるために5万人を審査しなければならないのは間違いなく無駄だと思えた。

私たちは2013年のほとんどを費やし、もっとよい方法がないかどうかを研究してみた。役職の階層がゼロのケースから800あるケースまで、さまざまな可能性を検討した。

グーグラーのポール・カウアンが、私の提案した評価レベルのひとつを表すために描いてくれたグラフィックアート Image by Paul Cowan

後者の場合、ほぼ全社員が四半期ごとに昇進というモチベーションを持てる。業績評価の頻度が年1回、四半期に1回、毎月、さらにリアルタイムのケースについて調べてみた。評価システムの得点が3点の場合と50点の場合を考えてみた。それぞれの業績区分に番号をふるべきか記述語を付けるべきかを議論し、社員が呼称に注目しないよう意味のない記述語を使うことまで考えた。私は自分でも「アクアマン」「レッドトライアングル」「マンゴー」といったいくつかの評価レベルを提案した。

このシステムの要点は、無意味な名前を使って社員に評価レベルを意識させないようにすることにあった。もちろん、彼らはやがてそれぞれの呼称に意味を与えるようになるだろう。おそらく、まずは「アクアマン」を最低評価と見なすはずだ（アクアマンはいつも自分より格好いいスーパーヒーローに負けるらしい）。私たちは運営委員会や諮問委員会を招集し、さらに、いくつかの問題を社員の投票にかけた。

最終的に、以下の3つの点が明らかになった。

①コンセンサスを得ることは不可能だった。明らかな証拠がない場合、全員がエキスパートになってしまい、ありとあらゆる案のいずれにも支持者がいた。業績区分は5段階と6段階のどちらがベストかといった問題について、誰もがはっきりした意見を持っていた。グーグルで最も不人気なプロセスを変更する場合でさえ、全員を満足させる解決策を見つけることはできなかった。多くの社員が現行システムを嫌っていたものの、彼らはほかのあらゆるシステムをさらに嫌っているようだった!

②社員は業績管理について真剣に考えていた。たとえば、業績区分にどんな名称をつけるべきかについて投票を募ると、4200を超える票が投じられた。そこに見られた何より明らかな傾向は、奇抜なものではなく、まじめで明快なものが好まれることだった。

③実験はきわめて重要だった。外的証拠がない場合、私たちはみずから証拠を生み出す必要があった。各部門の幹部と協力し、彼らが自分のアイデアをテストできるようにするのだ。ユーチューブ部門の幹部は、職位にかかわらず全社員に「最も有能」から「最も無能」までの順位をつけようとした。「最も有能」とされた2人の社員のうちのひとりは職位では中堅の社員だった。彼はその後、ユーチューブ部門で最高額となる2つの

株式付与のうちのひとつを与えられた。この特定の個人が手にした褒賞は公表されなかったが、職位と報酬の逆転が起こっていることは誰もが知っていた。*2 ほかの部門では、私たちは業績をわずか5つの区分に収めようとした。マネジャーたちはこの方法を、いくつかの評価尺度については従来の41区分法より20％好ましいと見ていた。

人事部門チームにとって、こうした改革がいかに難しいかは、どれほど強調してもしすぎることはない。人事部門の仕事は生死にかかわるものではないが、社員は絶叫し、泣きわめき、下手をすると退社しかねない。グーグルが抱える難題のひとつは次のようなものだ。私たちがグーグラーに広範な自由を認め、データにもとづいて行動する一方、グーグラーは公正さと処遇を気にかけるため、こうした改革には大変な努力が必要になる。私たちが働きかけたあらゆるチームが現行のシステムに不満を持っていながら、どのチームも新たな策の実施に抵抗した。ユーチューブ部門だけに限っても、どんな評価システムを新たに採用すべきかについては十数もの考え方があった。私は人事部門チームがこの改革に取り組んだ際の粘り強さ、洞察力、気配りを何より誇りに思うし、新たな試みのために私

*2 これは、アラン・ユースタスの次のような金言を思い出させる。「ひとりの一流エンジニアは300人の平凡なエンジニアに匹敵する価値があるが、業績評価と賃金の昔ながらのシステムが積み重なると、貢献度よりも職位にもとづいて報酬が支払われることになる」。

たちとともに15年におよぶグーグルの伝統を振り払ってくれた各チームには、どれだけ感謝してもしきれない。

2013年の初め、実験にもとづいて、四半期ごとの業績評価を廃止して6カ月ごとの評価に切り替えた。多少の不満は出たものの、特に問題は起こらなかった。さっそく50%の時間を節約できた。

2013年の末、社員のほぼ15%に相当する6200人あまりを5段階評価に移行させた。つまり「改善を要す」「つねに期待どおり」「期待を上回る」「期待を大きく上回る」「最高」である。以前につけた呼称と同じようだが、評価の区分は減らしている。

私たちは医学の核心をなすある教義を信奉していた。すなわち「Primum non nocere(まず、害を与えないこと)」だ。今回の変更は改革の幕開けを告げるものだったから、それを進める過程で、従来の評価基準を使った場合と同レベルの満足、公正、効率を実現することだけを目標にした。私たちはこう考えた。当初の疑念を振り払って学習曲線を上昇してしまえば(「私はもう3・8点ではないとはどういう意味ですか? 3・8でいようと頑張ったのに!」などと言って)、評価点の10分の1の差についてくよくよ悩むことなく時間を節約できるはずだ。いっぽうマネジャーは「君の評価点はこの四半期に0・1上がったよ。すばらしい。これからも頑張ってくれたまえ」などと言ってお茶を濁すのではなく、部下ともっと実りある会話をせざるをえなくなるだろう。

「精度」が失われても悪影響はないとわかり、ほっとした。5段階評価を適用されたグーグラーがどう感じているかを、依然として41段階評価に服している社員と比較してみた。私たちは以下のような質問をした。

●業績の低い社員は適切に特定されたか？
●昇進候補者は適切に特定されたか？
●討論は有意義だったか？
●手続きは公正だったか？

全体として、新しいやり方は以前のやり方ほど悪くないと見なされていた。犠牲が多くて引き合わない勝利のようにも思えたが、私は実際に心底から安心した。41段階評価が提供する精度を失ったら、評価の有用性や意義が低下するのではないかと懸念するグーグラーもいた。しかし、調査への回答を通じて、私たちが当初からうすうす感じていたことが明らかになった。つまり、41段階評価は精度という幻影を生み出していたにすぎなかったのだ。

ほとんどのグーグラーが、多くの評価においてプラスマイナス0・1の違いを見極めることはできないと認めた。たとえば、3・1と3・2はどこが違うのかについて、意見は必ずしも一致しなかった。わが社の人材イノベーション研究所に所属するミーガン・フートはこう説明する。「そのせいで、評価は信頼もできなければ妥当でもないという可能性が生じました。同じ人物の同じ業績を取り上げても、評価者と測定グループ次第で、3・2にも3・3にも評価されるのです。つまり、その評価は信頼できないということです。その人が本当は3・2のときに3・3をとっても、その評価もまた妥当ではない——それは事実を反映していないのです」。

したがってミーガンが言うように、業績評価は「間違いに縛られて」きたに違いない。つまり、私たちはこんな言い方をすべきだったのだ。「ジム、君の業績レベルは3・3と3・5のあいだにある」と。しかし、実際に行われていたのはそういうことではない。マネジャーはまず数字を選んでから、その数字には実際に意味があると考える。よって、ある人の評価が3・3から3・5に上がれば、業績レベルが現実には以前と同じだとしても、業績が改善したから評価が上がったのだということになる。さらに、実は測り方の誤りにすぎないにもかかわらず、評価が下がった人がその理由を成果が上がっていないからだと説明された場合、どんな悪影響があるかも考えなければならない。

続いて、興味深い事態が生じた。6200人のグーグラーは別々の8チームに散らばっていた。だが、そのうちの3チーム（メンバーの総数は1000人あまり）は、5つの業績区分をさらに細分化することに決めていた。たとえば、あるチームは各区分をさらに3つの

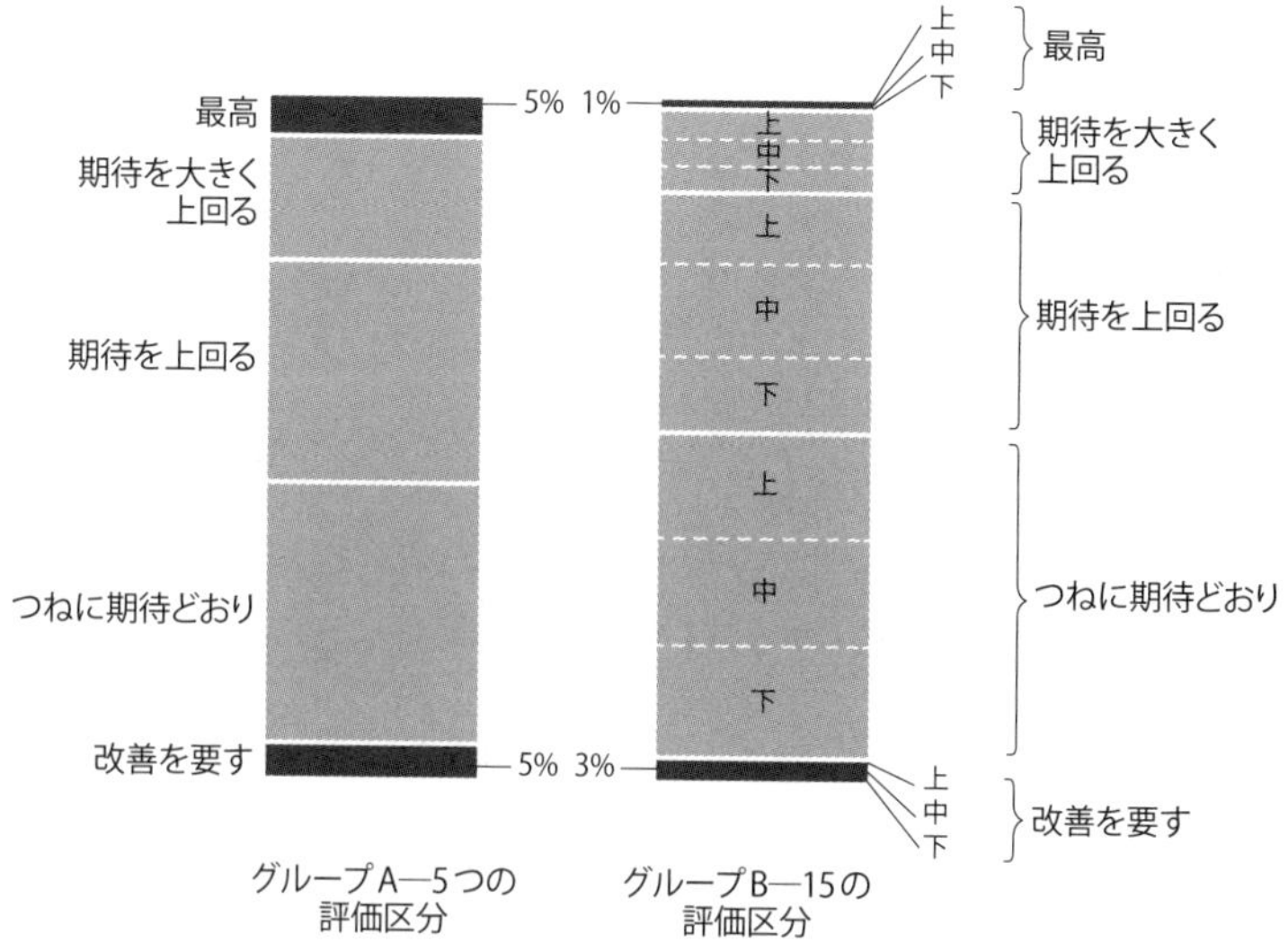

グループAとBにおける評価の平均的配分

下位区分に分けた。よって「最高」の評価を受けたきわめて優秀なグーグラーは、さらに「最高の上」「最高の中」「最高の下」と評価されることになる。次の図は、業績評価が最終的にどう配分されたかを示している。２つの方式の違いをわかりやすくするため、すべての下位区分を５つの主要区分に対応させてある。グループAは５つの区分のままであり、グループBは15に細分化されている。

グループBは、メンバー間の差をより明瞭にできるものと期待して評価区分を細かくしたにもかかわらず、実際にはグループAよりはるかに不明瞭だった。グループAでは社員の５％が「最高」と評価されたが、グループBではわずか１％にすぎなかった。これらのあらゆるチームは、全体として見れば業績に差はなかったと断言できる。どのチームもグーグルに対して同等の価値をもたらしていたし、メンバーのレベルも変わらなかった。選ぶべき評価区分を増やしただけで、グループBは無意識のうちに、うっかりと、しかも間違って、自チームにはきわめて優秀なメンバーがほとんどいないと判断を下した。グループBは意図せずして、最高の業績をあげたメンバーの80％（5人のうちの4人）を「最高」の区分から排除してしまったのだ。

あなたがこの本を読む頃には、グーグルは全社的に5段階評価に移行しているはずだ。2013年末の時点ではまだ実験中だったものの、初期兆候は良好だった。この方式のおかげで、社員はまず、3・2と3・3のあいだのわかりにくい差の代わりに、より一貫したフィードバックを受け取れるようになった。次に、評価区分の幅が広がった。私たちが業績評価の区分を減らすと、マネジャーは評価システムの上下両端をよく利用するようになった。業績評価システムに関する学術研究は結論がはっきりせず、グーグラーのフィードバックは中立的なものであるものの、少なくともこの2つの評価方式のうちでは、5つの区分のほうが区分をさらに増やすよりも優れていることがわかった。

2014年半ばには、さらに前向きな成果が得られた。私たちは、影響を及ぼすチャンスは仕事によって異なると考えていた。エンジニアであれば、開発した新製品が100人あるいは10億人に恩恵をもたらすかもしれない。これがリクルーターになると、どれだけ頑張っても10億人に影響を与える時間はない。業績評価をどう配分するのが適切かについて助言するのをやめたとき、私たちは明確な4つの評価パターンが現れていることに気づいた。さまざまなチームや個人の実際の業績特性をよりよく反映するパターンだ。

また、マネジャーが評価システムの両端を2倍活用するようになったこともわかった。最高評価を受ける社員の割合が増したのは、実際の業績をよりよく反映した結果だった（それが事実である理由を知りたければ第10章へ進んでほしい）。最低の評価区分に入っているという負い目が軽減されたおかげで、マネジャーが悪戦苦闘している社員と親身になって直接話し合い、改善策を探るのが容易になった。

さまざまな議論と驚くべき出来事を経験したあとで、私たちは曖昧で無駄の多い評価システムを捨て、評価の測定に同等の時間を要するものの、より簡潔で正確なまったく新しいシステムを採用した。誤解のないように言うと、議論と驚くべき事態はいまだに続いている！　だが、私たちは新システムに取り組んでいる。すでにわかっているのは、新システムに慣れるにしたがい、社員がそれをいっそう高く評価しているということだ。

私はベータ版を発表する気持ちで新システムを読者に紹介している。つまり、既存の製品とくらべればはるかに有用だと言える状態に近づいているが、洗練度も完成度も100％には至っていない製品を発表するようなものだ。

とはいえ、評価区分の数をいくつにするかは、ここではごく些細な問題にすぎない。たとえグーグラーがその問題に驚くほど夢中になるとしてもだ。15を超える評価の選択肢を設けてはいけないが、3つでも6つでも好きなようにするといい。それ以上のことは誰にも言うつもりはない。

公正さを確保する

他方、業績評価の本質は評価の適切な調整《キャリブレーション》にある。キャリブレーションがなければ、わが社の評価プロセスの公正さ、信頼性、有効性は大きく損なわれると言っていい。他社の社員とくらべ、グーグラーがわが社の評価システムに対して2倍も好意的なのは、キャリブレーションのおかげだと思う。

では、キャリブレーションとは何だろうか？　グーグルの評価システムの特徴は、直属の上司だけが評価を決定するわけではないところにあった（いまでもそうだ）。マネジャーがある社員に叩き台となる評価――たとえば「期待を上回る」――をつける。その根拠はOKRの達成度だが、多くの採用面接をこなしたなどといった活動や、広告収入を左右しかねない経済動向といった酌量すべき事情も考慮される。*3 この評価案が最終評価になる前に、マネジャーのグループが集まって部下の評価案をともに検討する。私たちはこの手続きをキャリブレーションと呼んでいる。

キャリブレーションによって評価の手続きがひとつ増えることになる。しかし、それは公正さを確保するにはきわめて大切な手続きだ。ひとりのマネジャーの評価は同様のチームを率いる複数のマネジャーの評価と比較され、マネジャーたちは集団で社員を審査する。5人から10人のマネジャーがひとつのグループとして集まり、50人から1000人の社員の映像を壁に映し出し、ひとりひとりについて論じ、みなが合意できる公正な評価を下す。こうした手続きのおかげで、マネジャーが感じる、評価を上げてほしいという部下からの圧力を払拭できる。また、最終結果は共有された業績期待値を反映したものになる。マネジャーは部下に対して異なる期待を抱いており、業績の評価基準を独自に解釈していることが多いからだ——甘い先生もいれば辛い先生もいるという学校の状況と同じである。キャリブレーションによってバイアスが減じるのは、マネジャーが自分の決定の正当性をたがいに説明しなければならないからだ。また、社員間で公正さを維持しようとする意識も高まる。

社員の業績評価におけるキャリブレーションの効果は、採用面接のあとに意見を交換することの効果と似ている。その目的は同じ、つまり、個人のバイアスの源を取り除くことだ。小企業の場合であっても、ひとりのマネジャーの気まぐれではなく集団討議にもとづいて評価を下せば、よりよい結果が得られるし、従業員の幸福度も向上するはずである。

＊3　この点は重要だ。ＯＫＲは業績評価に影響するが、評価を決定することはない。

とはいえ、マネジャーがグループになっていても、キャリブレーションの際に判断を誤ることもある。誤りの多くは、他人を評価するときに忍び込む。たとえば、直近バイアスが生じるのは、直近の経験は鮮明に記憶されているため、それを重視し過ぎるときだ。今週、私が誰かと充実した打ち合わせを行ったとしよう。その後、その人を審査するキャリブレーション会議に参加すれば、彼に関する私の評価は吊り上がってしまう可能性が高い。直近の有益な交流を無意識のうちに重視しているからだ。私たちはこの問題に取り組むため、大半のキャリブレーション会議の開始時に、評価者が最も犯しやすい誤りとその避け方を記した1枚の資料を配布している。そうした資料のひとつのバージョンを次ページに示す。

私たちは毎回のキャリブレーション会議を、こうした誤りの再検討から始めるようにしている。私が出席したキャリブレーション会議では、短時間でもこうした現象にマネジャーの注意を向けさせるだけで、多くのゆがみを取り除くには十分であることがわかった。また、そうすることによって、こうしたゆがみを防ぐための言葉や文化的規範が生まれたことも同じく重要だ。現在では、キャリブレーション会議の席で、誰かが議論の方向を変えるためにこんな発言をすることも珍しくない。「ちょっと待って。それは直近バイアスだな。直近の数週間だけではなく、評価期間全体の業績を見る必要があるぞ」。

業績評価の実施頻度を減らし、評価区分を簡素化したあとでも、私たちが依然としてかなりの時間を評価プロセスに投じていることは感じてもらえるだろう。業績管理ツールの

Keep calibration data dri
7 common forms of cog

Tips for Evidence-Based Calibration

Cognitive Bias/ Group Dynamic	Definition	Example
Horns & Halo Effects	When the overall impression of someone as generally amazing/terrible clouds judgment against new evidence that might point to the contrary	"Tom is always such a ro some issues this quarter what a rock star he alwa
Recency Effect	Tendency to remember the last few things someone did and to weigh them disproportionately	"Tom is having a terrible two weeks he hasn't bee anything done."
Fundamental Attribution Error	Either paying too much attention to a person's "ability" and not enough to the situation/context that impacted their performance, or vice versa	"Tom bombed this proje he didn't get enough dire manager. He's great, I kn and he deserves a highe "Tom bombed this proje me that he really can't g Where did we hire this g
Central Tendency	"Playing it safe" by rating close to the midpoint	"Well, 3.7 is a really high group, so what about m You're still giving the em 'exceeds expectations' m
Availability Bias	Mistaking what's easy to bring to mind with what's more frequent	"I remember Tom's first thinking that I had never ramp up so fast. He's fan

業績キャリブレーション会議に先立って配られる資料のサンプル © Google, Inc.

証拠にもとづくキャリブレーションのためのヒント

認知バイアス／集団力学	定義	例
ホーン&ハロー効果	ある人について「すばらしい／ひどい」といった一般的な印象を持っていると、それとは逆の事態を示す新たな証拠に出会っても判断が曇ってしまう	
直近効果	ある人の最近のいくつかの振る舞いを覚えていて、それを過度に重視する傾向	
根本的な帰属の誤り	ある人の「能力」に注目しすぎ、彼らのパフォーマンスに影響を及ぼした状況を軽視すること。あるいはその逆	
中心傾向	中間点付近に位置することによって「安全策をとる」こと	
可用性バイアス	よく頭に浮かぶことが、実際によく起こることだという錯覚	

チェックボックスに印をつけることによって、自分のチームの評価案をまとめるだけなら10分から30分程度ですむかもしれない。だが、キャリブレーション会議には3時間、あるいはもっと長い時間がかかることもある。ひとりひとりについて議論するわけではない。キャリブレーションに携わるマネジャー自身の評価を調整《キャリブレート》するのに、ある程度の時間が費やされる。複数のマネジャーによく知られている個人を何人か比較し、その人を評価基準として利用するのだ。キャリブレーションを行うマネジャーはまた、ほかのすべてのチームを見渡して評価の配分を調べる。唯一の配分を押しつけるためでなく、配分が異なるチームがあるのはなぜかを理解するためだ。たとえば、あるチームがほかのチームより強力なのには正当な理由があるかもしれない。続いて、何らかの理由で突出している事例（たとえばめったにないほど急速な業績の向上や落ち込み、業績の大幅な変動）、評価区分のボーダーライン上の事例などについて、大半の時間を費やして議論が進められる。

多くの企業が業績評価を完全に放棄しつつあるのに、グーグルが評価システムにこだわるのはなぜか？

それは公正さのためだと私は思う。

業績評価はツールであり、マネジャーが給与や昇進について決定を下す過程を簡素化するデバイスだ。ひとりの社員として、私は公正に処遇されたい。ほかの誰かの報酬が自分より高くても、その人の貢献度が自分より高ければ気にはならない。だが、同じ仕事をしているのにはるかに高給を取っている仲間がいれば、納得できないかもしれない。適正な評価システムがあれば、そんな心配をする必要はなくなる。また誰かが抜群の業績を上げれば、直属の上司だけでなくキャリブレーション会議の大勢のマネジャーにも知ってもらえる。彼らは協力して一貫性ある基準をつくり、会社中に広めるのだ。業績評価がしっかりしていれば、社内の異動もしやすくする。私はひとりのマネジャーとして、「期待を大きく上回る」と評価された人物なら、前の仕事がクロームにかかわるものであれ営業であれ、すばらしい仕事をしてくれるはずだと信じることができる。ひとりの社員としては、昇進を決めるのは政治ではなく能力だと確信できる。小さなチームの場合、こうしたインフラは必要ない。評価者は全員を知っているからだ。だが、数百人以上のメンバーがいるチームなら、社員は個々のマネジャーよりもしっかりしたシステムのほうが安心して信じられる。それは、必ずしもマネジャーが不当だったり偏見を持っていたりするからというわけではなく、キャリブレーションを含む業績評価の手続きによって、不当さや偏見が積極的に排除されるからなのだ。

保身を避け、ひとつの単純な秘訣を学ぶよう促す

公正な業績評価を通じてできるのはここまでだ。ひとりのマネジャーとして、あなたは

部下がやってきたことだけでなく、この先もっとうまくやっていく方法についても話したいと願っている。すると、問題はこうなる。これら2つのメッセージを伝える最も有効な方法は何だろうか？

答えはこうなる。2つの別々の話し合いでそれをやるべきだ。

内発的動機は成長の鍵だが、従来の業績管理システムはその動機を破壊してしまう。向上を望まない人はめったにいない。伝統的な見習い制度はこうした考え方にもとづいている。経験の浅い労働者は学びたいと願っており、自分を指導してくれる熟練労働者とペアを組んで働くときにいちばんよく学べるはずだ。初めて自転車に乗れたときや、泳ぎを覚えたとき、自動車を運転したときのことを覚えているだろうか？　何かをマスターした、何かを成し遂げたという高揚感は強力な動機づけ要因だ。

ところが、昇進や昇給を約束するといった外発的動機を導入すると、学ぶことに対する実習生の意志や能力は低下しはじめる。1969年、ロチェスター大学のエドワード・デシとリチャード・ライアンは研究室に人々を次々に招き入れた。それぞれの被験者に立体的な7つのプラスチック片が配られた。それらを組み立てると「数百万通り」の形をつくれるという。被験者は1回の制限時間を1時間として3回、渡された絵に描かれた4つの異なる形をプラスチック片で再現するよう言われた。13分たってもひとつもできない場合、実験者が手を貸し、すべての課題が解けることを証明した。被験者の右側には別の形が描かれた図面が、左側には雑誌『ニューヨーカー』、『タイム』、（これは60年代の話だが）『プレイボーイ』の最新号が置かれていた。実験者は被験者とともに実験室に座っていた。ただし1時間の制限時間の半ばに設けられた8分の休憩時間のあいだ、表向きは結果を記録するためとして中座した。被験者には「数分だけ席を外します。戻ってくるまで好きなようにしていてください」と言い残した。実際には、実験でいちばん重要なのはこの時間だった。監督する者がいなくなっても、被験者は指示された課題に挑みつづけるだろうか？

対照群の被験者は、最初の2回の監督不在時にはおよそ3分半（213秒と205秒）、最後の不在時には4分（241秒）にわたって課題に取り組んだ。実験群の被験者は、最初の監督不在時に平均して4分（248秒）課題に挑んだ。2回目の試行が始まる前、被験者は1問解くごとに1ドルがもらえると言われた。インセンティブが加わったおかげで、彼らは5分以上（313秒）にわたって課題に取り組んだ。1回目より26％も長くなっている。3回目が始まる前には、資金が1回分しかないため今回は払えないと告げられた。すると、課題に費やされた時間は3分半にも満たなかった（198秒）。1回目より20％短く、報酬が出ると言われた2回目より37％も短かった。

これは初期の小規模研究だが、インセンティブの力とともに、インセンティブがなくなった際のマイナス効果をも明らかにしている。デシとライアンはこう結論づけた。外発的な報酬を導入したせいで内発的動機が低下し、それ以降、仕事についての考え方が変わってしまったのだと。2人はさらに、内発的動機は仕事の業績を向上させるだけでなく、活力、自尊心、幸福の増大という点でも個人によりよい結果をもたらすことを明らかにした。職場で社員により大きな自由を認めれば、あの自然な内発的動機を引き出せる。それによって、今度は社員がいっそうの自律と能力を感じるようになるのだ。

マネジャーが年に1回、社員を評価して昇給を決めるときにも同じ力学が働く。社員は昇給や高評価といった外発的な報酬に焦点を合わせるため、学習がおろそかになる。かつて私のチームに、四半期ごとに自分の評価ばかり気にしている人物がいた。彼をサムと呼ぶことにしよう。評価が上がっても、なぜ評価が上がったのか、どんな行動を増やすべきなのかをサムが気にすることはなかった。評価が前と同じだったり下がったりすると、なぜすべての事実を考慮せず、間違った評価を下すのかと不服を申し立ててきた。私がうんざりしてあきらめ、評価を上げるまで議論をやめなかった。そう認めるのは恥ずかしいことだが、それが私だけではないこともわかっている。

実のところ、社員が莫大なエネルギーを投じて評価の引き上げを主張するのにはもっともな理由がある。ひとりのマネジャーとしての私のインセンティブは、公正かつ誠実に社員を評価し、会社のシステムを機能させることにある。ひとりの社員としての私のインセンティブは、もちろん優れた業績を上げることだが、自分の評価を上げるために上司と（上司を怒らせない程度に）やりあうことは理にかなっている。それによって上司が失うものは

──ことによると（残念ながら）いくらか品格が損なわれること以外は──ないし、一社員としての私からすれば、評価が上がれば報酬やチャンスが増えることになる。さらに、私は議論の準備に週に何時間も割くことができるが、上司はひとりひとりの部下のためにそこまでやる時間はないばかりか、一日中私と一緒にいるわけではないから、私に関する情報を私ほど持っているわけでもない。報酬や昇進のチャンスと評価が直接結びついているかぎり、社員の誰もがこのシステムを徹底的に利用しようとするインセンティブを持っているのだ。

私が上司に食ってかかることはないとしても、上司はそれを心配している。ロングアイランド大学のモーラ・ベリヴォーが行ったある研究で、184人のマネジャーがひとつのグループの社員全員を昇給させるよう指示された。昇給は業績評価とぴったり一致した。続いてマネジャーたちは、会社の財務状況から見て財源は限られているが、昇給で配分されるのと同額の資金が与えられると説明を受けた。すると、評価の分布は男女で変わらなかったというのに、増加した資金の71％が男性に、29％が女性に割り当てられた。マネジャーたちが──男性も女性も──男性社員への割り当てを多くしたのは、会社の業績を説明すれば女性は納得してくれるだろうが、男性はそうはいかないと考えたからだ。彼らは厳しい話し合いとなる事態を恐れて、男性により多くのお金を渡したのだ。

拍子抜けするほど簡単な解決策がある。

2つの議論を決して同時にしないことだ。年度の評価は11月に、報酬についての話し合いはその1カ月後に行う。グーグルでは全社員に株式付与を受け取る資格があるが、その決定はさらに6カ月先だ。

プラサド・セティはこう説明する。「昔ながらの業績管理システムは大きな誤りを犯しています。完全に切り離すべき2つのこと、つまり業績評価と人材育成を結びつけてしまうのです。業績評価が必要なのは、昇給やボーナス向けの資金のような有限の資源を配分するため。人材育成が同じく必要なのは、社員を成長させ、向上させるためです」。社員に成長してほしいと願うなら、これらの2つの議論を同時にしてはならない。人材育成については、マネジャーとチームメンバーのあいだで不断に議論を交わすようにすべきであり、年度末のサプライズにしてはならない。

集合知……もはや採用のためだけではない!

第5章で、大勢の社員からの情報を活用すれば、有望な人材をもっとうまく採用できることを学んだ。同じ原則が既存社員の指導や評価にも応用できる。私の部下だったサムに話を戻せば、私はサムの仕事の一部しか知らなかったから、彼の業績の全容をわかっていないと言われても仕方なかったかもしれない。だが、サムのほうにも、私におべっかを使い、自分の働きを自賛し、周囲の人々の仕事ぶりを悪く言って、相対的に自分をよく見せようとするインセンティブがあった。サムはこうした方策をすべて実行した。私がひとりの上司として、サムの貢献を完全に理解することはほぼ不可能になっていたのだ。

しかし、サムの同僚には本当のサムがわかっていた。彼らは、サムが政治的で闘争的な威張り屋だと気づいていた。私が彼らの見方を知ったのは、グーグラーは全員、年に1度、上司だけでなく同僚からもフィードバックを受け取っているからだ。年に1度の評価を行う時期になると、グーグラーとその上司は評価者となる同僚のリストを準備する。リストには同僚だけでなく、評価される者の部下も含まれている。

このフィードバックには大きな力がある。自分の専門外の問題に手を出すことに慎重だったあるリーダーは、こんなことを言われた。「あなたは発言のたびに価値を加えています」。彼が話してくれたところでは、その後何年ものあいだ、同僚のちょっとしたコメントのおかげで、チームの一員としてもっと積極的になろうという気持ちが強くなったという。彼は上司からもっと率直に話すよう指導されたことがあったが、同僚からの励ましのほうが効果があったのだ。

2013年、私たちは同僚からのフィードバックの書式をもっと具体的なものにしようと試みた。それまでは何年にもわたって同じ書式を使っていた。それは、対象となる人物がうまくやっていることを3つから5つ、もっとうまくできることを3つから5つ記入す

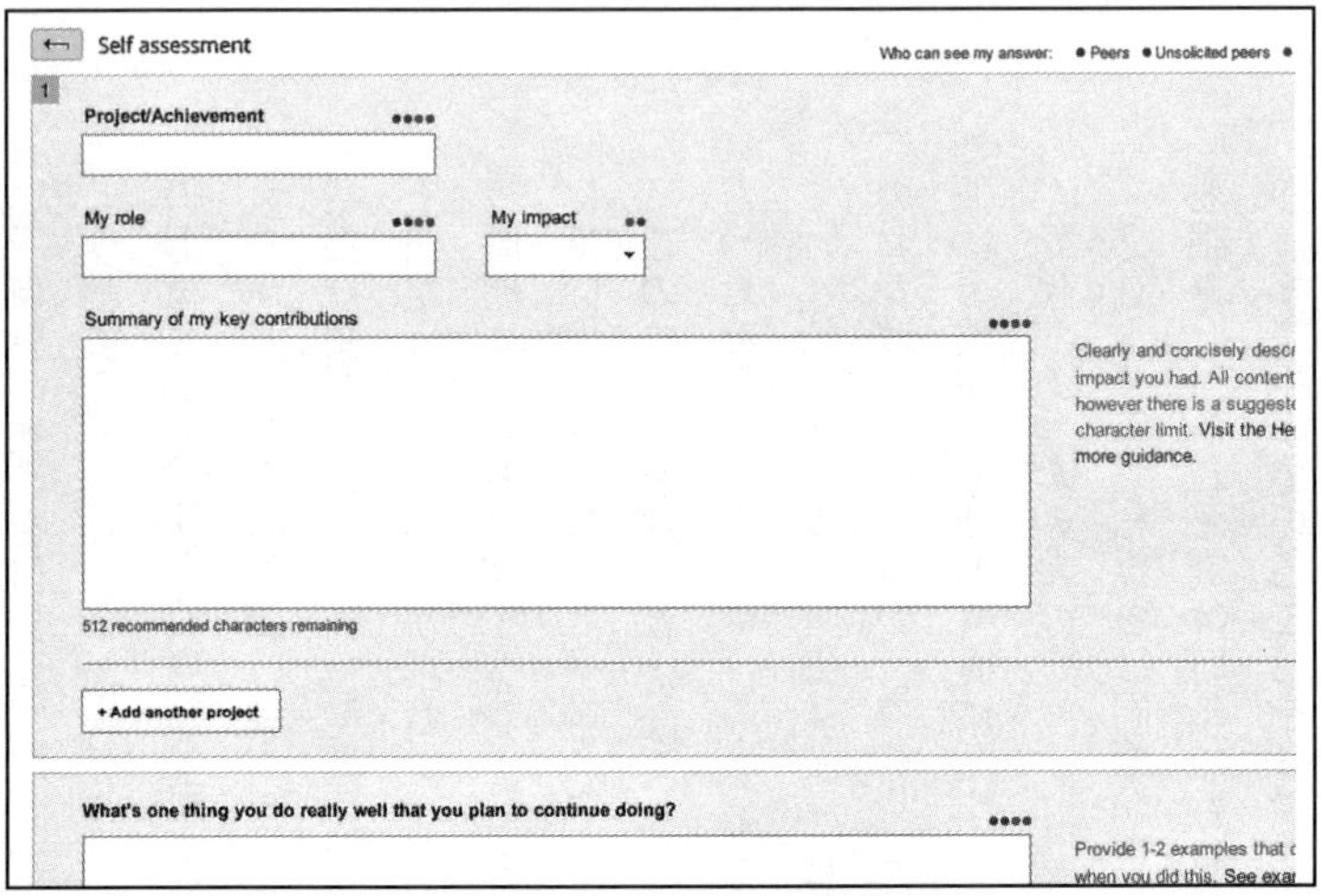

Self assessment

Who can see my answer: ● Peers ● Unsolicited peers ●

1

Project/Achievement ●●●●

My role ●●●●

My impact ●●

Summary of my key contributions ●●●●

Clearly and concisely desc[r]
impact you had. All content
however there is a suggest[e]
character limit. Visit the He[lp]
more guidance.

512 recommended characters remaining

+ Add another project

What's one thing you do really well that you plan to continue doing? ●●●●

Provide 1-2 examples that [c]
when you did this. See exa[m]

グーグルで使われている同僚によるフィードバックの書式のサンプル　© Google, Inc.

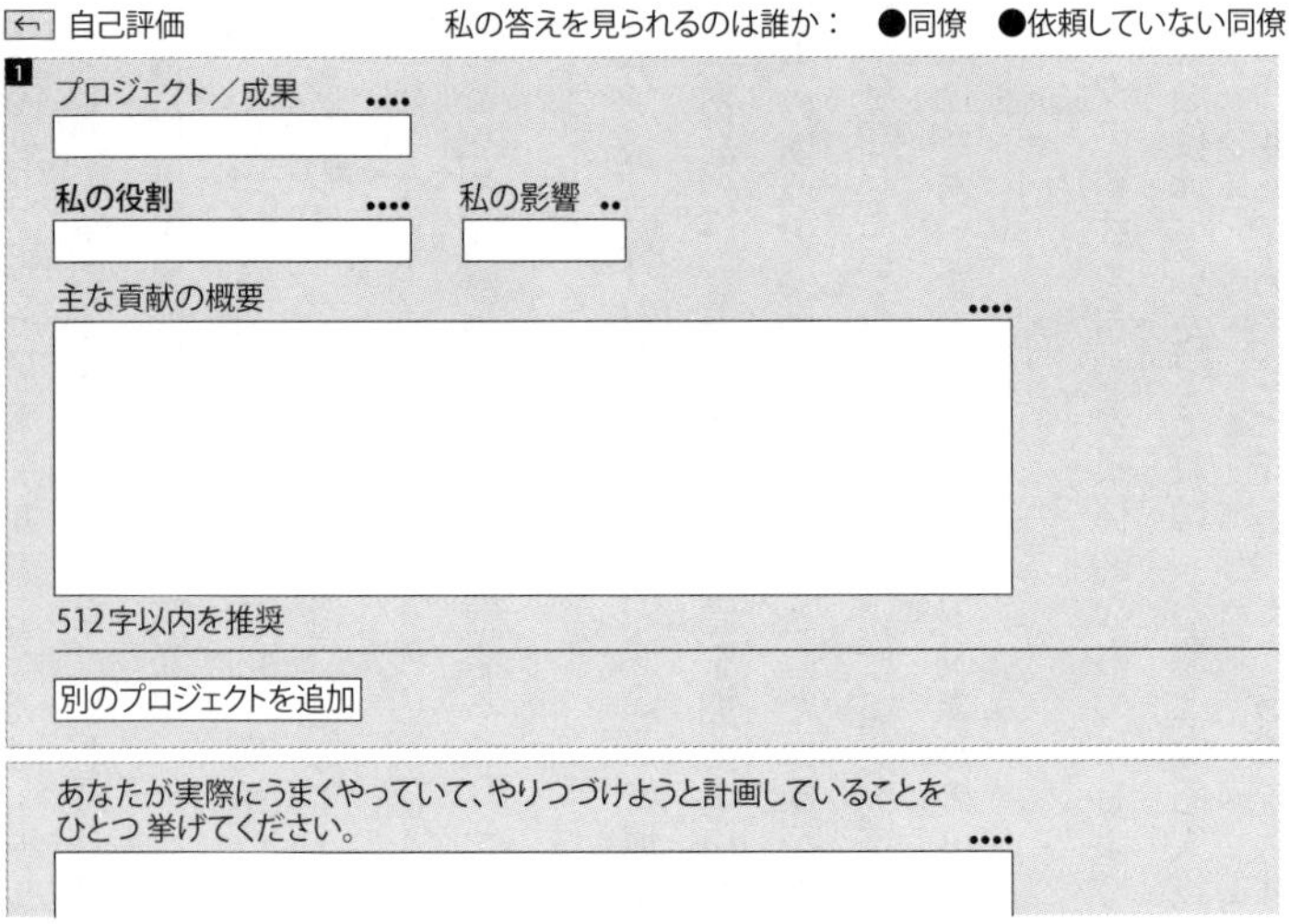

自己評価　私の答えを見られるのは誰か：　●同僚　●依頼していない同僚

1

プロジェクト／成果 ●●●●

私の役割 ●●●●　私の影響 ●●

主な貢献の概要 ●●●●

512字以内を推奨

別のプロジェクトを追加

あなたが実際にうまくやっていて、やりつづけようと計画していることを
ひとつ 挙げてください。 ●●●●

るようになっていた。現在は、もっとやるべきだったことをひとつ、別のやり方をすればもっと大きな成果を上げられたことをひとつ質問する形になっている。力を分散するよりもひとつだけに集中したほうが、真の変革を達成できる可能性が高いと考えたからだ。

私たちは評価対象者に、前年のありとあらゆる成果をひとつの空欄に書き込んでもらっていた。現在では、具体的なプロジェクト、自分の役割、達成した成果を書いてもらうようにしている。ひとつのプロジェクトで達成したことを述べる際の文字数は512字以内に制限した。それより長くなると、評価する同僚にそれがどんなプロジェクトなのかがわかりにくくなるからだ。プロジェクトの内容を知らなければ、対象者の実際の働きではなく、プロフィールで評価することになってしまう。続いて、評価に携わる同僚は、その特定のプロジェクトをどれくらい知っているか、評価対象者がどの程度貢献したかを（ディスプレイ上のスライダーを使って）評価し、コメントがあれば記入するよう求められた。やがて、どのフィードバック提供者の評価が信頼できるかがわかってくる。この点は採用面接者の場合と同じだ。グーグラーはまた、1年中いつでも具体的なテーマについてフィードバックを求める自由があり、特定の日を待つ必要はない。

社員とマネジャーの話し合いをより有意義なものにするため、業績に関する話し合いで使える1枚の配布資料を開発した。その目的もまた、話し合いをより具体的で明確にすることだった。これらの資料を社員に配ったのは、安全を期してのことだ。マネジャーが適

go/letstalkperf

Performance & development discussion guide for managers

This guide provides a framework to help you prepare and think through performance and development conversations with your team. You can use this guide whether you're holding a full review (e.g., discussing peer feedback and your written manager assessment) or a mid-year check in (e.g., sharing the most recent rating).

Development conversations as part of the official Perf review cycles are just one opportunity for you to connect with your Googlers. Sharing feedback and discussing how they can grow is an ongoing part of your role as a manager. You can also use this framework to structure performance and development conversations that you hold throughout the year, building upon past discussions.

Key areas to cover:

Getting started
1. Overall performance
2. What to keep doing & next steps
3. What to improve on & next steps
4. [optional] Longer-term goals
5. Recap

Additional resources:

- *You may find it helpful to leverage this tracking sheet as you compile information for each individual, and/or this worksheet to share directly with your Googler*
- *We have also shared this conversation guide with Googlers to help them prepare for these discussions*

Getting started

Before you dive in, ensure the goals of the conversation are clear - are you discussing a full review incl. peer feedback, are you discussing the last 6 months and the related perf rating, or are you checking in mid cycle?

What to cover:	Things to consider:
• Articulate the goal and structure of the conversation • Have examples ready to enrich the discussion • Ask questions and encourage your Googler to speak openly	• Past development conversations with your Googler • How does your Googler best receive and integrate feedback? If you feel unsure, this could be something to discuss • Think about and combat any potential biases - the checklists at go/bbPerf will help

ディスカッションのためのマネジャー向けガイドより抜粋　© Google, Inc.

業績評価と人材育成に関するディスカッションのためのマネジャー向けガイド

このガイドが提供するフレームワークは、業績評価と人材育成に関してあなたがチームと話し合うための準備を整え、その話し合いについて考える手助けをします。このガイドは、全面的な調査(たとえば、同僚からのフィードバックとあなたがマネジャーとして書いた評価の両方について議論する)にも、年度半ばの確認(たとえば、直近の評価を共有する)にも利用できます。

正式な業績評価サイクルの一環として人材育成について話し合うことは、部下と触れ合うひとつの機会にすぎません。フィードバックを共有し、彼らがどう成長できるかについて話し合うことは、マネジャーとしてのあなたに絶えず求められる役割の一部です。また、このフレームワークを利用すれば、過去の議論を踏まえ、あなたがその年に行ってきた業績評価と人材育成に関するディスカッションを構造化することもできます。

カバーされる主な分野

はじめに
1. 業績全般
2. 継続的に行うべきことと次のステップ
3. 改善すべきことと次のステップ
4. より長期の目標(任意)
5. 要約

補足事項

- このトラッキングシートを使えば、部下ひとりひとりの情報を集める際に役立つかもしれません。また、このワークシートを使えば、部下と直接情報を共有するのに役立つかもしれません。
- この会話ガイドはグーグラーにも共有されており、彼らがこれらの協議の準備をできるようになっています。

はじめに

ディスカッションを始める前に、その目的を明確にする必要があります——同僚からのフィードバックを含む全面的な調査について話し合うのか、最近6カ月の出来事およびそれと関連した業績評価について話し合うのか、あるいは、年度半ばの確認を行うのか?

やるべきこと	考慮すべきこと
•話し合いの目的と構造を明確にする •話し合いの内容が豊かになるよう事例を用意する •質問をして、部下が率直に話せるようにする	•人材育成に関する部下との過去の話し合い •部下が最も上手にフィードバックを受けとめ、取り入れるにはどうすればいいか? 確信が持てなければ、これを話題にしてもよい •潜在的なバイアスについて考え、それを防ぐ——〈go/bbPef〉のチェックリストが役に立つ

切なテーマを取り上げるよう期待していたが、社員が議論をリードするよう準備を整えても問題はなかったからだ。

ちょっとした改革によって全社にわたる大きな効果が生じることには驚いたし、やや当惑したほどだった（そんなことは百も承知だと思っていたにもかかわらずだ！）。フィードバックの書式をより具体的にしたおかげで、業績評価を記入する時間が27％も減り、評価を下す同僚の75％が初めて、それを書くことは有益だと感じるようになった。前年から（100点満点で）26点の上昇だ。マネジャーとともにディスカッションガイドを使った人は、そうでない人にくらべ、業績評価について話し合うことを14点も高く評価した。あるグーグラーは喜びいっぱいにこう書いている。「すごい！　今度の書式は前のよりずっと簡単だし、かかる時間もはるかに少なくてすむ。9月に自由に使える時間を返してくれてありがとう!!!」。

この実験によって私たちが自信を持ち、グーグラーとのあいだに信頼関係ができたおかげで、2014年にはこうした改革を全社的に展開することができた。そして、グーグラーの満足度はさらに高まっている。全社員の80％がいまや、こうしたやり方でフィードバックを提供することは時間の有効活用だと考えているが、2年前は50％だった。まだ完全ではないが、格段の進歩だ。

すべてを考慮して昇進を決める

たいていの企業では、業績評価が十分に高ければ昇進できる。上司が電話してきたり、新たな仕事に異動して仰々しい肩書を手にしたりすることが多い。グーグルではそうは行かない。ここまで読んできた読者は、昇進の決定は、業績評価の場合と同じく委員会によってなされるものと思うだろう。委員会は昇進候補者について検討し、公正さを保つため、過去数年間に昇進した社員および明確に定義された基準と対照する。

グーグル式にやろうとすれば、さらに集合知を付け加える必要がある。同僚のフィードバックは、技術者の昇進にかかわる情報として委員会が必ず検討すべきものだ。

さらにもう一ひねりがある。エンジニアリングや生産管理に携わるグーグラーは、昇進候補にみずからを推薦できるのだ。[*4] 実に興味深いことに、女性がみずからを推薦すること

＊4　私には販売部門に何人かの親友がいることを断ったうえで指摘するのだが、販売担当者はエンジニアよりも昇進への願望がはるかに強いと思う。エンジニア以外の人たちには奇妙に聞こえるかもしれないが、グーグルのエンジニアの多くは職位やステータスにまったく関心がない。彼らは「クールなもの」に携わりたいと願っているだけだ。非技術畑の人たちのように、昇進の次のステップに気をもむことはない。最近、販売部門のリーダーの何人かと昇進の自薦について話し合ったところ、彼らはそんなやり方をしたら自薦が氾濫するのではと懸念していた。私は、昇進しない理由についての質の高いフィードバックを何度か繰り返せば、自薦による昇進制度も安定し、うまく機能するようになるはずだと反論した。まだこの議論に勝ったわけではないが、戦いは続ける！

は少ないのだが、推薦した場合は男性よりやや高い確率で昇進することがわかった。これは学校の教室で見られる状況に関係しているようだ。一般的に男子はどんどん手を上げ、あらゆる質問に答えようとする。女子は確信が持てるまで待つ傾向がある。答えがわかっていることが男子より多いわけではないにせよ、同じ程度にはわかっているというのに。

そこで、ちょっとした後押しをしてみると（アラン・ユースタスがすべての技術系社員にこの発見をメールで知らせた）、女性の自薦が男性と同じ比率になることがわかった。アランが最近記したメモは、性別と職位ごとの昇進に関する統計データを全社員と共有するものだった。私が気に入っているのはこんなくだりだ。

昇進の自薦を女性に勧めるわが社の取り組みについて、全社員に最新情報を知ってもらいたかった。これは重要な問題であり、私は情熱をもって取り組んでいる。昇進にふさわしいグーグラーは自薦を勧められていると感じるべきであり、マネジャーには彼らが自薦の資格があると感じられるようにする重要な役目がある……自分自身や他人についての小さなバイアスが時間とともに積み重なると、それを克服するには意識的な努力が必要になることは周知のとおりだ……こうした状況を監視するため、最近3回の昇進のデータを見直して根強く残る格差を確認した……この問題を透明で開かれたものとし、前向きな姿勢を維持できるように、今後もこのデータを共有しつづけるつもりだ。

言うまでもないが、男女を問わず、誰もが昇進するわけではない。昇進できなかった人には、次のチャンスを生かすには何をすべきかについて、昇進審査委員会からフィードバックがある。それを読めば明らかなように、こうした仕組みはきわめて珍しいものだ。ご想像のとおり、グーグルほどの規模がある企業の場合、こうした委員会のメンバーとなるエンジニアは数百人にものぼるし、1回ごとの昇進審査プロセスに2、3日かかることも珍しくない。エンジニアでない社員とくらべ、エンジニアは自分たちの昇進審査を公正だと評価する傾向がある。その理由は、一般社員を重視した審査委員会の構成、審査に費やされる時間、審査委員には正しい判断を下そうとするインセンティブしかない（採用委員会のケースと同じ）という事実などにあるのかもしれない。

新たな希望

私の知るかぎり、業績評価や昇進審査にグーグルほど時間をかけている組織は、大学のほかはパートナーシップ的に経営される企業しかない。両者とも、昇進は結局のところ、終身教授や共同経営者として家族の永続的メンバーになることを意味する。長期的な約束をするのだから、細心の注意が払われるのだ。

私たちが昇進審査に同じくらい注意を払うのは、必要に迫られてのことだ。グーグルの売上げと社員数は、過去5年間に毎年20~30%ほど増加してきた。私たちは学ぶ才能を証明した人の採用に全力を尽くし、続いて、採用した人が最大限のスピードで成長できるようあらゆる手助けを惜しまない。社員が確実に成長できるよう配慮するのは贅沢なことではない。わが社が生き残るために不可欠なことだ。とはいえ、私たちが発展させなければならなかった基本的な考え方は、ほぼあらゆる企業に応用できるひとつの言語を形成している。

第1に、目標を正しく設定する。それを公にする。目標は野心的なものにする。

第2に、同僚のフィードバックを集める。さまざまなオンラインのツール――そのなかでも無視できないのがグーグル・スプレッドシートだ――を利用すれば、調査を行い、結果を整理することができる(ブラウザーに「Google Spreadsheets survey form」と打ち込んでみてほしい)。「傑出している」などといったものは別にして、人々はレッテルを貼られることが好きではない。だが、仕事の質を高めてくれる有益な情報なら大歓迎だ。多くの企業が見逃しているのはこの後者の情報である。どの企業も何らかの評価システムを持ち、それを使って報酬を配分している。同じように規律のある人材育成のメカニズムを持つ企業はほとんどない。

第3に、評価のために、何らかのキャリブレーション・プロセスを導入する。私たちが好むのは、マネジャーが一堂に会し、ひとつのグループとして社員について検討する会議だ。時間はかかるが、評価と意思決定のための信頼できる公正なプロセスを実現できる。同じ席に着き、意見を交わし、価値あるものを確認することには、企業文化に好影響を与えるという副次効果もある。直接顔を合わせての会合は、社員数が1万人までの企業にとって最も有効だ。それを超えると、全員を収容するのにきわめて多くの会議室が必要となる。私たちはそうしたやり方を根気よく続け、5万人を超える社員に対応している。そのやり方が社員のためになるからだ。

第4に、報酬についての話し合いと人材育成についての話し合いを分ける。この2つを結び付けると学習が台無しになってしまう。企業の規模にかかわらず、これは事実である。

業績評価のその他のあらゆる要素、すなわち、評価区分の数、その評価は数字によるのか言葉によるのか、評価の頻度、オンラインか紙か……こうしたことは問題ではない。長い不毛の時期を経たあとで、私たちは一連の有益な評価法とパターンを発見したが、こうしたものについてはいずれにしても客観的な根拠があるわけではない。したがって、私たちが異なる結果を求めて行ったのと同じ実験をあえてやりたいのでないかぎり、気にする必要はない。

その代わりに、重要な問題に集中すべきだ。すなわち、目標に対する業績の公正なキャリブレーションや、業績の改善法に関する真摯な指導である。リサ・シンプソンは誰の心の中にもいて、評価されたいと願っている。彼女はベストでありたいと望んでいるからだ。

あなたはその方法を教えてあげるだけでいいのだ。

WORK RULES

業績評価のために

- □目標を正しく設定する。
- □同僚のフィードバックを集める。
- □キャリブレーションを活用して評価を完了させる。
- □報酬についての話し合いと人材育成についての話し合いを分ける。

第8章

2本のテール
――トップテールとボトムテール
最大のチャンスは最低の社員と最高の社員にある

チームには複数のテール《しっぽ》がある。

「低」から「高」へ、「小」から「大」へ、「近」から「遠」へなど、測れるものは必ず何らかの分布にのっとっている。子どもの頃、先生が身長順に生徒を並ばせたのを覚えているだろうか。私はいつも背が高いほうだったので、並ぶのは簡単だった。30人のクラスだと、たいてい3、4人は向かって右端に悩むことなく直行、背が低い数人は向かって左端に直行した。残りの20人くらいは身長があまり変わらなかったため、団子状態になってああでもないこうでもないと言いながら、いつしか順番に並んでいた。

実は、教師は100年以上ものあいだ生徒を身長別に分けて楽しんできた。1914年、現在のコネチカット大学の前身となる学校で教鞭を執っていたアルバート・ブレイクスリーは、身長順に並ぶよう学生に指示した。あなたのクラスと同じく、ほとんどの学生は真ん中にかたまり、一部が両端に集まるという結果になった。学生の身長は、約1・50メートルから約1・88メートルまでに分布し、中央に人がかたまっているのがはっきりわかる。

分布の「テール」は両端のメンバーであり、片方は約1・62メートル未満、もう片方は1・8メートル超だ。彼らは次ページ中央の図で上下10％を占めている。

分布とはデータによって描かれるパターンを表すものだ。身長は「正規」と呼ばれるタイプの分布できれいに説明できる。この分布はその形から鐘型曲線と言われることもあれば、カール・フリードリヒ・ガウスが1809年に論文で取り上げたのにちなんでガウス分布と言われることもある。

いろいろなものの分布をうまく描けることから、ガウス分布は研究者やビジネスマンに人気がある。たとえば、身長、体重、外向的か内向的か、木の幹の幅、雪片の大きさ、ハイウェイを走る車の速度、欠陥部品が出る確率、カスタマーサービスが受ける電話の件数などだ。さらに良いことに、ガウス分布にのっとっているものには必ず平均と標準偏差が

男子大学生175人による人間の柱状グラフ
Courtesy of Archives & Special Collections at the Thomas J. Dodd Research Center,
University of Connecticut Libraries

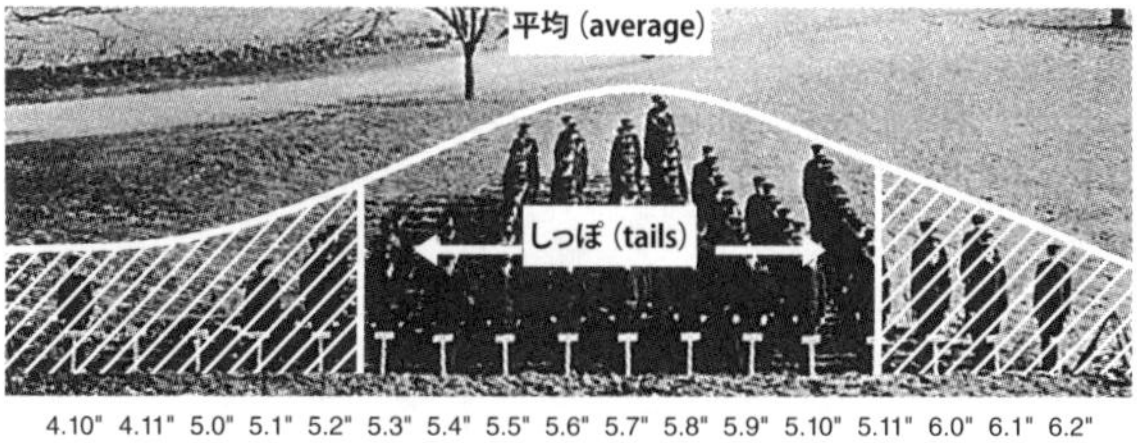

学生の背の高さは正規分布にのっとっており、2本の「テール」は
それぞれ背の高さが「極端な」人間を表わしている
Courtesy of Archives & Special Collections at the Thomas J. Dodd Research Center,
University of Connecticut Libraries

同じことがグーグラーにも当てはまる。身長順に並ぶよう社員に依頼すると、
やはり同じような2本のテールを持つ正規分布となった[*1]

あり、この2つを使えば未来が予測できる。標準偏差は、一定量の変化（偏差）がどの程度発生しそうかを表すものだ。たとえば、アメリカ女性の平均身長は約1・63メートル、標準偏差は約8センチ未満である。その意味は、68％の女性が約1・55メートルから約1・71メートルのあいだに収まっているということだ。これが1標準偏差である。95％の人が平均から2標準偏差、すなわち約1・47メートルから約1・78メートルのあいだに収まっている。そして99・7％の女性が平均値から3標準偏差、すなわち約1・37メートルから約1・89メートルに収まっている。オフィスや近所を見渡せば、これが正しいことが実感できるだろう（男性の平均身長は約1・78メートルで、標準偏差はほぼプラスマイナス約7・6センチだ。ブレイクスリーの写真では、平均的な男性の身長は約1・70メートルである。栄養状態が改善したため、アメリカ人の背はここ100年で伸びたのだ）。

ガウス分布の長所は短所でもある。使い勝手がいいので、表面的にはさまざまな事象の説明がついたように見えるが、基本的な事実の説明にはなっていない場合もあるのだ。ガウス分布は、主な物理現象や経済現象（巨大地震、ハリケーン、株式市場の変動）、市民に及ぶ経済効果の極端な幅（貧困層と上位1％の格差の広がり）、一握りの人たちの群を抜いた人間的能力（同時代のほかの選手とくらべたときのマイケル・ジョーダンの成績）などが現れる頻度を、かなり過小評価する。2011年の東日本大震災（マグニチュード9・0）、ビル・ゲイツの総資産評価額（7000億ドル超）、果てはニューヨーク市の人口（830万人）は、平均とか

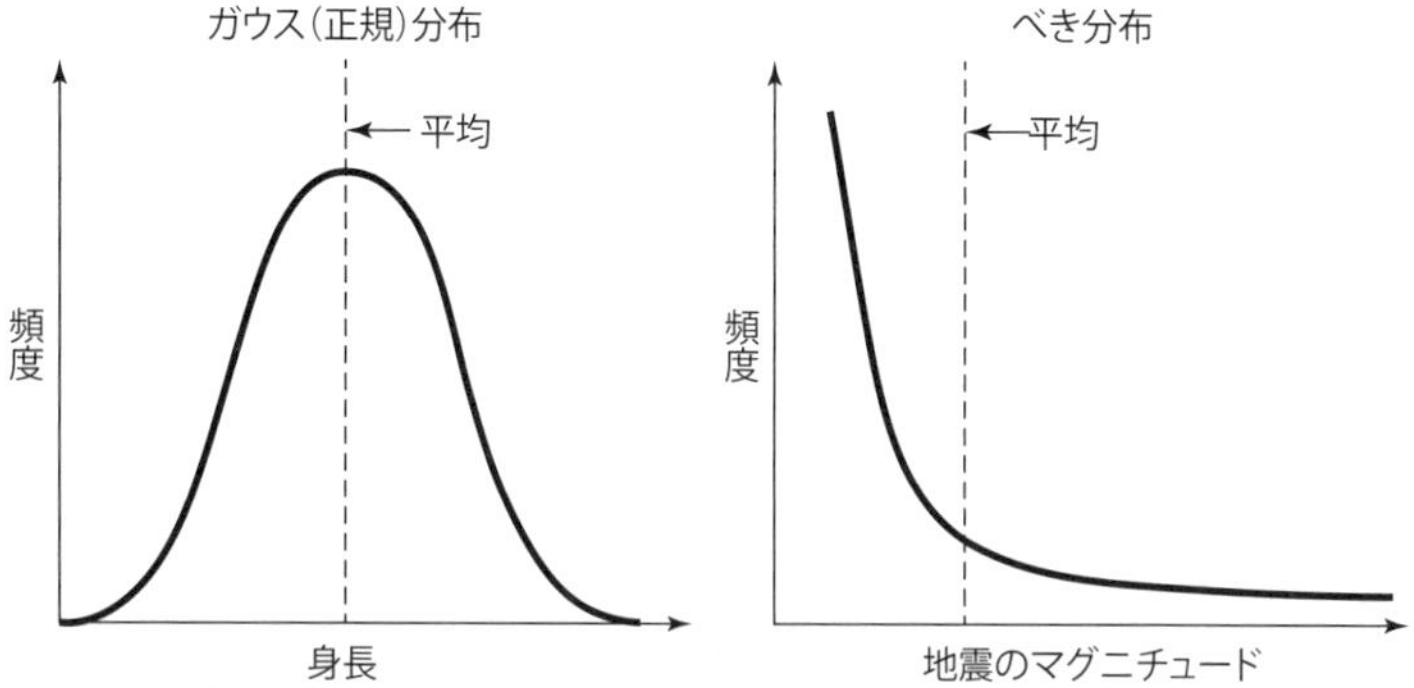

人間の身長と地震のマグニチュードの分布の比較。身長は平均を中心に、ほぼ半数が平均以上、ほぼ半数が平均以下と均等になっている。一方、地震は圧倒的多数が平均以下のマグニチュードだ

け離れすぎているため、ガウス分布のモデルでは起こりえないシナリオだ。しかし、私たちは現実だと知っている。

統計学的には、これらの現象は「べき乗則」の分布を使ったほうがうまく説明できる。上の図でガウス分布とべき分布を比較してみよう。

「べき乗則」という表現が使われるのは、この曲線を表現する方程式を書くときに、べき指数が必要だからだ。この場合、ある数字が別の数字乗になる（たとえば、$y = x^{-1/2}$ という方程式の場合、べき指数は－1/2で、xの「－1/2乗」ということだ。この方程式によって、上の図の右側に示したようなグラフが得られる）。

たいていの企業は正規分布を使って社員を管理する。この場合、ほとんどの社員が平均に分類され、優秀な社員と無能な社員という2本のテールは両端に追いや

＊1　グーグラーは思った以上に、この依頼に楽しんで取り組んでくれた。

られる。テールは身長のときほど左右対称にはならない。成績の悪い社員は解雇され、さらにひどい人間は入社すらかなわないため、左側のテールが短いからだ。また、企業は現実の成績が同じ分布に従うかのように社員を扱うが、それは間違いだ。

実のところ、組織のなかで人が発揮するパフォーマンスは、たいていの仕事の場合べき分布になる。インディアナ大学のハーマン・アグイニスとアイオワ大学のアーネスト・オボイルは「平均的な能力の人々がつくる大集団が強い影響力を振るうわけではない……きわめて優れた能力を持つ人々の小集団が圧倒的な業績を上げることによって〔影響力を振るうのだ〕」と解説する。大半の組織はそうとは知らずに、最高の人材を過小評価し、正当な報酬も払わないでいる。第10章でこの理由を解き明かし、社員を管理して彼らに報いるよりよい方法を提案する。

さしあたって、どのチームにもテールがあるとわかってもらえれば十分だ。つまり、成績の分布の両端に位置する人たちである。たいていの会社は「ボトムテール《下のしっぽ》」にあたる人たちを排除する。彼らは失敗と恐怖の煉獄で日々を過ごし、いつ解雇されるかとびくびくしている。「トップテール《上のしっぽ》」にあたる人たちは、順調な昇進、ボーナス、同僚や経営陣からの称賛を手にして、最高の人生を送る。

困っている人に手を差し伸べる

ほとんどの組織が見落としているのは、ボトムテールにあたる人が、会社の業績を向上させるまたとないチャンスを提供してくれるということだ。トップテールにあたる人が、このチャンスをものにする方法を教えてくれるだろう。

ジャック・ウェルチが「アップ・オア・アウト（昇進するか辞めるか）」という管理モデルを普及させた話は、本書の初めに取り上げた。GEの社員は毎年成績を評価され、下から10％の社員は解雇された。組織の中で昇進できなければ、辞めるしかなかった。

しかし、これにはコストが伴うのではないだろうか？　新しい人材を雇うには時間もカネもかかる。新しい社員は在籍している社員よりも高くつくことが多いし、仕事を覚えなければならない。おまけに、うまくいく保証もない！　ハーバード・ビジネススクールのボリス・グロイスバーグは、投資銀行のリサーチアナリスト1000人以上を対象にした研究で、新しい会社に移った「花形アナリストは、入社直後から成績が下降の一途をたどる」ことを発見した。前の会社での成功は、同僚、利用可能なリソース、会社との相性、さらにはみずから築いてきた個人の名声やブランドのおかげだったのだ。

理想の世界ではそもそも適切な人材しか採用しないだろう。客観的でよく準備された採用プロセスをとっていれば、かなりいい線までいける。しかし、それでも間違いはあるし、そうした人々がパフォーマンス曲線の下端に落ち込んでいくのだ。

グーグルでは、業績が下から5％の社員を定期的に特定している。彼らはグーグルの業績分布のボトムテールだ。こうした社員を特定するプロセスは、通常の業績管理プロセスの枠外だという点に注目してほしい。私たちはクビにする人を探しているのではない。助けが必要な人を見つけだしているのだ。

業績を測るための信頼できる絶対的な尺度がどの仕事にもあるとは言えない。チームが違えばパフォーマンスのレベルも違うので、私たちが評価の配分を強制することもない。スーパースターが揃っているチームのマネジャーに、そのうちのひとりを落伍者として評価しろというのは狂気の沙汰だ。それゆえ、これは人間的なプロセスであり、アルゴリズムのプロセスではない。マネジャーや人事部門はひとりひとりを見る。実際、ボトムテールには「改善が必要」な社員もいるが、期待を満たすぎりぎりの線上を長いことうろついている「スキマー」社員もいる。そこに入る人がいないグループもあれば、5％以上いるグループもある。他社のように、業績が上がらないこうした人たちを解雇すべきかとも考えたが、解雇するとなると毎年20％の社員を淘汰することになる（四半期に5％ずつ）。そうなれば、わが社の採用手法が機能していないことにもなってしまう。「頭でっかちの秀才」にとどまらない人物——頭脳明晰で適応力があって誠実で勤勉なグーグラー——をうまく選んでいるとすれば、定期的な解雇は必要ないはずである。

そんなわけで、「業績不振」の社員を解雇するという従来のやり方とは違う手段をとることにした。私たちの目標は、底辺の5％に該当する全社員に、その事実を伝えることだ。これは楽しい会話ではない。だが、そのときにこんなメッセージを伝えれば多少やりやすくなる。「あなたの成績はグーグル全体で下から5％です。そう聞いて気分が良くないことはわかります。わざわざ私がそれを伝えるのは、あなたに成長し、向上してもらいたいからです」。

これは「しっかりしなければ辞めてもらう」という会話ではない。ある人の成長をどう手助けできるかという、細やかな配慮が要る話し合いだ。ある同僚はこれを「思いやりのある現実主義」と形容した。能力がないから、もしくは悪人だから業績が悪いということはほとんどない。たいていはスキルの差の問題（埋められる場合も埋められない場合もある）か、意志の問題（その仕事をやろうとする気が本人にない）だ。後者の場合、これは個人的な問題かもしれないし、もしくは是正しなければならない大きな問題がチームにあることを知らせてくれるありがたいサインかもしれない。

実のところ、グーグルは採用時に役割に関係した知識をあまり重視しないため、こうした問題には弱い面がある。仕事の進め方を知らない人を雇いたいからだ。ほぼ全員がいずれはそれを理解するはずだし、その過程で「経験済み」の人間よりも斬新な解決策を編み出す可能性が高いと信じているのである。

そうならない場合、さまざまなトレーニングやコーチングを実施して、能力を培う手助けをする。これは、採用してからスターに育てる従来のやり方とはまったく違う。私たちが手を貸すのは、社員全員ではなく、必死でもがき苦しんでいる一握りの社員だ。それでもうまくいかなければ、グーグルのなかで別の役割を見つける手伝いをする。たいていは、これで平均くらいまでは業績が上がる。大したことではないように思えるかもしれないが、こう考えてみるといい。

100人のグループで、ジムは業績で下位5人のうちのひとりだったが、支援プログラムを受けたのちに50番くらいまで上がった。スーパースターとまではいかないが、ほかの49人より貢献度は高い。以前は、自分より下には3、4人しかいなかったのだ。最低レベルの社員全員の業績がこれほど上がるとしたら、あなたの会社はどう変わるだろう。しかも、下から数えて49番目までの社員ですら、他社の社員より優秀だとしたら?

ここまで手を尽くしてもまだ底辺にくすぶっている社員は、退社していく場合もあれば、解雇せざるをえない場合もある。酷なようだが、彼らにとっても良い結果になることが多い。私たちはずっと、彼らが置かれた状況に思いやりを示し、彼らのために力を尽くしてきたわけだし、彼らが能力を存分に発揮できる別の組織を見つける時間も与えているからだ。私は以前、部下を解雇しなければならないことがあった。彼は退職の際に「私にはあなたのような仕事はできません」と言った。私はこう返した。「君ならできる。求めるものがここと違う会社なら大丈夫」。3年後、その彼が電話をかけてきた。フォーチュン500に名を連ねる大企業の最高人事責任者に昇進し、とてもうまくやっているという。その会社のやり方はグーグルとくらべると少々スローペースだが、彼にはぴったりだそうだ。彼の計画的で慎重な性格が幸いし、CEOのかけがえのない右腕になったのである。

ボトムテールに投資するこのサイクルを通じて、チームは改善する……それも格段に。社員は業績をぐんと上げるか、さもなければ退職して別の会社で成功を収める。

興味深いのは、CEO在任中の得意技とも言うべき一時解雇や解雇にちなんで、「ニュートロン《中性子》・ジャック」と呼ばれたジャック・ウェルチでさえ、後年はそのプロセスをざっくばらんに説明するようになったことだ。社員を「ランク・アンド・ヤンク（ランク付けして解雇）」するというやり方について、彼は2006年に詳しく語っている。

社員を「ヤンク（解雇）」するという神話では、底辺から10％までの社員は一律クビということになっているが、実際にはそんなことはめったにない。ふつう、ある人が一定期間続けて下から10％のところにいる場合、何とかせねばとマネジャーが話し合いを始める。当然のことながら、往々にして成績の悪い社員は退職したがらない。しかし組織が自分をどう見ているかという冷徹な現実を突きつけられると、たいていは自分から辞めていき、ほとんどが違う会社に移るが、そこで彼らのスキルが活かされ、感謝される存在になる。

ウェルチは続いて、社員に対しては率直になるほうがかえって親切だという持論を展開する。

マネジャーが部下を、特に業績の悪い部下を、温情と称して何年も抱えておく企業とくらべてみよう。不景気になると、真っ先にクビになるのは業績の悪い中年社員だ。マネジャーは彼らを個別に呼んで、こんな会話をする。

「ジョー、申し訳ないが君に辞めてもらわなければならない」。

「えっ?　なぜ私が?」。

「だって……君はずっとぱっとしなかったじゃないか」。

「この会社に20年もいるのに、だったらどうしてもっと早く言ってくれなかったのですか」。

ごもっとも。もっと前に言ってもらえていたら、この社員も将来性のある職を見つけられたかもしれない。だが、45歳や50歳になってからでは、これまで以上に厳しい求職活動となる。それはあんまりだ。

ここでくれぐれも強調しておくが、底辺の５％を特定する作業は、社員を「スタックランキング〔訳注：正規分布曲線にしたがって評価をつけるシステム〕」によって評価するのとは違う。スタックランキングでは、社員全員を固定された業績分布のカテゴリーに必ず分類する。この方法だと、社員が底辺だけは避けようとたがいに激しく争うので、文化が堕落する。カート・アイケンウォルドは２０１２年に、スタックランキングを厳しく批判する記事を『ヴァニティ・フェア』に寄稿した。

> インタビューしたマイクロソフトの現社員と元社員は全員——全員——スタックランキングは同社で最も弊害の大きいプロセスだと答えた。無数の社員を追い出すシステムだと……。「あなたが10人いるチームのメンバーだとしましょう。たとえ全員優秀でも、高い評価をもらえるのは2人、平均的な評価になるのが7人、ひどい評価をつけられるのがひとりだということが、初日からわかっているのです」と説明するのは、ソフトウェア開発を担当していた元社員だ。「社員は、他社との競争ではなく同僚との競争に躍起になります」。

それからほぼ1年後の２０１３年11月、マイクロソフトの人事部門トップ、リサ・ブランメルは、スタックランキングだけでなく、いっさいのランクづけ評価システムの廃止を社員にメールで通知した。

第2章で触れたが、人間は基本的に善であり信ずるに足ると思っているなら、彼らに対して率直かつ誠実であるべきだ。それには、彼らの成績が振るわないときにそう告げる仕事も含まれる。しかし、使命を帯び、目的に向かって働く職場では、思いやりをもって社員に接することも必要だ。成績がぱっとしない社員はたいてい自覚していて、何とかしたいと思っている。彼らにチャンスを与えることが大切だ。

最高の社員をじっくり観察する

その一方で、トップテール、つまり最高の業績を上げている社員は、可もなく不可もない社員とは異なる企業経験を味わっている。私たちのデータによると、彼らは楽々と仕事を片付け、自分の価値を実感し、仕事に並々ならぬ意義を見いだし、業績が最低の社員とくらべると退職率は5分の1だ。なぜかって？　トップレベルの社員は、高い生産性、すばらしいフィードバック、さらに高い生産性、さらにすばらしいフィードバックという好循環を享受しているからだ。彼らは日々存分に愛情を注がれているので、会社が提供する特別なプログラム程度で大喜びしたりはしない。

さらに重要なのは、最高の業績を上げている社員から学ぶことだ。[*2] どの企業でも優秀な社員に将来の成功の種があるのに、じっくり観察するということをほとんどしない。これではみすみすチャンスを逃すようなものだ。グロイスバーグが示すように、パフォーマンスの高さは状況に依存する面が大きいからだ。ベンチマーキングやベストプラクティスが教えてくれるのは、ほかの職場ではうまくいった方法であり、自分の職場でうまくいく方法ではない。

対照的に、最高の社員が自社に特有の環境で成功を収めている理由を正確に理解することが、グロイスバーグの発見を受けての自然な行動だろう。成功が特定かつ局所的な条件に依存しているとすれば、高い業績とそうした局所的条件の相互作用を調べることが何より有益だ。

ご推察のとおり、私たちはグーグルの最高の社員をじっくり調査している。2008年、ジェニファー・クルコスキーとブライアン・ウェルが共同で人材イノベーション研究所

＊2　業績が最高の社員と最低の社員を比較することも大事だ。グーグルの人材イノベーション研究所のキャスリン・デカスはこう説明する。「こうなりたいと思う人々を観察しさえすれば、彼らを成功に導いた主な行動は、ほぼ全員に共通しているという結論に至るかもしれません。これは妥当な結論に思えます。しかし、業績が最低の社員も同じ行動をとっている可能性があるので、こちらも見てみないことには本当のところはわかりません。もう一方のグループも調べなければ、誤った行動を成功の秘訣だと結論してしまいかねません……専門用語では、これを『従属変数にもとづくサンプリング』と言います」。これは第6章で取り上げたサンプルバイアスのもうひとつの形であり、「ベストプラクティス」が誤解を招きやすい理由でもある。

(PiLab) を設立した。人々の仕事経験を学問的に掘り下げることを任務とするグーグル内部の研究チームにしてシンクタンクだ。PiLab の専門家の多くは心理学、社会学、組織行動学、経済学の博士号を持っている。またリーダーの役割も担っているため、自分の研究スキルをやっかいな組織的問題に応用することもできる。ニール・パテルとミシェル・ドノヴァンがその典型だ。ミシェルはグーグルの業績管理の手法を変革する助けとなっているし、ニールは先端技術プログラム研究所のリーダーだ。２人の当初の研究テーマを見ると、最高の社員を研究することから何が学べるかがわかる。

●プロジェクト・オキシジェンは当初、マネジャーは重要ではないと証明しようとしたが、最終的には良いマネジャーが必須という結論になった。

●「天才児プロジェクト」は、長期間好成績を維持している社員はそれ以外の社員と何が違うのかを説明することを狙いとしていた。プロジェクトチームはトップ４％と残り96％を比較し、さらに絞ってトップ0・5％と残り99・5％を比較した。

●「ハニーデュー・エンタプライズ」（『マペット放送局』の大胆不敵な発明家、ドクター・ブンセン・ハニーデューにちなむ）は、ソフトウェア・エンジニアのあいだでイノベーションを育んだり抑圧したりする行動や習慣を理解しようとした。

●「プロジェクト・ミルグラム」は、グーグル内部の知識の社会的ネットワークを最も効果的に活用する方法を探究した（このプロジェクトは、服従の研究で有名なスタンレー・ミルグラムにちなんで名づけられた。ジェニファー・クルコスキーはこう語ってくれた。「ミルグラムは最初のスモールワールド実験を行いました。そのときは、オマハやウィチタで無作為に選ばれた人たちが、ボストンに住む指定された人たちに届くようチェーンメールを送ることを依頼されました。これらのチェーンメールの『中継点』の平均値は5・5で、6次の隔たりという概念が広く知られることになったのです」）。

グーグルに最大の影響を及ぼしたのがプロジェクト・オキシジェンだ。この名前は、ミシェルがかつてこう問いかけたことに由来する。「グーグルの社員全員に、驚くべきマネジャーがいたらどうなるでしょう。すばらしいとかなかなか良いという程度ではなく、部下のことを本当に理解していて、毎日仕事に来るのが楽しくてたまらなくなる環境を整えるマネジャー。そのとき、グーグルはどんな会社になるかしら？」。ニールには元素表にある元素にちなんでプロジェクトを命名する習慣があったので、ミシェルはオキシジェン（酸素）という名前を提案した。「優れたマネジャーは、呼吸と同じで必要不可欠な存在。マネジャーを向上させるのは、新鮮な空気を吸うのと同じ」という理由だった。

では、プロジェクト・オキシジェンは何を成し遂げようとしたのだろうか？　ここで立てられた仮説は、マネジャーの質はチームの業績にいっさい影響しないというものだった。

ニールはこう説明する。「わがチームは細心の注意を払わなければならないとわかっていました。グーグルでは、他社であれば明らかな真実とみなされるようなことにさえ、高い水準の証明が求められるからです。単純な相関関係だけでは不十分なのです。そこで、私たちは正反対の事例を証明しようとしました――マネジャーは重要ではないと。幸い、私たちはそれに失敗したのです」。

グーグルのエンジニアは、マネジャーは重要ではないと固く信じていた。一見したところ馬鹿げているが、エンジニアが管理されるのをどれほど嫌っているかを理解しないといけない。彼らはマネジャーが嫌いだし、マネジャーになりたくないと思っているのも確かだ。

エンジニアは通常、マネジャーはせいぜい必要悪だが、たいていは自分の邪魔をし、官僚主義を生み出し、物事を台なしにする存在と見なしている。2002年にラリーとセルゲイが社内のマネジャー職を廃止した背景には、こうした確固たる信念があったのだ。当時、わが社には300人以上のエンジニアがいたが、マネジャーはひとり残らず管理業務から解放された。代わって、すべてのエンジニアがウェイン・ロージングの部下になった。だが、この実験は短命に終わった。ウェインは経費報告書の承認や社員同士のもめごとの解決に忙殺され、6週間足らずでマネジャー職が復活したのである。

マネジャー職が一定の役割を果たしていたのは明らかだった。ところが2009年には、管理されることへのエンジニアならではの不信感があらためて募っていた。その間の7年で、グーグルは1万9000人を超える社員を採用していた。彼らの大半はそれまで、マネジャーはすべてをぶち壊しにするとは言わないまでも、何の役にも立たないという昔ながらの環境に身を置いていた。グーグルでも人材の採用時、とりわけアメリカ国外での採用時にこの問題が見られた。グーグルの採用の信条は、エンジニアリング部門のマネジャーは最低でも自分のチームのメンバー並みの技術力を備えていなければならないというものだった。[*3] さもないと、マネジャーは敬意を払ってもらえず、「ノップ（NOOP）」扱いされてしまう。ノップとはコンピュータ・サイエンスから借用された言葉で、「使えないやつ」という意味だ。アメリカには、技術的な貢献と監督業務とを同等に昇進の評価対象にする企業が昔からある（たとえばIBMは、純粋に技術的な貢献だけでマネジャーと同等の報酬と肩書きを得られる昇進の道を用意した最初の企業だ）。だがアジアや西ヨーロッパでは、エンジニアはマネジャーに昇進すると、日々の技術業務から外されるのが一般的だった。そのためグーグルでは、良いマネジャーではあるかもしれないが、技術面に疎《うと》すぎる中高年の応募者を落とすことが多かった。

マネジャーの良し悪しについては誰もが意見を持っているが、それは主観的な基準であ

＊3　優秀なゼネラリストを雇いたいのはやまやまだが、エンジニアリング、税務、法務といった部署ではある程度の基本的な専門知識は必須だ。

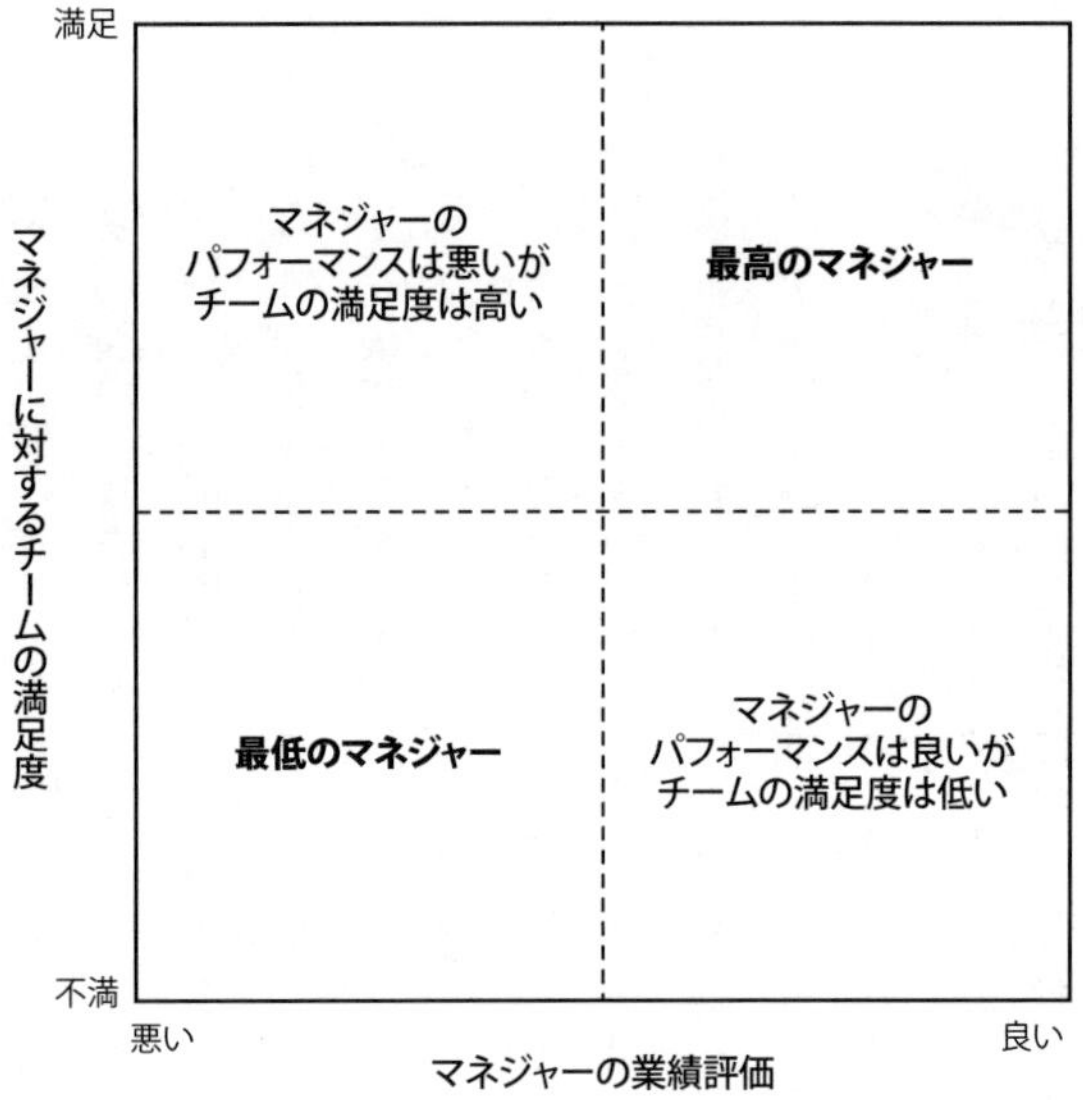

プロジェクト・オキシジェンでマネジャーは当初どのように分類されたか

る。ミシェルとニールは、どういう枠組みで比較するかについて一貫性を持たせたかった。そこで2種類の定量データを用いることにした。業績評価とグーグルガイスト評価だ。2人は直近3期の評価対象期間を振り返り、各マネジャーの業績評価の平均値を算出した。チームがマネジャーの質をどう評価しているかの尺度としては、各マネジャーのグーグルガイスト評価を分析した。これは社員全員に、自分のマネジャーの業績、行動、サポートをどう思っているかを聞いたものだ。2人はマネジャーを4つの象限に分けた。

鍵は、最高のなかの最高と最低のなかの最低を本当の意味で理解することだった。これほどまでに異なる評価を受ける

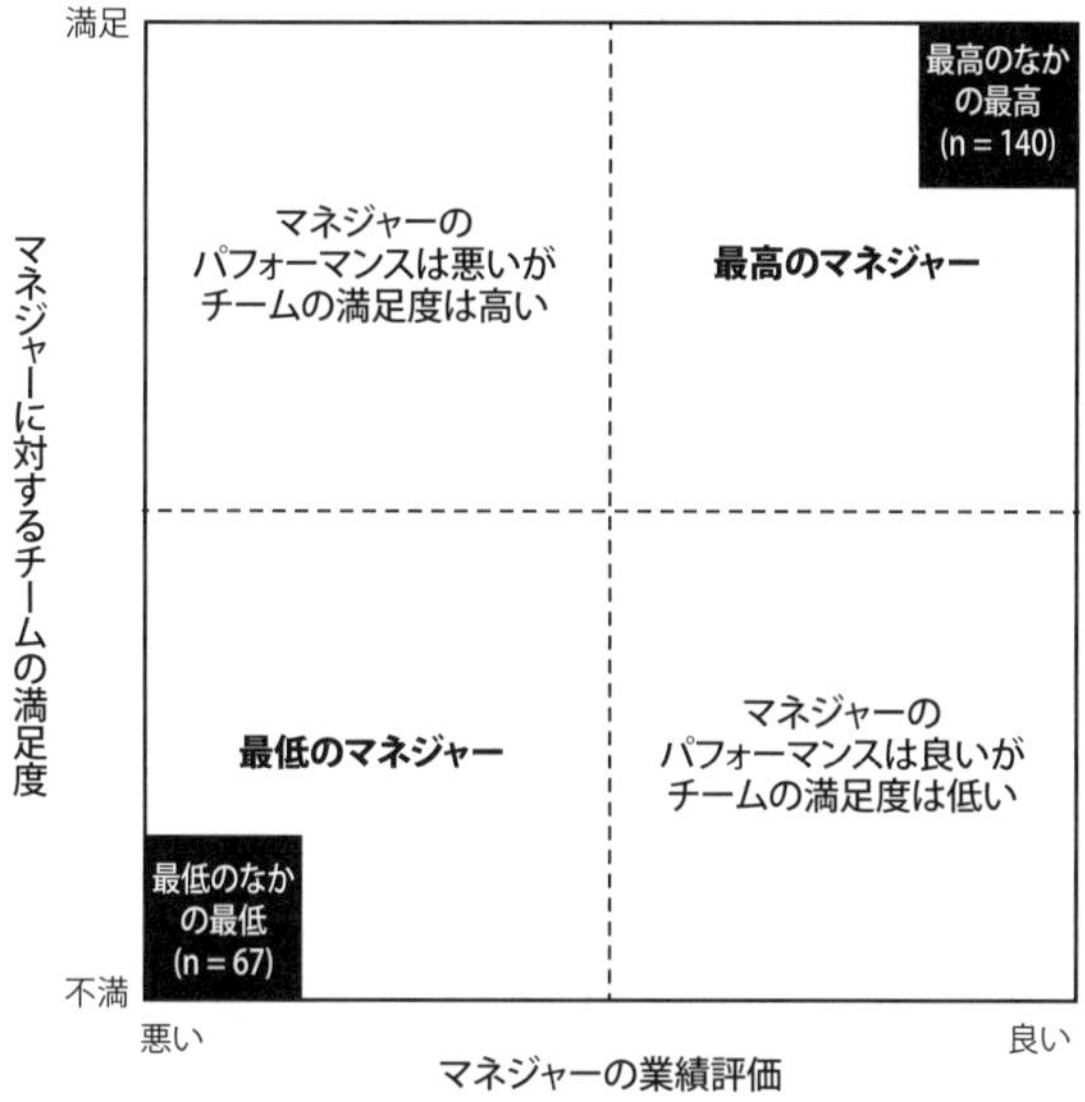

チームの満足度と個人の業績の両方で上位25%と下位25%のマネジャーを特定

とは、これらのマネジャーは何をしていたのだろうか？　答えを見つけるために、2人は成績が両極端な2つのタイプを探した。1000人以上いるマネジャーのうち、個人の成績とグーグルガイスト評価で上位25%に入ったのはわずか140人だった。両方で下から25%以下になったマネジャーはもっと少なくて、たった67人だった。これは希望が持てそうだった。「最高のなかの最高」のマネジャーが「最低のなかの最低」のマネジャーの2倍もいるのだから。

上位25%に入るには、チーム支持率が86%あればよかった。これは平均の84%をわずかに上回る程度だ。また、下位25%に切り捨てられたマネジャーも、チーム支持率が78%と、これまた平均を大きく下回っているわけではなかった。この時点で、エンジニアが正しかったということになりそうだった。最高と最低のマネジャーのあいだに大きな差はなさそうだ。

そこで、ミシェルとニールはさらに掘り下げてみた。マネジャーに対する満足度の総合点を構成する各要素を分析してみると、非常に大きな違いがいくつか見つかった。最高のマネジャーと一緒に働いているグーグラーは、最低のマネジャーの配下にいる社員とくらべ、グーグルガイストの10を超える項目で5～18％評価が高かったのだ。なかでも、彼らは次に挙げる点にかなり自信を持っていた。

●キャリアの決定は公平だ。業績は公平に評価されており、昇進に値する人が昇進する。
●個人的なキャリアの目標は達成できる。マネジャーは自分を助けてくれる支持者であり、カウンセラーだ。
●仕事は能率的だ。意思決定は迅速で、リソースは十分に配分され、さまざまな視点が検討されている。
●チームのメンバーは上下関係ではなく敬意をもってたがいに接しており、政治ではなくデータにもとづいて意思決定し、仕事や信条について隠しだてしない。
●自分たちは意思決定に適切に関わり、仕事をやり遂げる権限を与えられている。
●自分たちはワークライフ・バランスを管理する自由を与えられている。

最高のマネジャーを擁するチームは業績も良く、離職率も低かった。実際、マネジャーの質は社員が辞めるか残るかを予測する唯一にして最高の指標だった。社員は会社を辞めるのではなく、ダメなマネジャーと働くのを辞めるのだという格言を証明した格好だ。

とはいえ、「最高」のマネジャーと「最低」のマネジャーが全社を通じて207人だけというのは、サンプルが少なすぎるのではないかと言う声もある。差はマネジャーのせいだと、どうしてわかるのか。一部のマネジャーがたまたま、業績が良くて満足度の高いチームにいただけかもしれない。業績と満足度における差が本当にマネジャーのせいかどうかを調べる唯一の方法は、チームを超えて社員をランダムに入れ替え、それ以外のものは固定しておいて、マネジャーを変えるだけで差が出るかどうかを確かめることだ。さすがのグーグルも、その答えが知りたいからといって、チームとマネジャーをランダムに混ぜ合わせるほどクレージーではない。

幸い、そんなことをする必要はなかった。社員のほうでチームを移って、私たちのために実験を行ってくれたのだ。エンジニアは年間を通じてプロジェクトチームを自由に替われるが、新しいマネジャーが「最高」か「最低」かを知る術はなかった。2008年、65人の社員が「最高」のマネジャーのチームから「最低」のマネジャーのチームに移り、69人が反対方向に異動した。全員が典型的なグーグラーで、業績が良く、会社に満足していた。すると、やはりマネジャーによって差がついた！　より悪いマネジャーのもとに異動した65人は、グーグルガイストの42項目のうち34項目で評価を大きく下げた。翌年、より良いマネジャーのもとに異動した社員は、42項目のうち6項目で評価が大幅に改善した。変化が最も大きかったのは、定着率、業績管理への信頼度、キャリア開発度を測る質問に関するものだった。より悪いマネジャーのもとに異動することは、それだけで、社員のグーグルでの経験を変容させるのに十分であり、会社への信頼が崩れ、退職を考えるきっかけとなる。

だからマネジャーは重要なのだ。それだけではない。驚くべきマネジャーはきわめて重要なのだ。最高のマネジャーと最低のマネジャーが誰かはわかったが、両者の行動の違いはまだわからなかった。私たちの分析は事実を述べるものではあったが、規範を示すものではなかった。最高のマネジャーと最低のマネジャーの行動の違いを理解するにはどうすればいいのだろうか？　そして、その発見をマネジャーの質を継続的に向上させるエンジンに変えるにはどうすればいいのだろうか？

あらゆる研究に特別な頭脳を持つ研究者のチームが必要とは限らないことを証明しようと、私たちは最高のマネジャーと最低のマネジャーの行動の違いを発見するのにごく単純な方法を取った。彼らに直接質問したのだ。対象となったマネジャーは、社員からインタビューを受けた。これらの社員にはインタビューの進め方を教えてあったが、良いマネジャー、悪いマネジャー、並みのマネジャーが誰かということは知らせていなかった。これは二重盲検法という。インタビューする側がインタビューされる側に偏見を持つことがないし、される側も自分がどのカテゴリーに入っているのかを知らない。つまり、インタビューする側もされる側も実験の条件に対して「盲目」なのだ。ミシェルとニールは、優秀マネジャー賞（社員の推薦によって最高のマネジャー20名を選出するプログラム）のための推薦文や、上司に対して部下がつけたグーグルガイストのコメントや、マネジャー同士のフィードバックでマネジャーを比較し、インタビューで得られた結論が正しいことを証明した。2人は、マネジャーが自分の成功あるいは失敗の理由だと語っている行動が、グーグラーに影響を及ぼしている行動かどうかも確かめた。

研究の結果、スコアの高いマネジャーにあって低いマネジャーには見られない8つの属性が浮かび上がった。

優れたマネジャーをつくる処方箋はこれで揃った。だが、はっきり言ってしまえば、実につまらない、議論の余地のない内容だ。これを意味あるものにするためには、またさらに大事なことに、グーグルの業績を向上させる要因にするためには、より具体的な内容に落とし込まないといけない。たとえば、最高のマネジャーは良いコーチであるに決まっている！　一見すると言うまでもないことのように思えるが、たいていのマネジャーは、せっかく1対1の定期ミーティングにやってきても「今週の君の予定は？」と聞くだけだ。部下と一緒に問題を診断したり、部下の強みを生かせるアイデアを一緒に考えたりする1

プロジェクト・オキシジェンの8つの属性

1　良いコーチであること。
2　チームに権限を委譲し、マイクロマネジメントをしないこと。
3　チームのメンバーの成功や満足度に関心や気遣いを示すこと。
4　生産性／成果志向であること。
5　コミュニケーションは円滑に。話を聞き、情報は共有すること。
6　チームのメンバーのキャリア開発を支援すること。
7　チームに対して明確な構想／戦略を持つこと。
8　チームに助言できるだけの重要な技術スキルを持っていること。

グーグルのプロジェクト・オキシジェンの8つの属性リスト　© Google, Inc.

対1の定期ミーティングをしないマネジャーもたくさんいる。褒めることと改善点の指摘をうまく組み合わせるマネジャーもあまりいない。マネジャーに対する具体的な処方箋としては、ミーティングの前に部下の個別の強みと彼らが直面している状況についてしっかり考えておき、ミーティングでは滔々《とうとう》と答えを述べるのではなく質問するようにと言いたい。意外にも、優れたマネジャーに必要な8つの属性のうち、技術的な専門知識の重要度はいちばん低いことがわかった。誤解のないように言っておくが、技術的な専門知識はもちろん必須である。プログラムを書けないエンジニアリング部門のマネジャーは、グーグルでチームを率いることはできない。だが、最高のマネジャーとその他のマネジャーの違いを生む行動のうち、技術的な貢献はチームにとって最も影響が小さかった。

処方箋の内容を具体化することに加え、私たちは優れたマネジメントが自動的に働くようにしなければならなかった。アトゥール・ガワンデは『ニューヨーカー』誌と自著『アナタはなぜチェックリストを使わないのか』で、チェックリストの効用について力説している。私が初めて目にした彼の文章は、２００７年の「ザ・チェックリスト」という記事だった。この記事で彼は、ボーイングが１９３５年に開発した次世代長距離爆撃機、モデル２９９のテスト飛行について書いていた。同機は「陸軍が要求した5倍の爆弾を搭載可能で……前世代の爆撃機より速く、航続距離もほぼ2倍になっていた」。唯一の問題は、同機が墜落したことだった。

モデル２９９は競合機よりも構造が複雑で、処女飛行でベテランパイロットが「昇降舵と方向舵のコントロールの新しいロック機構を解除するのを忘れてしまい」、搭乗員5人のうち2人が死亡する事故につながった。それを受けた陸軍の解決策は、さらなる訓練ではなく、チェックリストだった。ガワンデはこう書いている。「チェックリストを携帯して、パイロットはモデル２９９に乗り続けた。その後、無事故での総飛行距離は約３００万キロメートルに達した……のちに同機はB-17となり、第2次世界大戦で空中戦を制すと、ナチスが支配するドイツを徹底的に爆撃して破壊した」。続けてガワンデは、医学分野も同じ段階に入っていると論じた。複雑さが人間の能力を上回るようになったので、チェックリストが命を救うというのだ。

私はこれを読んで、マネジメントも驚くほど複雑であることを悟った。どんなリーダーにも、製品の革命者であれとか、財務の天才であれとか、マーケティングの魔術師であれなどと要求すると同時に、チームを鼓舞するマネジャーであれと要求するのはあまりに酷だ。しかし、優れたマネジメントをチェックリスト化すれば、トレーニングに莫大な予算を注ぎ込む必要もないし、一方のリーダーシップ・スタイルがもう一方のスタイルより優れている理由を周りに納得させる努力をしなくてもすむ。彼らを変えなくてもよい。彼らの行動を変えさえすればよいのだ。

ミシェルとニールと拡大を続ける人事部門のメンバーはあるシステムを開発し、グーグルのマネジメントの質を高めるシグナルを強化することにした。この実にわかりやすいシステム、つまり半期ごとのアップワード・フィードバック・サーベイ（UFS）は、マネジャーに関する匿名でのフィードバックを各チームに求めるものだ。

UFSそのものがチェックリストになっている。このリストにある行動をすべて実施していれば、あなたは立派なマネジャーになれる。

結果は316ページに示すような形式でマネジャーに伝えられる。

これらの結果は、マネジャーの成長のために提供されていることに注意してほしい。マネジャーの成績や報酬に直接影響することはないのだ。この点をめぐる議論で、私は自分のチームに負けた。UFSの結果を公表したとき、私は最低のマネジャーを駆逐する絶好

UFSの質問事項のサンプル

1 上司は、私が成績を上げるための実行可能なフィードバックをくれる。
2 上司は、「マイクロマネジメント」をしない（部下が処理すべき細かいことにまで手出ししない）。
3 上司は、私をひとりの人間として見て、思いやりをもって接してくれる。
4 上司は、優先事項である結果／成果物にチームを集中させる。
5 上司は、自分の上司や上層部から得た関連情報を定期的に知らせてくれる。
6 上司は、ここ半年のうちに私のキャリアにかかわる有意義な話し合いをしてくれた。
7 上司は、チームの目標を明確に伝えてくれる。
8 上司は、私を効率よく監督できるだけの専門知識（例、技術部門ではプログラミング、財務部門では会計）を持っている。
9 私は、上司をほかのグーグラーに勧める。

グーグルのUFSマネジャーリポートのサンプル © Google, Inc.

のチャンスだと思った。彼らはチームに最も大きな痛手を負わせ、私たち全員の足を引っ張る存在なのだから。だが、ステイシー・サリヴァンは、もしそんなことをしたら、上司はUFSの裏をかくようになるだろうと主張した。高い点数をつけるようチームメンバーに圧力をかけたり、チームに不満があって低い点数をつけそうなメンバーを辞めさせたりするはずだというのだ。ステイシーやほかのメンバーは、社員に頭を柔らかくして行動を変えてもらいたいなら、この調査を思いやりのあるツールとし、報酬や罰ではなく、成長に焦点を合わせるべきだと主張した。

彼女の言い分は正しかった。成長

UFS Report for Craig Rubens

クレイグ・ルーベンスのUFSリポート

Overall Percent Favorable: 91% (?)

Top Quartile Overall: 93%

Bottom Quartile Overall: 75%

全体の支持率

上位4分の1の支持率

下位4分の1の支持率

Fav | Neutral | Unfav

支持する　どちらでもない　支持しない

% Favorable - the percent of Googlers who selected "agree"/"strongly agree" to the given item

% Neutral - the percent of Googlers who selected "neutral" to the given item

% Unfavorable - the percent of Googlers who selected "disagree"/"strongly disagree" to the given item

各項目で「そう思う／強くそう思う」と答えたグーグラーの割合

各項目で「どちらでもない」と答えたグーグラーの割合

各項目で「そう思わない／まったくそう思わない」と答えたグーグラーの割合

Detailed Results

Here are the survey results for Googlers who reported directly to you as of January 1, 2015. We display the current items where three or more people responded.

Filter: - All Oxygen Attributes -　*Hover over any item to view its Oxygen Attribute (learn more)

	Item	N	% Favorable	Vs Prior Fav	Vs Global Business Fav	Find resources
1	My manager does not "micromanage" (i.e., get involved in details that should be handled at other levels).	6	100	0 Vs Q1-2013 Googlegeist; 0 Vs Q3-2012 UFS	+17	
2	My manager balances giving freedom with being available for advice.	6	100	+20 Vs Q3-2012 UFS	+12	
3	My manager makes it clear he/she trusts the team.	6	100	0 Vs Q3-2012 UFS	+15	
4	My manager shows consideration for me as a person.	6	100	+14 Vs Q1-2013 Googlegeist; 0	+9	

結果の詳細

2015年1月1日現在のあなたの直属の部下が回答したものです。3人以上の回答があったものについて表示します。

検索

条件　オキシジェンの属性全部

オキシジェンのそれぞれの属性を見るにはカーソルを合わせる（詳細はこちら）

属性	支持率	対過去の支持率	対グローバルビジネスの支持率	資料はこちら

1　上司は、「マイクロマネジメント」をしない（部下が処理すべき細かいことにまで手出ししない）。

2　上司は、自由裁量に任せてくれる部分と、時間を割いてアドバイスしてくれる部分のバランスが絶妙だ。

3　上司は、チームを信頼しているとはっきり示してくれる。

4　上司は、私をひとりの人間として見て、思いやりをもって接してくれる。

グーグルのUFS・マネジャーへのリポートのサンプル。データは実例　© Google, Inc.

のためのフィードバックと評価のフィードバックは絶対に分けるべきだ。私たちはのちにステイシーの直感を検証してみたが、みんながUFSを目的どおりに利用していて安心した。マネジャーが部下に低い評価をつけても、その部下が次のUFSで悪い評価をつけて上司に仕返しすることはなかったのだ。

マネジャーが特定の分野でスキルを向上させるのに助けが必要で、チェックリストがその役に立たないのであれば、それぞれの属性を伸ばすよう私たちが時間をかけて開発したコースに申し込める。「コーチとしてのマネジャー」プログラムをとれば、コーチングの評価が平均13％上がる。「キャリア相談」プログラムをとれば、キャリア開発の評価が10％上がる。その要因のひとつは、部下相手にキャリアについて話すときに、いままでとは違う角度から話すことをマネジャーに教える点にある。グーグラーが何かを要求し、マネジャーがそれを与える約束をするという話ではない。これは交換取引ではなく問題解決を目指す活動であり、最後は共同責任だ。マネジャーも社員もそれぞれすべき仕事がある。

現在では、グーグルのマネジャーのほとんどが自分の評価をチームのメンバーに公表する。義務づけてはいないが、折に触れ、マネジャーがそうしたかどうかを社員に問う項目を調査に入れている。透明性という規範と私たちのせっつきもあり、たいていのマネジャーは公表することを選ぶ。自分のUFS評価リポートを配り、どうすれば評価が上がるかという議論につなげ、チームからアドバイスをもらう。典型的な上司と部下の関係が見事に逆転している。評価を向上させる最善の方法は、フィードバックを提出した部下と話し、どう行動を変えたらいいかをたずねることだ。

私が自分の評価を初めて公表したとき、それが自分のチームの平均を下回っていたので、内心びくびくしていた。私は会社のためにこの仕組みを整備した責任者だ！　このテーマの専門家のはずだ！　それなのに、行動が志と釣り合っていないことがスコアから明らかになってしまったのだ。その年の15の質問項目で、私に対するチーム支持率は77％だった。こう書くと、そうひどくもないようだが、上位25％のマネジャーのチーム支持率は92％、下位25％のマネジャーのチーム支持率は72％だと言えばひどさがわかってもらえるだろう。たとえば「上司は、私の仕事ぶりがどう評価されているかを理解させてくれる」の項目で私のスコアは特に低く、支持率は50％、私をほかのグーグラーにマネジャーとして勧めると答えた直属の部下はわずか80％だった。

私は、明確なフィードバックを出すこと、拡大したチームのメンバーに会いに行く時間を増やすこと、リーダーとして向上するために広く努力することを部下に約束した。彼らは私の努力を理解してくれた。なかには、わざわざこう言って励ましてくれるチームメンバーもいた。「評価を公表して、メンバーのためにふさわしい期待感を生み出していただき感謝します。実は私、あのコメントを書いたひとりなのです。次に1対1で会ってお話しできるのを楽しみにしています！」。やがて、チームは満足度を向上させ、うまく機能するようになり、私の評価も上がった。完ぺきからは依然としてほど遠いが（全体で90％の支持率）、質の高いフィードバックを出す点では支持率100％、マネジャーとして勧めるという項目でも支持率100％だった。

グーグルにとっては、マネジャーの質を着実に高める結果となった。2010年から2012年にかけて、グーグルのマネジャーの平均支持率は83％から88％に上った。業績が最低のマネジャーすらスコアを上げ、70％から77％になった。つまり、下位25％のマネジャーもほんの2年前の平均的マネジャーとほぼ同じくらいまでレベルアップしたのだ。悪いマネジャーになるほうがむしろ大変である。マネジャーの質が業績、部下の定着率、満足度を上げるのはわかっているので、こうなればいずれ会社の業績も上がることになる。

ここまで読んできた読者のみなさんは、椅子の背にもたれ、こう思ったに違いない。この連中は思い違いをしている。部下がマネジャーをばか正直に評価するわけがない。たとえ匿名だろうと、報酬や昇進に影響がなかろうと。全員がトレーニングを受けようと、いい人材の採用に全力を傾けようと、それは変わらない。人間はそう生まれついているのだから、誰かがどこかでシステムの裏をかこうとする。マネジャーが部下の評価を下げたとしよう。その部下はUFSでわざと否定的な評価をつけて、マネジャーに仕返しをしようとするのではないか。

たしかに、こうした見方には一抹の真実があると認めざるをえない。人材イノベーション研究所のメンバーであるメアリー・ケイト・スティムラーは、博士課程に在籍中、人々が失敗のリスクを増やす選択をするのはなぜかを研究テーマにしていた（ちなみに彼女はクラッカー作りでカリフォルニア州メダルを3個も獲得している）。彼女は複雑な計算によって、実際に影響があることを確認した。グーグルの旧来の41点評価尺度では、部下の業績評価をプラスマイナス0・1変えると、部下はUFSの評価を100段階のうち0・03だけ変えるという相関が見られる。このように実際に影響は出るが、ごくわずかなのでまったく問題ない。実際、たいていの人は正しく行動しているのだ。

2本のテールを管理する

プロジェクト・オキシジェンと下位5％について詳しく説明したのには3つの理由がある。第1に、業績の2本のテールに注目することで何が学べるか、何が達成できるかが、これ以上ないほどはっきりわかること。平均的なマネジャーに着目しても役に立たなかったし、ベンチマーキングにもならなかった。両極端を比較してはじめて、行動と結果における有意義な差を確認できた。そして社員のグーグルでの経験を継続的に向上させるための基礎を築けた。

第2に、思いやりのある現実主義という概念を提示できること。成績で最下位のマネジャーに、報酬やキャリアに結びつけずにそれを知らせるのは、彼らに気づいてもらい、できるだけ前向きにやる気を出してもらうためだ。多くのマネジャーが、自分は良いマネジャーではないという事実に向き合った。UFSによって、直感(「私は自分が良いマネジャーだと知っている」)が現実のデータ(「私のチームは私が良いマネジャーになれると言っている」)に置き換えられた。結果の伝え方がよかったおかげで、またすばらしい人事部門チーム(彼らは多くのグーグラーを人事面でサポートするだけでなく、各社員のコーチ役と応援者も兼ねている)が、苦しみもがいているマネジャーが自分の評価を検討するときに黙ってそばにいてくれたおかげで、たいていのマネジャーはどうすれば改善できるのかをたずねることで、行動を起こすことができた。

第3に、どんなチームでも真似できるということ。私は、トレーニングをはじめとする伝統的な人事領域への投資を犠牲にし、貴重な資源を投じて人材イノベーション研究所を設立することを選んだ。しかし実は近道がある。

①組織をグレードアップすることを心がけよう。誰もが心がけていると言うが、実際に行動を起こす人は稀だ。チームのリーダーとして、マネジャーとして、経営幹部として、目の当たりにした結果に対して自ら積極的に行動を起こし、必要であれば自分のふるまいを変え、これらの問題に集中する姿勢を維持しなければならない。

②データを収集しよう。業績と社員調査の結果によってマネジャーをグループ分けし、差があるかどうかを調べてみる。続いて、マネジャーとチームメンバーにインタビューして差が出る理由を突き止める。チームや組織が小さければ、立派なマネジャーのどこに価値を見出しているかをチームメンバーに直接聞いてもいい。どれも無理であれば、グーグルのプロジェクト・オキシジェン用チェックリストを使おう。

③年に2度チームの調査を行い、マネジャーの仕事ぶりを確認しよう。さまざまな会社が調査用のアプリケーションを提供している。私たちが使っているのは、もちろんグーグルの製品、具体的にはグーグル・スプレッドシートだ。これはフォームと呼ばれる調査票を簡単に送付できて、使いやすい、エクスポートしやすい、低コストという長所がある。

④それぞれの属性で最高点を獲得した人に、ほかの社員をトレーニングしてもらおう。私たちは優秀マネジャー賞の受賞者に、受賞の条件としてほかの人々をトレーニングすることを課している。

2本のテールに集中するのは制約があることの帰結にすぎない。ある組織が重点的に人材に投資すれば——そうするよう読者を説得できたものと願っている——正式なトレーニング・プログラム、福利厚生担当者、その他従来の人事面でのサポートに割く資源はあまり残らない。さらに、2本のテールに取り組むことで、パフォーマンスの最も大きな向上を目にできる。成績が下から40％のところにいる人を下から50％に引き上げてもメリットは小さいが、下から5％にいる人を下から50％に引き上げる効果は大きい。

優秀な人材をじっくり観察して、彼らの最高の属性を評価し、強化するプログラムを会社全体のために構築すれば、会社の性格が変わる。いちばん苦しんでいる人々の成績を大幅に引き上げられれば、継続的な改善のサイクルをつくりあげたことになる。

最近オラクルから転職してきたヨーロッパ地区の販売担当副社長、セバスティアン・マロットはとりわけ大変な状況に置かれた。

最初のUFSの評価は散々でした。「私はこの会社にいていいのだろうか。オラクルに戻るべきだろうか」と自問したほどです。かみ合っていないところもあるようでした。最初の人事考課で上司の評価は高かったのに、UFSはひどかったからです。オラクルでは、目標の数字さえ達成していれば問題ありませんでした。私の最初の反応は、自分は間違ったチームを持たされたというものでした。勝つために何をすべきか、彼らはわかっていないと思ったのです。しかし、そこでいったん引き下がり、人事担当者と面会しました。UFSのコメントにすべて目を通し、計画を立てました。私はチームとのコミュニケーションを立て直し、長期戦略の見通しをよくしました。UFSを2度くり返すと、私の支持率は46%から86%に上昇しました。大変でしたが頑張った甲斐はありました。私はグーグルに営業のシニアマネジャーとして入社しましたが、いまではゼネラルマネジャーのように感じています。

セバスティアンはいまやグーグルでも最も優秀で引っ張りだこのリーダーのひとりである。

WORK RULES

2本のテールを管理するために

□困っている人に手を差し伸べる。
□最高の社員をじっくり観察する。
□調査やチェックリストを使って真実をあぶり出し、改善するよう社員をせっつく。
□自分のフィードバックを公表し、至らなかった点について改善するよう努力して範を垂れる。

第9章
学習する組織を築こう
最良の教師は社内にいる

アメリカの企業が教育研修プログラムに投じた金額は、2011年だけで1562億ドル。世界135カ国のGDPを上回る数字だ。

この金額のうち約半分は会社が提供するプログラムに、残り半分は社外のプログラムに使われた。ひとりが1年間に平均31時間の研修や教育を受ける。毎週30分を超える計算だ。

このカネと時間の大半が、無駄になっている。

必ずしもトレーニングの内容が悪いからではない。実際に学んだことと、結果として振る舞いがどのように変わったかを測定する適切な基準がないからだ。たとえば、空手を毎週30分、練習すれば、1年後には黒帯は無理でも、基本的な防御と攻撃は覚えられる。毎週30分、試行錯誤しながらパンケーキをつくれば、ル・コルドン・ブルー仕込みのシェフとはいかないが、食欲をそそるパンケーキを焼けるようになり、週末の朝は友人や家族のヒーローだ。*1

アメリカの企業で働く人は週に平均30分以上、会社のカネで研修やトレーニングを受けて……何を学んでいるのだろうか。私が過ごしたさまざまな職場を振り返ってみても、研修やトレーニングの結果として、何かのやり方が変わったという具体的な経験を挙げることはできない（唯一の例外はマッキンゼー時代に受けたトレーニングで、この章で説明する職場教育の基本を学んだ）。

視点を変えてみよう。アメリカで2009～2010年度に幼稚園前から中等学校までの公教育に投じられた教育費は6380億ドル。企業の教育研修費の約4倍だ。ただし、公立学校の年間の指導時間は企業の10倍以上で、スポーツや文化系のクラブ活動など、補助的なプログラムもある。本書の読者は企業で10年間トレーニングを受けてきた以上のことを、学校で10年間、学んでいるはずだ。

教育研修にこれほどの費用を投じているのに、見返りがほとんどないのはどういうことか。

その理由は、企業のトレーニングの大半は的の絞り方が不十分で、ふさわしい人材に指導をさせず、成果などを測定する基準が間違っているからだ。

最小限から最大限に学ぶ

1990年代半ばにスタンフォード大学で学んだデーモン・ダンは、プロのフットボール選手を経て不動産会社を設立した。学生時代のある夜、彼は友愛会のパーティーに向かっていた。午後11時であたりは暗く、土砂降りの雨だった。キャンパスのゴルフ練習場を通りかかると、背の高い男性が黙々とボールを打っていた。パシッ、パシッ、パシッ。

4時間後の午前3時、デーモンはパーティー会場を出て寮に戻った。パシッ、パシッ、パシッ。練習場の男性はまだボールを打っていた。デーモンはふらふらと近づいた。

＊1　パンケーキは簡単な料理だ。経験がなくても、すぐにつくれる。小麦粉2カップ、ベーキングパウダー大さじ1、砂糖大さじ1（大さじ2にすると――最高においしい）、塩大さじ1／2をボウルで混ぜる。別のボウルで卵1個、牛乳2カップを混ぜる。2つのボウルを合わせ、泡と小さなかたまりが残る程度まで混ぜる。この泡がパンケーキをふっくらとさせるのだ。かたまりは焼くと消えるから、もう少し混ぜたいところで我慢すること。混ぜすぎは禁物だ。ブルーベリーやバナナのスライスを加える場合は、生地でコーティングされるように混ぜる。あとはフライパンにバターを熱して焼くだけ。市販のパンケーキミックスと同じくらい手軽で、はるかにおいしい。私のオリジナルレシピだが、マーク・ビットマン［訳注：ニューヨーク・タイムズ紙の料理記者］とアルトン・ブラウン［訳注：人気料理番組の司会も務める料理人］のレシピを参考にしている。

「タイガー、午前3時に何をやっているんだ?」。

「カリフォルニアの北部はあまり雨が降らないからね」。やがて歴史に名を残すゴルファーとなる青年は言った。「雨のなかで練習できる機会は貴重だよ」。

競技をきわめる最高のアスリートらしい勤勉さだと思うかもしれない。しかし、ここで最も注目すべきなのは、タイガーの練習内容がかなり限定的だったことだ。パッティングやバンカーショットの練習はせず、雨のなかで4時間、同じ場所から同じショットを打ちつづけ、たったひとつの技の完成を目指した。

これこそ理想的な学習方法だ。フロリダ州立大学のK・アンダース・エリクソン教授(心理学)は数十年にわたり、一流のスキルの習得について研究している。エリクソンは、ある分野で専門家になるためには1万時間の練習が必要だとする「1万時間の法則」の提唱者とされることも多い。しかし彼が強調しているのは、学習に費やす時間の長さではなく、時間をどのように費やすかだ。バイオリニストや外科医、アスリート、さらには綴り字コンテストの優勝者も、トップレベルのスキルの持ち主は学習への取り組み方が私たちとは違う。雨のゴルフ練習場で何時間も同じショットを打つように、動作を細かく分割して何回も繰り返すのだ。しかも、つねに状況を確認しながら、小さな——ほとんど気がつかないような——修正を重ねて改良する。エリクソンはこれを「デリバレイト・プラクティス(熟考した練習)」と呼ぶ。似たような小さなタスクを繰り返し、即座にフィードバックや修正、実験を加える練習方法だ。

ただし、フィードバックも実験もない単純な反復では不十分だ。私は高校の水泳部で200ヤード個人メドレーの選手だった。バタフライ、背泳、平泳ぎ、自由形を50ヤードずつ泳ぐという体力的に厳しい種目だ。泳ぎは友人たちより速かったし、おじが水球のルーマニア代表選手だったこともあって、自分には素質がいくらかあるのだろうと思っていた。とはいえ、6歳のころから1年中練習してきた本格的な選手とは比べものにならなかった。4年間で自己最高タイムを30％近く縮めたが、試合では6人中5位に食らいつくのが精いっぱいだった。

エリクソンが当時の私を見たら、すぐに問題点を見抜いただろう。練習は1日2回。コーチに言われたとおりに泳いだが、自分で学ぶことはできず、コーチが私の技術を磨くために数分の時間を割こうと思うほど優れた選手ではなかった。結局、少しは上達したが、高いレベルに到達する機会はなかった。

これとは対照的だった経験は、マッキンゼーが2年目のコンサルタントに義務づけていたエンゲージメント・リーダーシップ・ワークショップだ。約50人で1週間の講義を受けるトレーニングで、スイスとシンガポール、アメリカで順番に行われており、私はニュージャージーで受講した。ここで教わったスキルのひとつに、憤慨したクライアントへの対応があった。まず講師から基本的な原則（あわてない、相手に感情を吐き出す時間を与える、など）の説明があり、ロールプレイングをしてから議論をする。その後、ロールプレイングを撮影したビデオを見て自分の振る舞いを確認する。このプロセスを何回も繰り返した。トレーニングとしては労力を要するやり方だったが、効果があった。

あなたが最近、受けたトレーニングを思い出してみよう。最後に試験があったかもしれない。チームを組んで問題解決に取り組んだかもしれない。その際に、具体的なフィードバックをもらったうえで、同じ課題をさらに3回、繰り返したら、学んだ内容をはるかに深く吸収できたのではないだろうか。

このように反復と集中を重視するプログラムはコストがかかると思うかもしれないが、それは違う。あとで詳しく説明するが、大半の組織はトレーニングについて、結果として振る舞いがどのように変わったかではなく、費やした時間をもとに成果をはかる。しかし、「学習時間」は長くてもすぐに忘れてしまうより、少しでも確実に残るものを学ばせるほうが、賢い投資のはずだ。

「熟考した《デリバレイト》」学習は、長期的な学習とも関係がある。私の地元の中学教師は2年間勤めると正式に採用される。その後は在職期間に連動して報酬が決まり、実績に関する有意義な基準もなければ、解雇はほぼありえない。授業の内容を比較検討しようと思う動機づけもなく、何十年も同じ科目を教える場合が多い。私が習ったアメリカ史の教師は在職25年で、少なくとも20年は授業の内容を変えていなかった。教師として25年の経験はあったが、そのうち20年は同じ1年を20回繰り返していたのだ。フィードバックのない反復であり、彼の場合はモチベーションもなかった。20年間、彼は進歩していなかった。

頻繁に職を変えないかぎり、これは誰でも陥りがちな罠だ。目の前に伸びる道が、これまで歩いてきた道とまったく同じなら、学びつづけ、モチベーションを維持することは難しい。そこで、たとえば、とても単純だが実用的な習慣を取り入れて、学習が中断されないように意識づけすることもできる。私はコンサルタント時代の1994年に、同僚のフランク・ワグナーと仕事をするのが楽しみだった。ワグナーは現在、グーグルの人事部門の要として活躍している。当時、ミーティングが始まる直前に、彼は必ず私をわきに呼んで質問した。「きょうの目標は?」「クライアントはそれぞれどんな反応をすると思う?」「話題を変えるときはどんなふうに振るつもり?」。そして、ミーティングを終えて車でオフィスに戻りながら、彼は再び私に質問した。「君のアプローチはどんな結果を出した?」「何を学んだ?」「次回は異なるやり方をしてみたいことは?」。私もフランクに、ミーティング中の人と人との力学について質問し、彼の押しが強かった話題とそうでもなかった話題があった理由を確認した。私自身が確実に進歩できるように、彼と責任を共有したのだ。

ミーティングの直後にフィードバックがあり、変えるところと変えないところを確認し合う。私はコンサルティングの仕事を離れた今も、グーグル社内でミーティングをする前後にフランク流のエクササイズを実践している。所要時間は数分で準備もいらないが、チームのパフォーマンスをつねに向上させる魔法のような方法だ。チームのメンバーにとっては、質問して、新しいアプローチを試し、状況を観察し、再び挑戦する訓練にもなる。

優秀な講師は社内にいる

あなたのチームや会社に何を教えるべきかは、設定する目標によって決まる。教える手法──直接教えるのか、間接的か、独習かグループレッスンか──は、最も学びやすい環境や、学ぼうとしているスキルによって決まる。新しいプログラミング言語など特定の仕事のスキルか、それともチームとして機能する方法を学びたいのか。したがって、これらのことを本書で教えることはできない。

しかし、最適の教師はどこを探せばいいかはわかる。

彼らはあなたのすぐ横にいる。

あなたの仕事に関するあらゆることについて、社内にそれぞれの専門家がいるはずだ。少なくとも、他人に教えられるだけの専門知識を持つ人はいるだろう。最高のスキルを目指すなら、最大限の専門知識を持つ人に教わるべきだ。

数学には極大値という洗練された概念がある。極大値は、最大値より狭い範囲で最も高い値のことだ。最大の数字は無限大だが、1から10のあいだの極大値は10となる。世界最高のチェリストとして、多くの人がヨーヨー・マの名前を挙げる。一方で、たとえば韓国で最も有名なチェリストは、才能あふれるヤン・スンウォンだろう。この場合、ヤンは極大値と言える。

会社には、たとえば、総売上高でトップの営業担当者がいる。営業のトレーニングは、外部から講師を呼ぶのではなくこの担当者を起用すれば、社内で最も優秀なだけでなく、会社と顧客の特別な関係を理解している人物から教わることができる。ハーバード・ビジネススクールのボリス・グロイスバーグ教授によれば、個人が会社で成し遂げた特別な成功は、会社を移るときについてこない（第8章を参照）。大枚はたいて社員を外部の営業セミナーに派遣して、違う顧客に違う商品を売る講師の話を聞かせても、あなたの会社の営業成績が躍進するとは考えにくい。会社によって特有の問題があるからだ。

とはいえ、最も優秀な営業担当者を講師に駆り出したくはないだろう。営業に専念させたいではないか。ただし、これは近視眼的な判断だ。その理由を説明しよう。

たとえば、成績トップの営業担当者が毎年100万ドルを売り上げ、ほかに毎年50万ドルを売り上げる社員が10人いるとする。ここで、トップの担当者が現場に出る時間のうち10％——年間で5週間——を、ほかの担当者の指導にあてる。営業に同行して細かい手法を改善させながら、集中的に助言をするのだ。

このプログラムを始める前、総売上げは600万ドル（100万ドル＋50万ドル×10人）

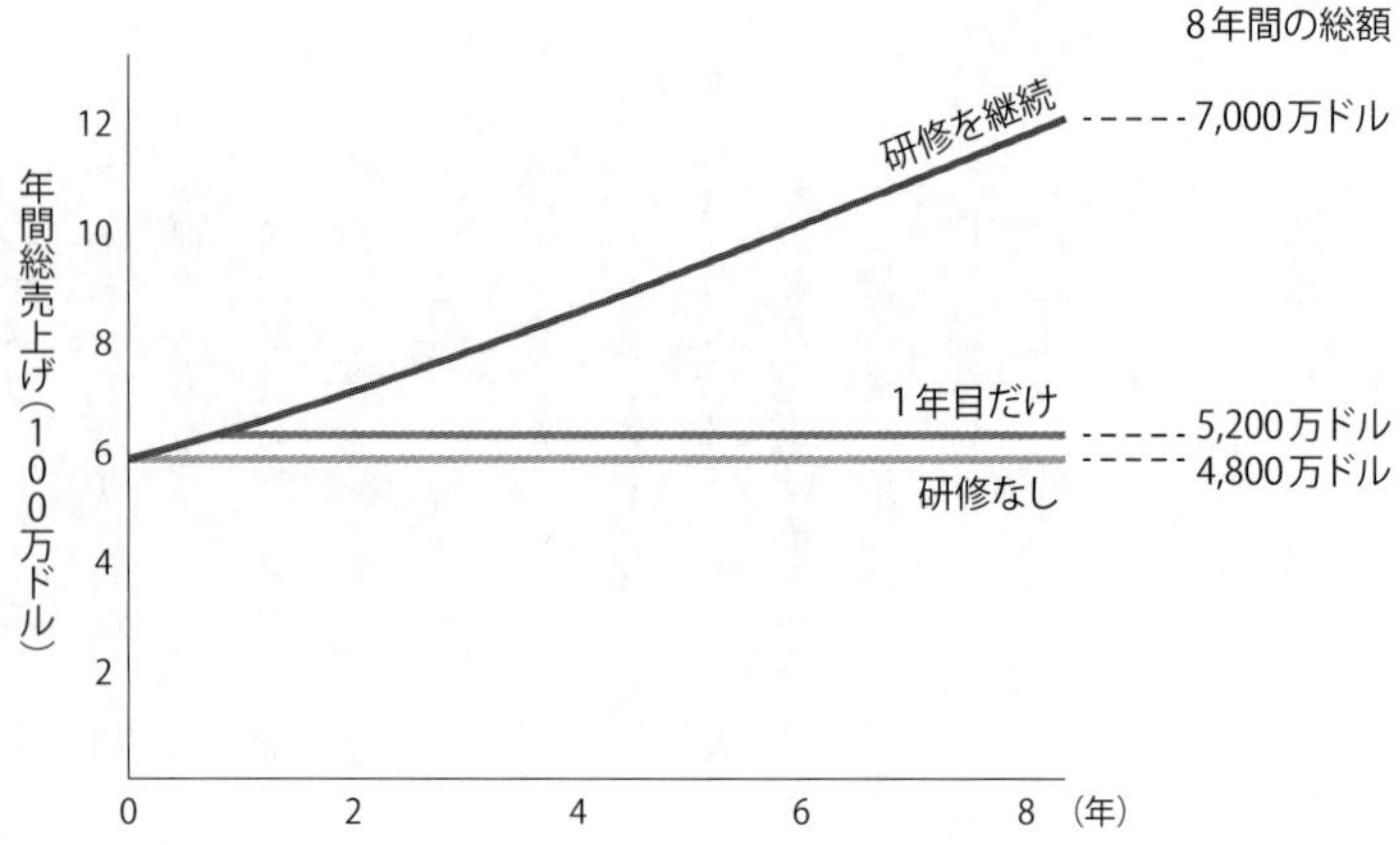

研修のパターンと総売上げ

だった。1年目はトップの担当者が営業をする時間は10％減るため、売上げも10％減の90万ドルとなる。しかし、指導を通してほかの10人の売上げを10％増やすことができれば、総売上げは640万ドル（90万ドル＋55万ドル×10人）となる。

2年目は指導を行わなければ、トップの担当者の売上げは100万ドルに戻り、ほかの10人は55万ドルずつで総額650万ドル。つまり、トップの担当者が営業に費やす時間が短くなるのは1年目だけで、会社全体の売上げは2年目も増える。しかもその水準を永久に維持できる。一方で、2年目も指導を行うと、10人の売上げはさらに10％増えて60万5000ドル、合わせて605万ドルになる。2年間で売上げが会社全体で約16％、指導を受けた10人は21％、それぞれ増える。このペースで行くと、10人の売上げは8年で2倍近くになるだろう（研修前との比較で2年目から順に

110%、121%、133%、146%、161%、177%、195%)。まさに幾何学的な増え方だ。[*2]

しかも、会社にとってはフリー、つまりコストがかからない。大まかな計算ではあるが、10人の売上げが増えた分は、成績トップの担当者の売上げが減少した分を補っても余るのだ。

さらに工夫をすれば、トップの担当者が現場に出る時間を減らす必要さえない。営業のスキルを、勧誘の電話や交渉、契約の取りまとめ、顧客との関係維持などに細かく分けると、それぞれ最も得意とする担当者がいるだろう。各人がそのスキルを教えればいい。インテルのアンディ・グローブ元CEOも30年前に同じことを指摘している。

社員のトレーニングは、管理職にとって最も効率の高いパフォーマンスを出せる仕事のひとつだ。たとえば、部下に1時間の講義を4回するとしよう。1回につき準備に3時間、計12時間の労働となる。受講者は10人で、講義の翌年に全員で延べ2万時間、働く。あなたの講義で彼らのパフォーマンスが1%向上する場合、会社としては、あなた

＊2 初年度の売上げに対する増加率は、年を重ねるごとに増える。2年目はプラス10%(100%から110%)、8年目はプラス18%(177%から195%)だ。これは、増加のペースは年10%のままだが、比較する数字が毎年10%増えるからだ。毎年の増加率をグラフにすると、上昇曲線の角度が次第に大きくなるだろう。

の12時間を使って200時間相当の労働を得たことになる。

学ぶ側にとっても、そのスキルを実践している人に教わるほうが、学者やプロの講師、コンサルタントの話を聞くよりはるかに効果的だ。学者やプロの講師は理論的な知識に偏りがちになる。コンサルタントは使いまわしの浅い知識が多く、ほかのコンサルタントがまとめた標準的なリポートから抜き出した話をする場合も少なくない。数カ月もすれば次のクライアントのもとに行ってしまい、持続的な学習は望めない。

もちろん、ふさわしい専門家を選んで協力を求め、彼らの洞察を取り入れることが有益な場合もある。グーグルも「アダプティブ・リーダーシップ」という研修プログラムの作成にあたり、リーダーシップ学の権威でケンブリッジ・リーダーシップ・アソシエーションを設立したマーティ・リンスキーの協力を得ている。ＥＱを提唱したことで知られる心理学者のダニエル・ゴールマンには、「マインドフルネス」のプログラムの開発で助言を得た。しかし全体として、研修を外部に丸投げするケースがあまりに多い。

それよりも現役で仕事をしていて、突っ込んだ質問に答えることができ、最新の実例を使って説明できる人に教わるほうが、はるかに効果がある。彼らは教わる人々が置かれた状況をより深く理解でき、いつでも迅速にフィードバックを提供して、しかもほとんどの場合、講師に関しては無報酬だ。

グーグルの107番目の社員、チャディー・メン・タン（アメリカ人は長い名前は苦手だと分かってから、私も皆にならって「メン」と呼んでいる）は、2000年からモバイル検索のソフトウェア・エンジニアとして働いていた。しかし2008年に、仕事と人生の目標を見つめ直し、マインドフルネスの概念を広めることを通して、グーグルで働きながら世界平和の実現を目指そうと決めた。マインドフルネスは瞑想を中心とするメンタルトレーニングで、マサチューセッツ大学医学大学院のジョン・カバット・ジン名誉教授は、「目の前の瞬間に、判断を交えず、意識的に注意を集中させること」と定義している。簡単なエクササイズは、2分間じっと座り、自分の呼吸に意識を集中させることだ。マインドフルネスを実践すると、認知機能や意思決定のスキルが向上することもわかっている。

私は2013年末に、毎週のスタッフミーティングにマインドフルネス瞑想を取り入れた。講師を依頼した社員のビル・デュアンは元エンジニアで、現在は「マインドフルネス・グル」として活動している（グルについては後で説明する）。まず自分たちで実験して、効果があれば人数を増やし、いずれは全社に導入しようと考えたのだ。

1週目は自分の呼吸にひたすら耳を傾けた。2週目からは、呼吸をしながら自分の頭に浮かんだ考えを観察し、その瞬間の感情と体の感覚に意識を集中する練習をした。1カ月後、チームのメンバーに確認すると、エクササイズを続けるべきだという答えが返ってきた。以前より会議の密度が濃くなり、思慮深くなって、辛辣なやり取りが減った。さらに、瞑想に時間を使うにもかかわらず仕事の効率は上がり、1週間の課題を前倒しで達成できるようになっていた。

社内にマインドフルネスの概念を広めるために、メンは「サーチ・インサイド・ユアセルフ（自分の内面を検索する）」というプログラムを開発した。社員はメンの教えをスムーズに受け入れた。彼自身がアメリカとシンガポールで何年もエンジニアとして働いてきたから、グーグルに存在するストレスと向き合う姿勢にも、マインドフルネスによって彼の人生がどのように変わったかという話にも、説得力があったのだ。メンは本も執筆し、サーチ・インサイド・ユアセルフ研究所を設立。グーグルの仕事は非常勤で続けながら（本人は「週に40時間……だけさ」と笑う）、社外でもマインドフルネスのすばらしさを広め、「科学的に実証されたマインドフルネスの手法と感情的知性のトレーニングを通じて、有能で革新的なリーダーの養成」を目指している。

ビル・デュアンは、サイトの信頼性のエンジニア（つまり、グーグルのサイトが確実に動くようにする仕事だ）を経て、現在は社内のマインドフルネス部門を統括している。彼の言葉を借りれば、企業は「人間でできた機械」であり、マインドフルネスは「企業の潤滑油として、がむしゃらに働くグーグラーの周囲の荒れ地をならす」。ビルの口調も穏やかな威厳を感じさせる。ほかのエンジニアが毎日経験していることを、彼もまた乗り越えてきたのだ。

グーグルには彼ら2人のほかにも、スペシャリストとして目覚ましい仕事を成し遂げているにもかかわらず、自分にできる最も価値のあることは教えることだ、と考える人がたくさんいる。社内で自分の得意分野を教え合う「G2G（グーグラートゥグーグラー）」にも多くの人が登録している。2013年には2200種類の講義が実施され、約3000人のG2G講師から2万1000人以上のグーグラーが学んだ。複数回にわたるクラスや、講師が2人以上いるクラスもある。大半の社員が2回以上、受講しており、これまでの受講者は延べ11万人を超える。

G2Gで教える際は本業を離れることになるが、多くの講義は1回に2時間程度で、四半期で終わるものも多いため、教える側も学ぶ側も時間的な負担はそれほど大きくない。むしろいい気分転換になり、仕事に戻ると生産性が上がる。そして、勤務時間の「20％ルール」と同じように、G2Gはより創造的で、楽しくて、新しいものが生まれやすい職場環境をつくり、人々は会社の業務にも会社のあり方にも深い結びつきを感じるようになる。会社の資源として、小さな投資で大きな見返りがあるのだ。

G2Gの内容は、専門的なもの（検索アルゴリズムの設計、7週間のミニMBAコースなど）から純粋な娯楽（綱渡り、口から火を吐く方法、自転車の歴史など）まで幅広い。とくに人気のあるものを紹介しよう。

●自分の体と心に気づく　マッサージセラピストでもあるエイミー・コルヴィンによる

30分の講義。十数種類の気功の動きを学んだ後に座って瞑想する。現在は世界中の16都市で受講でき、ハングアウト（グーグルのビデオチャット用ツール）で配信されることも多い。受講したあるエンジニアは、エイミーに次のように語った。「脳がプログラミングで忙しいときに、自分の肉体が何を必要としているかを意識することによって、ストレスが大きく減り、疲労困憊せずに仕事を楽しめるようになりました」。

●**カリスマのプレゼンテーション**　セールス部門の主力であるアダム・グリーンが、プレゼンの口調やボディーランゲージ、「移動の法則」など、より高度なテクニックを教える。たとえば――

「プレゼンの最中に指先をやたらと動かしたり、ポケットに手を入れたりしがちな人は、演壇や椅子の後ろに立って両手を演壇に置くと、自信があるように見える。手を置くことによって、緊張のエネルギーが演壇に移動する。

「プレゼンの最中に『ええと』と言わないために、間ができたら体を動かす。持っているペンを揺らすなど物理的に体を動かして、間を移動させるのだ。意識してペンを動かしていると、間を言葉で埋めようと思わなくなる」。

●**I2P**（Intro to Programming for Non-Engineers／エンジニアではない人のためのプログラミング入門）　2008年に入社したアルバート・ウォンは人事部門のツール開発チームに所属している。大学では経済学を学び、プログラミングは入社後に独学で習得した。

「数百人の社員の名前と、彼らが働くオフィスの場所と肩書きを結びつけるツールの開発に配属されました。簡単なスクリプトをいくつか使えば、仕事の速度が上がってミスが減ることに気づき、プログラミング言語のパイソンを独学しました。同僚たちは、私が発見した技術的なコツが自分の時間短縮にもつながると考え、プログラミングを教えてほしいと言いだしたのです。こうして小さな会議室のホワイトボードから、I－2Pが生まれました」。以来、200人以上の社員が受講している。ある社員はI－2Pで学んだ知識を使って、社内で受ける無料のインフルエンザ予防接種の予約システムを構築し、数千人以上の社員が予防接種を受けた。グーグルは、社員ひとりがインフルエンザの予防接種を受けると、途上世界の子どもひとりが髄膜炎か肺炎の予防接種を受けられるというマッチング寄付を行っている。この予約システムは社員だけでなく、数千人の子どもにも予防接種を提供した。

G2Gのように正式なプログラムでなくても、社内の講師を活用できる。グーグルには社内で学んだり教えたりする機会が数多くあり、社員の士気が高まって効果が倍増する。たとえば、技術部門では経験豊富なリーダーを「テックアドバイザー」に任命し、1対1の面談を通してほかの社員を支援する。アドバイザーの活動はボランティアで、経験が豊富で会社に対する理解が深い人が選ばれる。主な仕事は、話を聞くこと。現在は30人以上が活動している。そのひとり、チー・チューは次のように語る。

毎回とても神経を使います。面談が始まるときは不安でたまりません。どんな質問をされるのか、まったく想像がつかないから。何も答えられなかったらどうしよう……でも、話が進むにつれて、相手が言いたいことに耳を傾けているだけで、心のつながりのようなものを感じることが多いですね。私には詳しい事情はわからないし、彼らがどうするべきかという強い意見もありません。ただ、話をじっくり聞くほど、深くつながるのです。仕事に直結する報告をするときや、プロジェクトの仲間と話すときとは大きく違います。内省するためのセッションです。人と人との結びつきなのです。

ときには、客観的に話を聞いてくれて頼れる人がいるだけで意味がある。

職位の高いエンジニアの女性に助言をしたことがあります。彼女は行き詰まりを感じ、会社を辞めようと考えていました。誰かにテックアドバイザーと話をするように説得されたそうです。私たちは50分の予定が2時間半、話をしました。問題にきちんと向き合える人でした。私からは、たいして助言はしていません。彼女の話を聞き、思ったことを言い合って、言葉のキャッチボールをしただけ。彼女は自分で結論を出し、自分の問題を自分で解決しました。何をするべきか、教えてくれる人が必要だったわけではないのです。励ましてもらい、話を聞いてもらうだけでよかったんです。彼女は今も会社にいます。

意外なことに、アドバイザーの活動は、助言される人だけでなく助言する人にも恩恵がある。経験を重ねることによって、話を聞いて共感するスキルが伸び、自分自身に対する意識が高まるのだ。助言する人々が受ける影響は、当然ながら波及効果をもたらす。多くのアドバイザーが、マネジャーとしても、リーダーとしても、さらには家族としても、成長できたと自負しているのだ。これは会社の正式なプログラムではないが、人事部門が運営している。責任者のシャノン・マオンは、「成功の秘訣は人事部門ではなくエンジニアが主体となっていることだ」と語る。まさに社員が社員のためにつくったプログラムだ。

「グル」もテックアドバイザーと似たような存在だが、彼らは個人的な問題より、会社全体のリーダーシップやマネジメントの問題に注目する。オンライン決済のチームで働いていたベッキー・コットンは、社内初の公式「キャリア・グル」だ。特別な選考や資格はない。ベッキーが「自分はグルになる」と決めたのだ。彼女はまず、就業時間中にキャリアの相談に乗りますと社内にメールで知らせた。助言を求める人はしだいに増え、キャリア・グルに志願する人も増えた。2013年には1000人以上の社員がキャリア・グルと面談した。

現在は、「リーダーシップ・グル（優秀マネジャー賞に選ばれたリーダーのなかから任命される）」や「セールス・グル（たとえば、イタリアの自動車業界と仕事をしている社員が日本で働く社員から助言をもらう）」「もうすぐ親になる人と新米の親のグル」、そしてもちろん「マインドフルネス・グル」もいる。社員が教え合う仕組みは、コスト削減になるだけでなく（外部講師に依頼すると時給300ドル以上になるそうだ）、より親密なコミュニティをつくる。ベッキーが言うように、「自動化できることはたくさんあるが、人間関係は自動化できない」のだ。彼女は今も毎年150人にアドバイスを送り、社内を歩いていると絶えず声をかけられる――「グルと話をしていなければ、私は今ごろここにいませんでした」。

漫画『ピーナッツ』でルーシーは精神科医になりきり、「医者、在室中」の看板を掲げて悩み相談室を開く。グルになることも同じくらい簡単だ。ベッキーはフォーチュン500社の数多くのIT企業で、グルのプログラムの立ち上げに協力してきた。財務管理ソフトウェアの大手インテュイットでも、人事部門のサム・ハイダーとプロダクト・マネジャーのカレン・マクダニエルが、グルのプログラムを導入した。「グーグルが開催したキャリア・デベロップメント・サミットでキャリア・グルのことを知り、（グローバル企業において、キャリアのアドバイスをする個人面談をどのように提供するかという）課題を解決できる、簡潔で拡張可能な方法だと考えました。少人数のグループで実験して有効性を確認したうえで、すでに財務部門で行われていた私的なキャリア相談のネットワークを利用しました。数カ月後には賛同者が増え、世界的に広がったのです」。
あなたの会社が持つ指導と学習の潜在能力を解き放つためには、適切な環境を用意する必要がある。組織にとって、人材育成に関する要求は尽きることがない。グーグルも例外ではない。あるとき人材育成部門の会議で、営業研修の講師が資源を増やしてほしいと訴えた。私は次のように答えた。

それはできない。自分にできることをやりたいという思いは、実際にできる範囲をはるかに超える。人々が学習して進歩する手助けをしていると、もっとやりたいと思うのは当然だ。あなたが思慮深くて誠実だからこそ、そう思うのだ。だから、あなたはいつも少々欲求不満を抱えている。しかも、社員はあなたにもっと教えてほしいと求める。それ以上に問題なのは、会社が大きくなるにつれて、あなたも社員もやりたいことを続けられないことだ。もっと大切な、やるべきことが増えるから。あなたは貴重な資源だ。私たちと一緒に、グーグラーの独学を手助けする方法を考えよう。

行動を変えるプログラムに投資する

トレーニングに費やされる資金と時間を数値で示すことは簡単だが、トレーニングがもたらす影響を測定することは難しい。人材育成の専門家が四十数年の内訳を調べたところ、全体の70％が仕事の経験を通して、20％がコーチングやメンターを通して、10％が座学を通して、学んでいることがわかった。アパレル大手のギャップ、コンサルティングのＰｗＣ、デルなどさまざまな企業が、自社のサイトで人材育成プログラムの「70対20対10のルール」を公表している。[*3]

ただし、学習のプロたちが掲げる「70対20対10のルール」の大半は機能していない。まず、何をするべきかが明確ではない。「70％」は日々の仕事を通して問題解決を学ぶことなのか。新しい仕事を順番に経験しながら新しいスキルを学ぶことなのか。あるいは難しいプロジェクトに取り組ませることなのか。こうしたさまざまなアプローチのなかで、最も効果的なものがあるのか。

次に、するべきことがわかっていても、その成果を測定する手段がない。講義形式のトレーニングに費やす時間と費用はすぐにわかるが、仕事にもたらす影響など、その先の数字は基本的に推測するしかない。最悪の場合、学習の70％は仕事を通してというのも、企業の言い訳にすぎないだろう。学ぶ環境を用意せずに、現場で学んでいるとごまかしているのかもしれない。

さらに、学習の資源や経験を70対20対10で配分することが効果をあげているのか、厳密に証明する方法がない。ミシガン大学のスコット・デルーとクリストファー・マイヤーズは文献を徹底的に調べたが、「(70対20対10の前提を) 裏づける経験的証拠はいっさいないにもかかわらず、学者やプログラムの提供者は、あたかも事実であるかのように言及することが多い」と述べている。

幸い、学習プログラムの効果の測定には、もっとふさわしいアプローチがある。人事管理の優れたアイデアの多くと同じように、決して新しいものではない。ウィスコンシン大学教授で米人材開発機構の会長を務めたこともあるドナルド・カークパトリックは、1959年に研修プログラムを4つのレベル――反応、学習、行動、結果――で評価するモデルを提唱した。このモデルには見事なアイデアがちりばめられている。

レベル1の「反応」は、受講者にプログラムをどのように感じたかをたずねる。終わった直後に前向きな反応が返ってくれれば、教える側としてはとてもうれしい。コンサルタントや教授にとっては、有意義な時間だったという反応は研修プログラムの大きな宣伝となり、将来の受講者と収入が期待できる。スタンフォード大学ビジネススクール（GSB）のフランク・フリン教授はかつて、学生から高い評価を得る秘訣を私に教えてくれた。

＊3　グーグルが2005〜2011年に掲げた資源配分の割合も、偶然「70対20対10」だった。エンジニアなどの資源のうち、70％を検索や検索連動広告などコアビジネスに、20％をニュースやマップなどコアビジネスに直接関連するものに、10％を自動運転車などコアビジネスに関係のないプロジェクトに、それぞれ投資している。このアプローチはセルゲイ・ブリンが発展させ、エリック・シュミットとジョナサン・ローゼンバーグが実践した。グーグルの「70対20対10」についてはシュミット、ローゼンバーグ、アラン・イーグルの共著『How Google Works』に詳しく記されている。

「ジョークとストーリーをたくさん盛り込むこと。大学院生はストーリーが大好きだ」。フリンによると、学生の興味を引く部分と知識を伝える部分のバランスが重要だ。ストーリーは、神話や民間伝承を通じて何世代も知恵が語り継がれてきたように、物語に飢えている人間の欲求に訴える。効果的な教授法の重要な要素でもある。

ただし、研修に対する反応だけでは、彼らが何かを学んだかどうかはわからない。講義の質に関するフィードバックを返す余裕が、受講者にない場合も多い。そもそも、彼らはたとえばグループ別の実習と個人の実習の割合が適切だったかどうかを評価することではなく、学ぶことに集中するべきだ。

レベル2の「学習」は、受講者の知識や態度の変化を評価する。プログラムの締めくくりにテストやアンケートを実施することが多い。運転免許試験のようなものだ。レベル1で得たフィードバックに加えて、成果を客観的に見ることによって、評価のモデルはかなり洗練される。問題は、新しく習得したことを維持するのが難しいことだ。仕事の現場に戻って環境が変わっていなければ、新しい知識は薄れていくだろう。陶芸教室で学び、最後に釉薬《ゆうやく》のかかった鉢を仕上げても、再び土をこねる機会がなければ覚えかけたスキルは失われてしまい、もちろん腕を磨くこともできない。

レベル3の「行動」は、トレーニングを受けた結果として受講者の行動がどのように変わったかを把握する。行動の変化を評価する際は、一定の期間を空けて、学んだことが長期記憶に統合されるまで待たなければならない。試験前の一夜漬けのように、すぐに忘れてしまう記憶とは違うのだ。継続的な外部検証も重要だ。行動の変化を評価する理想的な方法は、本人だけでなく周囲にも確認することだ。外部からの視点を取り入れることによって、行動をより包括的に把握できるとともに、本人に客観的な自己評価を促すこともできる。たとえば、営業担当者に自分はどのくらい優秀かとたずねたら、ほとんどの人は会社で一番だと答えるだろう。しかし、顧客にも同じ質問をして、顧客に質問することを本人に伝えれば、より謙虚で誠実な自己評価が返ってくるだろう。

レベル4の「結果」は、研修プログラムが実際にもたらした成果を評価する。売上げは伸びたか、リーダーとして成長したか、より優雅なプログラムを書けるようになったかなど、具体的な成果を見る。

カークパトリックの評価モデルを導入している米外科医学会は、「教育プログラムの直接的な結果として、患者やクライアントの健康と幸福が向上すること」を期待している。たとえば、レーシック（屈折矯正）手術を得意とする眼科医なら、新しい技術を学んだ後に手術結果がどのように変わったかは、患者の視力が回復するまでの時間や合併症の発生率、視力の回復度合いによって評価できる。

それに対し、あまり構造化されていない仕事や一般的なスキルにトレーニングがもたらした影響は、評価が難しい。それでも、トレーニングと結果の関係を導き出す高度に洗練された統計モデルを構築することは可能であり、グーグルではさまざまな場面で実践している。高度な統計モデルを示さなければ、グーグルのエンジニアを説得することはできないのだ！

そこまで必要のない企業のために、手っ取り早い方法がある。大学院レベルの数学は忘れてかまわない。同じ条件のグループを2つ用意して、片方のグループだけがトレーニングを受けた後に比較すればいいのだ。

まず、トレーニングの目的を決める。たとえば、営業成績を上げるためのトレーニングだとしよう。続いて、部署や会社を2つのグループに分ける。なるべく似たようなグループにすること。研究機関による実験のように条件を揃えることは難しいが、地理的条件や製品、社員の性別や経験年数を似たようなレベルにするなど、明らかな違いは排除する。片方のグループは対照群で、トレーニングを受けず、特別な注意も受けない。もう片方のグループは実験群としてトレーニングを受ける。

2つのグループがほぼ同じ条件で、唯一の違いはトレーニングを受けたかどうかであるとき、営業成績に何らかの違いが出れば、それはトレーニングの効果と考えられる。[*4]

この実験的アプローチには、もどかしい欠点がある。トレーニングで何らかの問題点を修正できるのなら、すべてを一度に修正したい。しかし、このアプローチでは、効果を確認するまで対照群のグループは学習できないのだ。第8章で説明したとおり、「コーチとしてのマネジャー」のプログラムを受講するとコーチングの評価が平均13％向上する。にもかかわらず、その効果を検証するまでの1年間、ほかの多くの社員がプログラムの恩恵にあずかれなかった。

私が以前に働いていたある会社は、毎年新しい種類の営業研修を義務づけており、営業成績が必ず上がるという触れ込みだった。ただし、問題を解決すると会社が考える研修を全社員に課すだけでは、問題が解決するとはかぎらない。よく考えて準備した実験を行い、時間をかけてその結果を測定したときに、初めて本当の効果がわかる。研修プログラムの効果を確実に知るためには、2つのグループを比較するアプローチしかないだろう。

宿題

人間は、生まれながらにして学習する生き物だ。しかし、どのように学ぶのが最も効率

＊4 条件がほぼ同じ2つのグループに異なる種類のトレーニングを受けさせて、結果を比較することもできる。対照群を用意する必要がないため、一度に複数のトレーニングを試すことができる。問題点は、外部の要因が結果を歪める可能性を把握しにくいことだ。2つのグループの営業成績が同じだけ向上したのは、2つのトレーニングがどちらも効果的だったのか、それとも景気が回復したからなのか。あるいは成績に差が出ても、トレーニングの内容のせいではなく、もともと成績がランダムに変動しやすい種類の営業なのかもしれない。このような外部要因を統計的に測定することもできるが、非定量的なアプローチとして、実験を繰り返したり、グループの数を増やすという方法もある。

的かを考えることは、めったにない。

組織やチームの学習効率を上げる方法のひとつは、学習するスキルを細かい要素に分けて、具体的なフィードバックを即座に返すことだ。しかし実際には、広範囲のスキルを短時間で教えようとする会社が多すぎる。さらに、受講者がどのくらいトレーニングを気に入ったかではなく、トレーニングがもたらした結果を測定するほうが、効果的なプログラムかどうかが（時間はかかるが）明確にわかる。

ただし、人間は学びたいだけでなく、教えることも大好きだ。家族を思い浮かべればわかるだろう。親は子どもに教え、子どもは親から学ぶ。一方で、子どもが教師になって親が学ぶ場面も多い。あなたが親なら身に染みているに違いない。

著名な物理学者J・ロバート・オッペンハイマーの弟フランクは、「最善の学習方法は教えることだ」と言ったという。そのとおりだ。きちんと教えるためには、教える内容についてじっくり考える必要がある。そのテーマに精通していて、他人に知識を伝える洗練された方法を身につけなければならない。

社員を教師にする理由は、それだけではない。教える機会を与えることによって、目的意識が生まれるのだ。普段の仕事に特別な意味を見いだせない人も、自分の知識を伝えることに刺激を受け、鼓舞される。

人間は誰もが成長したい、他人の成長を手助けしたいと思っている。学習する組織は、その点を理解している。それでも多くの会社は、社員は教わるだけで、教えることは専門の講師に任せている。

社員が両方をすればいいではないか。

WORK RULES

学習する組織を築く

- □「デリバレイト・プラクティス（熟考した練習）」——講義を消化しやすい量に分割して、明快なフィードバックを提供し、繰り返し学習する。
- □社内で最も優秀な人を教師にする。
- □トレーニングを受けた人の振る舞いを変えるようなプログラムに投資する。

第10章 報酬は不公平でいい

同じ仕事でも報酬に大きな差があってかまわない

私は残念ながら、初代の技術担当副社長ウェイン・ロージングと一緒に働くことはかなわなかった。私がグーグルに入社する前に引退したのだ。しかし、彼の逸話は今も社内の隅々に浸透している。私のお気に入りは、新規株式公開（IPO）の数週間前のエピソードだ。ウェインはエンジニアたちに、グーグルの価値観に忠実であれ、新規株式公開もいつもと同じ1日だと語った。翌日には仕事に戻り、ユーザーのためにクールなものをつくりつづけるのだ。もちろん、多くの人が裕福になるだろう。とてつもないカネを手にする人もいる。しかし、ウェインはこんな言葉で締めくくった。「上場後にＢＭＷを買うなら、２台買っておきなさい。会社の駐車場で見かけたら、片っ端からバットでフロントガラスにお見舞いするよ」。

グーグルの株式上場は多くの億万長者を生んだが、社員は長いあいだ、財力を誇示して社会的に認められるための消費とは比較的、距離を置いていた。顕示欲への嫌悪はグーグル特有というより、シリコンバレーの伝統的なエンジニア文化を反映している。『ニューヨーク・タイムズ』のデイヴィッド・ストレイトフェルドは、その起源をシリコンバレーの誕生までさかのぼる。１９５７年にロバート・ノイスやゴードン・ムーア、ユージーン・クライナーなど８人がカリフォルニア州サンノゼでフェアチャイルド・セミコンダクターを創業し、シリコントランジスタの量産を目指した。「新しい類の会社だった……開放性とリスクを体現していた。東海岸の組織の厳格なヒエラルキーも、顕示的消費も排除された」と、ストレイトフェルドは書いている。ノイスは後に、「カネを見ても現実味がなかった」と、自分の父親に語っている。「業績を記録する手段にすぎなかった」。必死に働け、ただし見せびらかすな。それがシリコンバレーの精神だ。

言うまでもなく、その精神も最近は少々変化している。グーグルも例外ではない。フェイスブックやリンクトイン、ツイッターなどの上場で億万長者が次々に誕生し、社員が未公開の持ち株を数百万ドルで売買できる市場もある。シリコンバレーに大金がなだれ込み、

1台10万ドルのテスラ・ロードスターや数百万ドルの豪邸があふれている。ジャーナリストのニック・ビルトンは現在のシリコンバレーの精神を次のように説明する。

ニューヨークでは、人に感銘を与えるために服をまとう。サンフランシスコでは、パーカーにジーンズで5つ星レストランに行くのがカッコいい（雑誌記事の華やかな写真は別の話だ）。

ニューヨークでは、これみよがしにカネを使う。

サンフランシスコでも、オラクルの会長でヨットのアメリカズ・カップで優勝したこともあるローレンス・J・エリソンは、富をひけらかすのが楽しくてたまらない。しかし、この街の金持ちの大半は、裕福であることを隠そうとする。「世界をよりよくするための仕事」というシリコンバレーのイメージから、はずれたくないからだ（ある創業者は1985年型のおんぼろのホンダ車を自ら運転して、ひそかに保有しているプライベートジェットに乗り込む）。

しかしウェインの言葉は、経済的な成功につきものの暴飲暴食の衝動をいかに避けるかというだけでなく、もっと深い精神に根差している。グーグルには顕示欲をたしなめる文化があった。木挽き台と板戸でデスクをつくり、チューリッヒとシドニーのオフィスでは、廃棄されたスキーゴンドラやモノレールの車両を会議室に再利用した。

この精神が最も純粋に表れているプロダクトが、グーグルの検索ページだ。余計なものがない整然としたデザインは、当時は革命的だった。ユーザーはひとつの入口からインターネットのすべてにつながりたいというのが当時の常識で、ポータルサイト（懐かしい言葉だ）には数十個のリンク先が埋め込まれていた。しかし、ラリーとセルゲイの発想は違った。知りたいキーワードを入力するだけで、求めていたものが魔法のように現れたら最高ではないか。２０００年2月29日のグーグルと主要なライバルのホームページは、３６０ページのとおりだ。

空間がたっぷりあるデザインが斬新すぎたのか、ユーザーはグーグルのホームページにアクセスしても何も入力せず、私たちは頭を抱えた。その理由がわかったのは、ユーザー調査で近くの大学を訪ね、グーグルを使う学生たちを実際に見たときだ。当時はグーグル社員で現在は米ヤフーのCEOを務めるマリッサ・メイヤーによると、学生たちは「点滅して、回転して、猿にパンチをしてみようと誘う」雑然としたデザインのサイトに慣れて

シドニーのオフィスのモノレール
©Google. Inc.

チューリッヒのオフィスのゴンドラ ©Google. Inc.

いたため、グーグルのホームページを見て、まだ何かが出てくるはずだと思った。検索ボックスに入力しようとしなかったのは、コンテンツがすべて表示されるのを待っていたのだ。そこで「ページのいちばん下にコピーライトの表示を追加した」と、ジェン・フィッツパトリック技術担当副社長は言う。「著作権を守るためではなく、『ページはここで終わりです』という意味だった」。この1行が問題を解決した。

セルゲイはかつて、グーグルのホームページがすかすかなのは、自分がプログラミング言語のHTMLが苦手だからと冗談を言っていた。本当のところは、ジェンによると、「余計なものをやたらと並べないことが、私たちのプライドとデザインの核心だった。私たちの仕事は、ユーザーが行きたいところに一瞬で連れて行くことだった」。余計なものが少なくて、ページが表示されるまで

2000年頃のLycos.comのホームページ Lycos

2000年頃のExcite.comのホームページ
Mindspark/Excite

2000年頃のGoogle.comのホームページ ©Google, Inc.

の時間が短く、目的地により速く行ける。それがよりよいユーザー経験だった。

新規株式公開が企業文化を変えるかもしれないというウェインの熟慮は、多くのことを物語っていた。グーグルの価値観と協調する公平な報酬制度は、わが社にとってつねに重要な課題だからだ。経営陣は報酬について、採用の次に多くの時間を割いて考える。採用は、言うまでもなく、何よりも重要な課題だ。自分より優秀な人を採用すれば、人材に関する報酬以外の問題はほぼすべて、おのずと解決する。

創業から1、2年は資金繰りが厳しかった。しかし、広告料金をオークション形式で決める仕組み（オークションだ！）を構築して収益が急増すると、かつてないほど高い報酬を払わざるを得なくなった。株式公開前、幹部の平均年俸は約14万ドルだった。確かに高額ではあるだろう。しかし、当時グーグル社員の多くが暮らしていたサンタクララ郡とサンマテオ郡は、アメリカでもとりわけ生活費が高かった。会社全体の平均年俸は、地元の世帯所得の中央値8万7000ドルを下回っていた。

グーグルに転職するほぼすべての人は、入社時の給料は前職より安かった。この方針は第3章で説明したとおり、採用の条件でさえあった。給料が2万ドル、5万ドル、ときには10万ドル下がってもかまわないと言えるのは、リスクを追いかける起業家肌の人だからだ。新規の採用者はもうひとつ、選択を迫られた。給料のうち5000ドルを、現金ではなく5000株分のストックオプションで受け取ることもできたのだ（この提案を受け入れた人は500万ドルの臨時収入を手にしたはずだ)。[*1]

とはいえ、会社が大きくなるにつれて、報酬の仕組みを変える必要に迫られた。安い給料と、新規株式公開のような株式報奨の約束だけでは、とりわけ優秀な人材を永遠につなぎ留めておけない。この問題について、2005年にジャーナリストのアラン・デウッチマンがセルゲイに話を聞いている。

社員が数百人なら、株は強力なモチベーションになると［セルゲイ・ブリンは］言う。全員にそれなりの数の株が行きわたり、大金を手にできる可能性があるからだ。しかし「数千人になれば、インセンティブとしてはうまく機能しない」。人数が多すぎると、ひとりが手にするストックオプションはかなり少なくなるからだ。「人は十分な報酬を手にできる可能性を求める」。しかし、グーグルは今や全世界で約3000人の社員を擁するが、「報酬は［給料を抑えてストックオプションを増やす］スタートアップのような仕組みであるべきだ」と、ブリンは語る。「もちろん、スタートアップよりリスクははるかに小さいから、まったく同じとはいかない。それでも似たようなものがいい。インセンティブとしての利点――スタートアップより小さなインセンティブにはなるだろう――があり、会社が成功する可能性が高くなる」。

私たちは社員に、ハングリー精神と野心を忘れず、社会に大きな影響をもたらすために努力しつづけてほしかった。そこで、数多くの金持ちを生んだIT企業の例を詳細に調べた。たとえば、デウッチマンは次のように書いている。「90年代のマイクロソフトでは、エンジニアとマーケターが社内で『fuifv』のバッジをつけて得意がっていた。最初の2文字は、上品な言葉ではないと言っておこう。続く3文字は、ストックオプションの『権利確定済み』という意味だ」。

そのような事態だけは避けたかった。

私たちは約10年をかけて、適切な環境要因と内発的な動機付け（会社のミッション、透明性の確保、組織の運営に対する社員の強い発言権、ものごとを追求して失敗して学習する自由、協力体制をつくりやすい物理的空間）を整え、外発的な動機付けとしての報酬体系を洗練させた。そして、次の4つの原則が生まれた。

①報酬は不公平に
②報酬ではなく成果を称える
③愛を伝え合う環境づくり

＊1　グーグル株は2014年に1対2の割合で株式分割を行ったので、当時ストックオプションを選んだ人は1万株を保有している。

④思慮深い失敗に報いる

あらかじめ断っておくと、この章ではいくつか大きな数字を挙げる。詳細な計算に気を取られず、ひとめでわかりやすいように、端数を落としたものもある。一方で、グーグルが社員に提供してきた機会を物語る数字もある。グーグルの創業メンバーは実に気前がいい。彼らは会社が生み出した価値を社員と共有するべきだと信じている。その結果、グーグルではとてつもない金額を稼ぐことも、与えられることも、実際にあるのだ。

大半のIT企業は、現在のグーグルの規模になると、すべての社員にそれなりの数が行きわたる株式報奨制度をやめる。代わりに経営幹部だけに多くの株を与え、一般社員に残された分はないに等しい。私が知っている他業種のある会社は、上級幹部（全社員の0・3％）に数十万～数百万ドル相当、下級幹部（全社員の1％）に1万ドル相当のストックオプションを支給し、残り98・7％の社員には支給していなかった。優秀な人に報いるのではなく、最上級のエグゼクティブの報酬をたっぷり上積みするというわけだ。あるエグゼクティブは、退職後の年金が年間50万ドルに達するまで辞めるつもりはないと言っていた（彼の名誉のために言っておくと、仕事はとても優秀な人だった）。

グーグルでは働く国や職位を問わず、すべての社員に株式報奨を受け取る資格がある。達成目標は仕事の内容や関連する市場に応じて異なるが、報酬額を決める最大の要因は本

	サムズクラブ	コストコ
店舗数	**551**	**338**
従業員数	**110,200**	**67,600**
平均時給	**10～12ドル***	**17ドル**

＊カスシオの推定による。ウォルマートはサムズクラブの賃金を開示していない。

サムズクラブvsコストコ（2006年）

人の業績だ。全社員を対象にする必要性はないのだろうが、方針を変えるつもりはない。これは健全な方針であり、企業としてやるべきことだ。

確かにグーグルは恵まれた環境にある。私は時給3・35ドルで働いていたころ、時給4・25ドルの仕事を見つけて解放感を覚えた。年俸3万4000ドルの仕事に就いたときは、これで一生カネの心配はしなくて済むと思ったものだ。最初の給料をもらって食事に行き、生まれて初めて前菜と酒を注文しながら感激した――なんという贅沢だ！

一方で、利益率の低い業種の会社は、十分な報酬を（ときには必要以上の報酬を）払うことが賢い経営戦略になる場合もある。コロラド大学デンバー校のウェイン・カスシオは、会員制倉庫型卸売のコストコとウォルマート傘下のサムズクラブについて、2006年のデータを比較している。

コストコはサムズクラブより賃金が高いだけでなく、調査時に医療保険に加入していた従業員の82％について、保険料の92％を負担していた。さらに、従業員の91％が会社の年金積立制度に加入しており、会社の拠出金はひとり当たり平均1330ドルだった。かなりの高コスト構造だが、サムズクラブより裕福な顧客基盤と高額商品に支えられて、時給で働く従業員ひとり当たりの営業利益は、サムズクラブの1万1615ドルに対して2万1805ドルだった。賃金が55％高くても、利益は88％多いのだ。カスシオは次のように説明する。「気前のいい賃金と福利厚生の見返りに、コストコは小売業界でもとりわけ忠実で生産性の高い労働力を得ている……シュリンケージ（従業員による窃盗で在庫数が減少すること）の数字も業界で最も低い……コストコの生産性の高い安定した労働力は、高いコストを補って余りある」。

私が報酬の仕組みという繊細な内部事情を詳細に明かす理由は、グーグルの成功を自慢するためではなく、報酬のあり方をめぐって私たちも数多くの間違いをおかしてきたからだ。その過程で、報酬と公平さと正義と幸せについて学んだ。嫉妬を生まずに成功を称えることも、少しずつ実践している。相手が喜ぶだろうと思うことが、必ずしも相手を喜ばせないことも学んだ。私たちの経験が明らかにする4つの教訓が、あらゆる職場環境に当てはまり、より多くの自由と祝福と満足を解き放つことを願っている。

報酬は不公平に——最も優秀な人材は、会社が思っている以上に優秀で、会社が払う報酬以上の価値がある

大半の企業は見当違いの「公平」を目指し、最もパフォーマンスの高い社員や、最も可

能性のある社員が辞めたくなるような報酬制度を設計している。「報酬は不公平に」という原則は最も重要だが、これまでの慣習を否定しなければならず、最初は戸惑いを感じるかもしれない。

報酬制度のいわゆるベストプラクティスは、それぞれの職種の市場データを集め、相場やほかの社員との差を調整できる範囲を決めるやり方だ。一般的な企業は相場のプラスマイナス20％の幅を設定し、最も優秀な社員は30％増し程度だろう。企業によって異なるが、平均的な能力の社員は毎年2～3％ずつ昇給し、特に優秀な社員は5～10％の昇給もありうる。ただし、このパターンは皮肉な結末を迎える。とりわけ優秀な社員は、最初は大幅な昇給が続くが、やがてペースが鈍り、会社が許容する報酬範囲の上限に達するとそれ以上は昇給しないことだ。

成績トップの営業パーソンや優秀な経理担当者、あるいは聡明なエンジニアが、つねに目覚ましい実績をあげて会社に多大な貢献をしているとしよう。入社1年目は10％昇給するが、2年目は7％、3年目は5％にとどまり、やがて平均的な昇給率と同じになる。会社が定めた報酬範囲の上限に達したら（人事の世界では「赤丸」と呼ぶ）、それ以上はまったく昇給しないのだ！　ほとんどの会社が、ボーナスや株式報償にも似たような上限を設けている。タイミングよく昇進すれば昇給が続く場合もあるが、新しい職位で上限に達するのは時間の問題だ。

このような仕組みは、何かがおかしいはずだ。大半の企業がコストを抑えるためにこのような報酬制度を採用する理由は、ひとつの仕事のパフォーマンスの幅が狭いと考えているからだ。ロバート・フランクとフィリップ・クックは1995年の著書『ウィナー・テイク・オール』で、今後はさまざまな職種で報酬の不平等がさらに拡大するだろうと指摘している。優秀な人材が流動的になって、自分が雇用主のために創出する価値のうち、より多くの取り分を報酬として主張できるようになった。ニューヨーク・ヤンキースも、この仕組みで強豪チームを築いてきた。最も高いパフォーマンスを発揮する選手は最も高い年俸を要求するだけでなく、並外れた結果を継続的に出している。

問題は、個人が会社にもたらす貢献が、報酬よりはるかに早いペースで増えることだ。たとえば、一流コンサルティング会社がMBAを取得した新卒社員に年俸10万ドルを払い、クライアントには日給2000ドル（年間50万ドル）を請求する。2年目の年俸はおそらく12万～15万ドルで、クライアントには日給4000ドル（年間100万ドル）を請求するだろう。年俸の約8倍の金額だ。この新米コンサルタントが自分の会社やクライアントのために100万ドルの価値を実際に創出できるかどうかに関係なく、会社にもたらした貢献（1年目は50万ドル、2年目は100万ドル）に対する取り分、すなわち年俸が占める割合は、毎年減っていく。ここでは極端な数字を挙げたが、ほぼすべての専門職サービス企業に当てはまるパターンだ。スタンフォード大学の経済学者エドワード・ラジアーは、平均するとキャリアの早い時期は貢献に対して報酬が少なすぎ、後半になると多すぎると指摘している。社内のバランスを重視する内向きの報酬制度は、優秀な人々に本当にふさわしい対価を払う機敏さや柔軟性に欠ける。

あなたが優秀なプレイヤーだったら、普通に考えればそんな会社は辞めるだろう。フォーチュン100に選ばれるような事業会社では、Cレベルのポスト（CEO、COOなどCで始まる最高責任者）は5～10年で交代する。あなたが30歳か40歳でずば抜けて優秀なら、今の会社でCレベルに就くチャンスは10年に1回めぐってくる。それまでは何回か大きな昇進をして、断続的に昇給するが、やがて報酬制度が定める上限に達し、その先は次の昇進まで昇給できない。きわめて速いペースで学習して成長し、トップレベルの能力を発揮する人にとって、報酬と自分が創出する価値を確実に一致させるひとつの方法は、独占的な雇用関係を離れて自由市場に参入することだ。つまり、新しい仕事を探し、自分の本当の価値をもとに交渉して、今の会社を辞める。それが労働市場のあるべき姿だ。

なぜ企業は、最も優秀で最も可能性のある社員が辞めるような仕組みをつくるのか。その理由は、公平の概念を誤解していることと、社員と誠実に向き合う勇気がないことだ。報酬の公平性とは、同じレベルの仕事をするすべての人に同じ金額を払うことでも、全員をプラスマイナス20％の範囲に収めることでもない。

公平な報酬とは、報酬がその人の貢献と釣り合っているということだ。[*2] グーグルのアラン・ユースタス上級副社長に言わせれば、一流のエンジニアは平均的なエンジニアの300倍の価値がある（第3章を参照）。ビル・ゲイツはさらに過激で、「優秀な旋盤工の賃金は平均的な旋盤工の数倍だが、優秀なソフトウェア・プログラマーは平均的なプログラマーの1万倍の価値がある」と言っている。ソフトウェア・エンジニアの価値の幅はほかの仕事より広いかもしれないが、優秀な経理担当者は、平均的な担当者の100倍とはいかないとしても3～4倍の価値はあるはずだ。

もちろん、これらは感覚的な数字だ。米人事局のフランク・シュミットは1979年に、「正当な選考プロセスが労働力の生産性にもたらす影響」と題する画期的な論文を発表している。シュミットは、本書でも第3章と第4章で指摘しているように、大半の採用プロセスは本当に才能のある人材を選んでいないと考えていた。そして、より優秀な人材を雇用したら確実に経済的な見返りがあることを証明できれば、組織は採用プロセスの改善にもっと力を注ぐだろうと主張した。

そこでシュミットは、連邦政府で働く中級レベルのコンピュータ・プログラマーを調査した。彼らのなかで能力の上位15％に位置する「優秀なプログラマー」が創出する価値を、上位50％に位置する「平均的なプログラマー」と比較したところ、年間約1万1000ドル（1979年の金額だ）多かった。

シュミットはさらに、優秀なプログラマーの採用プロセスが改善されたら、創出する価値がどのくらい増えるかを考えた。その際、優秀なプログラマーが創出する価値の中央値（階級値）を年間300万ドルと推定し、全体で4700万ドル増えると計算した。

ただし、彼はひとつだけ間違いをおかしていた。一流のプレイヤーは、彼が想像したよりはるかに大きな価値を生むのだ。アラン・ユースタスとビル・ゲイツの感覚のほうが、より真実に近い。

アイオワ大学のアーネスト・オボイルとインディアナ大学のハーマン・アグイニスは学術誌『パーソナル・サイコロジー』で、人間のパフォーマンスはべき分布に従うと論じた（詳しくは第8章を参照）。べき分布と正規分布の大きな違いは、ある現象について、べき分布のほうが極端な値の数が多いことだ。正規分布では極端な値を予想しにくい。たとえば、2008年の金融危機の前に銀行が使っていた財務モデルの大半は、株から得る利益を正規分布で想定していた。オボイルとアグイニスは次のように説明する。「正規分布にもとづ

＊2　大半の企業は、報酬について平等と公平の概念を混同している。個人の権利や正義に関しては、平等はとても重要だ。しかし、すべての人に平等に（ほぼ平等に）報酬を払えば、優秀でない人には多すぎ、優秀な人には少なすぎる。「内的公正の原則［訳注：同じ業務を担当する2人の社員の報酬は同じ］」にしたがうと、最も優秀なプレイヤーの報酬を抑制せざるを得ない。一方で、仕事の内容が同じでも、業績に差があれば報酬にも差をつける仕組みは、厳密には「平等」ではないが「公平」だと言えるだろう。

この章のタイトルも「報酬は不公平」より「報酬は不平等」のほうが正確だろう。しかし、平等と公平の違いを明確にするために、私は「報酬は不公平」という言葉を使っている。報酬に大きな差をつけることに、人事部門や経営者は、最初は不平等で（実際に不平等だ）不公平だ（実際は不公平ではない）と感じるだろう。

	正規分布による予想	実際の数字
10本以上の論文を書いた研究者	**35**	**460**
10回以上グラミー賞にノミネートされたアーティスト*	**5**	**64**
在任期間が13期を超える米下院議員†	**13**	**172**

＊アカデミー賞、ブッカー賞、ピュリツァー賞、『ローリング・ストーン』誌が選ぶ史上最高の500曲のほか、36の賞についても同じパターンが見られる。
†アメリカとカナダの州議会、デンマーク、エストニア、フィンランド、アイルランド、オランダ、イギリス、ニュージーランドの議会でも同じパターンが見られる。

正規分布では予測しにくいたぐいのパフォーマンスのタイプ

く株式市場の予測では、金融市場が1日で10％暴落することは500年に1回しか起こらない……実際は約5年に1回のペースで起きている」。ナシーム・ニコラス・タレブも著書『ブラック・スワン』でまさに同じことを指摘しており、極端な出来事は、大半の銀行のモデルが推測するよりはるかに頻繁に起きると述べている。つまり、景気の変動は、正規分布を使って予想するよりはるかに頻繁に起きるが、べき分布や似たような分布で予想したものとほぼ同じ頻度になる。

個人のパフォーマンスもべき分布になる。さまざまな分野で超人的な実績を残してきた人々の名前はすぐに思い浮かぶだろう。

GE（ゼネラル・エレクトリック）の元CEOジャック・ウェルチ。アップルとピクサーでCEOを務めたスティーブ・ジョブズ。ウォルト・ディズニーはアカデミー賞を個人として最多の26回受賞している。ベルギー出身の小説家ジョルジュ・シムノン（ジュール・メグレ警視の生みの親）は

570の作品を書き、5億～7億部売れている。イギリスのデイム・バーバラ・カートランドは700篇以上のロマンス小説を書き、発行部数は5億～10億部に達する（私は明らかに執筆する本のジャンルを間違えた）。2014年の時点で、ブルース・スプリングスティーンはグラミー賞に49回、ビヨンセは46回、U2とドリー・パートンはそれぞれ45回ノミネートされているが、指揮者のゲオルク・ショルティ（74回）とクインシー・ジョーンズ（79回）はさらに上を行く。ビル・ラッセルは選手とコーチとして通算13シーズンのうち11回、ボストン・セルティックスをNBA（全米プロバスケットボール）チャンピオンに導いた。ゴルフのジャック・ニクラウスはメジャー通算18勝、テニスのビリー・ジーン・キングはグランドスラム（4大大会）で39回の優勝を誇る。

オボイルとアグイニスは延べ63万3263人の研究者、起業家、政治家、アスリートを対象に5つの研究を行った。右ページの表は、ある条件に当てはまる優秀な人が、べき分布の上位0・3％に何人含まれるかという予測と実際の人数を比較したものだ。

社内で能力を評価する際も、シュミットと同じ過ちをおかしやすい。平均と中央値を同じと見なし、中間レベルの人を平均的な人と考えてしまうのだ。しかし実際は、大半の人が平均以下に位置している。

●研究者の66％は、専門誌に掲載された論文数が平均を下回る。

●エミー賞にノミネートされた俳優の84%は、通算ノミネート回数が平均を下回る。
●米下院議員の68%は、在任期数が平均を下回る。
●NBA選手の71%は、得点数が平均を下回る。

平均より低いことは、悪いことではない。単なる数字の話だ。データを見てわかるように、超優秀な人のパフォーマンスは大多数の人をはるかに大きく上回るため、平均を中央値から大幅に引き上げる場合もある。

あなたの会社やGEのような組織で、能力や業績の評価が正規分布を描いているのは、人事部門と経営陣がそのように見せたいからだ。企業は業績の分布を予想し、予想に沿った評価をするように評価者を訓練する。その結果として決まる報酬も正規分布に従い、社員が実際に創出する価値とはまるで一致しない。

シュミットの計算では、上位15%に位置するプログラマーが創出する価値は平均より1万1000ドル多いが、べき分布をもとに計算すると平均より2万3000ドル多くなる。上位0・3%のプログラマーは平均よりプラス14万ドル、インフレ調整を加えると平均より約50万ドル多くの価値を創出するのだ。アラン・ユースタスの言う「300倍」も合理的な数字に見えてくる。

オボイルとアグイニスは次のように説明する。「生産力の10%を最上位の従業員が担い、生産量の26％を上位5％が担う」。言い換えれば、上位1％の従業員の生産量は平均の10倍、上位5％の従業員は平均の4倍にのぼる。

もちろん、この計算がすべての場合にあてはまるわけではない。オボイルとアグイニスが指摘するように、「肉体労働が中心で、テクノロジーの導入が限られ、生産の最小量と最大量に厳密な基準を定めている企業や組織」はパフォーマンスが正規分布を示す。このような環境では、ずば抜けた実績をあげる機会がほとんどない。しかし実際は、それ以外にも大多数の企業で正規分布が幅を利かせている。

あなたが働く会社はどうだろうか。アランはわかりやすい基準を考えた──「ジェフ・ディーンかサンジェイ・ゲマワットひとりと、何人なら交換してもいいか？」。ジェフとサンジェイはグーグルをグーグルたらしめる技術を開発した伝説のエンジニアで、ビッグデータを扱うすべての企業が存在するのは彼らのおかげだ。

最も優秀な社員ひとりを何人となら交換してもいいか。5人以上なら、最も優秀な社員の報酬が少なすぎるだろう。10人以上なら、ほぼ間違いなく報酬が少なすぎる。

グーグルでは、同じ業務を担当する2人の社員が会社にもたらす影響に100倍の差があれば、報酬も100倍になる場合が実際にある。たとえば、ある社員が1万ドル、同じ部門の別の社員が100万ドルのストックオプションを、それぞれ支給されたこともある。これは極端な例だが、ほぼすべての職位で、報酬の差が3〜5倍になることは珍しくない。

「異常値」が生まれる余地も大きい。職位の低い社員が、職位の高い社員の平均的なパフォーマンスをはるかに上回ることも多い。そのような人は当然ながら、より大きな影響を会社にもたらすので、その影響を評価するような報酬制度になっている。

極端な差がつく報酬制度を機能させるためには、2つの要素が必要だ。まず、評価の対象となる業務がもたらす影響を明確に理解する（そのためには、たとえば市場の変化が味方したのか、チームの努力や会社のブランドがどの程度、影響したか、長期的あるいは短期的な成功かなど、関連する要因を包括的に捉える必要がある）。業務がもたらした影響を評価したら、予算を考慮しながら制度全体のバランスを考える。最も優秀な社員が平均的な社員の10倍の影響をもたらす場合、報酬を10倍にする必要はないが、私が思うに少なくとも5倍にするべきだ。このような制度で人件費の枠を超えないためには、業績が低い人や、ときには平均的な人も、報酬を抑えなければならない。最初は心苦しく感じるかもしれないが、最も優秀な人をつなぎとめつつ、ほかの人々に上を目指す理由を与えていると考えればいい。

幅の広い報酬制度を機能させる2つ目の要素は、管理職が制度を十分に理解して、評価される社員に説明することだ。ずば抜けて高い報酬をもらえる理由は何か、それだけの報酬を手にするためには何を達成すればいいのか、といった質問にも答えなければならない。

言い換えれば、報酬の極端な分布には正当性が必要だ。報酬制度の基本的な仕組みを社員に説明できず、最高レベルを目指してパフォーマンスを向上させる具体的な方法を教えられなければ、嫉妬と恨みの文化が広がるだろう。

ほとんどの企業がべき分布の報酬システムを導入しない理由はここにあるのだろう。同じ業務で報酬に2倍、ときには10倍の差がつく仕組みを維持することは、確かに大変だ。しかし、最も優秀で可能性のある人材が会社を去っていくことは、もっと衝撃が大きい。最も優秀な社員が平均をはるかに上回る報酬を手にする企業と、誰もが同じ額の報酬をもらえる企業と、どちらが本当に公平なのだろうか。

報酬ではなく成果を称える

2004年11月、グーグルはファウンダーズ・アワードの創設を発表した。創業から6年、新規株式公開のわずか3カ月後だった。セルゲイは株主に宛てて次のように記している。

会社に最大級の貢献をした人々に、惜しみなく報いるべきなのです。あまりに多くの企業で、すばらしいことを成し遂げた人々が正当な見返りを受けていません。ひとつには、利益を広く薄く分配するあまり、報奨が平均化されるからです。単に貢献が認識されていない場合もあります。でも、私たちはそうなりたくない。だからこそ、四半期を費やしてファウンダーズ・アワードのプログラムを開発しました。

ファウンダーズ・アワードは、チームによる並外れた実績に、並外れた報奨を送ります。具体的な基準は設けませんが、一般に、グーグルにとって多大な価値を創出したチームが選ばれます。報奨はグーグル・ストック・ユニット（GSU）として、自社株の取得権を段階的に支給します。対象チームのメンバーは、関与と貢献の度合いにもとづいて報酬を受け取ります。最大で数百万ドル相当になる人も出るでしょう……。

グーグルは小規模なスタートアップのように、実績にもとづいて十分な報奨を提供します。しかし、スタートアップと違って、目覚ましい実績をさらに実現しやすくなる環境と機会も提供します。


新規株式公開から3カ月後、社員のあいだでは、入社がほんの数カ月遅かっただけで、ユーザーに対して同じような価値を創出しても同じような報酬を得られないという思いが広がっていた。経営陣もそれは不公平だと感じていた。株式公開後に社員の士気が落ちるのではないかという懸念もあった。そこで、チームが創出した価値の一部を還元することによって、正当に評価して士気を高めたいと考えたのだ。数百万ドルを手にする機会は、これ以上ないモチベーションになるではないか。

2004年11月に発表された最初のファウンダーズ・アワードは、ユーザーに関連性の高い広告を提示する仕組みを構築したチームと、重要な業務提携を交渉したチームに贈られ、総額1200万ドル相当のストック・ユニットが支給された。翌年は11のチームに総額4500万ドル以上が支給された。

しかし、信じられないだろうが、ファウンダーズ・アワードは社員にあまり歓迎されなかった。

グーグルはテクノロジー企業であり、ユーザーにとって最大の価値を創出するのは技術系の社員だ。非技術系の社員の大半は、誰もが称賛に値する仕事をしているが、毎日15億人のユーザーと接する業務上のインフラがない。次々に新しいプロダクトが生まれ、アワード受賞者の大多数はエンジニアかプロダクト・マネジャーだった。会社の半分を占める非技術系の社員にとって、自分たちはもらえそうにないアワードは、やる気をそぐだけだった。

ただし、技術系の社員の多くも、アワードを手に届く目標とは思っていなかった。すべてのプロダクトが世の中に同じような影響を与えるわけではなく、公開までに要する時間や、結果の測定しやすさも違う。アドワーズのシステムの改良はすぐに影響があらわれ、結果を測定しやすい。では、グーグルマップの解像度の改良とくらべて、より価値が高いだろうか。技術的な難易度が高いだろうか。あるいは、この本の執筆に使っているような、オンラインで共同作業ができるワープロツールの開発はどうか。時間が経つにつれて、技術系の社員も多くの人が、アワードは少々遠い存在で、一部の主要プロダクトの開発チームのためにあると思うようになった。

頻繁に受賞する分野に関わる社員のあいだでも、認められるかどうかの境界線はどこなのかという議論がつねにあった。世界で最も安全かつ迅速なブラウザーの開発を目指したクロームは、数年がかりのプロジェクトだった。最初から最後までチームに加わっていた人は表彰されて当然だろうが、途中の1年だけの人はどうか。何かしらの分け前があるべきではないか。半年ならどうか。セキュリティ部門の社員がクロームの開発過程で重要な助言をしたかもしれない。マーケティング部門のベテランが、あのすてきなコマーシャルを制作したかもしれない（あなたが子を持つ親なら、「Dear Sophie」で検索してほしい。私は涙なしには見ることができない）。アワードの選考にあたっては、ふさわしい対象者を選ぶべく最善を尽くすが、漏れてしまう人が必ずいる。その結果、アワードが発表されるたびに、同じ分野で働いていていながら切り捨てられて、悔しい思いをする人が必ずいた。

ところで、受賞者も本当に喜んでいたのだろうか。

実は、それほどではなかった。華々しく発表されたファウンダーズ・アワードは話題を集め、受賞者全員がひとり100万ドルをもらえると思われていた。しかし実際は、100万ドルもありうるが、大半はそこまで届かない。最も少ないときは5000ドルだった。100万ドルをもらえると思っていたら、実際はその0・5％だったときの衝撃と失望は想像できるだろう。

それでも、100万ドルを手にした人は興奮したはずではないか。

もちろん、とても喜んだ。ものすごい金額だ。人生が変わるだろう。

しかし、最も優秀で、最もクリエイティブで、最も洞察に富む技術者が、グーグル史上最大の影響をもたらすプロダクトを構築したものの同じ仕事でアワードを2回受賞することはないと気づき、新しい分野のプロダクトに移りたくなるという状況が生まれた。

私たちは意図せずして、ほぼすべての社員に不満を抱かせるようなインセンティブの仕組みをつくっていた。ごく一部の喜んだ社員さえ、アワードをもたらした革新的で重要な仕事を続けたくないと思うのだ。

アワードはひそかに毎年から1年おきに変更され、さらに頻度が減った。いつ次の受賞者が出てもおかしくないが、ここしばらくは発表していない。

ファウンダーズ・アワードの失敗点は、並外れた業績の人には並外れた報酬を払うべきだという私の提案と矛盾するのだろうか。決してそんなことはない。並外れた報酬を払うことは重要だ。ただ、やり方が問題だった。

私たちの過ちは、そのつもりはなかったが、金額の大きさを褒め称えたことだ。「スタートアップのような報奨」を与えると宣言し、最大100万ドルになるとけしかけた。社員にあらぬ夢を見せていたのだ（次ページの写真）。

これはあくまでも「夢」の話。
グーグルの報酬制度はより公平な不公平を前提としている
Image courtesy of Tessa Pompa and Diana Funk

報酬制度は、不完全な情報をもとに不完全な人間が管理する。当然ながら、ある程度の間違いや不公正は生じるだろう。グーグルの以前の制度は金額を重視しすぎたため、評価の過程が正当なのかという疑問を生み、不満を生んだ。

ノースカロライナ大学チャペルヒル校元教授のジョン・チボーと、バージニア大学元教授のローレンス・ウォーカーは1975年の共著『Procedural Justice（手続き的正義）』で、手続き的正義の概念を提唱した（本のタイトルのセンスはなかったようだ）。当時は、結果が公正なら人々は満足するという配分的正義が主流だった。品物や報奨、評価などの最終的な配分が、正義にかなっているかどうかの問題だった。

ただし、現実は違う。配分的正義は、売上げの数字だけを見て売り方は無視するようなものだ。私が以前に働いていた会社に、同僚を脅し、顧客に嘘をつき、しかしノルマを軽々と達成する営業担当者がいた。彼は高額のボーナスを手にしていたが、彼が何を達成したかだけでなく、どのように達成したかも大切だったはずだ。

配分的正義にもとづくと、彼が高額のボーナスをもらうことは正義だ。しかし手続き的正義にもとづくと、彼のやり方は何もかもがひどく、同僚は憤慨している。しかも会社は、彼に報奨を与えることによって、暗黙のうちに彼の振る舞いを支持していることになる。

グーグルの人材イノベーション研究所（PiLab）のキャスリン・デカスは、この状況がもたらす弊害を次のように説明する。「公平感は大きな力を持つ。仕事におけるあらゆる考え方に影響を及ぼすが、とくに、自分がどのように評価されていると思うか、仕事にどのくらい満足しているか、上司をどのくらい信用しているか、そして組織への忠誠心を大きく左右する」。

先の営業担当者は、同僚がこのままなら自分たちが辞めると集団で会社に訴えた結果、ようやく叱責され、振る舞いも……いくらか……ましになった。

ファウンダーズ・アワードはいつのまにか、どちらの正義も置き去りにしていた。受賞者の顔ぶれは適切とは言えず、報奨が不釣り合いだと思う人もいたということは、配分的正義を満たしていなかった。それ以上に、受賞者を決めるプロセスが不透明で、会社の半分以上が自分たちは対象外だと感じていたのだから、手続き的正義も不合格だ。会社が望んだような効果がなかったのも不思議ではない。

極端な報酬を可能にする制度は、配分の正義も手続きの正義も兼ね備えなければならない。私たちはそのことを踏まえて——苦い思いをして学んで——報奨のプログラムを改良した。トップダウンで決める報奨は、すべての過程をオープンにすることにしたのだ。技術部門だけでなく、営業や財務、広報など非技術系部門の責任者にも、候補者を挙げるように促すようになった。

報奨の内容も、金銭的なものより経験を重視するようになった。これはかなり効果があった。経験や品物による報奨は、カネの場合と受け止め方が異なる。現金の価値は認知機能で判断する。給料と比較し、あるいはその金額で何を買えるかを計算するのだ。毎月の給料より多いか少ないか。携帯電話を買えるか、少し足せば新車が買えるか。また、金銭はクリスチャン・ルブタンの靴やマッサージなどの贅沢より日用品に化けることも多く、記憶から薄れていく。それに対し、現金ではない報奨は、経験（ディナー2人分）でもギフト（ネクサス7のタブレット）でも感情的な反応を引き起こす。受け取った人は価値を計算するより、何を経験できるかということに意識が向く。

これらの考察は学問的な研究からわかっていたが、実際に導入する際は躊躇した。グーグル社員に報奨として望むものを調査したところ、現金を望む人が経験を望む人より15％多いという明らかな差があったのだ。さらに、経験より現金のほうが31％強く有意義だと感じていることもわかった。正確にいえば、社員は現金が自分たちを最も幸せにすると考えている。ただし、社会心理学者のダン・ギルバートが著書『明日の幸せを科学する』で説明しているように、人間は何が自分を幸せにするか、自分がどのように幸せになるか、予測することがあまり得意ではない。

そこで私たちは実験を行った。報奨の候補者のうち、対照群には予告どおり現金を渡す。一方で実験群には、旅行やチームでの打ち上げ、品物など、受け取る予定だった現金と同じ価値のものを渡す。自社株の代わりにチームでハワイ旅行に行かせ、賞金の額が少ない場合はリゾート地への旅行やチーム全員のパーティー、グーグルTVなどを贈呈した。

結果は思いがけないものになった。経験より現金をもらうほうがうれしいと言っていたはずなのに、実験群のほうが満足度は高かったのだ。実際、かなり高かった。現金をもらうより楽しさが28％増しになり、記憶に28％強く残り、じっくり考える機会が15％増えた。これはディズニーランド旅行（大人の心は今も子どものままだ）でも個人で使うバウチャーでも同じだった。

さらに、経験やものを受け取った社員は、現金を受け取った社員より満足感が長く続いた。5カ月後に再び調査したところ、現金を受け取った社員の満足度は25％下落していたが、実験群の社員は受け取ったときよりさらに満足していたのだ。カネの喜びはつかの間だが、記憶は永遠に残る。

グーグルでは現在も、例外的に優秀な人には、例外的な額の現金や株式で報いる。ボーナスと株式報奨の金額は、以前よりべき分布に近くなった。ただし、私たちはこの10年をかけて、報奨の内容と同じくらい報奨の決め方が重要であることを学んできた。配分的正義と手続き的正義にかなわないプログラムは、改良するか刷新している。現金だけでなく、経験の報奨を積み重ねていくことの大切さも重視している。経験の報奨によって成果を公に称え、ボーナスや株式報奨の金額に大きな差をつけることによって個別に称える。その結果、社員も以前より満足している。

愛を伝え合う環境づくり

ここまで経営者から渡す報奨について見てきたが、提供する側に社員を参加させることも重要だ。第6章で説明したとおり、プロジェクトの成功に誰が本当に貢献したかは、マネジャーより同僚のほうがよく知っている。第7章で紹介した私の部下だったサムも、上司に取り入ろうと必死だったが、周囲には痛々しいほどばれていたではないか。そこで、社員が褒め合う環境をつくれば機能するだろう。社内ネットワークのgThanks!は、互いのすばらしさを認め合うためのツールだ。

シンプルなデザインも、gThanks!の魅力のひとつだ。たとえば、感謝を伝えたいときは、相手の名前を入力して「Kudos（称賛）」ボタンをクリックし、メッセージを入力する。メールより優れている点は、ネットワークにつながっているほかの人も投稿を見られることで、グーグルプラスで共有もできる。称賛が社内に広がると、称賛を送った人も送られた人も満足する。個人的にメールを送るより簡単な操作で投稿できるのも、気軽でいい。Kudosの専用サイトは以前からあったが、gThanks!の導入から1年でKudosの利用者は460％も増え、毎日1000人の社員がアクセスしている。

一方で、昔ながらの褒め方も悪くない。私のオフィスの外には「幸せの壁」があり、私

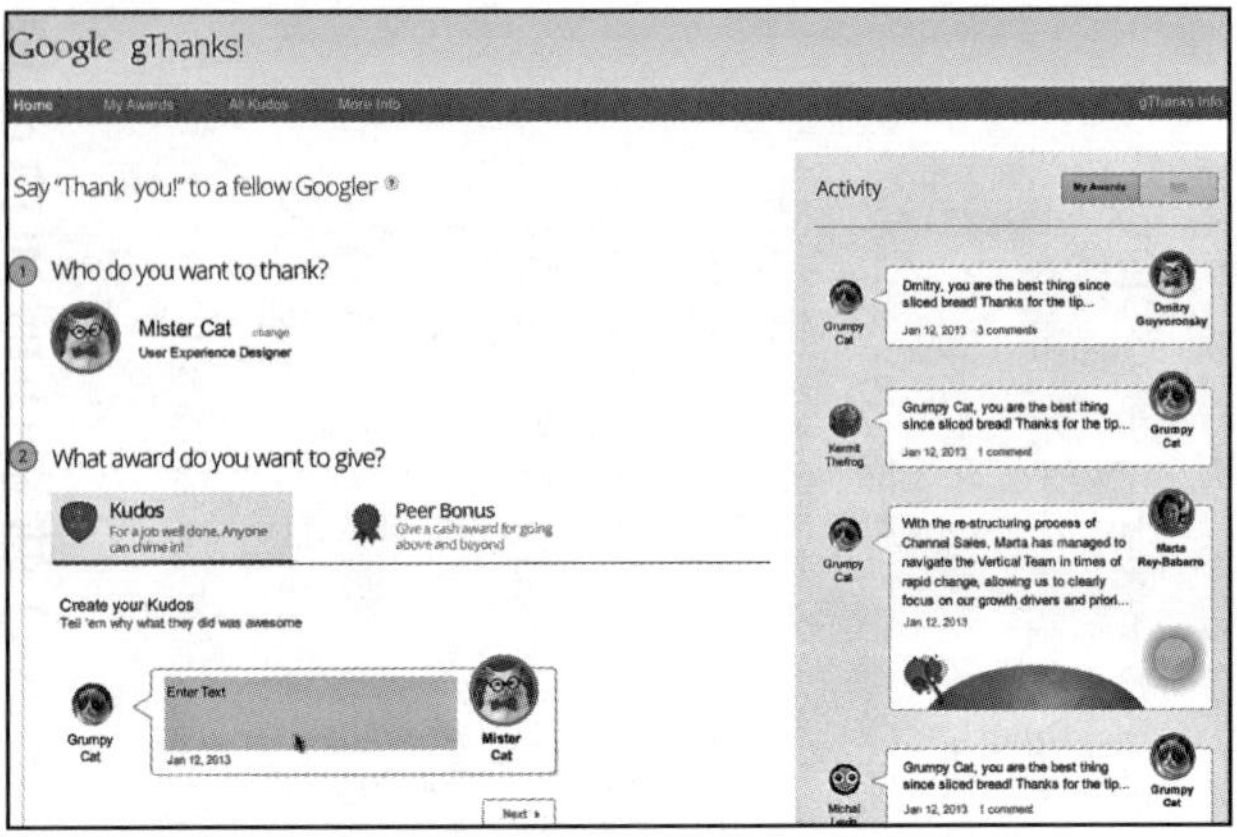

gThanks!　グーグル社内で感謝を伝えるツール　© Google, Inc.

のチームが受け取ったKudosをプリントアウトして掲示している。

ナポレオンは少々ひねくれた言葉を残している――「最高にすばらしい発見をした。人は勲章のリボンのために、命を危険にさらし、死ぬことさえいとわないのだ」。業績を公に認めることは最も効果的でありながら、最も活用されていないマネジメントのツールのひとつだ。

gThanks!のもうひとつの特徴は、社員が社員にボーナスを支給できることだ。スクリーンショットの真ん中あたりを見ると、「Kudos」の隣に「Peer Bonus（社員ボーナス）」というボタンがある。社員が互いに認め合う裁量を与えることは重要だ。多くの会社が「今月の最も優秀な社員」を互選させているし、人事部門や経営部門の承認を得て、社員が社員にささやかなボーナスを支給できる会社もある。

グーグルではひとり1回175ドルまで、管理職の

マウンテンビューのグーグル本社の私のオフィスの外にある「幸せの壁」

承認や書類の手続きなしで社員が社員にボーナスを支給できる。あり得ないと思う会社も多いだろう。社員同士が裏で組んで、ボーナスを交換するかもしれない。システムを悪用して数千ドルの臨時収入を目論む人がいるかもしれない。

しかし、わが社では心配無用だった。

この10年で、社員ボーナスを悪用した例は数えるほどだ。悪用しても、社員が気づいて指摘することが多い。2013年の夏にある社員が、新しいプロダクトのテストの協力者を社内のメーリングリストで募集した。その際、謝礼として社員ボーナスを送ると書き添えた。ただし、社員ボーナスは個人の貢献を称えるものであって、対価やインセンティブであってはならない。この社員は1時間も経たないうちに2通目のメールを送信して、同僚から社員ボーナスの本来の意義を教えられたと説明し、謝礼として使うのはひんしゅくを買うことに気がつかなかったと謝罪した。実際に問題は生じなかった。

人が正しいことをすると信じると、ほとんどの人が正しいことをする。称賛し合える環境は、相手を認めてもてなす文化を促進し、従業員が自分は奴隷ではなく主人なのだと思えるようになる。クリエイティブ・ラボのマーケティング部門を率いるキャリー・ローレノはゴールドマン・サックスの元副社長で、退役兵の社会復帰を支援するベテランズ・ネットワーク（第11章で詳しく説明する）の創設者でもある。彼女は次のように語っている。「グーグルに来てから、まず人を信じることが前提になりました。9割のことはそれでうまくいきます」。

驚くことに、Kudosの件数は増えているが、社員ボーナスの利用はほとんど増えていない。人を認めやすくしたことで、グーグルはより幸せな職場になったが、そのために余計なコストはかかっていない。

思慮深い失敗に報いる

最後に、失敗に報いることも重要だ。インセンティブや目標の達成も重要だが、熟慮したうえでリスクを取る行為自体も称賛するべきだ。失敗したときこそ称賛しないと、誰もリスクを取らなくなるだろう。

電子制御システムなどで知られるハネウェルのデイヴィッド・コートCEOは、『ニューヨーク・タイムズ』のアダム・ブライアントに次のように語っている。「私が（23歳のときに漁師として働いて）学んだ最も大切なことは、勤勉がつねに報われるわけではないということだ。やるべきことを間違えれば、どれだけ懸命に働いても、結果は変わらない」。最も優秀な人でも失敗する。重要なのは、失敗にどう対応するかだ。

2009年5月27日に発表されたグーグル・ウェーブは、同年9月にプレリリースされた。優秀なチームが数年がかりで開発した情報共有サービスで、メールやテキスト編集、ビデオチャットをリアルタイムで連携させ、まったく新しいオンラインコミュニケーションをつくろうというものだった。

IT情報サイトのマッシャブルは、「近年の記憶のなかで、グーグル最大の新しいプロダクト」と報じた。ウェーブには数々の魅力的な特徴があった。

- **リアルタイム**　ユーザーが入力するコメントやチャットが1文字ずつリアルタイムで画面に表示される。後から加わった人も、それまでのやりとりを再生して追体験できる。
- **プラットフォーム**　一般的なメールやチャットのツールと違って、ウェーブのプラットフォームは自分でアプリを追加できる。ニュースフィードの表示を追加したり、

2009年ごろのグーグル・ウェーブの革新的なインターフェイス　© Google, Inc.

ゲームを作成したり、現在のソーシャルネットワークでできることは、ほぼすべてできた。

●**オープンソース**　コードは公開され、自由に修正や改良ができる。

●**ドラッグ&ドロップ**　ファイルや画像を画面上でドラッグするだけで共有できる。今では当たり前の機能だが、ソーシャルメディアのツールとしていち早く実現させた。

●**ロボット**　ロボットだ！　あらかじめ設定した仕様で発言を自動生成するエージェントをつくれる。たとえば、ある会社の名前が出てきたらリアルタイムの株価を読み上げるというロボットを設計できる。

しかし、グーグル・ウェーブは華々しく散った。2010年8月4日、発表から1年あまりで開発中止が決まったのだ。新しい機能の投入も予定されており、熱心なユーザーのコミュニティもある程度の規模になっていたが、普及率は伸び悩み、経営陣は中止を決断した。ウェーブはのちに、オープンソースの無料ソフトウェアを提供する非営利団体アパッチ・ソフトウェア・ファウンデーションに譲渡された。リアルタイムの共同編集ツールなど、いくつかのイノベーションは、ほかのプロダクトで不可欠な機能に発展した。

ウェーブの開発チームは目標管理の手法など、実験的なプロジェクト運営にも取り組んだ。新規株式公開のような野心を達成したら破格の報酬をもらえるというインセンティブが、より優れた成功を刺激するかどうかという実験も行った。オンラインのコミュニケーションの変革を目指した彼らは、2年間にわたって多大な時間と努力を費やした。その際、通常のボーナスや株式報奨を放棄して、成功したらはるかに高額な報酬を手にできる可能性を選んでいた。熟慮したうえで大きなリスクを選び、挑戦は失敗に終わった。

そこで、会社は彼らに報いることにした。

当然のことでもあった。大きなリスクを選ぶことによって不利益をこうむるわけではないという姿勢を、会社として明確にしたかったのだ。

もちろん、会社が期待していた大成功を収めていたら実現したような、破格の報酬ではなかった。しかし、標準的な報酬を手放したことによって、彼らに経済的な打撃を受けさせたくなかった。彼らが当初期待していた報酬よりは少なかったが、当時の状況を考えれば、彼らの予想より多かったはずだ。

このように失敗に報いる方針にはそれなりの意味はあったが、その結果は思わしくなかった。開発チームの責任者を含む数人が会社を去ったのだ。彼らが達成したかったことと、実際に達成したことの差は、あまりに大きかった。会社の経済的な支援は、多くの人の心の傷を和らげたが、全員ではなかった。それでも開発チームの多くのメンバーはグーグルに残り、大切な仕事を続けている。私たちが学んだ最大の教訓は、賢明な失敗に報いることは、リスクを取る文化を育てるために不可欠だということだ。

１９７７年にハーバード・ビジネススクールのクリス・アルギリス名誉教授が、卒業生の10年後の状況について秀逸な説明をしている。卒業生は全員がＣＥＯや業界の指導者を目指して社会に出て、10年後には多くが中間管理職になっていた。必然的に障害にもぶつかるが、彼らは学習する能力が低下しているとアルギリスは指摘する（強調は筆者による）。

> 優れた学習能力を持つと多くの人から思われている人々が、実際はそうでもない。彼らは十分な教育を受け、精力的に仕事に取り組み、献身的に働く専門職で、現代の企業で重要な指導的立場を占めているが……簡単に言えば、専門職の多くはほぼ確実に成功するから、失敗をほとんど経験していない。そして、失敗をほとんど経験していないから、失敗からどのように学べばいいかを学んでいない……自己保身に走り、批判を排除

して、自分以外のあらゆる人のせいにする。つまり、彼らの学習能力は、それが最も必要とされる瞬間に停止する。

ウェーブの開発中止から1、2年後、ジェフ・ヒューバーはアドワーズの技術チームを率いていた。彼は、大きなバグやミスが生じたら、必ず「何を学んだか」を議論するという方針を掲げていた。悪いこともいいことと同じようにチームで共有し、実際に起きていることをリーダーが確実に把握して、失敗から学ぶことの重要性を強調したいと考えたのだ。ある会議でエンジニアが悔しそうに報告した。「プログラムのコードを台無しにして、会社に100万ドルの損失を出してしまいました」。

ジェフは先頭に立って事後検証と修正を行った後、このエンジニアに言った。「失敗から学習して、100万ドル以上の利益をもたらしたじゃないか」。

「はい」。

「さあ、仕事に戻ろう」。

この方針はほかの場面でも役に立つ。ロスアルトスにある公立学校のブリス・チャータースクールは中学生の数学の試験で、間違えた問題に再挑戦して正解すれば、半分の点数を与えている。ワニー・ハーシー校長は次のように語る。「賢い生徒たちだが、人生で壁にぶつかることもあるだろう。幾何学や代数も大切だが、失敗してもあきらめるのではなく再び挑戦することも、同じくらい大切だ」。ブリス校は2012年度にカリフォルニア州の中学校で3番目のレベルだった。

社員を信じて――4つの原則を実践する

この章ではかなり極端な数字を並べてきたが、これほど破格の報酬は、実際は遠い世界の話だろう。[*3] 世界でもとりわけ有能な頭脳が揃う市場で優秀な人材を確保しているグーグルでも、決してよくある話ではない。

とはいえ、パフォーマンスはべき分布になるという概念は、公立学校や慈善団体、レストラン、コンサルティング会社など、私が働いてきたほぼすべての職場にあてはまる。どのような環境でも、通常のパフォーマンス管理にもとづく予想をはるかに超える例外的な人がいる。彼らは誰が見ても明らかに、ずば抜けて優秀だ。毎年表彰される教師、資金調達で2位の同僚の3倍の金額を集める担当者、私がひと晩で手にするチップの2倍を稼ぐ(なんとも腹立たしい)ウエイター。彼らはみな、「公平に」報酬を得ていた。ここで言う公平とは、並外れて高い評価が、平均的な業績の人々の反感を買わないという意味だ。一緒に働く私たちの誰もが、彼らが私たちよりいかに優秀かも、どのくらいの報酬がふさわしいかも、よくわかっていた。最も優秀な社員に平均的な社員の10倍の価値があるなら、「不公平な」報酬を払うべきだ。そうでなければ、彼らに会社を辞める理由を与えるだけだ。

一方で、目覚ましい実績に報いるときは、現金だけでなく経験をもたらす報奨も重要だ。報酬の額で人生を振り返る人はあまりいない。記憶に残るのは、同僚や友人との会話やランチ、イベントだ。成功を現金だけでなく行動で祝福しよう。

チームや組織のメンバーを信頼して、互いに称賛させる仕組みも重要だ。賛辞の言葉や、ささやかな報奨を渡すのもいいだろう。社員が遅くまで働くことに理解を示す家族に、地元のコーヒーショップのチケットやワインを贈ることもできる。社員が互いに思いやりを示す機会をつくるのだ。

そして、壮大な目標に挑んだものの成功しなかった社員を、厳しく処遇してはいけない。

＊3 バート・フランクとフィリップ・クックの『ウィナー・テイク・オール』でも紹介されているとおり、プロスポーツや音楽、俳優など、とりわけ優秀な人と優秀な人の差がひとめでわかる世界は明らかに例外だ。そのような労働市場では、トップレベルの報酬は数千万ドルに達することもあり、報酬の分布はべき乗則に従う。米映画俳優組合（ＳＡＧ）は加盟者の報酬に関する統計を２００８年以降は公表していないが、さまざまな報道から推測できる。かなりおおまかな推測だが、２００７年を例にとると、ＳＡＧの加盟者で芸能活動をしている人の下から3分の1は、演技で報酬を得ていない。次の3分の1は１０００ドル未満、上位3分の1については、上から5〜32％が１０００〜10万ドル、上から1〜6％が10万〜25万ドル、上位１％が25万ドル以上となる。上位１％のうちの上位１％はさらに高額だ。最も稼いだ俳優はウィル・スミスで８０００万ドルを超える。2位以下はジョニー・デップ（７２００万ドル）、エディ・マーフィーとマイク・マイヤーズ（それぞれ５５００万ドル）、レオナルド・ディカプリオ（４５００万ドル）だった［参考資料："A Middle-Class Drama," *Los Angeles Times*, May 28, 2008; "SAG Focuses Hollywood Pitch," *New York Times*, July 1, 2008; "Dues for Middle- Class Actors," *Hollywood Reporter*, March 3, 2012; "Hollywood's Best-Paid Actors, *Forbes*, July 22, 2008.］。

失敗の痛手をやわらげ、失敗から学ぶ余地を与えること。ラリーがよく言うように、目標が野心的でクレイジーなら、失敗もすばらしい成果となるだろう。

WORK RULES

不公平な報酬

□社内の摩擦を恐れず、不公平な報酬を払う。パフォーマンスのべき分布を反映して、報酬の決め方に幅をもたせる。
□報酬の内容ではなく実績を称える。
□メンバーが愛を伝え合う環境をつくる。
□熟慮したうえでの失敗に報いる。

第11章

タダ（ほぼタダ）ほどステキなものはない

グーグルの人事プログラムの大半は誰でも真似できる

人は会社がなくても生きていける。実際、何千年ものあいだ、世の中に会社はなかった。しかし、会社は人がいなければ存在できない。経済情勢が厳しくなると、会社はこの事実を見失う。利益率を維持しようと必死になり、あるいは余力を残すために、労働時間や福利厚生を削減する。人々は仕事があればましと思い、仕事はますます惨めなものになる。そして景気が上向くと、会社を辞める人が急増して驚くことになる。

それに対しグーグルは、２００４年の新規株式公開の目論見書に添えられた「創業者からの手紙」で次のように宣言している。

わが社は、無料の食事、医師の診察、洗濯機など、多くの独自の福利厚生を社員に提供しています。これらの制度が会社にもたらす長期的メリットについては、慎重に検討しています。今後も、福利厚生は削減されるのではなく追加されるものとお考えください。社員の相当な時間を節約し、健康と生産性を向上させる福利厚生については、些細な負担を惜しんでも大金を無駄にするだけです。

福利厚生のプログラムを増やす一方で、喜ばしいことに、多くの社員が重視するプログラムはそれほど多くのコストを必要としないことがわかってきた。理由のひとつは、これから説明するように、社員が会社の支援を最大限に利用する機会が決して多くないからだ。さらに、新しいプログラムの大部分は、社員の提案を認めるだけでいいからでもある。

多くの人が、グーグルは社員に特典を提供するために大金を投じていると思っている。しかし、無料の食事と送迎のシャトルバスを除いて、大きな金額は使っていない。[*1] 社員を労《いた》わって喜ばせるためのプログラムの大半は、コストがまったくかからないか、ほとんどかからないのだ。さらに、多くのプログラムは、ほぼ誰でも真似できる。もっと多くの会社が同じようなことを思いつかないほうが、むしろ驚きだ。必要なのは想像力と、やろうという意思だけだ。

グーグルの社員を対象とするプログラムには3つの目標がある。効率を高め、コミュニティを形成し、イノベーションを促すことだ。すべてのプログラムが少なくとも1つの目標を推進するためのもので、2つ以上の目標に関連するものも多い。

仕事とプライベートの効率を高める

ほとんどの会社は社員に効率よく働いてほしい。グーグルも同じだ。想像はつくだろうが、グーグルではあらゆるものを測定している。データセンターの稼働効率、プログラムの品質、売上げの推移、出張の旅費など、あらゆる数字を厳密に監視しているのだ。さらに、社員の私生活の効率化にも貢献したいと考えている。グーグラーは熱心に働く。仕事でくたくたになって週末を迎え、家に帰れば時間のかかる雑用が待っているような生活ほど、気力を奪われるものはない。そこで、生活をスムーズにするサービスを社内で提供し

＊1　社内ですべての社員と来客に無料で食事を提供するのは、新しいアイデアが生まれるコミュニティと機会を創出するためだ。2013年は毎日7万5000食以上を提供した。シャトルバスは、サンフランシスコ各地の停留所と、ベイエリアとマウンテンビューにあるオフィスを結ぶ。2013年は無線LAN完備のバスが延べ854万9086キロを走行。民間の大量輸送制度として、地域最大の規模となった。社員は通勤時間が短くなり、時間を有効に使えるようになって、生活の効率が向上している。シャトルバスがなければ、数万台の車が高速道路に殺到しているだろう。

ている。その一部を紹介しよう。

●ATM（現金自動預け払い機）
●自転車の修理
●洗車とオイル交換
●ドライクリーニング　所定の場所に出すと数日後に仕上がっている。
●産地直送の有機食品と肉類の配達
●ホリデー・フェアー　業者が社内で商品を販売する。
●移動美容室とサロン　美容室の椅子が設置された大型バスがオフィスに来る。
●移動図書館　オフィスがある多くの都市で実施している。

これらのサービスについて、会社は基本的に費用を負担していない。会社が業者に支払うわけではないのだ。サービスを提供したい起業家が申請して、社内で実施する。料金は利用した社員が払う（会社が団体割引を交渉する場合もある）。食料品の配達など、社員が自ら運営しているサービスもある。

サービスの立ち上げも簡単だ。シカゴのオフィスで働くある社員は、地元のネイルサロンのオーナーに、会議室に出張してほしいと依頼した。運営は社員が担当し、会社の負担はネイリストが飲むコーヒー代のみ。社員が新しいプログラムを提案して、自分たちの職場を自分たちでつくりあげていく。会社はその土壌となる文化を育てるだけでいい。

なかには会社が費用を負担するサービスもあるが、金額は比較的少なく、社員にもたらす影響はとてつもなく大きい。たとえば、自転車や公共交通機関で通勤する社員のために、会社の負担で電気自動車を数台用意して、日用品の買い物や、空港へ友人を迎えに行くときに貸し出している。また、5人のコンシェルジュが、旅行の計画や、水道工事や便利屋の手配、花やギフトの注文などをサポートして、5万人を超える社員が1時間か2時間を節約できる。誤解のないように言っておくと、グーグルがこれらの費用をまかなえるのは会社の規模がある程度大きいからで、人員や車を少々増やしても（車の維持費は年々減る）、会社全体のコストに占める割合は大きくない。一方で、水道工事など地元のサービスやお買い得情報、おすすめの家庭教師の情報などを社員が交換するオンライン掲示板は、どこの組織でも真似できるだろう。50人か100人の社員から成る潜在的な市場があれば、業者に団体割引の交渉もできる。

グーグルを超えて広がるコミュニティづくり

日常生活の雑用や心配事を払拭すれば、仕事の生産性は確実に向上する。それと同じくらい確実な効果をもたらすのは、コミュニティ意識を促進することだ。グーグルでは会社の規模が大きくなるにつれて、ごく少人数だったころのコミュニティ意識を維持することに苦労している。コミュニティの定義も、社員の子どもや配偶者、パートナー、親、さらには祖父母まで広がっている。多くの会社が実施している「子どもの職場参観」は、グーグルも以前から続けている。2012年からは毎年「親の職場参観」も開催し、記念すべき1回目はマウンテンビューの本社キャンパスで2000人以上、ニューヨークのオフィスで500人以上の親を迎えた。歓迎セレモニーに続いて、グーグルがつくっている未来を紹介し、会社の歴史の内輪話を披露する。ある年は、創業メンバーのひとりでセールス責任者だったオミッド・コーデスタニが、10人で始めた会社が2万人に成長した過程を振り返った。別の年にはアミット・シンガル検索部門担当上級副社長が、子どものころにインドで見ていた『スター・トレック』にカーク船長がコンピュータに話しかけて指示をする場面があり、今は自分がグーグル・ナウでまったく同じことをしていて感無量だと語った。スピーチの後はデモンストレーションを楽しんでもらう。自動運転車に乗り、天井まで高さ6メートルの部屋に入るとあらゆる壁にグーグル・アースからの映像が映し出され、本社キャンパスを探索し、ラリーなど経営幹部がホスト役を務めるTGIF（全社ミーティング）に参加する。現在、職場参観は北京、コロンビア、イスラエルのハイファ、東京、ロンドン、ニューヨークなど19以上のオフィスで実施され、新たに始めるオフィスも毎年増えている。

親の職場参観は、大人になったわが子をいつまでも甘やかす過保護な親をからかうネタではない。社員の親に感謝を伝え、グーグル・ファミリーの輪を広げる機会なのだ。親はグーグルで働くわが子を心から誇りに思っているが、ほとんどの親は仕事の内容を知らない。自分の子どもが社会にどのような影響を与えているのかを、親が理解できるように手助けすることは、たとえ50歳の子どもでも心温まるものだ。ある年の参観に立ち会った私は、目に涙をためた親に何回も呼び止められた。彼らは子どもとの距離が縮まったことを喜び、こんなにすばらしい人々を育てたことを認めてもらえたと感謝していた。社員も喜んでいた。トム・ジョンソンは次のように書いている。「自分が誇りをもって働いている場所を案内する私のそばで、母が幸せそうにしていた姿を思い浮かべるたびに、私の顔に満面の笑みが広がります」。

私にとって、グーグルで働きはじめてからいちばんうれしい1日となった。

私たちは社内のコミュニティづくりにも取り組んでいる。第2章で紹介したとおり、TGIFでは質疑応答が最も重視され、社員は何でも質問できる。「私の椅子の座り心地が悪いのはどうしてですか？」「プライバシーに関するユーザーの不安に、私たちは十分に敏感でしょうか？」など、さまざまな質問が飛ぶ。社員が特技を披露する「g夕レント・ショー」は、セールス部門の女性がアクロバット乗馬（走る馬の背中で体操をするのだ！）のチャンピオンだったり、エンジニアが全米大会で入賞する社交ダンスの達人だったという意外な事実を明らかにする。「ランダム・ランチ」は初対面の社員同士が昼食を取りながら交流を深め、職場の距離感を縮めて親近感を高める。これらのプログラムは計画を立てる時間以外、ほぼコストがかからない（会社が軽食や飲み物を提供する場合もある）。

社内には2000を超えるメーリングリストやグループ、クラブもある。[*2] 一輪車、ジャグリング（IT企業に必須のスキルではないだろうか）、読書、ファイナンシャルプランニング。ブラッド・ピットが主演した映画にちなんだ「ファイト・クラブ」は、本当に戦うわけではなく、クラブ活動にぴったりの名前だと思ったらしい（私も詳しくは知らないのだが）。数々のクラブのなかでも、社員リソース・グループ（ERG）は特筆すべき存在だ。現在は20以上のERGがあり、その多くは全世界にメンバーがいる。

- アメリカン・インディアン・ネットワーク
- アジアン・グーグラー・ネットワーク
- ブラック・グーグラー・ネットワーク
- フィリピノ・グーグラー・ネットワーク
- ゲイグラーズ（レズビアン、ゲイ、バイセクシャル、トランスジェンダーの問題を話し合う）
- グレイグラーズ（年長の社員）

●ＨＯＬＡ（ヒスパニック・グーグラー・ネットワーク）
●インダス・グーグラー・ネットワーク
●スペシャル・ニーズ・ネットワーク（自閉症、ＡＤＨＤ／注意欠陥・多動性障害、失明などの特別なニーズに対応する）
●ペットネット（ベテランズ・ネットワーク）
●ウイメン＠グーグル

私は10年以上前に、出版社のタイムにも同じような組織があることを知った。タイム版のアジアン・アメリカン・クラブは風水教室のチラシを全社に配っていた。私はそのことに衝撃を受けた。それまで私が知っていたのは、自分たちのコミュニティ内で活動するグループばかりで、違うグループとも交流する例はめったになかったからだ。

今ではグーグルでも、さまざまな形でグループ間の交流が盛んになっている。ＥＲＧには誰でも参加できる。社内のさまざまなＥＲＧが集まる「モザイク・チャプター」も随時

＊2　さまざまな話題や質問が飛び交っている。大急ぎで娘に羊の衣装をつくろうとしている父親からの質問、自作のビーフジャーキーを試食してもらいたい人、ウエディングケーキの台や冬用の手袋を借りたい人（剣を探している人もいた）、忘れ物の捜索、法律関係の質問、プレスクールの情報、空港まで車で送ってくれる人を探すエグゼクティブ。オフィスの近くにマウンテン・ライオンが出没中という警告もあった。

開かれ、熱心な参加者が多い「ベットネット」や「グレイグラー」の会合は社内のスペースでは入りきらないほどだ。「サム・オブ・グーグル」と題する会合やイベントも数多く開催され、料理を持ち寄るパーティーや映画鑑賞、キャリア相談、ボランティア活動などさまざまなテーマがある。その多くが社会で同じ経験をしている人々の集まりだ。

現在52を数える「カルチャークラブ」は、各オフィスの文化的なつながりだけでなく、社員同士や社外との関係を深めるイベントを開催している。ボランティアやERG、カルチャークラブが最近主催したプログラムをいくつか紹介しよう。

●2014年に約2000人の社員がアメリカ各地でプライド・パレード〔訳注：レズ、ゲイ、バイセクシャル、トランスジェンダーの文化を称え、人権を主張するイベント〕に参加。インドのハイデラバードやサンパウロ、ソウル、東京、メキシコシティ、パリ、ハンブルクでも数百人が参加した。

●「ヒスパニック・グーグラー・ネットワーク」はマウンテンビューで家族健康デーを開催した。地元の低所得世帯から300人以上を本社キャンパスに招待し、テクノロジーや健康、栄養に関する情報を提供した。医師と栄養士も出席して、医療的な助言をし、継続的な支援を受けるための機関を紹介した。

●「ブラック・グーグラー・ネットワーク（BGN）」は年1回、支援活動を実施している。

2014年は7カ所のオフィスから35人がシカゴに3日間集まり、マイノリティが経営する小規模ビジネスやキャリア開発、コミュニティの連携を支援した。「小規模ビジネス作戦」では6カ所の出張オフィスを設け、ソーシャルマーケティングやサイト設計などさまざまな分野で助言をした。グーグルのシカゴのオフィスに40人以上の小中高校生を招いたこともある。なかには非行に走りやすい環境にいる生徒もいた。彼らにオフィスを案内し、コンピュータサイエンス分野の機会やダイバーシティ（多様性）について説明し、グーグルが開発したブロック遊びでプログラミングの基礎を学ぶツールを体験してもらった。

●シンガポールでは月1回、アジア全域の虐待を受けた男女を対象に、仕事を失った人や、自立するための支援を必要としている人をサポートしている。2日間の午後を使ったイベントで、意欲的な男女にインターネットやグーグル製品の使い方を教え、新しい仕事を見つけたり、祖国で事業を始めるために必要なスキルと自信を習得してもらう。

●「ベットネット」は、退役兵が社会生活に復帰するためのスキルを身につけ、仕事を探す手助けをする。最近は「英雄の就職支援」ワークショップで履歴書の書き方を教えた。2013年には地域社会を支援する「グーグルサーブ週間」を実施。全米12都市で15のワークショップを開催した。

●アムステルダムでは腎臓移植の順番を待つある社員の支援として、「ペイ・トゥ・ピー・デー」を実施。社員はトイレに行く際にささやかな使用料を払い、オランダ腎臓財団に寄付をした。
●東京では2011年に起きた東日本大震災の復興支援のために、「セル・ユア・ソウル」オークションを開催。社員が自分の最も得意なスキルを出品した。料理のコツやプログラミングの助言、北日本を回る700キロのサイクリングツアーのガイドもあった。2万ドルを津波被害の復興に寄付した。
●マウンテンビューでは「教育と会話を通して」と題するプログラムの一環で、清掃スタッフにコンピュータと英語の講義を行っている。
●マドリードではスペインの記録的な失業率を受けて、食事の寄付を計画。40日間で1トン、7000人分の提供を目指した。最終的に4トン分の食料が集まり、会社が同じ量のマッチング寄付をして、地元の支援団体カリタスに寄付した。

グーグルを、デイヴ・エガーズの小説『ザ・サークル』が描くディストピアの世界のように、不気味な企業文化が熱狂的な社員をがんじがらめにしていると思う人もいるだろう。しかし、ここで紹介したような活動に参加する義務はいっさいない。学校と同じで、クラブ活動に参加する人もいれば、多趣味な人もいて、仕事に没頭できる静かな場所を求める人もいる。

第9章で説明した学習プログラムと同じように、コミュニティ意識を促進するこれらのプログラムも、形は見えにくいけれど強力な副産物があったことは予想外だった。2007年に始めた「アドバンスト・リーダーシップ・ラボ」は上級幹部が3日間集まるプログラムで、参加者が多様な顔ぶれになるように、勤務地や専門分野、性別、社会的および民族的背景、勤務年数などを幅広く取り混ぜる。最初のセッションに参加したステイシー・ブラウン・フィルポットは、当時はセールス部門のディレクターで、その後グーグル・ベンチャーズに移っていわゆる社内起業家となり、雑用請負仲介サイト「タスクラビット」のCOO（最高執行責任者）に転身した。最初のセッションから数年後、私たちはプログラムの立ち上げに参加した経験について話し合った。

「すてきな人たちに出会えました。会社にあれだけたくさんのすばらしい人がいて、いろいろなことをやっているなんて知りませんでした」と、ステイシーは言った。

「今でも連絡を取り合っている人は？」。

「いないわ」。

「でも……」。

「おかしいですよね。でも、誰かと連絡を取る必要を感じたことがないんです。彼らがそこにいると知っているだけでいいんです」。

その言葉を聞いて、私は子ども時代の記憶がよみがえった。A・A・ミルンの『クマのプーさん』で、プーと親友ピグレットのこんな場面がある。

ピグレットはプーに近づいて背中から声をかけた。「プー?」。

「なんだい、ピグレット?」。

「なんでもない」ピグレットはプーの手を握った。「きみがいるって確かめたかっただけさ」。

社内のネットワークやグループも、そこに存在すると知っているだけでも価値があるのだろう。

イノベーションを駆り立てる

これらの取り組みは、純粋に社会の役に立つだけでなく、社内にも変化をもたらす。人が思わぬかたちで集まると、必然的にイノベーションが刺激される。それが福利厚生プログラムの3つ目の目的だ。アマゾンのサイトではイノベーションに関する書籍が5万4950冊売られているが、そこに書かれている理論の多くは互いに競合し、あるいは矛盾している。グーグルの人事管理も数々のアプローチを採用しているが、最も顕著なものは、福利厚生と職場環境を利用して、創造性を刺激する「セレンディピティの瞬間」を増やす取り組みだ。

不動産・職場サービス担当副社長のデイヴィッド・ラドクリフは社内のカフェテリアのレイアウトを工夫して、利用者が並ぶ列の長さを調整し、「たまたま顔を合わせた」人のあいだで会話が弾みそうな雰囲気を演出している。

社内にはマイクロキッチンと呼ばれるコーナーが随所にあり、コーヒーや有機栽培の果物、スナック菓子を手に休憩できる。チェス盤を挟んでクッキーをつまみ、ビリヤード台のまわりで社員がおしゃべりや情報交換をしている姿がよく見られる。セルゲイはかつて、「社内のどこにいても半径60メートル以内に食べ物がある」と言った。しかし、マイクロキッチンの本当の目的は、ハワード・シュルツがスターバックスでやろうとしたことと同じだ。シュルツは、家でもオフィスでもない「第3の場所」が必要だと考えた。リラックスして、気分転換ができ、他人と交わる場所を提供しようというわけだ。わが社も、社員が自分のデスクとは見た目も感覚も違う空間で集まれるようにしたい。さらに、マイクロキッチンは、異なるグループの社員が顔を合わせやすいように配置されている。多くは2つのチームの境界線にあり、折に触れて互いのメンバーが顔を合わせる機会をつくる。少なくとも会話は弾むだろう。そこからこれまで考えもしなかったアイデアが生まれるかも

社内の随所にあるマイクロキッチン。これは特に すばらしいもの © Google, Inc.

しれない。

シカゴ大学の社会学者ロナルド・バートは、イノベーションは社会集団の「構造の隙間」で生まれやすいと指摘する。会社の部署と部署のあいだや、あまり交流のないチーム同士、あるいは会議室の隅で何も発言しない人のまわりには構造的なギャップが存在する。バートの言葉を借りれば、「社会的構造の隙間のそばにいる人ほど、すばらしいアイデアを持っている可能性が高い」。

会社の部署やチームのように緊密な社会ネットワークのなかにいる人々は、互いに似たアイデアや視点を持つことが多い。創造性は次第に息絶えるだろう。だが複数のグループが重なる空間で働く人は、緊密なネットワークのなかにいる人より優れたアイデアを思いつきやすい。その多くは独自のアイデアではなく、あるグループのアイデアを別のグループに応用するところから生まれる。

バートは次のように述べている。「創造性とは、生まれながらの才能や英雄的な偉業というイメージだろう……しかし、創造性は行ったり来たりのゲームだ。ゼロから何かをつくるゲームではない……アイデアの出所をたどることは、学問としてはおもしろくても、基本的に関係ない……ある場所ではよく知られている当たり前のアイデアが、別の場所に持っていくと新しい価値を見いだされる」。

グーグルが提供する仕掛けは、緩やかにお膳立てをした偶然の出会いだけではない。社内に絶えず新しい考えやアイデアを送り込む機会も設けている。たとえば「テックトーク」は、社員同士で最新の仕事をプレゼンテーションする。社外から著名な論客を招くこともある。これらのプログラムの概念を社内に広めたのは、グーグル16番目の社員スーザン・ウォジスキと、当時はセールス担当副社長で現在はフェイスブックのCOOを務めるシェリル・サンドバーグの貢献が大きかった。彼女たちは自分のネットワークと興味を活かしてさまざまな分野の人を招き、リーダーシップや女性問題、政治について講演してもらった。

2006年には社員が運営する最初の講演プログラム「オーサーズ@グーグル」が始まった。書籍のスキャンの開発チームを見学に来る作家が増えていることに気づき、もっと話を聞かせてほしいと頼んだのだ。最初のゲストはマルコム・グラッドウェルだった。

こうした取り組みが「トークス@グーグル」に発展した。作家や科学者、実業界のリーダー、パフォーマー、政治家など啓蒙的な人々をオフィスに招き、示唆に富む話を聞いている。アン・ファーマーやクリフ・レデッカをはじめ80人以上の有志の社員が運営に携わり、これまでに２０００人以上のゲストを迎えている。バラク・オバマ大統領、ビル・クリントン元大統領、女優で脚本家のティナ・フェイ、『氷と炎の歌』の作者ジョージ・R・R・マーティン、レディー・ガガ、経済学者のバートン・マルキール、女優のジーナ・デイヴィス、ノーベル賞作家のトニ・モリスン、ジョージ・ソロス、マイクロファイナンスの先駆者ムハマド・ユヌス、アーティストのクエストラヴ、作家のアン・ライス、ノーム・チョムスキー、デイヴィッド・ベッカム、ドクター・オズことマホメット・オズ。１８００人以上の講演が録画されており、ユーチューブの再生回数は延べ３６００万回を超え[*3]、チャンネルの登録者は15万４０００人以上にのぼる。社員の有志が20%の時間を費やす活動としては、悪くない成果だ。プログラムの究極の目標について、アンは次のように語る。「外部から創造的なアイデアを取り入れ、社員の情熱と混ぜ合わせて、世界中の数十億人のユーチューブユーザーとの対話へと広げていく。マルコムの言葉を借りれば、私たちはコネクターになりたいのです」。

外部からのゲストと、世界に広がる対話と、グーグル社内の話題について毎週開かれるテックトークが結びついて、創造性と刺激がつねに沸き立つ雰囲気が生まれる。そして、社員に日々の仕事から離れて想像力を充電する時間を与えている。

これだけの規模のプログラムは、小さな組織には手が届かないと思えるだろう。しかし、最初の一歩は誰にでも真似できる。すべての会社がノーム・チョムスキーを招くことはできないが、地元の大学の文学教授に声をかけ、デイヴィッド・フォスター・ウォレスの話をしてもらうことはできるだろう。弦楽四重奏団を招いて昼休みに演奏を聴き、腰痛を解消するアレクサンダー・テクニークの専門家に実演してもらうのもいい。しかもコストはかからない。

自分たちにできる範囲のことでも、思いもしない恩恵をもたらす。メン・タンは次のように述べている。

ジョン・カバット・ジンにマインドフルネス瞑想の話をしてもらった動画は、私が前回確認したときは180万回、再生されていました。ある視聴者から、動画に人生を救われたとメールが届きました。彼は自殺を考えていたときに、たまたま動画を見て……マインドフルネスの練習を始めました。鬱々《うつうつ》とした気持ちが晴れて、依存症も治り、大好きな仕事が見つかって、6年間で6回昇進した。今では人間関係も充実しているそうです。私にメールをくれたのは、彼が動画を見てから6年後だったのです。

＊3 https://www.youtube.com/user/AtGoogleTalks で視聴できる。

「イエス」を言うために

これだけさまざまな刺激や興奮がちりばめられたオフィスで、本当に仕事をしているのだろうかと思うのも無理はない。

確かに、ひとりの社員がすべてのプログラムに参加すれば丸1日かかるだろう。しかし実際は、すべてのサービスを利用する社員も、すべての講演を聴く社員もいない。勤務時間の20％ルールを誰もがすべて使いきるわけではないのと同じだ。ドライクリーニングを毎週利用している人もいるが、私は1度も使ったことがない。散髪はオフィスに来るバスに乗り込み、25分後には仕事に戻る。マックスとクワンの腕は確かだ。

たとえるなら、ショッピングモールのようなものだ。1度も入ったことがない店も多いが、すべての人が何かしら必要なものを見つけることができる。

グーグルで実施しているサービスやプログラムは、ほぼすべてが無料か、コストがかかっても安く、すべてが効率性かコミュニティ、あるいはイノベーションの創出に貢献している。いわゆる「金メッキの檻」だという批判もあるだろう。社員に便利さを提供するのと引き換えに、これまで以上に働かせ、会社に長く縛りつける罠だというわけだ。しかし、そのような見方はグーグラーのモチベーションだけでなく、グーグルのような企業に

プログラム	会社のコスト負担	社員のコスト負担	社員または会社への恩恵
ATM	なし	なし	効率性
官僚バスターズ（社内の申請手続きの簡素化）	なし	なし	効率性
gタレント・ショー	なし	なし	コミュニティ
ホリデー・フェアー	なし	なし	効率性
移動図書館	なし	なし	効率性
ランダムランチ	なし	なし	コミュニティ、イノベーション
TGIF	なし	なし	コミュニティ
自転車の修理	なし	あり	効率性
洗車とオイル交換	なし	あり	効率性
ドライクリーニング	なし	あり	効率性
美容院とサロン	なし	あり	効率性
有機食品の配達	なし	あり	効率性
コンシェルジュ	ごくわずか	なし	効率性
カルチャークラブ	ごくわずか	なし	コミュニティ
ERG	ごくわずか	なし	やるべきこと、コミュニティ、イノベーション
公平な福利厚生を目指す	ごくわずか	なし	やるべきこと
gキャリア（職場復帰のプログラム）	ごくわずか	なし	やるべきこと、効率性
マッサージチェアー	ごくわずか	なし	効率性
昼寝カプセル	ごくわずか	なし	効率性
洗濯機	ごくわずか	なし	効率性
子供の職場参観	ごくわずか	なし	コミュニティ
親の職場参観	ごくわずか	なし	コミュニティ
トークス@グーグル	ごくわずか	なし	イノベーション
電気自動車のレンタル	少々	なし	効率性
マッサージ	少々	あり	効率性
無料の食事	多い	なし	コミュニティ、イノベーション
送迎シャトルバス	多い	なし	効率性
託児所（補助金あり）	多い	あり	効率性

グーグルの社員プログラムの例 © Google, Inc.

おける仕事のあり方を根本的に誤解している。

無料の洗濯機がもたらす経済的価値について、私が具体的な数字を挙げない理由は、関心がないからだ。私は社会に出て働きはじめたころ、洗濯物をため込んでは、洗剤の箱を抱えてアパートの地下にあった共用の洗濯機まで降りていき、シャツを盗まれないように数時間、外出できなくていらいらしたものだ。実に面倒だった。それならオフィスの空き部屋に洗濯機と洗剤を置けば、社員の生活がちょっぴり楽になるではないか。社員や外部のゲストの講演も私は楽しんでいる。ドクター・オズが来たときは、エリック（当時はCEOだった）と私で経営幹部のミーティングにも招いた。ドクター・オズは社員のために少なくとも300冊はサインをしてから現れた。

社員をオフィスに縛りつけるために、甘い顔をして罠を仕掛けるつもりなどない。仕事のアウトプットがよければ、何時間働いたかは関係ないのだ。さらに、どこで仕事をしてもかまわない。もちろん、チームのメンバーが物理的に集まることは不可欠で、顔と顔を突き合わせることから優れたアイデアやパートナーシップが生まれる。しかし、午前9時から午後5時までオフィスにいる必要はない。もっと早く出社させる理由も、もっと遅くまでいるべき理由もない。好きな時間に出社して、好きな時間に帰ればいい。多くのエンジニアは午前10時まで姿を見せず、もっと遅い人もいる。しかし、彼らが退社した後、会社のシステムの稼働率が急増する時間帯がある。彼らが再びログインしているのだ。社員がどこで創造性を発揮するかは、会社が指図することではない。

社員をこれだけ甘やかすと、誰も転職を考えそうにないと思うかもしれない。しかし、そうでもないようだ。社員に直接聞いたところ、福利厚生が理由で会社に留まっているという人も、それを理由に入社したという人もいなかった。何か大きな秘密があるわけではない。グーグルが福利厚生や社内プログラムを実施するのは、（ほとんどが）簡単にできて、見返りがあり、適切なことだと思うからだ。

とはいえ、本当に誰でも真似できるのだろうか。

繰り返し説明しているように、一連のプログラムの大半はコストがかからない。社員に商品を売りたい業者を探し、ランチの店を決めて、講演のゲストを招く。それだけで誰もが得をする。

さらに、グーグルの社外から見ると秘密めいていたプログラムも、今や当たり前になった。ヤフーの「ＰＢ＆Ｊ（プロセス、ビューロクラシー＆ジャムズ）」は、グーグルの「官僚バスターズ（社内の申請手続きの簡素化）」にかなり似ている。ツイッター、フェイスブック、ヤフーもそれぞれＴＧＩＦを実施している。全社員が集まるという概念自体は、もちろんグーグルの発明ではないが、制限なしの質疑応答が大企業のあいだに広まっているのは壮観だ。月曜日にグーグルに来る美容室バスは、火曜日はヤフーにいる。ドロップボックスは２０１３年に初めて「親の職場参観」を開催。リンクトインも同年の11月7日に開催し、

60人以上の社員がニューヨークのオフィスに親を招待した。妊産婦を対象とするプログラムは業界全体で進歩している。社内の充実したカフェテリアは、今やシリコンバレーの常識となった。

ただし、これらのプログラムを導入する企業は、いまだにアメリカのシリコンバレーに限られているようだ。似たようなプログラムを検討している人のために、さまざまな分野の組織でユニークなプログラムが生まれない理由を考えてみよう。ひとつ目の理由は、費用がかかるという誤解だ。確かに機会費用（たとえば、ERGに費やす時間は「仕事」をしていない）がかかる場合もあるが、実際問題として、社員の離職率の低下と満足度の向上というコスト以上の見返りがある。2つ目の理由は、既得権をつくることを警戒するのだろう。ネイルサロンを社内に呼ぶと、中止したときに社員が怒るかもしれない。それもひとつのリスクだろう。しかしグーグルでは、社員にあらかじめ試験的なプログラムだと断り、価値が証明された場合だけ継続すると説明している。3つ目の理由は、社員の期待値が上がることを恐れるのだろう。きょうは「これ」を提供したら、明日は「あれも」欲しいと言い出すかもしれない。しかしこの場合も、問題が起きる前に、社員に本当の意図を説明すればいい。たとえば、地元の店で注文した商品が自宅に当日配達される「グーグル・ショッピング・エキスプレス」を始めた際に、会社からひとり25ドル分のお試しクーポンを配った。その後もときどき25ドルのクーポンを配ったが、毎回これはお試し用だと説明して、毎月25ドル分を無料で使えるわけではないことを強調した。したがって、クーポンの配布をやめたときも不満は出なかった。

４つ目の理由は、おそらく最も重要な理由だが、イエスと言うのに抵抗があることだ。外部の講演者を招きたいと社員に言われたら、会社はリスクを考えずにいられない。講演者が不適切な発言をするかもしれない、時間の無駄に終わるかもしれない、空いている部屋がない、忙しすぎる……。いちばんたちの悪い言い訳は、「自分が承認して何か問題が起きたら、巻き込まれるのではないか？」というものだ。ノーを言う理由を見つけるのはとても簡単だ。しかし、それは社員の声も新しいことを学ぶ機会も閉ざす間違った答えだ。

イエスと言う理由を見つけよう。

社員の提案を認めれば、より活気にあふれた楽しい職場になり、生産性が上がるという見返りがあるだろう。

セールス部門で働くゴピ・カライリは、音楽にのせてマントラを歌うキルタンのミュージシャンでもあり、インドの宗教音楽の一種である掛け合い（コール・アンド・レスポンス）を練習していた。私は彼からＣＤをもらい、後でお礼を伝えると返信が来た。

こちらこそ。楽しんで聴いてください。あなたやあなたの習慣とこの音楽が共鳴したら、ぜひ教えてください。先週月曜日に、キルタニヤスという国際的に活動しているグループのライブがありました。チャールストン公園の滝のそばでアコースティック演奏をする彼らを、私の月曜日のヨグラー［ヨガをするグーグラー］仲間が囲んでヨガをしました。グーグラーはとても気に入ってくれました。今回も、社員がおカネをかけずに実施した「オプティマイズ・ユア・ライフ（毎日を最適化する）」プログラムが成功しました。これこそ私たちのカルチャーの秘訣です。草の根の力です。サーカスのようにさまざまなパフォーマーが待っています。

社員がいちばん必要としているときに寄り添う

ただし、すべての試みが効率性とコミュニティとイノベーションの枠組みに収まるわけではない。純粋に社員の生活を向上させるためのプログラムもある。その時々にやるべきと感じたから実施してきたものだ。

人生で最も辛辣だがまぎれもない事実は、2人にひとりがパートナーの死に直面することだ。どのような状況でも恐ろしくてつらい経験だが、予想外に出くわすとさらに悲劇的だ。大多数の会社が遺族に死亡手当てを用意しているが、決して十分ではない。グーグルでは社員が死亡するたびに、残された配偶者やパートナーを会社として支える方法を模索してきた。

2011年からは、未行使のストックオプションに相当する金額を、残されたパートナーがすぐに受け取れるようにした。さらに、社員の死後10年間、給与の50％を支給する。子どもがいる場合は19歳になるまで（全日制の学生は23歳まで）、ひとりにつき毎月1000ドルを加算する。

ただし、これらの決定は、当初は社内でも公表していなかった。宣伝するのは不謹慎な内容にも思えた。グーグルに入社したい、グーグルを辞めたくないと思う理由にもしてほしくない。会社にとって恩恵はまったくない。やるべきことだと思ったから決めたのだ。

しかし、決定から1年半後、私は自分が間違っていたことに気がついた。『フォーブス』のミーガン・キャセリーのインタビューを受けた際に、私はこの制度について口を滑らせた。「グーグル社員の死後の世界」という絶妙なタイトルで直ちに配信された記事の反響はとてつもなく大きく、あっという間に50万件近いアクセスがついた。

他社の人事担当者から次々に問い合わせが来た。最も多かったのは、莫大なコストがかかるのではないかという質問だ。

決してそんなことはない。今のところ、会社としてのコストは給与支払い総額の約0・1％だ。アメリカの平均的な企業は、毎年コストの4％を給与の増額に使っている。3％が年次増加分、1％が昇給分だ。この3％を2・9％に減らす代わりに、グーグルのような遺族への保障制度を導入してほしいかと社員に聞けば、ほぼ全員がイエスと言うはずだ。

2012年に、グーグルの福利厚生部門に社員から匿名のメールが届いた。

私は癌を患い、半年に1回、再発していないか検査を受けています。いつ病状が悪化するか、わかりません。悪化したらどうしようと考えずにいられません。検査台に横たわりながら、私が死んでもストックオプションの権利を家族に残してほしいと、頭のなかでラリーに宛ててメールを書き綴っていました。

新しい死亡手当てに関するメールを読んだときは、涙がこぼれました。私の人生にこれほど思いやりのある感動的な配慮をしてくれる会社に、感謝を忘れる日はありません。今回の死亡手当てもそのひとつです。グーグルで働いていることを誇りに思うたくさんの理由が、またひとつ増えました。

新しい制度が発表された2週間後にも検査を受けました。もう頭のなかでメールは書きませんでした。

この制度の責任者がどなたかわかりませんが、すべての関係者に、私の心からの感謝を伝えてください。人生に大切な贈り物をいただきました。

新しい死亡手当てについて社員に発表しなかったのは、私の判断ミスだ。この匿名の手紙を書いた社員に忍び寄るストレスと不安に、考えが至らなかった。ほかの会社も影響を受け、同じような制度を検討するかもしれないということも、想像していなかった。

２０１１年には産休制度も変更した。アメリカでは当時、産休は３カ月が一般的だったが、グーグルは５カ月にした。それ以上に大きな変更は、産休と育児休業のあいだも給与とボーナスとストックオプションの権利を全額支給するようにしたことだ。さらに、新しく親になった社員には、生活を少しでも楽にできるように５００ドルのボーナスを支給している。たとえば、退院後最初の数週間は自宅に食事のデリバリーを頼むのもいい。

こうした制度も、データにもとづく決定だと思う人も多いだろう。本書で助言してきたように、社員の満足度や在職率、プログラムのコストを詳細に分析したうえで決めたのだろう、と。しかし、死亡手当てと同じように、産休と育休に関する変更も直感から生まれた。ある日、私は車で出勤する途中に、生後３カ月と４カ月の乳児はどのくらい違うのだろうと考えていた。専門家ではないが、わが子の成長ぶりは覚えている。赤ん坊がいろいろ反応しはじめるのは４カ月ぐらいからで、新米の親も咳やくしゃみのたびにパニックを起こさなくなり、時間が経てばうまくいくだろうと思えるようになる。私はオフィスに着くと、「制度を変えよう」と提案した。

データを確認したのはその後だ。

グーグルの女性社員は、出産後の離職率が会社平均の2倍に達することがわかった。産後12週間で仕事に復帰した母親の多くは、ストレスと疲労を感じ、ときどき罪悪感を覚えていた。しかし、制度を変更した後は、離職率の差はなくなった。多くの母親は、2カ月増えた余裕を活かしてゆっくり復帰できて、休業が明けたときに効率性も満足度も上がったという。

最終的に数字を計算すると、新しい制度を導入してもコストは増えないことがわかった。育休を2カ月延長するコストより、その社員の専門知識を会社が失わないことと、代わりの人材を採用して訓練する必要がなくなることで節約できるコストのほうが多かったのだ。

うれしいことに、フェイスブックとヤフーも、家族が増えた社員に似たような福利厚生を提供するようになった。さらに多くの会社が続いてほしい。第2章で説明したように、仕事には使命感が必要であり、自分の仕事を天職と思えることが大切だ。ゴピやアン、あるいは癌と闘う社員からのような感謝のメッセージほど、私たちの使命感を満たすものはないだろう。社員から不安や憂鬱を訴えられるのではなく、生活への支援や、彼らが最も助けを必要としているときに寄り添うことに感謝を伝えてもらえたら、自分の仕事に対する心構えがどれだけ変わるだろうか。

大きな費用をかけずに職場を特別な場所にした例で、私がとりわけ感動したのは、カリフォルニア州サンタクララにあるラ・メサ中学校のミシェル・クランツ校長だ。ミシェルは毎週月曜日の朝に、校門で生徒ひとりひとりに名前を呼びかけて握手をする。また、校内を歩くときは、「ポケットに『昼休みに先頭に並べる券』を忍ばせ、よいことをした生徒に渡す」。毎月の教員会議では、出席者が「Kudos」代わりのグラノーラバーを渡して「互いに認め合う機会」をもうけている。彼らはもうひとつ、個人的な称賛を受ける。ミシェルはすべての教職員の誕生日に手書きのカードを贈るのだ。

その結果、昼休みには生徒がミシェルのところに来て秘密を打ち明け、教師はかつてないほど協力し合うようになり、職員も献身的になった。10年以上前から働いているグラウンドの管理人は、誕生日のカードに感動して返事を書いた。「彼はとても感謝していました」と、彼女は私に言った。「定年まで一生懸命に働くと約束してくれたのよ」。

もちろん、彼女は感謝の手紙がほしかったわけではない。ささやかな思いやりと資源を投じるだけで、とてつもなく大きな結果をもたらすことができるのだ。

WORK RULES

効率性、コミュニティ、イノベーション

- □社員の生活の負担を減らす。
- □イエスと言う理由を見つける。
- □人生で最悪の出来事はめったに起こらないが、起きたときは社員に寄り添う。

第12章

ナッジ／選択の背中を押す

小さなシグナルが振る舞いを大きく変える。
生産性を25％向上させた1通のメール

古代ギリシャの地理学者パウサニアス（紀元後110年ごろ～180年ごろ）はデルフォイのアポロン神殿を訪れ、入り口の石に刻まれた格言を見つけた。「汝を知れ」。賢者の助言だが、実行するのは難しい。私たちは自分のことを知っていると思い込んでいるが、その自信が問題なのだ。ノーベル賞経済学者でプリンストン大学名誉教授のダニエル・カーネマンの著書『ファスト&スロー』によると、人間の脳には2つのシステムが備わっている。直感的で、衝動に動かされる速い（ファストな）思考をするシステム1と、

デルフォイのアポロン神殿
Photo Sphere image courtesy of Noam Ben-Haim

思慮深く、意識的で、データ主導の遅い（スローな）思考をするシステム2だ。大半の人はシステム1に依存しているため、自分は理性的だと思っていても、実際はそうではない場合が多い。

たとえば、5ドルはあなたにとってどのくらいの価値だろうか。5ドル安く買える店があれば、車で20分かけて出かけるだろうか。

1981年にカーネマンと共同研究者のエイモス・トヴェルスキーは、私たちにとってお金と時間の価値は一定なのだろうかと考えた。彼らは181人の被験者に次の2つの質問をした。

① あなたは125ドルのジャケットと15ドルの電卓を買おうとしている。しかし、支店に行けば電卓を10ドルで買えるという。支店までは車で20分。あなたは支店に行きますか？

② あなたは15ドルのジャケットと125ドルの電

卓を買おうとしている。しかし、支店に行けば電卓を120ドルで買えるという。支店までは車で20分。あなたは支店に行きますか？

あらかじめ断っておくと、これは1981年の実験だ。インフレ率を考慮すれば、現在では約3倍の金額になるだろう（もちろん、品物も時代に合わせて調整する必要がある。20歳未満の人は電卓がどんなものか知らないだろう。「今使っている携帯電話より大きくて重たくて、アングリーバードのゲームができない機種を360ドルで買えってこと？」と聞き返されるのがオチだ）。

実験の結果、68％の人は「15ドルの電卓を5ドル安く買えるなら20分かけて別の店まで行くが、125ドルの電卓を5ドル安く買うために同じ労力を費やすという人は29％だった」。どちらも5ドルの節約になるが、支払う金額に対して5ドルの占める割合が大きい場合だけ、実際に行動を起こすようだ。つまり、節約の内訳が人間の価値認識を変えている。

もう少し根本的な問題で考えてみよう。たとえば、あなたは自分の目の前にあるものが、どのくらい見えていると思っているだろうか。バロー神経科学研究所のスティーヴン・マクニック、スサナ・マルティネス＝コンデ、サンドラ・ブレイクスリーの共著『脳はすすんでだまされたがる』によると、人間の視力は実際はかなり貧弱だが、見えていない隙間を脳が埋めて、見えていると思い込んでいる（同書は手品師がこれを利用して私たちをだます手口を暴露している）。たとえば、こんな実験がある。

（トランプの）絵札だけを集めてよく切る。正面の少し離れたところにあるものを見つめ、そのまま目を動かさない。絵札を1枚引いて、片手を伸ばして持ち、周辺視野の端に入る位置で止める。手を伸ばしたままゆっくり体の正面に向かって動かす。絵札を見たい衝動を我慢して（我慢しているつもりになって）視点を固定していると、絵札が視野の中央に飛び込んでくるように見えるだろう。

同書は次のように説明する。「あなたの目が細部まで鮮明に認識できる範囲は、視界の中央の鍵穴程度の大きさだけで、網膜の表面積の0・1％にすぎない……視界の99・9％はゴミ箱同然だ」。私たちがそのように感じないのは、眼球が1つの注視点から別の点に素早く動くサッカードという運動のおかげだ。私たちの脳は「不鮮明な動きを編集」して、連続した映像という幻想をつくりだす。

ピンと来ない人は、ユーチューブで「selective attention test（選択的注意のテスト）」と検索してみよう。検索結果のいちばん最初に、イリノイ大学の心理学教授ダニエル・シモンズが投稿した動画が出てくるはずだ。話の続きは待っているから、まずは動画を見てほしい。

……

1分間ほどの動画だが、ほとんどの人は何が起きたか見逃しただろう（おかしなことが起きるかもしれないと、私が予告していたのに！）。私たちは自分のまわりで起きていることを見ているると思っているが、実際は見ていない場合があまりに多い。人間の頭脳の欠陥に関する文献は数えきれない。意思決定を歪める欠陥だけでなく、気がつかないから幸せに過ごせる欠陥もある。私たちは何も知らないまま、環境や他人、あるいは自分自身の無意識に誘導され、翻弄されている。鹿が森のなかで本能的にいちばん歩きやすい道を選ぶように、私たちは意識下の手がかりを頼りに人生を進んでいく。たとえば、高速道路を運転しているときに、速度標識をもとに意識して自分のスピードを決め、つねに速度計を確認するだろうか。それとも車の流れに乗るだろうか。高級デパートチェーンのノードストロームでは、店員がレジのカウンターの外に出て、品物を客に手渡しすることを義務づけている。そのほうが客は個人的な思いやりを感じるからだ（そして、これからもこの店で買いたいと思うだろう）。私はウエイターの仕事をしていたとき、客のかたわらにしゃがんで話しかけるようにしていた。頭上から見下ろすのではなく、目線の高さで接するほうが客も安心でき、私はチップが増えた。

2012年の秋に、ロンドンのバービカン・センターのカーヴ画廊で「レインルーム」と題したインスタレーションが展示された。ロンドンを拠点に活動するアーティスト集団「ランダム・インターナショナル」の作品で、翌2013年の夏にはニューヨーク近代美術館（MoMA）でも展示された。屋内の100立方メートルの空間で豪雨を人工的に再現し、

「レインルーム」 Courtesy of rAndom International

なかを通るとセンサーが人の動きを探知して、自分のまわりだけ雨がやむという仕掛けだった。

ロンドンでもニューヨークでも最長12時間待ちの長い列ができたが、レインルーム内の滞在時間はロンドンが平均7分だったのに対し、ニューヨークでは多くの人が45分以上だった。MoMAはひとり10分の時間制限を設け、長居をする人は係員に「そっと肩をたたかれた」。どちらも似たような都会であり、ロンドンの来場者のほうが関心が薄かったわけでもなさそうで、待ち時間は変わらなかった。何が違ったのだろう。

実は、ロンドンは入場無料だったが、ニューヨークはひとり25ドルだったのだ。第7章で、タスクに報酬を払うと内発的な動機と生産性が落ちることを説明した。何かが有料になると、人は無料のときとは違う見方をする。カネを払うと「もとを取りたい」と思う。MoMAは鑑賞時間の制限を呼びかけたにもかかわらず、彼らが望んだこととは正反対の振る舞いを引き起こすようなインセンティブを与えていたのだ。*1

空間の物理的なレイアウトも、私たちが自分では気がつかないような影響をもたらす。2011年に私はヒューレット・パッカードの本社を訪ねた。フロアには、背の高い茶色

*1　MoMAが時間制限を設けた目的は、できるだけ多くの人に入場してもらうためだろう。しかし、ロンドンを見てわかるように、入場を無料にすればその目的は達成できたようだ。一方で、MoMAの第1の目的が最大限の収入を得ることなら、まずまずの結果だった。開幕から47日間で5万5000人が来場し、入場料収入だけで137万5000ドルに達した。

マイケル・ブルームバーグ前ニューヨーク市長のオフィス

のパーティションで仕切られたキュービクルがどこまでも続いていた。隣の同僚に助言を求めやすい雰囲気ではなかった。そもそも隣の席が見えないのだから。

それに対し、通信社ブルームバーグの創業者で前ニューヨーク市長のマイケル・ブルームバーグのオフィスは、昔ながらの新聞の編集部を手本にしていた。アイデアや情報を交換するのに最適なレイアウトだ。

ブルームバーグ本人はど真ん中に陣取っていた。フロアにはキュービクルが連なってはいるが、ヒューレット・パッカードとはまるで違う。ブルームバーグの元社員クリス・スミスは『ニューヨーク』誌で次のように紹介している。「職場としては、なかなか慣れることができない雰囲気だろう……でも、市長がハイレベルな人々と打ち合わせをしている様子がどの席からも丸見えで、オープン・コミュニケーションの見本という触れ込みも、でたらめではないと気がつく。そして実際に機能している」。

これらの例に共通していることは、私たちは自分で思っているよりはるかに一貫性がなく、客観的でも公平でもなく、自分を正しく認識していないということだ。だからこそ、会社や組織がよりよい意思決定を手助けできる。

シカゴ大学のリチャード・セイラー教授とハーバード・ロースクールのキャス・サンスティーン教授は共著『実践行動経済学』で、私たちの脳の認知能力を利用して、社会を暮らしやすくすることができると述べている。同書は行動経済学の「ナッジ（nudge）」という概念を、「選択肢を排除せず、経済的なインセンティブを大きく変えることもなく、人々の行動を予測可能なかたちで変える選択アーキテクチャの要素」と定義する。「純粋なナッジとしての介入は、それを選択しないと判断することが容易で、かつ大きな犠牲を伴わない。ナッジは命令ではない。果物を目の高さに置くことはナッジであり、ジャンクフードを禁止することはナッジではない」。

言い換えれば、特定の選択肢を選べと命令するのではなく、選択する行為に影響を与えるのだ。ナッジは非倫理的で、ナッジがなければ望まなかったであろう選択を強制するという批判もある。しかし、果物を目の高さに置くことがナッジと見なされるのは、そもそも果物を目の高さに「置かない」という選択をしているからだとも言える。スコットランドの哲学者デイヴィッド・ヒュームはこの問題を、「である（is）と、であるべき（ought）」の混同として論じた。「である」から「であるべき」を導き出すことはできないという原理を、「ヒュームのギロチン（ヒュームの法則）」と呼ぶ。あることがある方法でなされた（is）からというだけで、その方法でなされるべき（ought）とは言えない。実際、多くのナッジは、不十分な選択によって健康や幸福が損なわれた現状を変えるためのものだ。

スーパーマーケットは、牛乳など頻繁に購入する必需品を店の奥に並べ、客は商品がずらりと並ぶ通路を歩いて売り場へ向かう。さらに、チョコレートバーのように利益率が高くて衝動買いをしがちな商品は、所定の売り場だけでなくレジの前にもある。そこで、チョコレートバーの代わりに果物をレジの前に置いてはどうだろうか。店にとっては利益率が低いが、客にとってはチョコレートバーを買うより確実に健康的だ。ただし、スーパーの目的は客の生活を向上させることではない。カネを稼ぐことだ。非情かもしれないが、利益が出なければ店は存続できない。近所のオーガニック食品専門店も毎月十分な利益を出して、給料や家賃を払い、翌月の仕入れをしなければならない。私の地元にある生協のレジの前に、有機栽培の手づくりピーナツバターカップ（蜂蜜入りで3ドル）があるのも仕方がないのだ。私がチョコレートバーの代わりにリンゴをかじりさえすれば、より健康になれるだけのことだ。

ナッジが暮らしをよくする可能性を理解して、現状維持にこだわる理由がないことを認めても、経営者がナッジを使って従業員を操作するという非情さは、やはり受け入れがたいところがあるだろう。自分が働いている「キュービクル農場」が無知や貧弱なプランニングの産物だとわかれば、それで十分なのかもしれない。ブルームバーグのオフィスが、よりオープンで協力的なチームをつくるために慎重に計算された試みだというところまでは、知らないほうがいいのかもしれない。自分が働いている部署や上司が、あるいは政府が、自分をだまして操作しようとしているなんて――。

一方で、ナッジはマネジメントのツールにすぎないとも言えるだろう。社員の幸せを高めることは、一般的なマネジメントの目標ではないだろう（実際に効果があるのだから、目標になってもいいはずだが）。マネジメントとは、社員の生産性を高めることにほかならない。営業実績と連動するボーナスや、オフィスに自然光を採り入れたら生産性が上がると考えることは、広い意味でナッジではないのだろうか。キュービクル農場は社員同士を引き離すための設計だと聞かされて、不穏な気持ちになるのはなぜだろう。

ナッジを警戒する理由は2つ考えられる。まず、頭脳明晰なエリートがひそかに私たちを操作しているという不安に駆られるからだ。

しかし、ナッジを秘密にする必要はない。透明性は、グーグルの企業文化の柱だ。たとえば、人事管理プログラムの実験をしている最中は、社員には基本的に公表しない。彼らの振る舞いに影響を与えかねないからだ。しかし実験が終わったら、結果と今後の方針を社内で共有する。

ナッジが警戒される2つ目の理由は、他人に束縛されない自由意思に限界があることを、思い出したくないからだ。ナッジは私たちの欲望や選択、さらにはアイデンティティに対し、あらゆる疑問を投げかける。エスカレードの新車が欲しいのは必要だからか、それともGMが2012年だけで広告に31億ドルを費やした成果なのか。[*2] 2012年の米市場ではコカ・コーラのシェアが17%、ペプシは9%だったが、MRI（磁気共鳴画像）検査を使った調査によると、人々は2つの味の区別がついていないという。私という人間が、生まれ育った環境と歴史の産物だとしたら、私の選択は完全な自由意志と言えるのだろうか。これらの疑問はあまりに奥が深く、本書のテーマをはるかに超えている。それでもひとつ言えるのは、自己像やアイデンティティが脅威にさらされたときに自己防衛をするのは、自然な反応だということだ。

グーグルはナッジを利用して、さまざまなかたちで社員の意思決定に介入している。その大半は学術研究を現実社会に応用している。ただし、人材イノベーション研究所（PiLab）のメンバーで博士号を持つジェニファー・クルコスキーは、「学術研究に頼りすぎると、大学2年生に関する話になってしまう。教授の実験の多くは、学生に5ドルの報酬で参加させているから」と笑う。そこでグーグルでは、説得力のある学術的な発見と私たちの独自のアイデアを組み合わせた実験を計画し、数千人の社員の日常業務にどのような影響を与えるかを確認している。このアプローチを参考にして、小さな会社でも大企業でも、私たちの洞察が役に立つことを願っている。

ナッジを実際に使う際は、人間性を重視して、思慮深さと思いやり、そして何よりも透明性を忘れてはならない。目的は、意思決定の自由を奪うことではない。熟慮に欠ける未熟な選択がもたらした環境を、自由を制限することなく、健康と富を高めるような構造に置き換えることだ。

ナッジは強制ではない。穏やかな気づきでも違いを生むことはできる。さらに、高い費用も入念な準備もいらない。タイミングと関連性を逃さず、実際に行動を起こさせればいい。

グーグルではナッジに関する業務の大半は、「オプティマイズ・ユア・ライフ（毎日を最適化する）」というプログラムで統括している。イヴォンヌ・エイジェイを中心に、プラサド・セティ（人事部門）とデイヴィッド・ラドクリフ（職場サービス部門。シャトルバスとカフェテリアも彼の管轄だ）のチームが協力している。そしてもちろん、社員のアイデアとインスピレーションに大いに助けられている。

新人を育てる／情報を伝えるナッジ

私たちはナッジを使って社員をより幸せに、より効率的にしたい。先に説明したとおり、

＊2　言うまでもなく、広告はグーグルの収益の柱だ。私は株主として、グーグルの広告費の恩恵を受けている。

たった1通のメールで、女性が昇進を自薦する割合が増えた。社員とともに働き方を改善していくために、適切なタイミングで助言や情報を提供する機会をつねに探している。

事実を伝えるだけでも変化は起きる。ある幹部チームは仲が悪いことで有名だった。一部のメンバーが一緒に仕事をすることを拒み、資源や情報を独り占めして間接的に攻撃することさえあった。しかし、業績管理のプログラムは効果がなかった。振る舞いに問題はあったが、メンバーひとりひとりは基本的にすばらしい成績をあげていたからだ。コーチングも時間がかかりすぎてうまくいかず、メンバーのうち2人は、チームの人間関係について自分の責任をまったく認めようとしなかった。「私が悪いわけじゃない。私を手伝おうとしない人たちのせいだ」。

そこで、四半期ごとに2つの質問についてチーム内で相互評価をさせた。「自分が協力を求めたときに彼/彼女は手伝ってくれたか?」「自分が協力できる場面や、チームの仕事に影響を与えられる場面があったとき、彼/彼女は協力を求めたか?」。全員がメンバーひとりひとりを評価して、集計結果を匿名のランキングにした。本人の順位は教えるが、ほかのメンバーの順位はわからない。最も手に負えなかった2人は当然ながら最下位に近く、落胆していた。そして、それ以上は介入しなくても、チーム全体で自ら協調性の質を高める努力をしたのだ。驚くことに8回の四半期を経て、好意的な評価は全体の70%から90%に増えた。

これは厳密にはナッジではないが、社会的な比較が機能した例だ。情報を簡潔に伝えたら、あとは個人の資質――協調性と利他的な意識――にまかせるだけで機能不全のチームが変わっていく様子は、興味深く、心強かった。「アップワード・フィードバック・サーベイ（UFS）」でもマネジャーに同じ効果が見られたが、チームを対象とした実験でうまくいったのは初めてだった。

しかし、そもそもチームとして理想的なスタートが切れていれば、機能不全に陥ることもなく、方向を修正する必要もなかっただろう。そこで、チームにとっても会社にとっても新しい社員――ヌーグラー――を対象に実験をした。

新規に採用した社員は、最初は会社の価値を損なう。たとえば、営業部にアイヴァンという新しいメンバーが加わったとする。年俸は6万ドル。営業の現場に出るまでの研修期間は、毎月5000ドルの人件費が出ていく一方だ。現場に出た後も、彼にかかるコストを生産性が上回るまでに時間を要する。研修のリソースや、助言する社員の時間も消費される。

これはグーグルだけの問題ではない。採用マネジメントの専門家ブラッド・スマートは著書『Topgrading（トップグレーディング）』で、上級職の転職は18カ月以内に半分が失敗に終わると指摘している。一方で、コンサルタントのオータム・クラウスによると、雇用市場の対極にいる時給労働者の半分が、新しく始めた仕事を120日以内に辞めている。

グーグルのマネジャーは以前から、チームに新しく加わったメンバーが慣れるようにさまざまな取り組みをしてきたが、どのアプローチが最も機能するかという合意が社内になかった。そのことが問題をさらに複雑にしていた。理想的な例とされてきたのは、2006年に上級副社長兼顧問として入社したケント・ウォーカーだ。彼はグーグルのスピードにひるまず、上級職としては異例の速さで会社に完全に溶け込んだ。上級職で入社した人の大半はたっぷり1年かかるところを、彼は半年で順応した。驚くほど謙虚で、好奇心にあふれ、自分のことをよく理解していた。[*3]

そこでマネジャーを対象に、ほんの小さな働きかけでヌーグラーに最大の影響を与えられることを教えようと考えた。マネジャーの貴重な時間を投資して、最大限の見返りを得るのだ。

試験的なプログラムとして、マネジャーが新規採用の社員を迎える直前の日曜日にメールを送信した。「プロジェクト・オキシジェン」〔第8章を参照〕で、成功するマネジャーの振る舞いについて8項目のチェックリストを作成したように、今回は5項目のリストを用意した。面食らうほど簡単な行動ばかりだ。

①仕事の役割と責任について話し合う。

②ヌーグラーに相棒をつける。

③ヌーグラーの社会的なネットワークづくりを手助けする。
④最初の半年は月に1回、新人研修会を開く。
⑤遠慮のない対話を促す。

そして、プロジェクト・オキシジェンと同じように目覚ましい改善が見られた。マネジャーがこのメールに従って働きかけたヌーグラーは、働きかけがなかった人より研修期間が1カ月短くて済み、25％速いペースで一人前の戦力になったのだ。たった1通のメールが、これほど大きな効果をあげた。

チェックリストはとても効果的だ。人を見下すかのように簡潔な内容でもかまわない。私たち人間は、最も基本的なことを忘れるときもある。第8章で紹介したアトゥール・ガワンデが考案した手術前の安全確認のチェックリストは全部で19項目。「患者に名前、部位（手術をする場所）、手順、同意の有無を確認する」という項目から始まる。2007～2008年に8カ所の病院[*4]で、延べ7728人の患者にこのチェックリストを使ったとこ

＊3　ケントの強みは、「とにかく人の話を聞いた」ことだ。ほとんどの人はバリバリと仕事をしたくてグーグルに入るが、グーグルの仕事のやり方を理解せずに苦戦する。新しいリーダーは3カ月から6カ月目あたりに「グーグル・クライシス」を経験する。ボトムアップで協力するというグーグルの文化では、頭ごなしに命令してメンバーが整列するのを待っていても意味がないことを、ようやく理解するのだ。この教訓は現在、ヌーグラーの第1週目のオリエンテーションに取り入れている。

ろ、合併症の発生率は11％から7％に、死亡率は1・5％から0・8％と約半分に、それぞれ減った。チェックリストのおかげだ。

もちろん、新人教育のリスクは外科手術よりはるかに小さい。マネジメントに失敗しても死ぬ人はいない（魂が死にかける人はいるだろう）。とはいえ、マネジャーに5項目のチェックリストを渡すだけでは不十分だ。関連性が高くて簡単に実行できるリストを、適切なタイミングで渡す必要がある。新顔を迎える前夜は絶好のタイミングだ。マネジャーはどうすればいいかと悩んでいただろうから、関連性の高い内容でもあった。ただし、行動に移させるのは少々厄介だった。

まず、信憑性のあるデータが必要だ。メールには学術論文の引用や社内調査の結果、基本的なデータを示した。グーグラーはデータ主導型なのだ。そのうえで、マネジャーの裁量に任せる部分もあることを強調した。グーグラーは聡明だが多忙でもある。ゼロからやり方を考えさせたり、新しい行動を習得させたりするより、明確な指示を与えたほうが手間も省ける。余計な時間を取られそうだから実行したくない、と思う人も減るだろう。バラク・オバマ米大統領も自分が考えなければならない事柄を限定して、重要な問題に集中できるようにしている。大統領に話を聞いた作家のマイケル・ルイスは『バニティ・フェア』に次のように書いている。

「『私はグレーか青のスーツしか着ない』と（オバマ大統領は）言った。『決断を身軽にしておきたい。食べるものや着るものについて考えたくない。ほかに決断しなければならないことが多すぎるからだ』。大統領は、決断する行為が将来の決断能力を低下させるという研究に言及した。だから買い物はくたくたになるのだ。『意思決定のエネルギーは、ここぞと言うときに使うべきだ。自分をパターン化すること。些細なことに気を取られていたら、仕事が終わらない』」。

マネジャーに提示したヌーグラーに関するチェックリストのうち、最初の項目は次ページのとおりだ。すぐに参照できるリンク先も添えた。

ここまで具体的な指示は、少々子ども扱いしていると思えるかもしれない。しかし実際は、義務感から解放されたとマネジャーたちに喜ばれた。誰もが生まれながらのマネジャーではない。やるべきことを具体的に指示することによって、彼らのやるべきことリストから厄介な項目がひとつ減る。考えるべきことが減って、行動に集中しやすくなるのだ。最近も、入社直後のオリエンテーションを担当するチームに、あるマネジャーから感謝のメッセージが届いた。「あなたがたのチームが構築したオペレーションは実にすばらしい！　あのメールが……新人研修の情報に関するメールがすべてを象徴しています。やりやすくしてもらえて、本当に感謝しています」。

＊4　アンマン（ヨルダン）、オークランド（ニュージーランド）、イファカラ（タンザニア）、ロンドン（イギリス）、マニラ（フィリピン）、ニューデリー（インド）、シアトル（アメリカ）、トロント（カナダ）の病院で実施した。

1　役割と責任について話し合う

仕事の内容を明確に理解することと満足度が関連していることは、実証されている。グーグルでも、自分の仕事の展望を理解していない新卒社員は理解している人に比べて、1年以内にグーグルを去る確率が5倍に達することがわかっている。**あなたはどうすればいいか**。まず、ヌーグラーが配属された最初の週にミーティングを行う。話し合う内容を書き出しておくといいだろう（雛型はこちらを参照）。ヌーグラーにいくつか質問をする。　1）OKRとは何か。最初の四半期のOKRをどのように設定するか。　2）ヌーグラーの役割を、会社やチームの目標とどのように結びつけるか。　3）最初のPerf［パフォーマンス・マネジメント］の面談はいつにするか。ヌーグラーの評価をどのように決めるか。

チェックリストの最初の項目

上のメールを詳しく見ていこう。最初の文章は、ポートランド州立大学のタリヤ・バウアー教授の研究に言及している。バウアーは、幸せと効率性をもたらす要因と、仕事における最初の経験との関係について、説得力のある研究を行っている。2つ目の文章は、グーグルでも同じ影響が見られることを説明している。自分の仕事の展望を理解していない新卒社員は、離職率が5倍高くなるのだ。

続けて、かなり具体的なステップを説明している（チェックリストのなかのチェックリストだ！）。雛型へのリンクを張るだけでなく、忙しすぎて（あるいは面倒で）クリックをする時間さえない人のために、きっかけとなる質問の例を挙げた。

チェックリストの残り4項目も、それぞれ似たような流れで説明している。すべての働きかけは、ヌーグラーが自分の支えとなるネットワークを築き、明確なコミュニケーションの基準を学べるように手助けするためだ。メールは全体で1ページ半にまとめた。読もうと思わせる最適の長さだろう。そして、見事な成果をあげた。

ここまではマネジャーを対象としてきたが、新しく入った社員に直接、働きかけるにはどうすればいいだろうか。人が会社やチームに加わる過程に注目したところ、誰かが「船に乗せてくれる」まで、黙って待っている人ばかりではない。自分から同僚に歩み寄り、会社のリソースを求め、質問をして、ランチの約束をしてネットワークづくりをする人もいる。このように度胸のある積極的な人は、より短期間で効率的な戦力となり、文化適応の実験でもスコアが高い。

私たちは次の実験として、ヌーグラーのオリエンテーションに15分間の講習を追加し、一部の人に受講させた。彼らには積極的に行動することの大切さと、必要なインプットを得るための5つの行動指針を教えた。そして、これらの行動がグーグルの起業家精神といかに一致するかを繰り返し説明した。

①質問する。とにかく質問する！
②マネジャーと定期的な面談（1対1）をする。
③自分のチームについて知る。
④積極的にフィードバックを求める。待っていてはダメだ！

⑤挑戦を受け入れる（リスクを選んで失敗を恐れない。失敗してもほかのグーグラーが助けてくれる）。

2週間後、講習を受けたヌーグラーは5つの行動指針を確認するメールを受け取った。

ユーザーのためにデザインする際は、求める結果を得るために必要な範囲で、最も簡潔で最も洗練されたプロダクトをつくる。人の行動を変えようというときも、50ページの学術論文や偉そうな講釈、400ページの本は必要ない。

最高のパフォーマンスと最低のパフォーマンスの違いを検証して、優れたパフォーマンス（この場合は積極性）を引き出す資質を特定する過程で、一般的な法則が見えてくる。積極性を体現する行動をすべての社員に真似させ、そのような行動が苦手な人にも広める工夫をすればいい。そして最後に、これらのアプローチがもたらす影響を忘れずに測定する。

第5章でも述べたとおり、誰もが自分は人の話を聞いて評価をすることが得意だと思っている。しかし当然ながら、本当に優れている人は数えるほどで、残りの人のスキルは標準的なレベルにすぎない。一方で人事部門には、マネジメントと人間関係のあらゆる面について、自分たちが最も優秀だという自負がある。そのため人事管理のプログラムは、担当者の直感をもとに構築されがちだ。こうして、平均的な品質のマネジメント制度が、平均的な結果を生みつづける。

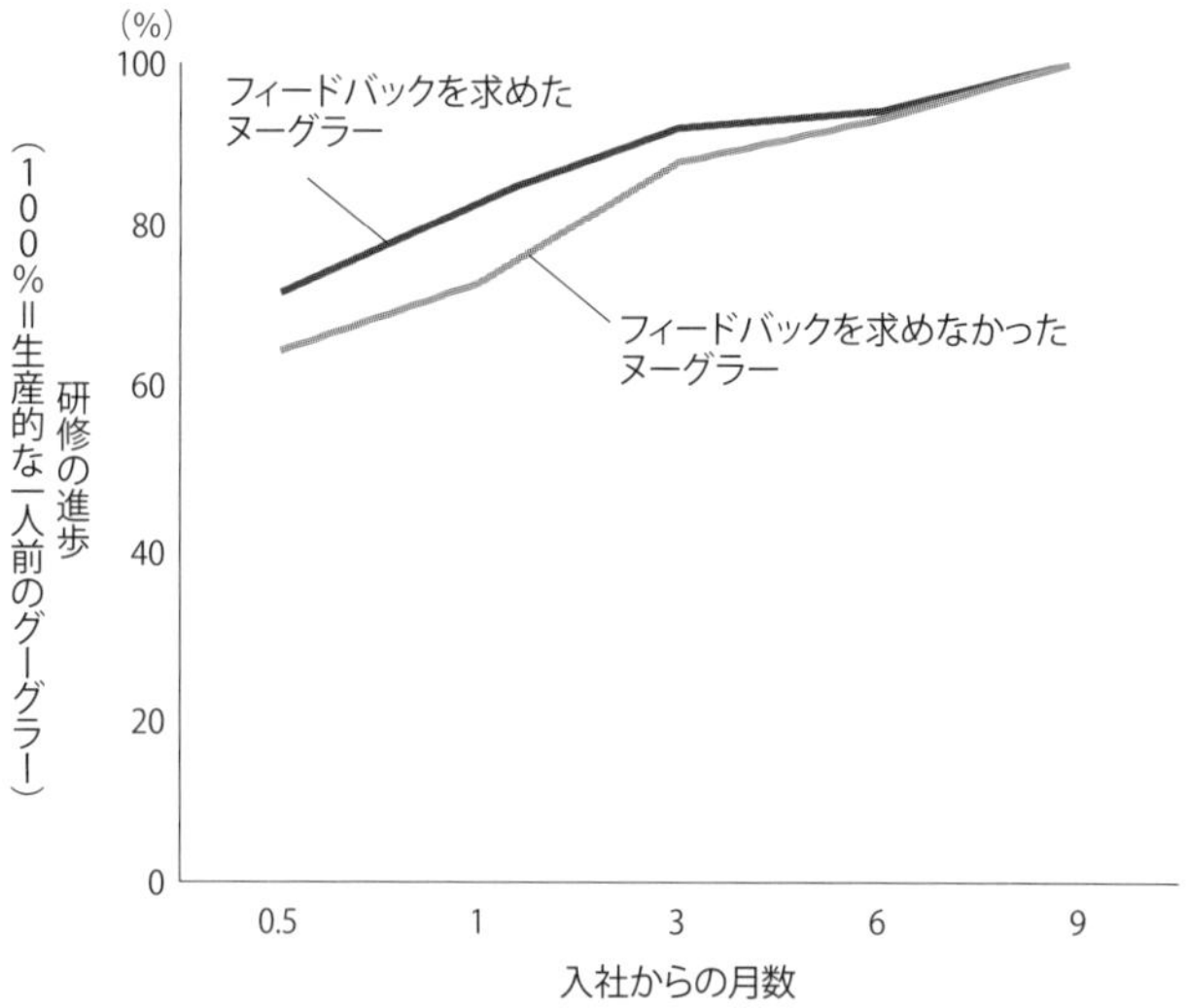

ヌーグラーが生産的な戦力に成長するまで

しかしうれしいことに、マネジメントと人間関係のスキルは学んで向上させることができる。肝心なのは、相手に注意を払うことだ。

この実験では、ナッジを得たヌーグラー（実験群）はナッジを得なかったヌーグラー（対照群）と比べて、頻繁にフィードバックを求め、短時間で生産的な社員に成長し、自分のパフォーマンスをより正確に把握していた。一方で、入社から1カ月間に積極的な行動を身につけようと努力するレベルは、積極性を最も必要とする人――あまり積極的な性格ではない人――のほうが15ポイント高かった。

積極的にフィードバックを求める人と求めない人が会社全体の生産性にもたらす差は、最大で2％に達する。簡単に言えば、社員50人につき1人は、トレーニングのコストが相殺される「タダで手に入れた社員」だ。グーグルの場合5000人につき100人となる。15分間の講習と1通のメールの見返りとしては悪くない。

ヌーグラーにナッジを与えることは、マネジャーへのナッジを補う効果もある。上司がチェックリストの内容を思い出せないときも、ヌーグラーが覚えているだろう。このアプローチは日本の「ポカヨケ」を手本にしている。ポカヨケは工場などの製造ラインでミスを防止する――ポカをよける――仕組みで、1960年代にトヨタ自動車で技術者の新郷重夫らが基本的な概念を構築し、現代の製品にも幅広く採用されている。たとえば、自動車はシートベルトを締めないと警告音が鳴る。iPodシャッフルはバッテリーを節約するために、ヘッドフォンのプラグを抜くと自動的に電源が切れる。クイジナートのフードプロセッサーは蓋を完全に閉めないと電源が入らない。ヌーグラーの生産性を向上させるプログラムについても、ミスを最小限に抑えるため、指導する側とされる側の両方に確認をさせる。

ヌーグラーとマネジャーへのナッジは、新人研修に関するほかの改革とともに、「一人前の生産性を実現するまでにかかる時間」の短縮につながった。

私たち人事部がもうひとつ頭を悩ませていたのは、講義やトレーニングに登録しながら出席しない社員が多かったことだ。2012年上半期の欠席率は30％にのぼった。定員オーバーで順番待ちが発生しているのに、席が半分空いたまま実施していたのだ。そこで、

4種類のメールで注意を喚起した。たとえば、ほかの社員の機会を損ないたくないと訴えるメールには、順番待ちの社員の顔写真を添え、ドタキャンで誰に迷惑をかけることになるかがわかるようにした。グーグラーとしての意識に呼びかけ、「グーグルらしく」適切な振る舞いをしようと促すメールもあった。これらのナッジには、当日の欠席者を減らすとともに、事前に登録を取り消す人（すなわち別の社員が出席できる）が増えるという二重の効果があった。

ただし、それぞれのナッジがもたらした具体的な影響は違った。順番待ちの社員の写真を添えたメールは、出席率は10％向上したが、事前の登録取り消しはあまり増えなかった。「グーグルらしさ」に訴えるメールは、事前の登録取り消しがナッジのなかで最も多い7％増となった。今ではこれらのナッジをすべての事前通知に取り入れ、全体の出席率は向上し、順番待ちのリストは短くなっている。

ナッジは社内の基準を変える際にも役に立つ。グーグル社内で共有している情報量を考えると、建物へのアクセスの管理はきわめて重要だ。シリコンバレーでは、侵入者にノートパソコンや電子機器を盗まれたという話や、会社のシステムに侵入を試みた人がいるという話はめずらしくない。このような事態を防ぐため、建物の外に通じるドアはすべて、社員証を読み取り機で確認している。しかし、グーグルには礼儀正しい友好的な文化があり、ドアを押さえてほかの人を先に通す。そうしなさいと親に教わったからだ。そこで、

"tailgator"は通行を認められている人の同伴者を装って侵入すること
Courtesy of Manu Cornet

相手を通す前に社員証（クリップでベルトに挟んでいる人が多い）を互いに確認しようと、社員にメールで呼びかけた。しかし不作法で野暮ったいと思われたのだろう。実行する人はあまりいなかった。そこでセキュリティ部門は、建物の外に通じるすべてのドアに上のようなステッカーを貼った。

他愛もないイラストだからこそ、すべてのドアに貼ったからこそ、きっかけになったのだろう。相手に社員証を見せてもらうことは失礼ではないという雰囲気が生まれ、窃盗と許可のない侵入の件数が減った。グーグルのオフィスの入口で、あなたのためにドアを押さえてくれる人は、あなたの腰のあたりをちらりと見るはずだ。心配しなくていい。通行手形を確認しているだけだから。

貯金はコツコツと／裕福になるナッジ

2000年にダートマス大学のスティーヴン・ヴェンティ教授とハーバード大学ケネディ行政大学院のデイヴィッド・ワイズ教授が、退職時に世帯の資産に差が出る理由を検証した興味深い論文を発表している。

収入は明らかに大きな要因だ。30年間の収入が多いほど、貯蓄も多いのは当然だ。医師は基本的に、バリスタより退職時の貯蓄が多いだろう。

ヴェンティとワイズは、米社会保障局が発表した1992年の生涯所得の統計にもとづき、全米の世帯を10等分した（デシル分析）。生涯所得が少ない順に、最下層の10％が第1デシル、次の10％が第2デシルと続き、所得が最も多い最上層の10％が第10デシルとなる。第5デシルの世帯の生涯所得は74万1587ドルで、第1デシル（3万5848ドル）の20倍以上、第10デシル（163万7428ドル）の半分以下だった。[*5]

しかし、それだけではなかった。同じデシルのなかで似たような生涯所得の人を比較しても、資産の額に驚くほど差があったのだ。

たとえば、第5デシルの生涯所得は平均74万1587ドルだが、蓄えた資産――貯蓄、投資、住宅――は1万5000ドルから45万ドルまで大きな幅があった。ほぼ同じ生涯所得ながら、最も裕福な世帯は最も裕福ではない世帯に比べて、最大30倍の富を蓄えているのだ。次のグラフはそれぞれのデシルについて、生涯所得と蓄えた資産の差を示している。生涯所得が最も少ない第1デシルは、所得の大部分が公的な支援によるものだが、15万ドルを貯める世帯もいる。収入レベルを考えるとかなりの自制心が必要であり、その努力に感嘆させられる。

これほどの差がどうして生まれるのだろうか。家族に辣腕の投資家がいるのか、それとも世帯の人数が少ないのだろうか。遺産が転がり込んできたのだろうか。ギャンブルやリスクの高い投資で高額の配当金を手にしたのだろうか。資産が少ない世帯は、家族が大病をして医療費がかかったのだろうか。あるいはキャビアが好物とか?

これらの要因は、いずれも大した影響はない。

ヴェンティとワイズは、「ばらつきの大半は選択による。若いうちに貯蓄する人もいれば、貯蓄しない人もいる」と説明する。スタンフォード大学のダグラス・ベルンハイム教授のグループも、「目の前の収入を使いたいという衝動をどこまで自制できるかは（世帯によって）異なる」という結論に至っている。

これらの指摘に、私は懐疑的だった。当たり前すぎると思ったのだ。金持ちになる秘訣が、結局は若いうちに貯蓄に励むことなのか。しかし、偶然の経済的成功や、所得に関係

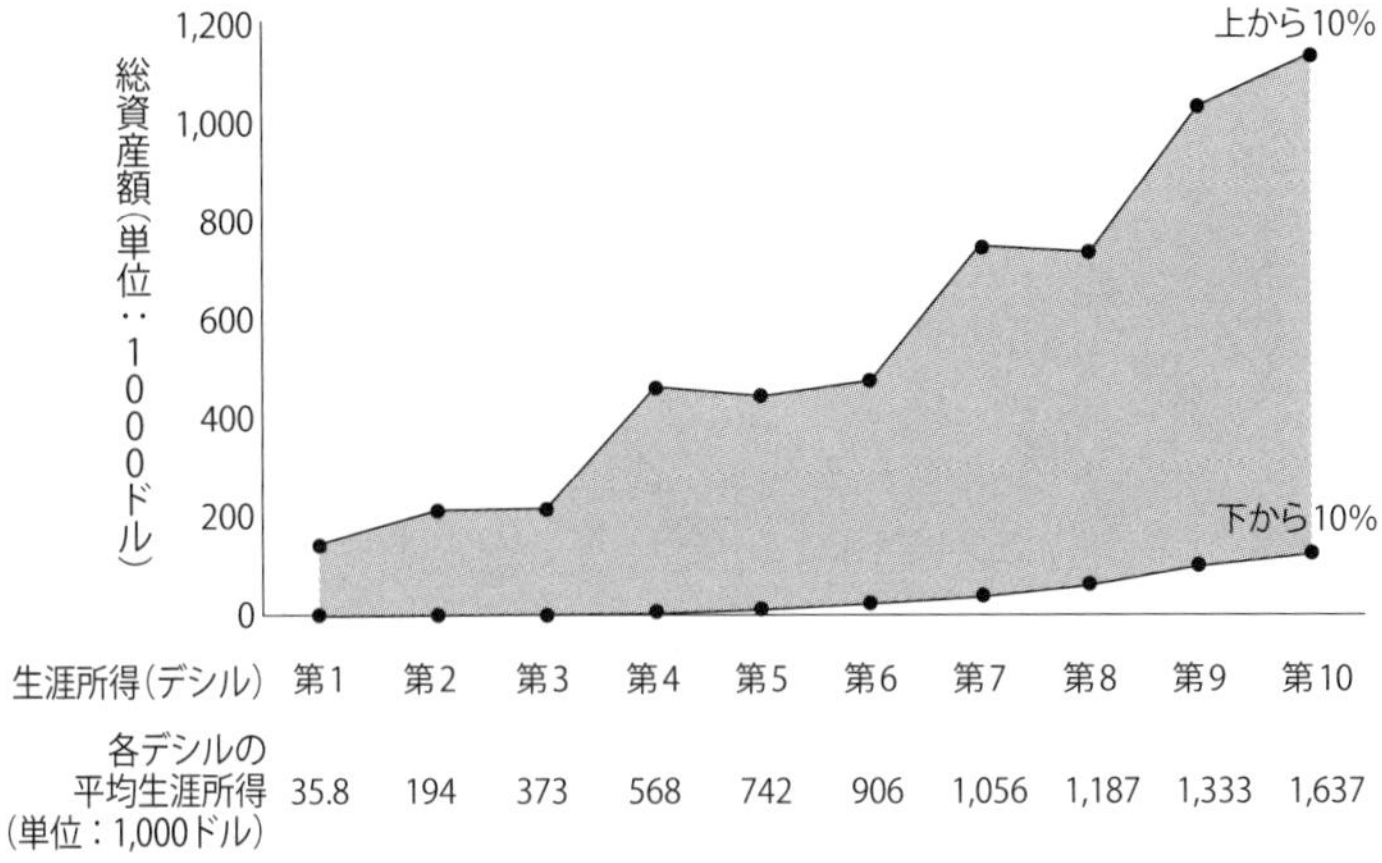

生涯賃金と資産の関係

なく誰もが苦しむ人生の悲劇がもたらす影響を調整した後のデータを見ても、低所得層には不釣り合いなほど富を蓄積する人が確かにいる。

この疑問に、ベルンハイムがひとつ手がかりを示している。「たとえば、退職前に貯蓄に励むかどうかを直感に近い経験則で判断するなら……（富の蓄積は）一定のパターンをたどるだろう」。言い換えれば、若いうちから貯めればそれなりに貯

＊5　所得データはいくつかの理由から、全体に少なめの数字となっている。①サンプルが51～61歳で、大半の人は収入がまだ増える（資産もそれだけ増える）。②収入がゼロ（たとえば専業主婦）の人も含まれている。③社会保障給付金など政府からの無償給付が含まれていない。たとえば、１９９２年にアメリカでは人口の約10％が連邦政府から食費の補助を受けているが、この統計では所得に含まれていない。④所得が最も高い層は、収入のうち５万５５００ドルを社会保障税として徴収されるため、生涯所得が低く見積もられている。⑤社会保障局のデータは１９９２年のもので、分析した結果は基本的に変わらないが、２０１４年の貨幣価値で換算すると額面が約69％増しになる。

まるといった当たり前のルールは不変なのだろう。*6

このように、若いころからの貯蓄は退職時の資産を左右する最大の要因となる。若い世帯の貯蓄率を上げるためには、従来の習慣のいくつかを排除することも必要になる。イェール大学のジェームズ・チョイ教授、ペンシルヴェニア大学のケード・マッシー教授、グーグルのジェニファー・クルコスキー、バークレイズ銀行のエミリー・ヘイズリーは共同論文で次のように指摘している。「世帯の富の蓄積について、個人が生涯に経験する貯蓄を促すきっかけの違いがもたらす差は、決して小さくないだろう」。つまり、入手できる情報のほんの小さな違いが、人の振る舞いを大きく変える場合もある。

これを確かめるために、ジェニファーはチョイとマッシーの協力を得てグーグルで実験を行った。目的は、小さなナッジを使って社員の退職時の資産を増やすことだ。

アメリカの企業では401(k)と呼ばれる確定拠出年金が主流だ。2013年に内国歳入法典は、賃金からの天引きによる年間拠出限度額を1万7500ドルと定めた。拠出金や運用益への課税は退職時まで繰り延べされる。グーグルは8750ドルを上限に、社員の拠出額の半分を無償で上乗せするマッチング拠出を行っている。

すべての社員が401(k)に加入しているわけではない。もちろん、誰もが毎年1万7500ドルを年金に回す余裕があるわけでもないが、余裕がある人でも加入率は100%をかなり下回っていた。

普通に考えれば、年金より優先しなければならない出費がある人や、もっと自由にカネを使いたい人もいる。引退ははるか先の話だと思っているかもしれない。しかし、ジェニファーたちの考察が正しければ、これらは本当の要因ではない。適切なタイミングにナッジがあるかないかの違いだ。

2009年に、401(k)の年間拠出額が限度額に達しておらず、今後も増やしそうにない5000人以上の社員は1通のメールを受け取った。メールには本人の1年間の拠出金と運用実績とともに、次の4つのメッセージのいずれかが記されていた(①は実験の対照群となる)。

① 通常の401(k)の説明。
② ①の説明と、拠出金を1％増やした場合の予想。
③ ①の説明と、拠出金を10％増やした場合の予想。

＊6　脚注ではなく詳細に議論するべきテーマではあるだろう。若いころの貯蓄が生涯の富に及ぼす影響は、予想を裏切るほど大きいのだ。たとえば、25歳のときに55歳で退職する計画を立てて貯蓄を始め、年率8％で投資をする場合、毎月わずか110ドルの貯金で15万ドル以上貯まる。毎月の貯金額を180ドルに増やせば、10年で同じ額が貯まる。一方で、45歳から貯蓄を始めた場合、55歳までに15万ドルを貯めるには毎月460ドル必要だ。早めに貯蓄を開始して、できるだけ多く貯めて、貯蓄には手を付けないこと。複利で運用すればさらに強力だ。幸せな隠居生活を送るか、生涯働きつづけるか。そのくらい大きな差になる。

④　①の説明と、拠出金を給与の最大60％まで増やせるという通知。

予想外だったのは、すべてのメールが何らかの行動を引き起こすきっかけになったことだ。メールを受け取った社員の27％が拠出金の割合を増やし、受け取ったメールの種類に関係なく、拠出額が給与に占める比率は8・7％から11・5％に上昇した。運用益を年率8％と仮定すると、この年の拠出金だけで年金基金は総額3200万ドル増える。彼らがグーグルで働きつづけ、給与に対する拠出額の比率をキープすると、退職時の積み立て額は26万2000ドル増えるだろう。さらに、拠出額の比率が最も低かった人々が、拠出金を最も多く増やしていた。彼らの増加率は対照群より平均で60％高かったのだ。ある社員からは、「ありがとう！　自分の積み立てがこんなに少ないとは思ってもみませんでした！」と感謝のメッセージが届いた。

その後は毎年、ナッジを発信して、社員の貯蓄をさらに増やす働きかけを続けている。そして毎年、社員の貯蓄は増えている。

ナッジそのものは安上がりだが、マッチング拠出は続けているため、会社としての支出はかなり増えている。私が喜んで使いたい類のおカネだ。

シカゴ大学のリチャード・セイラー教授とUCLA（カリフォルニア大学ロサンゼルス校）のシュロモ・ベナルツィ教授は、さらに詳細な実験を行っている。彼らは3つの会社――

匿名の中規模の製造会社、中西部の鉄鋼会社イスパット・インランド、フィリップス・エレクトロニクスの2つの部署――に、定期昇給前に年金拠出額の割合を変更する機会を示した。この「セーブ・モア・トゥモロー」プログラムには4つの条件があった。

① 定期昇給のかなり前に、拠出額の割合を増やすかどうか確認する。
② 拠出額の変更は、昇給後最初の給料日から有効となる。
③ 拠出限度額に達するまで、定期昇給のたびに拠出額の割合を増やす。
④ 拠出額の増額は、本人の意思でいつでも中止できる。

その結果、4回の定期昇給のあいだにプログラムを提案された社員の78％が参加して、そのうち80％が継続した。延べ40カ月で、拠出額の割合は平均で給与の3・5％から13・6％に上昇した。

数字だけでも驚くべき結果だが、グーグルとは会社の背景が大きく異なることを考えれば、さらに注目に値する。3つの会社はいずれも、昔ながらの組織で昔ながらの社員が働いている。その環境でこれだけ大きな影響が生じるのだから、説得力があるだろう。社員が蓄えを増やして退職後に備えるための働きかけは、ほとんどの企業や組織で十分に可能なのだ。ちょっとしたナッジがあればいい。

健全なる精神は健全なる肉体に宿る*7／健康促進のナッジ

2013年に人事部門のトッド・カーライルは、サンフランシスコのコモンウェルス・クラブの会合で、わが社の究極の採用スローガンは「グーグルで働いて長生きしよう」だと紹介した。

決して冗談ではない。

グーグルでは何年も前から「オプティマイズ・ユア・ライフ」の一環として、社員の人生を長さも質も向上させるためにさまざまなアプローチを試している。

食事と軽食を無料で提供していることは、学術研究にもとづく考察が現実の世界にあてはまるかどうかを確認する実験にうってつけだ。カフェテリアは基本的に1日2食（朝食と昼食か、昼食と夕食）。セルフサービスのマイクロキッチンにはつねに飲み物（炭酸飲料、ジュース、お茶、コーヒーなど）と軽食（果物、ドライフルーツ、クラッカー、チップス、ダークチョコレート、キャンディなど）がある。

オフィスの規模によって異なるが、社内にジムや診療所があり、カイロプラクティクスや理学療法、パーソナルトレーニング、エクササイズとヨガとダンスの教室を利用できるほか、ボウリング場もある。医療サービスとパーソナルトレーニングの料金は社外と同じレベルだが、施設や教室は誰でも無料で利用できる。これらの福利厚生の多くも実験的に導入しているものだが、ここでは食べ物に注目したい。食べ物は、私たちの衝動が意識的な思考を凌駕することを、最も簡潔かつ原始的に証明する。食べ物に関する実験から得た洞察の大半は、より大きな問題に直接つながっている。周囲の物理的な空間がいかに私たちの行動を形づくるか、いかに多くの意思決定が無意識に行われているか、小さなナッジがいかに大きな影響をもたらしうるか。これらの問題に直接、答えてくれるのだ。

食べ物に注目するもうひとつの理由は、健康と寿命に影響を与える要因のうち、食習慣はコントロールできる最も大きな要因だからだ。アメリカでは成人の3分の1以上が肥満――米疾病予防管理センター（CDC）の定義でBMI（ボディマス指数）が30以上――で、肥満の治療と対策に毎年約1500億ドルの医療費が費やされている。体重過多（BMIが25～29・9）を含めると、アメリカ人の69％が該当する。BMIは身長と体重の関係を表す指数だが、決して完ぺきな物差しではない。たとえば、筋肉が平均より発達している人はBMIで体重過多と判定されやすいが、筋肉はほかの体内組織より密度が濃い。しかし、議論の出発点としては手軽に計算できる。自分のBMIを知りたい人は、インターネットを検索すれば計算式がすぐに見つかる。

＊7　古代ローマの詩人ユウェナリスの『風刺詩集』より。

健康管理は、特に体重の管理は、不可能なタスクに思える要素がそろっている。努力の結果がなかなか表れず、経過が目に見えにくいため、前向きなフィードバックをほとんど得られない。持続的な意思の力が必要だが、そんな力には限りがある。さらに、私たちはもっと消費しろという社会的な圧力とメッセージを浴びつづけている。ロブ・ロジェロ（私がコネチカット州スタンフォードにあるマッキンゼーのオフィスで働いていたときの責任者だ）はかつて、最も利益を生む英語は、「フライドポテトをおつけしますか？」だと言った。

本書は減量指南の本ではないし、私は健康と栄養学の専門家ではない。しかし、グーグルで導入したアプローチのおかげもあって2年間で体重を約14キロ落とし、現在もキープしている。あなたの会社に食堂がなくても、休憩室や自動販売機、小さな冷蔵庫があるかもしれない。自宅には台所があるはずだ。私たちがグーグルで学んだことのいくつかが、きっと役に立つだろう。

私たちは3種類の介入を実験した。*8 食べ物について好ましい選択を促すような情報を提供する、選択肢を健康的なものに絞る、そしてナッジだ。3つのうちナッジが最も効果的だった。

まず、ショッキングな警告表示が砂糖入り飲料の消費を減らすかどうかという実験は、カナダのウォータールー大学のデイヴィッド・ハモンド教授の研究にヒントを得た。カナダでは2000年12月以降、タバコのパッケージに健康被害に関する警告の表示が義務付

カナダのタバコのパッケージの警告表示
Courtesy of Prof. David Hammond, PhD, University of Waterloo

けられている。ラベル面にイラストや写真を添えて、喫煙のリスクを太字で示さなければならない。ハモンドは喫煙者432人を対象に、ラベルの表示が喫煙習慣に及ぼす影響を3カ月にわたって調査した。その結果、ラベルを見て不安（44％）や嫌悪（58％）を感じた人は感じなかった人に比べて、タバコの量が減る傾向が強く、いずれ禁煙する可能性が高かった。

そこで、似たような手法で砂糖入り飲料の消費を減らせるのではないかと考えた。炭酸飲料とタバコを一緒に論じるのは無理があるだろうが。

私たちはあるオフィスのマイクロキッチンにポスターを掲示して、前後2週間の飲み物の消費量を比較した。しかし、あまり大きな影響はなかった。ひとつ

＊8　私たちの実験は完ぺきではない。食べ物を無料で提供すると、少なくとも目新しさが消えるまでは、過剰な消費を招きがちだ。いつでも手軽に食べ物が手に入ることも、過剰な消費につながる。さらに、グーグルの社員のデモグラフィは、アメリカやサンフランシスコの典型というわけでもない。それでも、論文審査がある学術誌に掲載される研究と同じようなレベルの厳格さと統計的正当性の検証を行っている。

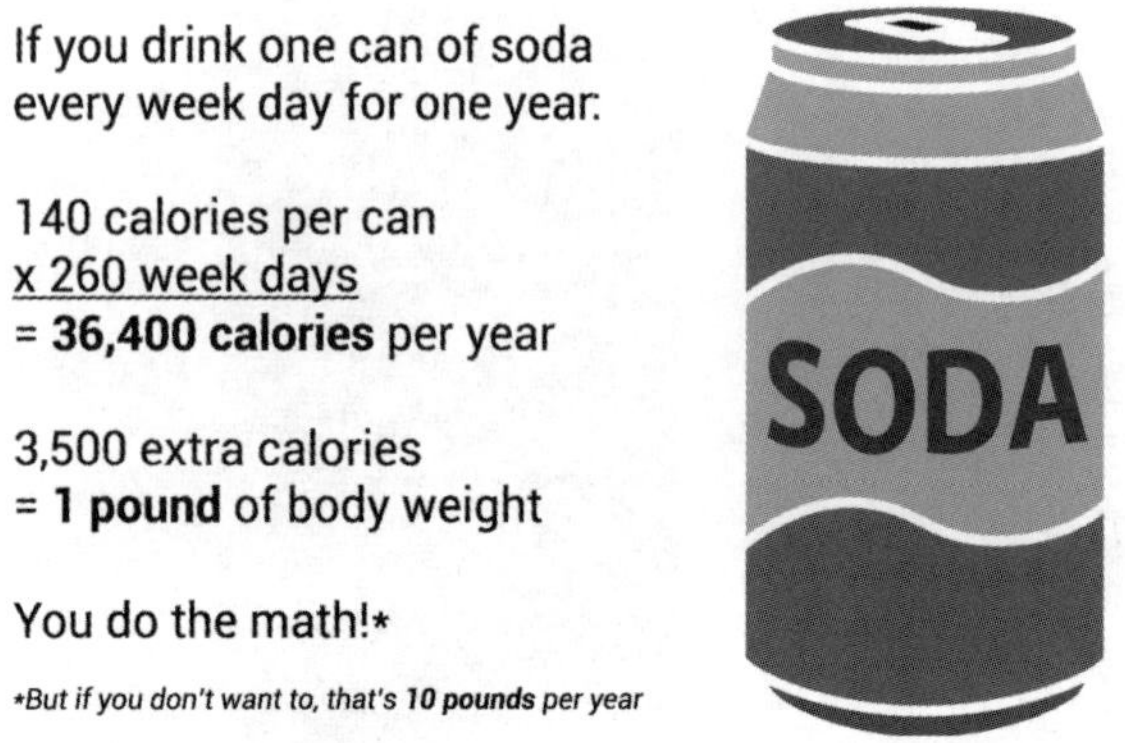
If you drink one can of soda
every week day for one year:
140 calories per can
x 260 week days
= 36,400 calories per year
3,500 extra calories
= 1 pound of body weight
You do the math!*
*But if you don't want to, that's 10 pounds per year
SODA

1年間、毎週1缶、炭酸飲料を飲みつづけたら…。
1缶140キロカロリー×260日（平日）＝年間3万6400キロカロリー
3500キロカロリー＝体重1ポンド（0.45キロ）
計算してみよう！＊
＊自分で計算したくない人のために：1年間で10ポンド（4.5キロ）になる

炭酸飲料の実験で使った「ショック広告」の例　© Google, Inc.

には、ポスターの衝撃度が足りなかったのだろう。炭酸飲料のブランド力が、体重が1年間で4・5キログラム増えるというショックを上回ったのかもしれない。喫煙よりリスクが低いことも一因だろう。

カフェテリアでは食べ物を色分けする実験も行った。健康に悪い食べ物には赤いラベル、健康にいい食べ物には緑のラベルを貼った。色分け自体は社員に好評だったが、消費量が目に見えて変化するまでには至らなかった。この結果は、カーネギーメロン大学のジュリー・ダウンズ准研究教授と、グーグルのピープル・アナリティクス（人材分析）チームのジェシカ・ウィズダムの共同研究と一致する。ウィズダムたちはマンハッタンとブルックリンのマクドナルド2店舗でメニューにカロリー情報を表示し、消費量に差が出るかどうかを実験した。その結果、客の購買行動はまったく変わらなかった。マイティ・ウィング〔訳注：アメリカで期間限定で発売された骨付きフライドチキン〕は10ピースで960キロカロリーと、フライドポテトのLサイズ2個とほぼ同じだという表示を見ても、何も変わらなかった。

情報の提示だけでは不十分なら、選択肢を減らして、健康的なものしか選べなくしたらどうだろうか。この種類のアプローチは、ナッジを批判する人々が最も恐れるものだろう。選択肢を減らすことは民主主義的な衝動に逆行するが、グーグラーをより健康にすることに情熱を燃やしているスタッフに応えたい気持ちもあった。

しかし、これもあまり効果はなかった。

社内の2カ所のカフェテリアで1カ月間「ミートレス・マンデー」を実施して、毎週月曜日は肉料理を出さなかった。片方のカフェは利用者が減った。主な理由は、用意された選択肢が気に入らなかったからだ。それ以上に大きな反応もあったが、詳しくは次の章で説明する。

6カ所のマイクロキッチンで選択肢の内容について質問したところ、回答した社員の58％が、これまでの選択肢に追加される場合にかぎって、健康的なメニューを支持した。より健康的な食事はしたいが、選択の自由を犠牲にするつもりはないというわけだ。

選択肢と情報が増えることを喜んでいるのに、行動は変わらない。そこでナッジの出番だ。選択を制限することなく、環境の構造を微妙に変えるのだ。

このアプローチは、ハーバード大学の経済学教授デイヴィッド・レイブソンの論文「消費のキュー理論」にヒントを得た。レイブソンは、環境のちょっとしたきっかけ（キュー）が消費に与える影響を数学的に証明した。私たちが食事をするのはお腹が空くからだが、それ以外にも、ランチタイムになったから、まわりの人が食べているから、食べるときもある。それなら食べようと思うきっかけを除けばいいのではないか。

今回は甘いものを撤去するのではなく、オープンカウンターの目につくところに健康的なスナック菓子を置き、より取りやすくした。甘くて誘惑的なスナック菓子は、不透明な容器に入れて棚の下のほうに置いた。

実験はコロラド州ボールダーのオフィスで実施した。まず、マイクロキッチンのスナック菓子の消費量を2週間、計測してから、甘いものを不透明な容器に移した。容器にはラベルを貼ったが、色鮮やかな包み紙は外から見えない。グーグラーも人の子。果物よりキャンディが好きだ。しかし、キャンディをちょっと見えにくくして、手が届きにくくしただけで、驚くような変化が起きた。

私たちは実験結果に圧倒された。甘いスナック菓子から消費した総カロリー量は30％、消費した脂肪分は40％、それぞれ減少したのだ。人々は目につきやすかったグラノーラバーやチップス、果物をより多く選んだ。この結果に鼓舞されて、2000人以上が働く

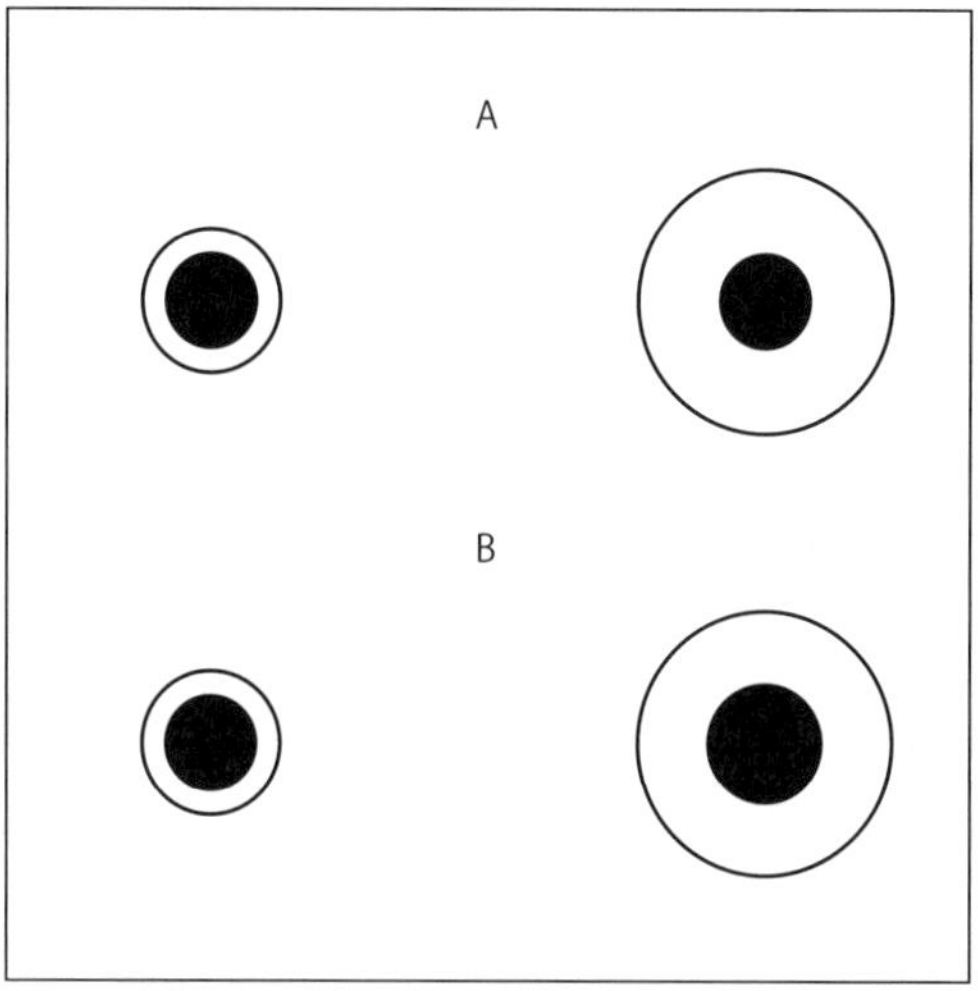

デルブーフ錯視

ニューヨークのオフィスでも同じ実験をした。ドライフルーツやナッツなど健康的なスナック菓子はガラスの容器に入れ、甘いものは色つきの容器に入れて外から見えなくした。7週間後、ニューヨークの社員が食べたカロリーは3100000（310万だ！）キロカロリー減った。累計401キロの贅肉を回避したことになる。

続いてカフェテリアでも実験をした。コーネル大学のブライアン・ワンシンクとジョージア工科大学のコート・ファン・イテルサムは、皿の大きさが食べ物の消費に大きな影響を与えることを一連の実験で実証している。彼らはベルギーの哲学者で数学者のジョセフ・デルブーフが考案したデルブーフ錯視を使い、皿と食べ物の関係を簡潔に説明している。

前ページの図でAの2つの黒い丸は同じ大きさだろうか。Bはどうか。Aは、左側のほうが大きく見えるが、実際は同じ大きさだ。Bは2つとも同じ大きさに見えるが、右側のほうが20％大きい。

ここで、白い丸が皿、黒い丸が皿の上の食べ物だとしよう。まさに論より証拠。自分がどのくらいの量を食べたかという判断や満腹感は、食べ物を出す皿の大きさが重要な要素となるのだ。皿が大きいほど、食べる量が増えて満腹感は薄くなる。

ワンシンクとイテルサムによる6つの実験のうち、健康増進合宿で行った実験の被験者は体重過多のティーンエイジャーだった。彼らにはあらかじめ、朝食の盛り付けの量を調整して食べる量を観察することを説明した。

しかし、予備知識は関係なかった。小さなシリアルボウルを配られた人は、大きなボウルを配られた人より食べた量が16％少ないだけでなく、自分は大きいボウルの人より8％多く食べていると感じたのだ。前もって実験の目的と方法を知っていたにもかかわらず、食べる量が少ない人のほうが満足度は高かった。

ワンシンクが南イリノイ大学のミツル・シミズ教授とともに中国料理の食べ放題で行った実験は、被験者に小さい皿と大きい皿を選ばせた。小さい皿のグループと大きい皿のグループは、性別や推定年齢、推定BMI、料理を取りに行く回数を同じにした。その結果、大きい皿を選んだ人のほうが食べる量が多かったことは、予想がつくだろう。実際、52％

も多かった。しかし一方で、廃棄した食べ物の量も135％多かった。理由のひとつは、大きい皿ほど料理がたくさん載り、皿に残す量も多かったからだ。

この結果に興味をそそられて、グーグルでも似たような実験をしたくなった。最大の目標は社員の健康増進だが、社内のカフェテリアは事実上のビュッフェ方式なので、廃棄するゴミを減らしたいとも思った。

ただし、ワンシンクの実験のサンプルは、グーグル社員に比べて規模も内訳も大きく異なる。健康増進合宿は139人のティーンエイジャー、中国料理のバイキングは43人だったが、これらの実験結果がグーグル社員数千人にもあてはまるだろうか。

実験では、ある社内カフェテリアの皿を直径約31センチから約23センチに変更した。これまで見てきたとおり、選択肢を与えられずに変更を強制されると、グーグラーは不機嫌になる。ある社員は「これからはランチの最中に2回、席を立って並ばないと」と愚痴をこぼした。

そこで、再び選択肢を提供した。皿の大きさを選べるようにしたのだ。不満はなくなり、社員の21％が小さい皿を使うようになった。前進だ！

続けて情報を提示した。カフェテリアにポスターを貼り、テーブルにリーフレットを置いて、小さい皿で食べる人は大きい皿の人より食べたカロリーは少ないが、満足度はより高いという研究結果を紹介した。すると、小さい皿を選ぶ人は32％に増え、料理を2回取りに行かなければならないという不満はかなり減った。

そして、1週間で3500人にランチを提供したところ、食べた量の総計は5%、廃棄する量は18%それぞれ減った。新しい皿を用意するわずかなコストに対し、悪くないリターンだ。

意図のあるデザイン

ナッジは、チームや組織を改善する超強力なメカニズムになる。実験の条件にもうってつけで、少人数から試して微調整しやすい。2010年にイギリスのデイヴィッド・キャメロン首相は、内閣府に通称「ナッジ・ユニット」を設置した。たとえば、自動車税の滞納通知に、「税金を払わなければあなたの［本人の車のモデル名］を没収します」という太字の警告文と同車種の写真を同封すると、徴収率は30%向上した。さらに、罰金の通知を通常のメールではなく（携帯電話間の）テキストメッセージで送信すると、納付率は33%向上した。2011年には、屋根裏の断熱材工事に支給していた補助金を屋根裏掃除に変更し、掃除の後に断熱材を設置すれば清掃料金を割り引くという制度にした。利用者が負担するコストは高くなったが、補助金の申請率は3倍に増えた。

スプリングフィールド大学のブリトン・ブリュワーによると、医師からリハビリを指示された人の最大60%が、途中で脱落するか、正しいやり方を守らない。しかし、ベイエリアにある物理療法センターのフィジオフィットでは、リハビリを忠実に行う人の割合がずば抜けて多い。何が違うのだろう。実は、彼らは新しい患者に1通のメールを送信している――「フィジオフィット物理療法・アンド・ウェルネスはリマインダーを送信します。登録する方は本文に『Y』と書いて返信してください」。患者のもとには予約日時のほか、自宅で行うリハビリに関する通知が届く。簡単で、無料で、効果的な働きかけだ。

シカゴ大学のリチャード・セイラーは、イリノイ州が臓器移植のドナー登録の管理方法を改善した経緯について記事を執筆している。アメリカの大半の州は、2006年以前のイリノイ州と同じように、運転免許証の更新書類にドナーになる意思を確認するチェック欄をもうけている。アメリカで運転免許証を持つ人の約38%が、この欄に印をつけてドナー登録をする。しかし、イリノイ州は手続きをもう少し簡単にした。免許証の更新時に、係員が「臓器移植のドナーになる意思がありますか?」と直接、質問するのだ。その結果、ドナー登録は3年間で60%に達した。オーストリアではドナーに登録しない旨を自分から申告しなければならず、運転免許証の更新時の登録率は99・98%にのぼる。フランス、ハンガリー、ポーランド、ポルトガルでも同じ傾向が見られる。デイヴィッド・ヒュームが主張したように、「である」と「であるべき」は違うのだろう。そして、ささやかなナッジがあるだけで、私たちはあるべき姿になれるのかもしれない。

つまるところ、私たちは完全に理性的でもなければ、完全に一貫してもいない。あちらの方向へ、こちらの方向へと私たちを誘導する無数の小さなシグナルに影響を受けるが、ナッジに隠された本当の意図に気づかないことも多い。会社や組織は、職場やチーム、業務プロセスの構造について日々判断を下す。これらの判断のひとつひとつが、私たちを開放的にあるいは閉鎖的に、健康にあるいは不健康に、幸せにあるいは惨めにする。

所属する組織の大きさにかかわらず、環境をつくる際は熟慮したほうがいい。目的は社員に自分の人生をよりよくしようと思わせることだが、そのために彼らの選択肢を奪うのではなく、よい選択をしやすい環境をつくるのだ。

WORK RULES

健康と富と幸福に導くナッジ

□「である」と「であるべき」の違いを理解する。
□小さな実験を数多く行う。
□ナッジは強制ではない。

第13章

人生は最高のときばかりじゃない

人についてグーグルが犯した最大の間違いと、間違いを回避するためにできること

何年も前から、社外の懐疑的なエグゼクティブたちに、グーグルの話は出来すぎで信じがたいと言われてきた。社員にすべてを明かすことはあり得ない。誰かがライバル会社に情報を漏らしたらどうするのか。社員に経営に関する発言権を与えれば、最後は経営陣が望まないことをするだろう。社員のために何かをしても、まず感謝されない。コストがかかりすぎるだけだ――。

これらの反論にも一理ある。

どんなアイデアも、やりすぎれば愚かになる。今から約100年前に法律家のゼカリア・チャーフィー・ジュニアは、「あなたが腕を振り回す権利は、誰かの鼻があるところで終わる」と述べた。第1次世界大戦下のアメリカで言論の自由が制限されたことについて、チャーフィーは次のように指摘している。「2つの利益が相反する場合、ある状況でどちらの利益を犠牲にして、どちらを守るべきかを決める際は、2つのバランスを考えなければならない」。

グーグルのマネジメントについての最大の問題のひとつは——価値観によって動くあらゆる組織のマネジメントに通じる問題は——「鼻はどこから始まるか」という共通認識を持つことだ。明確な価値観を持つ組織こそ、この区別が重要になる。マッキンゼーのサイトは、基本的な価値観のひとつとして「異議を唱える義務」を掲げている。1950年代にマッキンゼーのマネジング・ディレクターを務めたマーヴィン・バウワーは会社の価値観を築き、半世紀以上にわたってクライアントに誠実に応えつづけるコンサルティングファームに育てた人物として知られている。同社は長年にわたり、バウアーが社内向けに著した『マッキンゼー概要（Perspective on Mckinsey）』を新米アソシエイツに配っていた。1999年に私が入社したときは配布をやめていたが、社内で古本を探しだした。そこには会社の初期の歴史と、マッキンゼーの倫理観の核となる信念が詳細に記されていた。すべてのアソシエイツには異議を唱える義務がある。その考えは間違っている、クライアントやマッキンゼーに害を与えると思ったときは、声をあげなければならないのだ。

入社から1年ほど経って、私はメディア業界のクライアントを担当した。クライアントはベンチャーキャピタル事業の立ち上げについて助言を求めていた。しかし、データを見れば一目瞭然だった。インテル・キャピタルなど数少ない有名な例を除いて、ベンチャーキャピタル事業に挑戦した会社の大半が失敗に終わっていたのだ。どの企業も専門知識や明確な目的に欠けるうえ、最も儲かるベンチャー投資が生まれる地域から物理的に距離があった。私は上司であるシニアマネジャーに、問題のあるアイデアだと言った。データを見せ、この類の試みが成功した例はないと説明し、シリコンバレーから何千キロも離れた都市で、エンジニアの知識や経験のない人が運営するベンチャーキャピタル事業がうまくいった例がないと指摘した。

シニアマネジャーは、クライアントは事業を立ち上げるかどうかではなく、立ち上げるプロセスについて助言を求めているのだから、その質問に答えることだけを考えろと言った。おそらく彼の言うとおりだろう。彼は、私が示したデータより説得力のある洞察をしていたのかもしれない。あるいは、私の主張と同じ内容をすでにクライアントと話し合って、却下されていたのかもしれない。

しかし、私は自分が間違っていたのだと感じた。異議を唱える義務ゆえに意見を言ったつもりだからこそ、一蹴されたことが悔しくてたまらなかった。マッキンゼーが会社の価値観を高らかに宣言するほど、私たち社員は、会社が信奉する価値観と会社を取り巻く価値観の乖離を痛感した。

ただし、マッキンゼーが好ましくない会社というわけではない。それどころか、並外れてすばらしい環境だ。クライアントを何よりも大切にする揺るぎない誠実さと、あらゆるレベルの社員が敬意と仲間意識を持つ文化を、私は今も懐かしく思う。最上級の会社であり、訓練の場だった。しかし、私があのシニアマネジャーとのやり取りを忘れられなかったのは、あれほど強固な価値観を掲げる環境では、ほんの些細な妥協にも、組織のなかにいる人間は違和感を覚えるからだ。

それはグーグルも同じだ。

私たちはグーグルのなかで価値観について議論する。頻繁に議論している。そして、日々新しい状況に直面するたびに、価値観を試される。私たちは社員に対し、ユーザーやパートナーに対し、そして社会に対して説明責任がある。あらゆる場面で適切な判断を下したいと思っているが、今や5万人を超える集団だ。誰かしら間違いをおかし、私たちリーダーも間違いをおかす。完ぺきとはほど遠い。

会社と、私が本書で提唱する経営スタイルが問われているのは、完ぺきになれるかどうかではない。自分たちの価値観に忠実でありつづけ、試練に直面しても適切な振る舞いを取れるかどうかだ。そして、さまざまな問題を克服して、すべてのグーグラーが会社の信念にこれまで以上に忠実でいられるかどうかだ。

透明性の代償

私はグーグルに入社してすぐに、経営陣が会社の価値観にどこまで忠実であるかを試される場面を目の当たりにした。私が初めて参加したTGIFでエリック・シュミットが壇上に立ち、背後のスクリーンに映し出された高さ3メートルの図面を指して言った。「これはグーグル・ミニの仕様書です」。グーグル・ミニは企業向けの検索ソリューションで、ソフトウェアがインストールされたハードウェアを購入して、プラグアンドプレイで簡単に社内ネットワークに接続すると、グーグルの検索技術をイントラネットの情報検索に利用できる。

講堂は数百人のグーグラーであふれていた。私を含む30人か40人のヌーグラーは、入社して最初の週末を迎えようとしていた。エリックの話は誰も想像していなかった方向に進んだ。

「これらの仕様書が社外に漏洩しました。リークした人物は特定され、解雇されています」。誰がどんな仕事をしているのか、すべての社員がお互いにわかっていれば、会社としてうまく機能すると信じています。エリックはそう続けた。だからこそ、世間に発表する前に多くの情報を社内で共有するのだ。だからこそ、エリックはあの日、仕様書を社員全員に見せたのだ。私たち全員が機密情報を守ると信じています――彼はそう宣言した。その信頼を裏切れば、翌日には会社にいないことは明らかだった。

すべての情報を社員と共有することはあり得ないという批判は、原則としては正しいが、実際はそうではない。グーグルでは毎年1件のペースで大がかりな情報漏洩が起きる。調査の結果、故意でも偶然でも、意図的でもそうでなくても、当事者は必ず解雇される。個人の名前は公表しないが、どのような情報が漏洩して、どのような結果になったかについては全社に知らせる。多くの人が多くの情報に触れている以上、間違いをおかす人が出ることは避けられない。しかし、私たちが享受する開放性に比べれば情報漏洩のコストは小さいのだから、そのリスクを受け入れる価値はあるだろう。

既得権を否定する

何かを与えられたのは自分がそれに値するからだという権利意識も、グーグルのマネジメント戦略が抱えるリスクのひとつだ。ある意味で、避けられないリスクでもある。人間は、生物学的にも心理学的にも新しい経験に慣れやすい。与えられたものにすぐ慣れて、感動や喜びの源というより、期待の基準になる。期待が膨らみつづけ、喜びが減りつづけるというスパイラルが生まれるのだ。このことは、私が好んで会社に新しいゲストを招く理由のひとつでもある。とくに子どものゲストは大歓迎だ。人はあきれるほど簡単に、毎日タダで食事ができることがいかに特別なのかを忘れてしまう。しかし、デザートがすべてタダだと聞いて目を輝かせる子どもたちを見てほしい。

永遠に大人にならない目を。

私はグーグルに入社してすぐ、カフェテリアの責任者になった。クエンティン・トッピングやマーク・レイシック、スコット・ジャンバスティアーニ、ブライアン・マッティンリー、ジェフ・フレバーグなど才能あふれるシェフと、福利厚生とカフェテリア部門のリーダーを兼任していたスー・ヴュートリッヒとの仕事は楽しい経験だった。

２０１０年には、ごく一部ではあるが醜悪なグーグラーにとって、カフェテリアは既得権になっていた。オフィスで食事をするだけでなく、食べ物を容器に詰めて持ち帰る社員も出てきた。ある日、私は昼食後に、４つの容器を自分の車のトランクに入れている社員を目撃した（気温の高いトランクに6時間も置いていた料理は、健康的な食事と言えるのだろうか）。別の社員は、金曜日の午後に水のボトルとグラノーラバーをバックパックに詰め込んでいた。土曜日にハイキングに行くから、友人たちの分も食べ物と飲み物を確保していたのだ。カフェテリアの皿を小さくしたことに憤慨した社員は、抗議のしるしにフォークを投げて返したと自ら語っていた。カフェテリアのシェフたちによると、出された料理をスタッフに投げるように返す社員もいた。

とどめを刺したのは、ミートレス・マンデーだった。

ミートレス・マンデーは、ジョンズ・ホプキンス大学ブルームバーグ公衆衛生大学院の「マンデー・プロジェクト」に呼応するかたちで始まった。このプロジェクトは健康増進と、生産に費やす資源が少ない食べ物を通じた環境保護を掲げ、月曜日は肉を食べない運動を推進している。グーグルでは2010年9月に、二十数カ所あるカフェテリアのうち2カ所で、月曜日に肉料理を出さない（魚料理は出す）という実験を行った。9月のカフェテリアの利用者数を8月と比較し、これら2カ所のカフェテリアと、通常どおりだった2カ所のカフェテリア、さらにはオンラインで社員に意見を聞いた。ベジタリアン生活は最高だと思う社員もいれば、喜んでいない社員もいた。

マウンテンビューの本社キャンパスで働く一部の社員は激しい議論を繰り広げ、抗議のバーベキューを敢行した。カフェテリアで選択肢が制限されたことと、特定の主義——肉を食べるのは不健康だ——を会社が押しつけることに怒りの声をあげたのだ。

抗議のバーベキューはまったく問題なかった。愉快で聡明な批判精神であり、気の利いた皮肉だった。ある「抗議者」はカフェテリアのシェフに、バーベキューの道具だけでなく肉も貸してくれないかと言った。さらに、本社キャンパスからハイウェイを挟んだ向かい側には、イネナウトバーガーをはじめさまざまなレストランがあり、自腹でランチを食べる気になれば肉だらけの選択肢がそろっていた。

実験を初めて1カ月後、社員にフィードバックを求めた。権利を奪われたという意識が強い一部の社員は、怒りが最高潮に達していた。私はTGIFで現状を伝えた。マイクロキッチンを略奪する社員、キッチンで熱心に働くスタッフが短気な社員から受ける扱い、フォークを投げる社員。そして、私はある匿名の意見を紹介した。

私の人生を指図するのはやめてほしい。これまでどおりの食事を提供しないなら、カフェテリアを全部閉鎖すればいい……こんなくだらないことを続けるなら、マイクロソフトかツイッターかフェイスブックに転職してやる。私たちをバカにしないところに行くさ。

会場は凍りついた。

一連の出来事を知らなかった大多数の社員は、愕然としていた。まもなくTGIFのアドレスやカフェテリアの運営担当チームに数百通のメールや感謝のメッセージが届き、私たちの取り組みを支持すると書かれていた。私たちの善意はわかるが、魔女狩りにならないようにという聡明な助言もあった。フォークを投げた本人も、本気ではなかったと弁解した。当たり前だ。

誰もクビにはならなかったが、狼藉や権利意識はなくなった。さらに多くのことが変わった。

グーグルのように、性善説に立って疑わしきは罰せずという原則に従う組織は、悪い行為の影響を受けやすい。私のスピーチは、仲間があのような悪態をついていたという驚きとあいまって、社内で起きていることを明らかにし、社員同士のナッジが広まるきっかけになった。一度に4つの容器に食べ物を詰めていると、同僚から「ずいぶんお腹が空いているんだね」と声をかけられる。金曜日にスナック菓子をバックパックに詰め込んでいれば、疑いの目を向けられた。*1

慣れがもたらす問題の対策がもうひとつある。福利厚生のプログラムを導入した当初の理由がなくなったら、変更を恐れないことだ。グーグルでは2005年から、ハイブリッドカーを購入した社員に5000ドルの補助金を支給していた。トヨタのプリウスが発売された直後で、まだ実験的な車とされていたが、環境に責任を持つ行為を奨励したいと考えたのだ。ハイブリッドカーはハイウェイの相乗り専用レーンを走行できたので、増えつづける社員が地域の交通渋滞に及ぼす影響を減らすことも期待した。当時、プリウスは同等の車より5000ドル高かった。

3年後の2008年10月に、この補助金を年末で打ち切ると発表した。ハイブリッドカーは主流になり、値段もほかの車と変わらなくなったので、今ではトヨタに補助金を払っているようなものだった。この補助金が、採用や離職率の低下に貢献しているという証拠もなかった。社員はかなり憤慨した。導入からわずか数年で、既得権だという感覚が広まっていたのだ。しかし、補助金を廃止したことによって、福利厚生や手当にはそれぞれ具体的な理由があり、その理由がなくなれば会社は制度を変えるのだということを、社員にあらためて確認できた。一方で、衝撃を和らげるために、401（k）の拠出金の会社負担分を増やすことも同時に発表した。

地元のディーラーによると、その年の12月はグーグル社員からのプリウスの注文が3倍

＊1　権利意識をめぐる問題は、グーグルやIT業界だけの内輪の話ではない。私が知っているシリコンバレーの住人は、ほとんどの人が思慮深くて思いやりがある。しかし、本当に嫌なやつも確かにいる。ウェイン・ロージングに車のフロントガラスを叩き割られるタイプの人だ。彼らはバレーの活気あふれるコミュニティと決して交わろうとしない。一方で、特にサンフランシスコではIT企業が急増して家賃が高騰しているうえ、社員に無料で食事や送迎バスを提供するせいで地元の店に客が寄りつかず、得意客も失ったという不満も出ている。あるスタートアップの創業者は、「私が君を嫌いな10の理由――サンフランシスコ編」と題したブログ投稿でIT業界に対する典型的なダメ出しを列挙し、くすぶっていた不満に火をつけた。ほめられた行為ではなかった。
この件では、グーグルもつねに正しい行動を取っているわけではないが、良き隣人であろうと努力している。ボランティア活動に取り組み、地元の学校や非営利団体を経済的に支援し、カフェテリアの食材はできるだけ地元の生産者から購入している。ここ数年で総額6000万ドルをベイエリアの非営利団体に寄付し、社員のボランティア活動は延べ数十万時間に及んでいる。
スポットライトが当たらない分野にも力を入れている。2013年からはサウスカロライナ州バークレー郡学校区（近くにグーグルのデータセンターがある）と提携して、コンピュータサイエンスと数学の教育助手の採用と配属を支援。1200人以上の学生がこれらの分野を知って、興味を持つように後押ししている。

に増えたそうだ。

「愚かな一貫性は、狭い心の化け物だ」

グーグルの業績管理の制度を変更するたびに、2つの真理が自ずと明らかになる。

①業績管理の制度を歓迎する人はいない。
②現在の制度に対する変更の提案を歓迎する人はいない。

以前は毎年12月に業績評価を実施していた。かなりの労力を要するプロセスだ。すべての社員が同僚とマネジャーからフィードバックを得て、マネジャーがグループに分かれて評価内容を検証し、最終的な評価がボーナスに反映される。

セールス部門は時期が気に入らなかった。12月は第4四半期の最終月で、契約をまとめるだけで手一杯だった。クリスマス休暇中に評価シートの記入で時間を取られたくないという社員もいた。当然だろう。

そもそも、年末に評価をする必要があるのだろうか。誰も喜ばないタイミングのようだし、グーグラーが否定したくなる「慣習」の気がある。そこで、年末の危機的状況から十分に時間をあけ、3月に変更しようと考えた。まずマネジメント部門で試験的に行ったところ、少々議論はあったが賛同を得た。人事部のチームも複数のクライアントと試して、やはり賛同を得た。

2007年6月21日木曜日、午後5時4分、私は数千人のマネジャーが登録しているメーリングリストで3月への変更を通知した。翌金曜日には全社の一斉メールで正式に発表することも記した。

返信メールは……軽く100通を超えた。

マネジャーにメールを送信する前に、経営陣のトップも含めて数十人に助言を求め、同意を得ていた。

しかし、ひと足先に変更を知らされた数千人は、明らかに賛成ではなかった。

午後6時までに、私は今夜中に話をする必要がある40人の名簿を、私の（とても優秀な）アシスタントに渡した。40人は、反対意見の内容と周囲に対する影響力をもとに選んだ。そしてひとりずつ電話をかけ、話を聞き、議論をして、相手が最も心配していることに答え、代替案の意見を求めた。彼らが変更に難色を示す理由はさまざまだった。厄介な大仕事を片づけてから、クリスマス休暇をゆっくり過ごしたい人。12月よりもっと忙しい時期があるという人。自分の仕事がいくら増えるとしても、評価をしてからボーナスの額を決めるという慣習を好む人もいた。

私はひたすら電話をかけ、メールに返信した。午後11時55分、ひときわ不機嫌なメールが届いた。差出人に言わせれば、私たちの提案はエンジニアが望むこととは正反対だという。日付が変わろうとしていたが、私は彼に電話をかけてもかまわないかと聞いた。

私たちは30分間、話し合った。

一晩をかけて、私は最初の提案が間違っていたことを理解した。経営陣をはじめ、さまざまな人から賛同を得ていた。しかし、間違っていたのだ。

翌金曜日、私はマネジャーたちにメールを送り、3月ではなく10月にしたいと伝えた。10月なら年末の忙しさに拍車をかけることもなく、ボーナスの査定前に詳細な評価をつけることができる。評価のプロセスが終わってからボーナスの査定が始まるまでに時間があるので、その間に業績の動向が極端に変わった場合、マネジャーに評価を調整する裁量権を与えた。

表面的には、強く主張する一部の社員が、会社全体の結果を変えたように見えるだろう。しかし実際は、社員が強く主張したからこそ、よりよい解決策にたどり着いたのだ。数千人に宣言した方針を変えることは容易ではなかったが、正しい行動だった。

この経験をとおして、社員の声に耳を傾けることがいかに大切かというだけでなく、決断を下す前に時間の余裕をもち、信頼できるルートで意見を聞くことの必要性を痛感した。その後、勤続年数の異なるエンジニアを集めてグループをつくった。エンジニア部門のさまざまな意見を代弁することができ、会社が決定を下した過程や理由を周囲にうまく説明できる人々を選んだ。グループの名前は「カナリア」。19世紀の炭鉱では、有毒ガス探知機の代わりにカナリアを坑道に連れていった。カナリアはメタンと二酸化炭素の濃度に敏感で、炭鉱労働者より先に息苦しくなってさえずりをやめる。カナリアが死んだら、人間も避難しろという合図だった。グーグルのカナリアも、エンジニアの反応を前もって警告する。社員向けのプログラムを構築する際に信頼できるパートナーであり、アドバイザーだ。

私が最も印象的だったのは、電話をかけたマネジャーたちが、私の行為を大いに尊重して理解してくれたことだ。ジョナサン・ローゼンバーグはかつて、「危機はインパクトをもたらす機会だ。すべての仕事をなげうって、全力で危機に立ち向かえ」と私に言った。評価時期の変更は、おそらく些細な危機だろう。しかし、私はすべてをなげうって、真夜中過ぎまで8時間、電話をかけつづけた。最終的に、変更に最も影響を受ける人々の意見をもとによりよい答えが見つかり、今後も助言と協力を求められる幅広い人脈を手に入れた。

変わり者を大切に

グーグルには、すべてのＴＧＩＦに出席するエンジニアが、ときどき顔ぶれは変わるが何人かいる。彼らは最前列に陣取り、とりたてて意味のない質問を延々とする。毎週だ。

毎週金曜日に同じ人々が立ち上がって質問をする姿に、入社したばかりの社員は目を丸くする。

勤続年数が長い社員は事情がわかっている。

金曜日の質問者のなかに、茶髪の華奢な男性社員がいた。穏やかな物腰で、物語を語るように質問をした。「ラリー、私は最近おもしろい話を耳にしました［5分間、話は脱線する］……そして不思議に思ったのです。いったいグーグルは［5分間、質問が続く］……」。奇抜な質問もあれば、予言的な質問もあった。2段階認証については、導入の数年前に質問していた。[*2]

10年後、彼は退職した。翌週のTGIFで、最前列の彼の席に別の社員が座っていた。

実は、彼はいちばん初期のグーグラーだった。私から彼の退職を聞いたエリック・シュミットは、創業からずっと一緒にいた変わり者がいなくなって、哀れむべきなのは自分たちだろうと言った。

そのとおりだ。

的を絞る——少ない矢に多くの木材を使う

グーグル・ライブラリーを覚えているだろうか。オンラインの仮想空間で自分のアバターをつくり、部屋や建物のなかでほかのアバターとチャットができた。グーグル・オーディオ・アドなら記憶にあるかもしれない。ラジオの広告枠を仲介するサービスだ。グーグル・アンサーズは、質問を投稿して、いちばん気に入った回答に賞金を贈呈することができた。

これらのプロダクトは2006~2009年に提供を終了した。グーグルは15年間で250以上のプロダクトやサービスを投入してきたが、その大半は私も名前さえ聞いたことがない。

制約のない自由はアイデアの洪水を引き起こす。グーグルには数百種類のプロダクトのほかに、「20%ルール」から生まれた数千種類のプロジェクトの記録を保存するデータベースがある。アイデア専用の掲示板があったときは延べ2万件以上が投稿され、議論されていた。社内ではさまざまな活動が進んでいたが、どれも人が足りないせいで思うようにいかないという感覚もあった。興味深いプロジェクトがあまりに多く、十分な投資ができずに、本当に価値のあるプロジェクトに発展させることができなかった。

2011年7月、研究・システムインフラ担当上級副社長のビル・コフランが、「より少

＊2 2段階認証では、パスワードのほかにもうひとつ本人認証の手続きを組み合わせてセキュリティを強化する。たとえば、ガソリンスタンドでクレジットカードを機械に通したあと、登録している郵便番号を入力する。Gメールで2段階認証を設定すると、ログイン時にパスワードと、携帯端末にその都度送信される認証コード（6桁の数字）を入力する。

ない数の矢に、より多くの木材を使う」〔訳注：ここではリソースの配分の的を絞るという意味〕と題した文章をブログに投稿し、グーグル・ラブズの閉鎖を発表した。グーグルのサイト内にあったグーグル・ラブズでは、ユーザーが試作品を試すことができた。

舞台裏ではさまざまなことが進行していた。ラリーは約200人のリーダーを集め、グーグルはあまりに多くのことを同時にやろうとしすぎて、本来できるはずの成果をあげているものがひとつもないと語った。そして、今後は毎年、大掃除をすると宣言した。需要が伸びないプロダクト（グーグル・ヘルス――自分の健康に関するデータを保存できる）や、ほかの会社がもっとうまくやっているもの（ノル――オンライン百科事典を目指した）、時代遅れになったもの（グーグル・デスクトップ――自分のパソコンのファイルやサイトを一括検索できるツールをダウンロードするサービス。大半のOSが独自のデスクトップと検索技術を搭載するようになった）が次々に終了した。

簡単なことではなかった。どのプロダクトやサービスにもファンや擁護者がいて、そのプロジェクトで働く人がいる。どれが生き残り、どれが消えるのかを「トップダウン」で決める新しい方針は、グーグルの価値観が変わったという意味なのかと思う人もいた。

しかし実際は、創業当初に気づいていた原則を再発見したのだ。すなわち、革新は創造性と実験によって葉を繁らすが、熟慮した剪定《せんてい》も必要だ。今や数万人の社員と数十億人のユーザーを擁するグーグルには、創造の機会が無限にある。そして、無限の創造に挑みたい人材が集まってくる。ただし、自由は絶対的なものではない。チームや組織の一員であるということは、ある程度は個人の自由をあきらめ、ひとりよりチームのほうが大きな成果を達成できる可能性を受け入れるということだ。

グーグルの検索エンジンを、たったひとりでつくりあげることができた人はいないだろう。最初からセルゲイとラリーが2人で取り組んできた。検索エンジンの運営方法についても激しい議論が交わされている。検索モデルは何回か変更しており、基本的に以前のモデル（創造的で献身的で優秀な人々が、何千時間も費やして築いたものだ）をよりよいモデルに置き換えている。

個人の自由と全体の方向性のバランスを取るカギは、透明性だ。自分の価値観から離れて危険な坂道に足を踏み出せと言われたら、その根拠を理解する必要がある。自分の振る舞いの中心に自分の価値観がある人ほど、説明がなければその足を踏み出せない。

組織としての決断の内容をひとつひとつ説明することと同じくらい重要なのが、より幅広い背景を説明することだ。2013年10月にある社員が、毎年さまざまなプロダクトやサービスを終了するのは、個人のアイデアをあまり尊重しなくなったからなのかと質問した。私は彼に、1000輪の花を咲かせ、すべてのアイデアを育てるためには振り子をかなり大きく揺らさなければならず、私たちのユーザーが享受すべき進歩を実現できなくなると説明した。グーグルのプロダクトの花壇は、すべての庭と同じように、折を見て慎重に剪定しなければならない。そうすることによって、より健全な企業になる。

ある政治的なデザート、もしくは「つねにすべての人を喜ばせることはできない」

グーグルの社内メーリングリストは、1つの話題につき1つのスレッドが立つ。とりわけ繊細な話題は「センチスレッド〔100件以上のレスポンスが連なること〕」まで伸びて、激しい議論が交わされる。初めて1000件を超えた「ミリスレッド(キロスレッドと呼ぶ人もいる)」は、1枚のパイから始まった。

2008年4月、社内のカフェテリアのランチメニューにこんなデザートが登場した。

フリー・チベット・ゴジチョコレート・クリームパイの
チョコレート・マカダミア・ココナツ・デーツ・クラスト添え
(マカダミア・クリーム、カカオパウダー、バニラビーンズ、アガベ、ココナツフレーク、ゴジベリー、ココナツバター、ストロベリー入りブルーアガベシロップ、マジュールデーツ、海水塩)

メニューが掲示されてから程なく、ひとりの社員がエリックにメールを送信した。「今日のメニューです。会社から納得できる回答か対応がなければ、抗議として会社を辞めます」。この社員はメールをいくつかの小規模なメーリングリストに転送し、あるエンジニアが全社のメーリングリストに再転送した。

レスポンスはメーリングリスト史上最短で100件に達し、初めて1000件を超えた。ある社員が数えたところ、この話題に関するメールは延べ1300通を超えた。

ここで少し解説しておこう。

ゴジベリーは別名ウルフベリー［訳注：クコの実］。原産地はヨーロッパ南東部と中国で、現在はカナダやアメリカなど各地で栽培されている。高さ1～3メートルの低木で、紫色の花を咲かせる。オレンジがかった赤い果実は直径1～2センチ。抗酸化物質を多く含み、つんと甘酸っぱい味がする。私は大好きとは言わないが、ほかの食材と混ぜれば悪くない。

その日、シェフはチベット産のゴジベリーでパイをつくることにした。グーグルではすべての食べ物が無料《フリー》だ。もちろん、パイも無料。チベット産のゴジベリー入りも無料だ。この「フリー・チベット・ゴジチョコレート・クリームパイ」という響きに、多くの社員が特別の思いを抱いた。

グーグルは世界各地で事業を展開しており、中国本土にもいくつかオフィスがある。本土に暮らす多くの中国人にとって、チベットは昔からずっと中国の一部だ。それ以外の多くの人にとって、チベットは独立国家だ。もちろん、私の立場からグーグルの外の世界について、10億人が同じ意見を持ち、10億人が別の意見を持っていると言うべきではないだろう。

とはいえ、エリックにメールを出した社員や彼と親しい数千人のように、デザートの名前でチベットは「解放《フリー》」されるべきだと示唆することに対して激しい反発を覚える社員がいた。「ロンドンのあるシェフ」が「フリー・ウェールズ・パイ」や「フリー・ノーザンアイルランド・クッキー」を出したら、欧米人は同じように気分を害するだろうと指摘する人もいた。「フリー・ケベック・メープルシロップ」や「テキサス・ポリガミー・ステーキ［訳注：ポリガミーは「一夫多妻」の意味］」「ウォー・オブ・ノーザン・アグレッション・ホットケーキ［訳注：南北戦争は北部による南部侵略戦争だという意味］」ならどうか。

これに対し、言論の自由にすぎないという反論にも数百人が賛同した。シェフは自分がつくるデザートに好きな名前をつけられるはずではないか。議論はやがて、グーグルに真の言論の自由はあるのかという話に発展し、社内のすべての人の信念と価値観に配慮しているのかという疑問も呈された。

これとは別に、シェフの処罰をめぐる議論もあった。上司は社員の最初の反応を意識して、3日間の自宅謹慎を命じた。しかし、処分の公平性に疑問を投げかける人も多く、シェフを処罰すれば社内の言論の自由を萎縮させるのではないかという議論も始まった。この程度のことで停職になるなら、安心して議論できるはずがない。グーグルはついに「ビッグ・カンパニー」となり、特定のことを口にしたり考えたりすることが禁止されるのだろうか。

一方で、これほどの騒ぎにあきれる社員も多かった。たかがパイの名前ではないか。本気なのか？

一連の議論は、言論の自由の限界を問いただすだけでなく、きわめて個人的で感情的な問題に直面したときに、私たちがどのように振る舞うかを浮き彫りにした。私が読んだ数百通のメールは、互いに事実にもとづく議論を交わしていた。しかし、誰かを説得して意見を変えさせた人も事実上いなかった。人々は議論に参加する段階で、チベットは中国の一部だ、あるいはそうではないと、それぞれ信じている。そして、最後まで信念を変えずに議論からフェードアウトした。言論の自由だと主張する人もいれば、恐ろしいほど無神経だと考える人もいるが、議論の最初から最後までそれぞれの意見は変わらなかった。やがて投稿の間隔があきはじめ、スレッドは尻すぼみで終了した。

問題は何も解決しなかった。

このように大規模な議論が騒々しいほどに盛り上がり、結論が出なくてもかまわないのは、透明性があって意見を恐れないという文化の一部だろう。すべての問題がデータで解決できるわけではない。理性的な人々が同じ事実を見ても、意見は分かれる。価値観が関係する場合はとくにそうだ。しかし、シェフの処罰が社内の言論を萎縮させるのではないかと考えた社員は、何かを感じたのだろう。社会の壮大な枠組みのなかで、デザートの名前は大した問題ではない。しかし、こんなに些細なことで処罰されるかもしれないと思った社員が、CEOに厳しい質問をぶつけられるだろうか。会社のミッションに忠実かと、ユーザーをつねにいちばんに考えているかと、経営陣に問いただせるだろうか。このような議論が出てくることは、苦い経験であると同時に、何かがよい方向に向かっている兆候なのだ。

実は、問題はひとつだけ解決していた。私はシェフの停職処分を再検討して撤回したのだ。彼は翌日、仕事に戻った。本人に悪気はなく、実害もなかった。彼の上司が過剰に反応したのも、数百通のメールを前にすれば無理はない。私はスレッドの最後の投稿として処分の撤回を発表し、私と経営陣の正しい判断に対して20通以上の感謝のメッセージが届いた。意義のある議論だった。激しい論争は、決して罪にならない。

ムーンショット──奇跡を呼ぶ

人間は複雑で、悩ましく、厄介な生き物だ。しかし、数値にできないこれらの資質が奇跡を起こすときもある。この章では、人間の最高の瞬間と最低の瞬間を決める情熱と狭量さをさらけ出してきたつもりだ。私は本書を通じて、グーグルで何がうまくいき、何がうまくいかなかったのか、正直に語ろうと努めてきた。うまくいった話に偏りがちなのは、そのほうがよりよいロードマップを描けると思うからだ。

ミッションに忠実で、透明性を維持し、社員に力を与えるために熟慮した選択を重ねても、あらゆる段階で緊張と失望と失敗がつきまとう。少なくとも、私たちが追いかける理想と、みすぼらしい毎日の現実のあいだには隔たりがある。企業が100％透明であることは不可能だ。会社の細かい業務もすべて指図できるほど強い発言権を持つグーグラーは、ラリーとセルゲイも含めてひとりもいない。誰かがそれほど大きな権力を振るおうとすれば、人々はグーグルを去るという単純な理由かもしれないが。しかし、私が知っているさまざまな環境と違って、グーグルは私たち自身が理解している以上に野心的だ。そのため、毎四半期のOKRは70％を達成すれば優秀とされ、ラリーは「ムーンショット［困難だが壮大な挑戦］」を信じている。控えめな目標で成功するより、壮大な挑戦で失敗したほうが多くのことを達成できる。

本書で紹介してきた経験のひとつひとつが、グーグルを強くしてきた。私たちは価値観をつねに洗練させている。少なくとも自由について語るときは、掛け値なしの自由を語っている。

本書のアイデアを実践するチームや組織は、必ず途中でつまずくだろう。グーグルもときどきつまずいている。いきなり「ゴジベリーな瞬間」に直面して、人々が憤慨し、とんでもないことを言いだして、会社の寛大さにつけ込むかもしれない。完ぺきな人間はいない。しかも、厄介なトラブルメーカーは必ずいる。

そのような危機が、未来を決めるのだ。

なかには白旗を挙げる会社もあるだろう。些細なつまずきを口実に社員を信用できないと言いたて、会社のために働かせるようなルールと監視が必要だと主張する。「こんなに努力したのに結果はどうだ。社員は激怒して、カネと私の時間が無駄になった」と。

リーダーには、より毅然とした態度が求められる。不安や失敗に直面しても自分の原則に忠実でありつづけ、組織に対する攻撃の盾となる人が、その言葉と行動で組織の魂を形づくる。そのような組織に、人々は加わりたいと思うだろう。

WORK RULES

失敗に直面したとき

- □自分の間違いを認め、隠そうとしない。
- □あらゆる方向に助言を求める。
- □壊れたものは修理する。
- □間違いから教訓を学び、それを伝える。

第14章

あなたにも明日からできること

あなたのチームと職場を変える10のステップ

私のお気に入りのゲーム「プレーンスケープ トーメント」は1999年に発売されたロールプレイングゲームだ。主人公が遺体安置所で目が覚めると、すべての記憶を失っている。巨大な暗黒の世界を旅しながら（以下、ネタバレ注意！）、自分は前の人生でいいことも悪いこともしてきたのだと知るが、何回殺されても蘇り、そのたびにすべての記憶を失っていて、次に生きる人生を選べる。ゲームのカギを握る場面で、「人間の本質を変えることができるものは何か？」と問われる。その答えがゲームの展開を決める。[*1]

私がこの本を書いたのは、良くも悪くも、グーグルが大きな注目を集めているからだ。2007年に当時グーグルの慈善活動部門「グーグル・オルグ」のディレクターを務めていた医師のラリー・ブリリアントと話をしたときのことだ。彼は1970年代にWHO（世界保健機関）の一員として、インドで天然痘根絶に貢献した経験もある。会話のなかで、彼はビル・ゲイツの発言を繰り返し引き合いに出した。私のあやしい記憶をたどると、だいたい次のような話だった。「ビル&メリンダ・ゲイツ財団はマラリア対策に1億ドルを出しても話題にならない。グーグルはインフルエンザの流行を予測するサービスを発表し、世界中のメディアに取り上げられている。公平ではない」。理由は何であれ、世間はグーグルがやることに対し、会社の規模に不釣り合いなほど大きな関心を抱く。

注目が大きければ、それだけの責任を伴う。失敗もこれまで以上に注目される。グーグルを経営しているのは間違いをおかしやすい普通の人間であり、ほかの誰もと同じ弱点を持っている。間違いがあれば、必死に謝って修正する。グーグルの洞察も話題になりやすく、何かを発見すれば、恐れ多いほどたくさんの人々と共有するようになった。

重要なのは、私たちの革新的ではない発言も、やはり注目を集めることだ。

私はグーグルで働きながら、そしてこの本を執筆しながら、グーグルが実行した基本的なアイデアの多くが画期的ではなかったことに気がついた。それでも注目に値するアイデアだ。

人は根本的に善意だと信じる人もいれば、そう思わない人もいるだろう。善意を信じるなら、起業家として、チームの一員として、リーダーとして、マネジャーやCEOとして、その信念に一致する行動を取るべきだ。

仕事は意義があって楽しいものであるべきだが、実際はかけ離れている。善意のリーダーが、根本的なところで人々の善意を信じていないからだ。組織は人を管理するために巨大な官僚制度を築きあげる。そのような管理体制は、人を信用していないと告白しているのと同じだ。あるいは、本質的に劣る人々は、何が最善かを知っている見識と知恵のある人々に管理され、導かれるほうがいいと示唆している。人の本質は悪であり、ルールと報奨と処罰で鍛えあげなければならない、と。

プロテスタントの神学者で牧師のジョナサン・エドワーズは、第1次大覚醒として知られる1730年代の宗教運動で中心的な役割を演じた。彼はその哲学を凝縮した有名な説教を残している。高校の文学の授業で初めて読んだとき、私は背筋が凍る思いがした。

生まれついたままの人は、神の御手によって地獄の穴の上にかざされている。燃えたぎる穴で焼かれるにふさわしく、すでに裁きは下されている……彼らの心のなかで抑え

＊1 ゾンビに出くわしたくはないだろう。

つけられていた炎が、燃え上がらんとのたうちまわっている……いかなる安らぎにも、その腕は届かない。

会衆を恐怖で震え上がらせることが、まさにエドワーズの狙いだった。その使命は達成された。

宗教的な意味合いはともかく（宗教的な内容だったから、私は授業中に発言する機会さえなかった）、エドワーズの説教の前提は、「生まれついたままの人」は悪であり、恐ろしい運命から逃れるためには何らかの介入が必要だという考え方である。

認知科学者のスティーヴン・ピンカーは著書『暴力の人類史』で、少なくとも暴力の発生率で見ると、世の中は平和になったと主張している。国家が誕生する前の狩猟採集社会では、暴力による他殺率は15％だったが、古代ローマの初期やイスラム王朝、イギリス帝国の時代に3％まで減った。20世紀に入り、ヨーロッパ諸国の殺人率はさらに1桁減った。こんにちでは暴力による他殺率はさらに減っている。「人間の本性はつねに、暴力性とそれに対抗する性質――自制、共感、公平性、理性――を包含してきた……暴力が減っているのは、歴史の流れが私たちの内なる善き天使を好むようになったからだ」。国家が拡大して合併するにつれ、部族間の争いや宗教的な対立のリスクが減った。人々は貿易を通じて関係を結び、戦争はますます不合理になった。「文学や可動性、教育、科学、歴史、ジャーナリズム、マスメディアを通じて人間の偏狭でちっぽけな世界を広げるコスモポリタニズムが……人は自分と違うという考え方を助長し、自分とは違う人々を含めた思いやりの輪を広げる」。

ピンカーが生きる世界は、エドワーズの世界とは大きく異なる。互いにつながり、互いに依存する世界だ。それにもかかわらず、マネジメントの慣習は、エドワーズやフレデリック・ウィンスロー・テイラーの考え方から抜け出せずにいる。エンジニアで経営学者だったテイラーは1912年に米議会で、知能が低くて自分の頭で考えることができない労働者を厳重に管理する必要があると述べた。

私は一片の迷いもなく断言できます。銑鉄管理の科学はとても高度だから、銑鉄を……取り扱う体力があり、銑鉄管理を仕事に選ぶほど鈍重で愚かな人間は、銑鉄管理の科学を理解することはまずできないのです。

あまりに多くの組織とマネジャーが、見識のある絶対的な命令がなければ、人は善悪の区別がつかないから健全な決断を下せず、革新的にもなれないというふりをして、マネジメントをしている。

問題は、人間の本質を変えるためにどのようなマネジメントが必要かということではなく、仕事の本質を変えるために何が必要かということだ。

冒頭で、組織の運営には2つの究極のモデルがあるという話をした。本書を支える柱は、自分がどのような組織を築くかは自分で選べるという信念だ。そのためのツールもいくつか紹介してきた。究極の「自由度の低い」組織は指揮統制型で、従業員は厳格に管理され、猛烈に働き、使い捨てにされる。究極の「自由度の高い」組織は解放された自由にもとづき、従業員は尊厳をもって扱われ、会社の発展について意見を言うことができる。

どちらのモデルも利益性の高い組織になりうるが、本書では、地球上で最も有能な人々は自由が主導する組織に参加したい、という前提で論じてきた。自由主導型の組織は、すべての社員のなかから最高の洞察と情熱を活用できるため、弾力性に富み、成功を持続できる。ザッポスのトニー・シェイやネットフリックスのリード・ヘイスティングス、SASインスティチュートのジム・グッドナイトなど多くの経営者に聞けば、社員に自由を与えることによって成功した経験を喜んで話してくれるだろう。彼らIT企業は毎年成長を続けている。本書の冒頭で紹介したウェグマンズも、景気の変動にもかかわらず成長しており、今も「最も働きたい会社」ランキングの常連だ。すばらしいのは、社員ときちんと向き合うことは目的を達成する手段であり、目的そのものでもあるということだ。

うれしいことに、グーグルが採用してきた原則は、あらゆる組織づくりの基礎となる。

本書では、ひとつひとつのテーマに集中して取り組みたい人のために、各章の終わりに

「WORK RULES」のリストを提示した。ここで、自由度の高い環境を手に入れたい人のために、あなたのチームや職場を変える10のステップを紹介しよう。

①仕事に意味をもたせる
②人を信用する
③自分より優秀な人だけを採用する
④発展的な対話とパフォーマンスのマネジメントを混同しない
⑤「2本のテール」に注目する
⑥カネを使うべきときは惜しみなく使う
⑦報酬は不公平に払う
⑧ナッジ——きっかけづくり
⑨高まる期待をマネジメントする
⑩楽しもう！（そして、①に戻って繰り返し）

①仕事に意味をもたせる

仕事は人生の少なくとも3分の1の時間を奪い、起きている時間の半分を費やす。仕事は目的を達成する手段以上のものになれるし、そうあるべきだ。非営利団体は昔から、仕事の意味を、人材を集めて駆り立てる手段として利用してきた。たとえば、難民を支援する非営利団体「アサイラム・アクセス」を創設したエミリー・アーノルド・フェルナンデスは、難民が仕事を見つけ、子どもを学校に通わせ、新しい国で人生を再建できるように支援するというビジョンを共有して、世界規模のグローバルなチームを築いている。

世の中には、給料のためだけに働くという環境があまりに多い。しかしアダム・グラントの研究が示すように、自分の仕事から恩恵を受ける人と少しつながるだけで、生産性が向上し、人々をより幸せにできる。誰もが自分の仕事に目的を求めているのだ。

日々の業務を超越して、自分がやっていることを忠実に反映するアイデアや価値観と、仕事の目的を結びつけよう。グーグルは世界の情報を整理し、世界中の人々がアクセスできて使えるようにする。わが社で働くすべての人は、どんなに小さな仕事をしていても、このミッションにかかわっている。グーグルのミッションは人々を会社に引き寄せ、働きつづけたいと思わせ、リスクを取って最大限のパフォーマンスをしようと駆り立てる。

鮭の燻製をスライスする仕事は、人の食を支える。配管工は生活の質を向上させ、清潔で健全な住環境を守る。工場の組み立てラインで働いている人は、誰かが使うものをつくり、何らかのかたちで人々を助けている。あらゆる仕事は、誰かにとって意味がある。そして、自分にとっても意味があるはずだ。マネジャーの仕事は、人々がその意味を見つける手助けをすることだ。

②人を信用する

人間は基本的に善だと信じるなら、信念にしたがって行動する。組織やチームの人々と正直に向き合い、情報を開示して、仕事の進め方について発言権を与える。

小さなことから始めよう。周囲に対してあまり信頼を示してこなかった人ほど、ほんの小さな振る舞いが大きな意味をもつ。不透明なマネジメントが続いていた会社では、投書箱の中身を経営陣が読んでいると社員が思うだけで、画期的な変化だと感じるだろう。あなたが決断を下した背景について、社員が質問できる雰囲気をつくる。小さな店を経営する人は、改善するために何を変えればいいか、ここが自分の店なら何を変えるか、折に触れて店員に聞いてもいい。

社員には、自分が経営する会社だと思って行動してほしいのだから。

それを可能にする唯一の方法は、自分の権限の一部を手放して、社員がその権限を担えるように成長する余裕を与えることだ。

やる前からやる気をくじかれそうな話かもしれないが、実はそれほどリスクは高くない。投書箱はいつでも撤去できる。社員からの提案を受けつけるのはやめると宣言して、何ならクビにすればいい。手放した権限を取り戻せるだろうかと不安なら、数カ月間の試験的な取り組みだと、あらかじめ説明する。うまくいけば続ける。うまくいかなければ続けない。実験的な試みでも社員は歓迎するだろう。

あなたがチームの一員なら、上司に訴えよう――私にチャンスをください。上司の目標を理解して、それを達成するために必要なことを考えるために手助けしてほしいと頼むのだ。小さな一歩が、チームとしての理念に通じる道を拓く。

③自分より優秀な人だけを採用する

組織は、人員の空きを最も優秀な人で埋めることより、空きを速やかに埋めることのほうが重要だといわんばかりの行動を取りがちだ。セールス部門の人々は、「まったく息がないよりは、息が臭いほうがましだ」と言いたがる。ノルマの70％をこなす平凡な社員が利益を計上するほうが、その地域に担当者がいないよりましというわけだ。

しかし、採用の質で妥協することは、間違いにほかならない。間違った採用は有毒だ。本人のパフォーマンスが損なわれるだけでなく、周囲のパフォーマンスとモラルと活力を堕落させる。人員不足でほかのメンバーの負担が短期的に増えるときは、嫌なヤツと働かざるをえなくて苦労したときのことを思い出そう。

採用はチームで担当し、客観的な採用基準を前もって決めて、決して妥協しない。新規採用者が前任者より優れているかどうか、ときどき確認する。

10人の新規採用者のうち9人が自分より優秀なら、採用はうまくいっている。うまくいっていなければ、もっと優秀な人材が見つかるまで採用しない。短期的には仕事のペースが落ちても、最後ははるかに強いチームになるだろう。

④発展的な対話とパフォーマンスのマネジメントを混同しない

ハーバード・ビジネススクールのクリス・アルギリスによれば、最も成功した人でさえ、学習能力に欠ける場合がある。最も優秀な人が学習できないのなら、残りの私たちに希望はない。自分の弱さを突きつけられるのは、うれしくないものだ。批判と結果を結びつけ、失敗に個人的にも経済的にも傷つけられたと感じるとき、人は学習と成長を受け入れることなく反論する。

つねに発展的な対話を心がけ、安心と生産性につなげていこう。私のかつての上司も、打ち合わせの最後に必ず発展的な対話で導いてくれた。「あなたがもっと成功するために、私はどんな手助けができるか」という心がけで向き合わなければ、相手の防衛本能が高まり、学習の回路が閉ざされる。

目標を達成する過程で発展的な対話を促すと、うまくいきやすい。目標が達成されつつあるかどうか、時間と空間を用意して話し合う。所定の期間が終わったら、設定した目標を達成したかどうか、業績を報奨とどのように結びつけるか、本人と直接、話をする。ただし、この段階では、過程ではなく結果についてのみ話し合う。目標に届かなかったか、到達したか、あるいは超えたか。その結果によって報奨や励まし方が変わる。

このような対話がうまくいけば、業績の評価をめぐって議論になっても戸惑わないだろう。以前から対話を重ねてきたから、社員はそれぞれの段階であなたの支援を感じている。どんな場合も、社員がどのように働いているのか、マネジャーは自分ひとりで正確に把握したつもりになってはいけない。発展のために、同僚にインプットを求めること。短い質問をしたり、メールでたずねたりするだけでもいい。業績評価は複数のマネジャーが合同で行い、公正さを確保する。

⑤「2本のテール」に注目する

あなたの会社やチームで最も優秀な人を、じっくり観察しよう。環境とスキルと根気の組み合わせに注目して、彼らが秀でている理由を探す。最も優秀で万能なアスリートだけでなく、最高のスペシャリストを見つけるのだ。最高のセールスパーソンより、ある程度の規模の新規顧客に最もうまく売り込める人だ。雨の夜にゴルフ練習場でコツコツとボールを打ちつづけられる人だ。必要な専門性をより具体的に特定できれば、スター社員を分析しやすくなり、彼らがほかの人より成功している理由が見えてくる。

最も優秀なプレイヤーを手本にチェックリストをつくって真似をするだけでなく、彼らに社内の教師もやらせる。スキルを学ぶ最善の方法は、他人に教えることだ。30分間の雑談でもかまわない。教えるためには、自分が何をどのようにやっているかを正確に理解しなければならず、その過程で教師自身の成長も促すことができる。社内の手本となる優秀な人があなたの同僚なら、間近で観察して、質問を浴びせ、あらゆる知識を吸収する機会を利用する。

一方で、最も業績が低い人にも思いやりを忘れてはならない。採用のプロセスが適切なら、悪戦苦闘している大半の人は、本人が無能だからではなく、間違った役割を与えられているせいだ。彼らの学習を支援して、新しい役割を見つける手助けをする。

それでもダメなら、ただちにお引き取り願おう。彼らを引きとめておくのは情けにならない。自分が最低のパフォーマーではない環境で働くほうが、彼らも幸せだ。

⑥カネを使うべきときは惜しみなく使う

グーグルが社員のためにやっていることの大半は、コストがかからない。業者が社内でサービスを提供することを許可して、地元のサンドイッチ店にランチの配達を交渉するだけだ。TGIFや外部から招待する講演は、会場とマイクを用意すればいい。とはいえ、その数はとてつもなく増殖しつづけている。社員はつねに、新しいサービスや興味深い議論と出会っている。

社員が最も困っているときこそ、人生最大の悲劇や喜びに遭遇したときこそ、会社はカネを惜しんではいけない。緊急の治療が必要なときや新しい家族が増えたときに、会社の寛大さは最も大きなインパクトを与えるだろう。最も人間的な瞬間に手を差し伸べることは、会社が社員ひとりひとりを気にかけていることを強調する。人生で最低の、あるいは最高の瞬間に出くわしても、自分より大きな組織が後ろにいてくれるとわかっていれば慰められる。

小規模な会社でも同じだ。私の父はエンジニアリング企業を興し、30年以上、経営に携わった。社員ひとりひとりを心から気にかけ、給料を払うだけでなく、温かい言葉をかけ、メンターとして支えた。社内のチームが発足から5年を過ぎると、個人的に面談をして会社の年金制度を説明し、勤続5年を過ぎると受給資格があることを伝えた。さらに、社員の積立貯金とは別に、社員個人のために会社が貯蓄をしていた。父の説明を聞いて喜びの声をあげる人もいれば、涙を流す人もいて、ひたすら感謝する人もいた。勤続5年を過ぎるまで説明しないのは、年金を理由に会社に残ってほしくないと思っていたからだ。モノづくりを愛し、チームを愛している彼らに、会社に残ってほしいと父は思っていた。寛大さが最も重要なときに寛大だったことが、たくさんのことを変えた。

⑦報酬は不公平に払う

会社の人事部がどんな説明をしようと、ほとんどの仕事のパフォーマンスはべき分布に従う。あなたのチームが創出する価値の90％以上は、最も優秀な10％の才能がもたらす。

最も優秀なメンバーの価値は、平均的なメンバーをはるかに上回る。1・5倍か、50倍か、いや、間違いなくもっと多い。その差を本人が感じられるようにするのだ。報酬で大きな差をつける財源がなければ、違うかたちで差をつける。

二番手のメンバーは自分の報酬に不満かもしれないが、その場合は誠実に向き合えばいい。報酬にそれだけの差がある理由や、状況を変えるために彼らは何ができるのかを説明する。

一方で、褒めるときは公の場で惜しみなく褒める。チームの業績を称え、重要な教訓を学んだ失敗にエールを送ろう。

⑧ナッジ——きっかけづくり

社員の残りの人生を確実に豊かにするために最も可能性が高い方法は、給与から天引きで蓄える割合を変えることだ。30年間の収入総額は同じ2人が、蓄えた資産に30倍の差があるとしたら、ほぼすべての要因は貯蓄の額だ。億万長者でもないかぎり、貯蓄は交換条件のように感じるだろう。ブランドものを買うか、ノーブランドにするか。3ドルのピーナツバター・カップケーキを買うか、デザート抜きにするか。車を買い替えるか、もう1年乗るか。大学を卒業して1年目、私は俳優とウエイターの仕事をしていた。地元に賞味期限ぎりぎりのパンとペストリーを売る「ホステス・スリフト・ショップ」という店があり、よく通っていた。おやつを（ほどほどに）買っても毎週、数ドル節約できた。ちなみに、グーグルの社員は天引きの積立額を３％ほど増やせば、退職時の年金積立額が26万2000ドル増える。

私の知り合いには、毎年夏にハンプトンズで借りる別荘の家賃が10万ドルでも、必要な出費だと思う人もいる。2008年に職を失った銀行家の友人たちは海岸の別荘に逃避した。

話が脱線しかけたが、要するに、人は貯蓄に回す金額収入に占める割合を変えたがらない。まずは、現在は収入の何％を貯めているのかを計算して、ほんの少し上乗せする。決して簡単なことではないが、やってみる価値がある。

あなた自身のためだ。

あなたのまわりの環境や人は、あなたにどのようなナッジを与えているだろうか。冷蔵庫のなかで最も不健康なスナック菓子は、あなたの目の高さにあるだろうか。同僚や友人にメールで伝えるのは、うれしい知らせか、それとも愚痴か。私たちはつねに周囲の環境からナッジを受け、周囲の人にナッジを伝えている。これを利用して、あなたとチームをより幸せに、生産的にしようではないか。

自分が望む振る舞いを促すように、空間の配置を変えることもナッジだ。社員同士で協力する必要があるのに、なかなかデスクを離れようとしない場合は、たとえばパーティションの壁を低くする。メッセージの伝え方も工夫しよう。地元でボランティア活動をしている人数など、うまくいっていることの情報を共有すれば、ほかの人の参加を促しやすくなる。ちょっとしたことで、以前と違う場所にいるかのように感じて驚くだろう。

⑨高まる期待をマネジメントする

つまずいて、一歩後退しなければならないときもある。「ゴジベリーな瞬間」に遭遇するかもしれない。本書のアイデアを参考に実験をする前に、周囲に実験の説明をすること。事情がわかっていれば、批判は支持に変わり、失敗しても好意的に解釈してもらえるだろう。

⑩楽しもう！（そして、①に戻って繰り返し）

ラリーとセルゲイは、自分たちが働きたいと思う場所をつくることから始めた。あなたにも同じことができる。まだ試用期間中の新卒社員でも、100万6人目の社員でも、周囲との関わり方を選び、職場のレイアウトを決め、あるいはリーダーとしてのあり方を考えることによって、あなた自身が職場をつくることができる。その過程で、最も有能な人材を引き寄せるような場所をつくる手助けができる。

これは1回やれば終わりではない。価値のある文化と環境を築くためには、つねに学習と刷新が必要だ。すべてを一度にやろうと思わなくていい。本書のアイデアを試し、実験から学んでプログラムを調整して、また試すのだ。

このアプローチの長所は、すばらしい環境は自己強化をすることだ。一連の努力が互いに支え合い、手を携えて、創造的で快活で勤勉で、生産性の高い組織を築く。

グーグルは、『フォーチュン』と調査機関グレート・プレイス・トゥ・ワークが世界や各地で発表する「最も働きたい会社」ランキングで30回以上、1位に選ばれている。女性やアフリカ系アメリカ人、退役軍人などを応援する企業としても、政府や民間団体から数百の賞を受けている。もちろん、「最も働きたい会社」はこれまでにもたくさんあり、これからもたくさん出てくるだろう。

グーグルが得意とするのは、大規模な事業展開と、20億人のユーザーに対しても10人のときと同じ思慮と信頼を提供することだ。人事部門のイノベーションを可能にしたのは、予見性の高い創業者たちと、文化の厳しい監視の目と、思慮深い学術研究と、創造的な企業や政府だ。そしてグーグラーたちが、人事のオペレーションに関する選択のあり方を形づくり、より創造的で公平な解決策を見つけるように促して、説明責任を問いつづけてきた。洞察力にあふれる献身的で創造的な同僚と人事部門のスタッフに囲まれている私は、いつも謙虚な気持ちにさせられ、彼らに追いつこうと奮闘している。

毎年、たくさんの人が私たちのキャンパスを訪れて質問する。「みんなどうしてこんなに幸せそうなんですか?」「グーグルの秘密は?」「私の組織をもっと革新的にするためには、どうすればいいでしょうか?」。
あなたはもう答えを知っている。

WORK RULES

①仕事に意味をもたせる。
②人を信用する。
③自分より優秀な人だけを採用する。
④発展的な対話とパフォーマンスのマネジメントを混同しない。
⑤「2本のテール」に注目する。
⑥カネを使うべきときは惜しみなく使う。
⑦報酬は不公平に払う。
⑧ナッジ——きっかけづくり。
⑨高まる期待をマネジメントする。
⑩楽しもう!(そして、①に戻って繰り返し)

人事オタクのためのあとがき

世界初のピープル・オペレーションズ・チームを築く

新しい人事部門の設計図

これほどさまざまなことをグーグルはどのようにして実現させてきたのか、興味をそそられた読者もいるだろう。グーグルが人をどのように扱うかという原点は創業者から生まれたが、野心的な目標を追いかけ、さらにその先を目指せるかどうかは、ピープル・オペレーションズ・チームにかかっている。

2006年まで人事部門は「ヒューマン・リソーシズ（HR）」と呼ばれており、私がグーグルから誘われたポストは「ヒューマン・リソーシズ担当副社長」だった。しかし、正式な採用通知が届いたとき、肩書きは「ピープル・オペレーションズ担当副社長」に変わっていた。今となってはあり得ない話だが、私は人生の大きな転機を前に、胸を躍らせてはいなかった。エグゼクティブはだいたい3回に1回の割合で失敗する。私は幼い家族を連れてニューヨークからカリフォルニアに移り、GE（ゼネラル・エレクトリック）で所属していた部門のCEOが「かわいらしい会社」と呼んだ組織に加わろうとしていた。ピープル・オペレーションズという奇妙な肩書きは、うまくいかずに次の仕事を探すときは相当苦労しそうだと思った。

私はグーグルのビジネス・オペレーションズ担当上級副社長だったショナ・ブラウン（マッキンゼーの元パートナーで、ローズ奨学生でもある）に電話をかけ、最初に言われていた肩書きに戻せないかと聞いた。いまだから言うが、彼女に理由は話さなかった。ショナは、グーグルでは従来のビジネス用語は評判がよくないのだと説明した。「HR（ヒューマン・リソーシズ）」は管理的で官僚的な響きだが、「オペレーションズ」はエンジニアにとって信用できる肩書きであり、実行力のある本物の能力をにおわせるらしい。そして、人事部門の肩書きとして重要なのは、「オペレーションズ」という言葉に数学が得意だというイメージもあることだ！

結局、「ピープル・オペレーションズ」の肩書きで入社するが、半年後に私が希望すれば「HR」に戻せるということで話がついた。

入社後、私は経営陣のトップ12人と順番に会って自己紹介をし、彼らの要望を確認した。第4章に登場したウルス・ヘルツルは当時の技術インフラ担当上級副社長で、グーグルが最初に採用した10人のひとりだ。彼は入社前にアニモルフィック・システムズというスタートアップを創業して売却していた。コンピュータサイエンスの教授から転身して、グーグルのデータセンターを設計し開発した人物だ。グーグルが何回もインターネットのバックアップを取っていることを考えれば偉業と呼べるだろう。

初めて会ったとき、ウルスは私と握手をし、私の履歴書を見て言った。「素敵な肩書きだね」。

私は肩書きを変えるのをやめた。

以来、私たちは4つの基本原則にのっとってピープル・オペレーションズを築いてきた。

①ニルバーナを追いかける
②データを使って未来を予測し、形づくる
③飽くなき向上
④型にとらわれないチームづくり

①ニルバーナを追いかける

読者のなかに人事部門のプロフェッショナルがいれば、私たちがグーグルでやっていることの大半は、ニルバーナ――手の届かない理想――のようだと思うかもしれない。しかし、きっかけはごく普通のことだった。私は入社の挨拶をするためにエリック・シュミットと初めて2人で会ったとき、キャリアの管理とシニアリーダーの成長を手助けする数種類のプログラムについて壮大なアイデアを披露した。しかし、私の戦略的なビジョンに、エリックはそれほど興味を示さなかった。もっと差し迫った問題を抱えていたのだ。

グーグルの社員は、2004年の約3000人から2005年の5700人と2倍近くに増えていた。その次の年もさらに倍増して、約1万7000人に膨れ上がる見込みだった。当時は毎週50人を新たに採用していたが、人材の質に関して妥協することなく、100人近いペースに増やす必要があった。グーグルにとって、人に関する最大の難題だった。

私は初歩的な間違いをおかしていた。エリックに仰々しいアイデアを検討してもらう前に、ピープル・オペレーションズとしてグーグルの最も重要な問題を解決しなければならなかったのだ。未来志向のクールな仕事をする機会を手にするためには、まず組織の信頼を勝ち取らなければならない。2010年に、私たちのアプローチを要約した図にこの概念を取り入れた。ピラミッド構造は、心理学者アブラハム・マズローが提唱した「欲求段階説」を参考にしている。マズローは人間の最も基本的な欲求をピラミッド構造で表し、

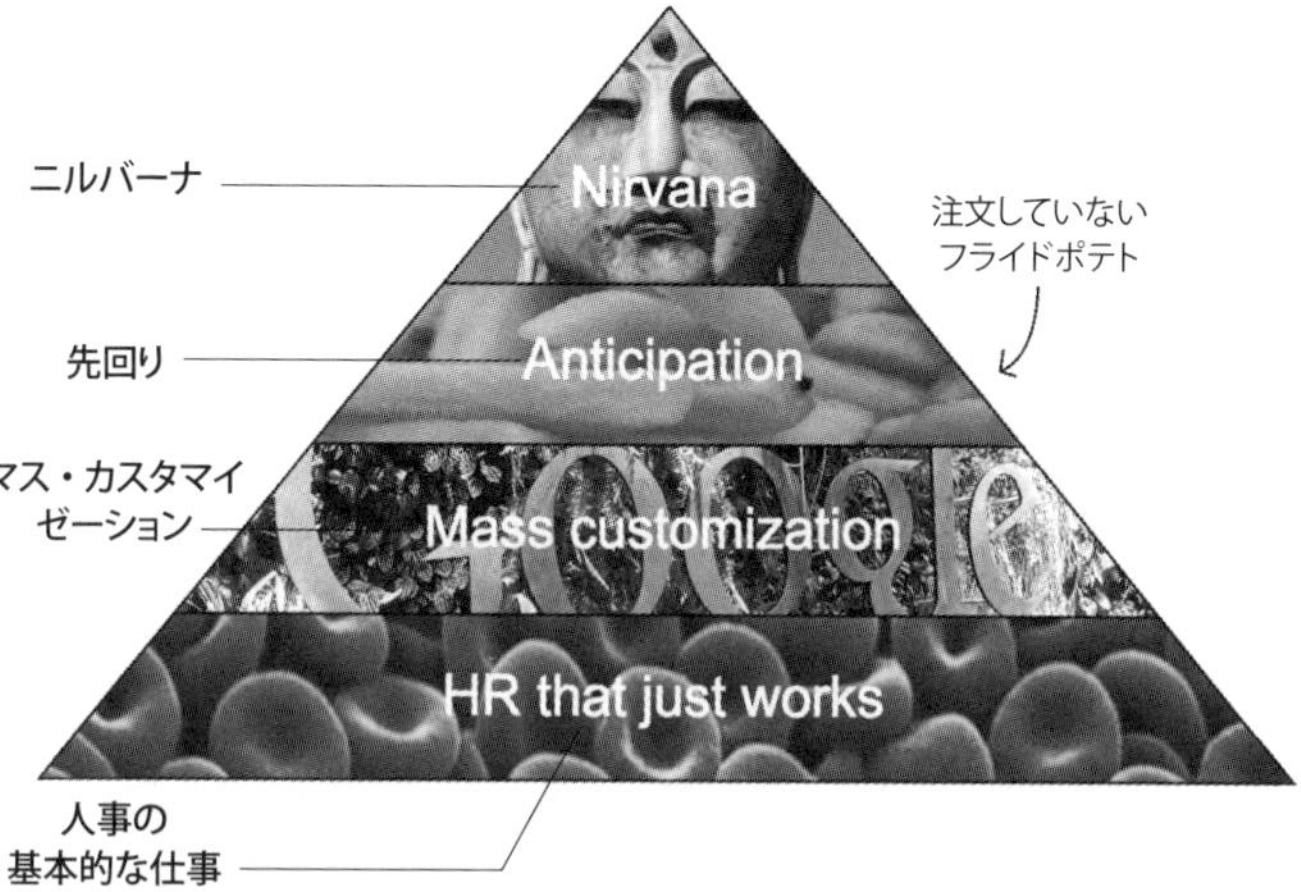

ラズロの階層構造 © Google, Inc. Image by Elizabeth Yepsen

下層の欲求が満たされると、1段階上の欲求からモチベーションが生まれると説明している。最下層は呼吸や食事、水などの生理的欲求で、安全、集団帰属、愛情などの欲求がその上に重なり、いちばん上に自己実現の欲求が来る。私たちのピラミッドを見て、チームのメンバーは「ラズロの階層構造」と呼ぶようになった。

このピラミッドを登り詰めて、人事のニルバーナを実現するのだ。そこは、すべてのグーグラーが成長しつづける（しかも、軽やかに成長しているように見える）至福の極楽だ。人事プログラムがひそかに働いて、すべてのポストに人材を配置し、学習する機会をつくり、社員がより生産的に、健康に、幸せになる手助けをする。

最下層の「人事の基本的な仕事」の背景には血球の写真（イラスト）を選んだ。人事プログラムは血管のように組織のいたるところに広がり、信頼できる機能を提供しつづける。基本的な仕事は、つねにミスなくこなさなければならない。採用者への連絡やボーナスの通知で間違いをせず、すべてのポストに予定どおり優秀な人材を配置して、円滑で公正な昇進プロセスを運営し、社員の懸念を迅速に解決する。人事のオペレーションで一貫した高品質を実現することによって、さらに多くのことができるようになる。あなたがどんな野心を抱いているとしても、すべてはここから始まるのだ。基本的な仕事がときどきおろそかになると、信頼と権威がもっと欲しいときに手が届かなくなる。

人事のなかでも報酬を管理するチームは、良くも悪くも、経営チームからつねに多大な注目を浴びていた。すべてを確実に機能させ、経営陣の期待の先を行くために、たとえばボーナスの計画立案など、ひとつのプロセスが終わるたびに結果報告の会議を開く。「違うやり方をするべきだったことは？　何を学んだか？　指示されたことのうち、無視していいものとそうでないものは？」など、さまざまな角度から検証する（経営陣からのアイデアは、すべてが理想的なわけではない。ある年長のリーダーは、職位を800段階に分けて、全社員を毎年4回、昇進させようと言いだした）。そして、次に同じプロセスを行う際は、報酬チームはまず経営チームのところに行く。「こちらが前回、合意した内容です。こちらが結果です。指示はありましたが、私たちがやらなくていいと判断した項目と、そう判断した理由はここです。では、始めましょう」。彼らは経営チームのために「閻魔帳」もつくり、社員の実力を引き出すコツをひとりひとり説明した。これがあれば、経営チームに新しいメンバーが加わっても、最年長のリーダーたちとすぐに連携できる（私の閻魔帳も確実に存在するはずだが、いまだに見せてもらえない）。

下から2番目のマス・カスタマイゼーションは、私たちの従来のアプローチとは大きく違った。スタン・デイヴィスが１９８７年の著書『Future Perfect（完ぺきな未来）』で提唱した概念で、大量生産に近い効率性を実現しつつ、顧客の個人的な欲求を満たす製品やサービスを提供することだ。私たちはまさにマス・カスタマイゼーションをやろうとしていた。象徴するイメージは森。木々の大きさや形はそれぞれ違うが、それ以上に全体の共通点がある。

人事プロセスは一貫した哲学に支えられているが、それぞれのプロセスは、社内の異なる場所からの要求をもとに細部を調整する。従来は、昇進の決定や、人事評価を社員に公開するかどうかなど、人事のプロセスはすべて同じ手順に従うべきだと考えられていた。ピープル・オペレーションズのアナリスト、ティファニー・ウーは自分のオフィスの壁にコンプライアンスのチェックリストを掲げ、上級副社長が規定どおり社員に人事評価を公表しているか、決められた昇給配分を守っているかなどを採点していた。しかし、会社の規模が大きくなるにつれて、グループやチームのあいだに明らかな違いが生じ、極端な同質性の押しつけは意味をなさなくなった。最も優秀なエンジニアが会社にもたらす影響は平均的なエンジニアの数百倍に及ぶかもしれないが、最も優秀な採用担当者と平均的な採用担当者の差はもっと小さい。この2つのグループに同じ報酬配分を義務づけるのは、合理的ではなかった。

エンジニア部門の昇進プロセスは、委員会で検証して別の委員会が実行する。納得できない社員は査問委員会に不服を申し立てることができ、その裁定も不満なら査問を査問する委員会に上訴する。このプロセスについて、ベンチャーキャピタルのクライナー・パーキンス・コーフィールド・アンド・バイヤーズのマネジング・ディレクターで、グーグルの取締役を務めるジョン・ドーアに説明すると、「私はエンジニアとしても、こんな複雑怪奇な仕組みを設計した人に感嘆する」と言われた。それでも機能しているのは、チェック・アンド・バランスの原理がプロセスの公正さを保証し、可能なかぎり透明性を維持しているからだ。透明性はエンジニアにとって重要な資質だ。一方で、セールス部門の一部のチームには、不服を申し立てる仕組みがない。リーダーいわく、「決定した内容を本人に伝えたら、それで確定だ」。このようなプロセスでも公平性が保たれるのは、ピープル・オペレーションズが全社で一定の評価基準を導入しているからだ。根底にある基準は同じで、社員が目にするプロセスが異なるだけだ。そして、ここでも透明性の精神にもとづき、それぞれの昇進プロセスの結果に関するデータと過去のデータを社内で共有している。

大半の企業の人事部門は、公平さを確保するメカニズムとして一貫性を強調しがちだ。

しかし19世紀の哲学者ラルフ・ワルド・エマーソンは、一貫性と愚かな一貫性の違いを強調している。たとえば、GEには規定のボーナスに加えて特別ボーナス（私の記憶が正しければ5000ドル程度）があり、ジェフ・イメルトCEOの承認を経て支給された。製造部門にとって、ボーナスは経営幹部がすべてを決めるものであり、とくに疑問は感じていなかっただろう。しかし、金融サービス部門のGEキャピタルでは業界の慣習を反映して、現場の判断で支給される特別ボーナスが頻繁にあった。GEキャピタルのマネジャーは全社共通の承認プロセスに不満を訴え、人事部門は狭量な官僚主義を押しつける悪者にされた。人事部門が実施するプログラムについては、ルールのもととなる原則が個々のケースにあてはまるかどうかをつねに確認して、これまでの慣習や方針を破棄するべき状況なら、大胆な判断も恐れてはいけない。

フライドポテトの写真に「先回り」と名づけた3番目の階層は、少々説明が必要だろう。名前の由来はNBCテレビのコメディドラマ『30ロック』。ロックフェラーセンターの30階にスタジオがあるテレビ局という設定で、バラエティ番組の舞台裏を描いている。あるエピソードでコメディアンのトレイシー・ジョーダン（本物のコメディアン、トレイシー・モーガンが演じた）が、スタッフがハンバーガーを持ってきたものの、自分が「注文していない」フライドポテトがないと激怒した。「おれが注文しなかったポテトはどこだ？　先回りをして気を利かせるのが当たり前だろう？」。

初めて見たときは、エゴの怪獣だと思った。

しかし、トレイシーの言うとおりだと気がついた。彼はわがままなモンスターではない。エグゼクティブだったのだ！

人は、自分が頼んだものをもらうと喜ぶ。頼むつもりがなかったことを相手が先回りして動いてくれると、かなり喜ぶ。相手が自分のことを、生産能力を搾取する対象の労働者としてではなく、人間として見ている証拠なのだ。

先回りとは、相手が必要としているものを、相手が頼もうと思う前に届けることだ。『30ロック』にちなんで、完ぺきな先回りを「フライドポテトの瞬間」と呼ぶことにしよう。

グーグルでは、子どもが生まれた社員が自宅に食事のデリバリーを頼めるように、500ドルの祝い金を支給している。生まれたばかりの子どもを自宅に連れ帰ってから最初の数日、数週間は、家族はくたくたになる。そんなときに料理はしたくない。もちろん、グーグルの給料ならピザを注文する余裕はあるだろうが、テイクアウトの食事用として500ドルをもらうのとは気分が違う。新しく親になった社員たちも喜んでいる。

皮肉なことに、私がエリックに最初のミーティングで提案しようとしたエグゼクティブの研修プログラムは、典型的な「フライドポテトの瞬間」だった。2007年に、エヴァン・ウィッテンバーグ（当時は学習チームのメンバーで、現在はオンラインデータストレージ企業、ボックスの人事担当上級副社長）とポール・ラッセル（学習チームの初期のリーダーで、現在は引退している)、カレン・メイ(当時はコンサルタントで、現在は人材育成担当副社長)が「アドバンスト・リーダーシップ・ラボ」を立ち上げた。この試みは社内で物議をかもした。当時のグーグルは職種単位――エンジニアリング、セールス、財務、法務など――で組織され、必要がないかぎりほかの部門との交流はなかった。リーダーたちは、それぞれの部門の中心人物を知っていて、必要なときに連絡を取ればよかった。したがって、ひとつの研修プログラムに異なる部門から人を集める必要性を感じず、重要な仕事を担当しているリーダーが3日間、現場を離れる必要性はもちろん理解できなかった。だが、2008年末に社員数は2万人に達していた。リーダーが全員、顔見知りになることはもはや不可能となり、アドバンスト・リーダーシップ・ラボで人間関係を築くことが不可欠だった。エヴァンとポール、カレンは、このプログラムの必要性を2年近く前に予測して準備を進めており、微調整する時間もあった。会社にとって不可欠なプログラムになったころには、受講した社員から、これまで経験したなかでもとりわけ重要で効率的な研修だと言われた。

ただし、頼まれていないポテトを差し出そうと思っている人は、感謝されないことを肝に銘じよう。問題を事前に回避しても、褒められることはめったにない。政治家が「私の政策がなければ、不景気はもっと深刻になっていたのです！」と主張しても、票につながらないのだ。しかし、あなたとあなたのチームはフライドポテトの存在に気づき、会社はよりよい経営スタイルを手に入れるだろう。そして人々がより幸せになる。

ピラミッドを登りきったら、そこは人事の「ニルバーナ」だ。グーグル社内を散歩しているうちに到達したかのように感じるだろう。密度の濃い採用面接で面接官の魅力に圧倒され、入社すると温かく歓迎され、有益な人々に支えられて数週間で生産的な戦力となり、自分の前に広がっている機会につねに驚かされる。子どものころに読んだ、ストーリーの展開を自分で選べる冒険物語のようだ。ページをめくるたびに選択肢が増える。そして、リーダーとしても起業家としても成長しながら、ピラミッドの頂上を目指す。これがグーグルの人事のニルバーナだ。その陰で、ピープル・オペレーションズがすべての経験を慎重に検証し、途中で誰もつまずかないように、道に転がっている石を片づけている。

②データを使って未来を予測し、形づくる

ピープル・オペレーションズの組織を構築して運営する基本はデータ処理だという事実に、衝撃を受ける人もいるだろう。最初はかなり小規模だった。それぞれ異なるグループ（人員配置、福利厚生、オペレーション）に所属する3人のアナリストに情報交換をするように声をかけ、アナリティクス・グループが発足した。彼らは互いの分野にほとんど関心がなく、最初は抵抗していた。しかしまもなく、オペレーション担当のアナリストがほかのメンバーにプログラムを立案する方法を教え、人員配置のアナリストが最先端の統計技術を教えるようになった。現在の分析手法の基礎を築いたのは彼らだ。

プラサド・セティの言葉を借りれば、私たちは説明から分析と洞察に進化し、予測に発展した。その例が人員の自然減だ。

大半の企業では、社員に関する基本的なデータを調べることは、とてつもなく難しい。退職は決まっているが、最後の出勤日を迎えていない人は誰か？　現在の社員数は？　彼らはどこに住んでいるのか？　このような質問に答えるのは至難の業だ。社員のデータは複数のコンピュータシステムに保存され、それぞれ異なる頻度で更新されていて、システムをまたいで連携することはほとんどない。給与支払いシステムは税金の手続きのために社員の現住所が必要だが、住んでいる場所と働いている場所が違う人もいる。たとえば、イギリス人の社員が2カ月間、ニューヨークに出張しているかもしれない。「現在の社員」という基本的な概念さえ、部署によって異なる。財務部門は週に1時間以上働く雇用関係にある人をすべて「現在の社員」として数えるかもしれないが、福利厚生部門は所定労働時間の半分以上働いている人だけを数え、福利厚生の対象にしようとする。一方で人員配置チームは、採用通知を受け取っているが、まだ正式に入社していない人も含めたいだろう。そのほうが採用計画の目標に近づいていることがわかりやすいからだ。

第1段階は（最初の一歩であり、大きな一歩でもある）、すべての人事データについて共通の定義を決めることだ。そのうえで初めて、会社の全体像を正確に描くことができる。分析と洞察では、データの要素をひとつずつ抽出して違いを特定する。たとえば、在籍時間が長くなるにつれて離職率が高くなるという分析があるとしよう。興味深い話だが、真理というわけではない。そこで、かなり似ている2つのグループを比較して、片方のグループだけで会社に引きとめる要因になりそうなものを突き止める。これが洞察だ。業績や報酬、社員のレベルが同じグループを比較した場合、セールス部門に新しく加わった人にとって、昇進が少ないことは離職率を上げる大きな要因となる。16四半期も昇進がなければ、かなりの確率で辞めるだろう。

この洞察をもとに、未来を予測する。同僚より昇進が遅い社員は、会社を辞める可能性が高いことがわかっている。さらに、より高度な分析から辞める確率がわかり、1年9カ月から2年目にかけてが最も高い。では、会社はどのような行動を取ればいいいか。

大半の会社は、昇進は祝福するが、選考に漏れた人のケアはほとんどしない。グーグルもほんの数年前まで同じだった。考えられないことだ。辞令が出たら腹を立てるであろう人をつかまえて、どのように成長していけるかを話し合うのは、1時間か2時間で済む。あなたが同じ状況になったら、そんなふうに向き合ってもらいたいだろう。社員が昇進のプロセスをよりオープンで誠実だと感じることにもつながり、手続きとしてもより公正だ。社員が辞めて、代わりの人材が決まるまで生産能力に空白が生じることに比べたら、はるかに好ましい。新たな人を採用して、会社のペースについていけるように育てるのにも時間がかかる。さらに、その社員にとってキャリアのなかでもとりわけ不安定な時期に、状況を理解できるように手助けして、やる気を失うような出来事を、意欲に火をつけるきっかけに変えるのだ。

このような仕組みを確立するには時間がかかるが、組織の規模にかかわらず、最初の一歩は簡単だ。小さなことから始めよう。組織心理学や心理学、社会学の専門家で、大学院を出たばかりの博士号取得者を1、2人雇う。あるいは、財務かオペレーション部門の社員に、このようなプログラムがもたらす違いを証明させる。統計に強くて、人事の問題に興味がある社員を選ぼう。

奇抜なアイデアも歓迎すること。イエスと言える理由を探せばいい。イノベーションの究極の源は、全社のグーグラーだ。グーグル精神は無数の意見やアイデアを生む。グーグラーは、自分が日々気になっていることを躊躇せず会社に伝える。事実婚のパートナーにも正式な配偶者と同じ福利厚生を認めることや、託児施設、瞑想のレッスンなど、今や不可欠なプログラムの多くはグーグラーのアイデアから始まった。

続いて、実験をする。会社の規模が大きいことの利点のひとつは、収集したデータを使ってさまざまな試みをする機会が多いことだ。社員が5万人いれば、実験のために200人のグループをつくるのも簡単だ。2000人のグループも可能だろう。私たちが業績評価のシステムを変更した際は（第7章を参照）、1回目は200～300人のグループ、2回目は5000人以上のグループで試してから、全社に導入した。たとえ5人や10人のグループでも、実験をしないよりはいい。実験では、ひとつのアイデアを同時に複数のグループに試さないこと。あるプログラムを全社で試験的に導入する際は、たとえば1カ月の実験であり、社内の反応を見て継続するかどうかを判断すると、あらかじめ周知する。アドビシステムズの最高人事責任者のドナ・モリスによる新しい業績評価制度の実験は、うまくいってもいかなくても、挑戦する姿勢を称えたい〔訳注：第7章を参照〕。

③飽くなき向上

社員ひとりをピープル・オペレーションズの担当者が何人で支えているかという数字で見ると、生産性は5年連続で年6％ずつ向上している。大きな数字ではないかもしれない。しかし社員ひとりあたりで計算すると、5年前に比べてコストを73％削減しながら、より高いサービスを提供しているのだ（全体の予算はもっと多いが、会社の規模を考えればかなり少ない）。2回以上、実施したほぼすべてのプログラムは効果などを測定しており、しだいに改善されている。

これらの実績をあげるうえで、私たちはアウトソーシングをせず、コンサルタントや外部業者の数も増やしていない。より多くのサービスやプログラムを社内で管理運営することには2つの利点がある。まず、コストを削減できる。採用やトレーニングなどの分野は特に安く済む。さらに、社内で管理することによって、膨大な量の有用な情報を収集できる。グーグルには採用担当者が候補者とのやり取りを記録する集中処理システムがあり、たとえば過去に入社を辞退した可能性のある候補者を確認しやすい。不正行為を働きそうな候補者のパターンもわかってきた。3つの名前でそれぞれ異なる履歴書を提出した人物は、面接まで進む確率を上げようと、ファーストネームとミドルネームを少しずつ変えていた。

「人事の基本的な仕事」の項でも説明したとおり、人事部門やチームを運営する際は、明確で客観的な一定の基準に従い、つねに改善しながら、会社のほかの部門と同じレベルの信頼性を実現すれば、会社から信頼と信用を得られるだろう。

④型にとらわれないチームづくり

率直に言おう。人事という仕事は、最上級の敬意を払われる対象ではない。2012年に私はスタンフォード大学ビジネススクールで、フランク・フリン教授と短期間の共同講義を担当した。ある学生が、「人が好きだから」卒業したらぜひ人事部門で働きたいと言った。話を聞いてみると、MBA課程の数百人の同級生のうち、人事系に就職したい人は彼女だけだった。私は冗談まじりに、このクラスの多様性を促進できたら合格だと言った。もちろん、人事部門の強力なリーダーやチームの事例はあるが、普通はクールな若者が働く場所ではない。子どもは消防士や医者や宇宙飛行士になりたいと憧れる。大人になったら人事の仕事をしたいという子どもはいない。

私が思うに、人事部門は多様な才能が集まっているとは言いきれない。最も優秀な人と仕事をしたがっている最も優秀な人から敬遠されるという悪循環に陥っている。いい人なのだが、ほかの部署では通用しない人を、人事部が引き受けるケースも意外に多い。人事のスペシャリストの大半は思慮深くて勤勉だが、あなたの会社の人事部にも、唯一の才能は仕事をそつなくこなすことで、大きな実績がほとんどなく、経営陣の目にとまることもないという人が必ずいるだろう。2004年（つまり、計算尺や電卓の時代ではない）に私もGEでそんな同僚がいた。彼女が集計表を作成していたとき、私はある社員の年俸を「10万ドル」から「10万6000ドル」に調整したほうがいいと助言した。彼女は集計表のセルに「100」と入力し、その下のセルに「106」と入力した。そして電卓を取り出すと、106を100で割り、表示された答えを見ながら集計表に「6％」と入力した。集計表の作成ソフトに計算機能がついているなどとは、思ってもみなかったのだ。社内全体だけでなく人事部門のなかでも、パフォーマンスの「2本のテール」を注意深く観察して、適切に管理する必要がある。

彼女のエピソードは、人事部門の経験がない人を人事部門のトップレベルに据える企業が増えている理由を物語る。小売り大手ターゲットのジョディー・コズラック最高人事責任者（CHRO）はロースクールで学んだ弁護士だ。最近UPS（ユナイテッド・パーセル・

サービス）のCHROを辞したアレン・ヒルも弁護士だ（2人とも私の友人であり、仕事ではすこぶる優秀だ）。マイクロソフトの人事部門を率いるリサ・ブランメルはプロダクト・マネジメントの経験が長く、eベイのベス・アクセルロードは元コンサルタント。ビッグデータ分析専門会社パランティールのマイケル・ロップはエンジニア出身だ。企業の経営陣はビジネス指向と分析的なスキルを好むが、人事の世界ではなかなか見つからない。

グーグルのピープル・オペレーションズは採用に「3分割ルール」を導入し、独自の人事組織を構築してきた。すなわち、採用する人のうち、典型的な人事畑の経験がある人は3分の1を超えないこと。人事のスペシャリストがもたらす専門知識は、かけがえのないものだ。さらに、彼らはパターンを見抜くことが得意で（たとえば、あるチームが不満を抱えているのは、新しいマネジャーが業績の低いグループを見事に立て直したことがおもしろくないのか、それとも新しいマネジャーが不愉快だからなのか）、組織のあらゆるレベルと強い関係を結ぶことができ、感情的知性がきわめて高い。

次の3分の1は、コンサルティング業界から採用する。一流の戦略コンサルティング会社がとくに好ましいが、人事コンサルティング会社は対象外だ。私が戦略コンサルタントを好むのは、ビジネスを深く理解していて、難しい問題への取り組み方と解決の道筋を見つける能力が高いからだ。人事のスペシャリストは現場で働いてきた人から選ぶので、その能力をコンサルタントにも求める必要はない。さらに、コンサルタントにはコミュニケーションの達人が多いが、とくに感情的知性が高い人を選ぶ必要がある。私は元コンサルタントとして断言する――コンサルティング会社の採用はＩＱ（知能指数）が最も重要で、ＥＱ（心の知能指数）はその次だ。彼らにとっては合理的な基準だが、ピープル・オペレーションズは、問題を解決できるだけでなく、社内のさまざまな人と協調的な人間関係を築ける人材を求めている。感情的知性が高い人は自分のことを理解している人が多く、したがってあまり傲慢ではない。そのような資質の人は新しい分野に溶け込みやすいだろう。

最後の３分の１は、分析力の高い人を採用する。組織心理学や物理学など、分析的な分野で修士以上の学位がある人だ。彼らは私たちの公正さを保ち、私たちの仕事を高度な研究レベルに保つ。さらに、プログラミング言語のＳＱＬやＲの基礎や、社員の面接から集めた質的データをプログラム化する方法など、従来の人事部門ではとうてい及ばなかった技術をチーム全体に教えてくれる。

コンサルタントとアナリストは膨大な業界知識の宝庫であり、ほかの企業や学術世界に広く顔がきいて、私たちの仕事の出発点を引き上げる。ある意味で、私たちはコンサルタントと契約する必要はない。すでに社内コンサルティング会社があるのだから。

もちろん、現場では３つのグループを混ぜ合わせる。経歴や知識に関係なく、すべての人にすべての機会があり、誰がどの仕事をやってもおかしくない。日々の生活が刺激に満ち、キャリアがさらに充実して、チームは強化され、よりよいプロダクトが生まれる。元コンサルタントのジュディ・ギルバートは採用チームと学習チームを率いた経験があり、現在はユーチューブとグーグルXのピープル・オペレーションズのリーダーを務める。財務部門を経て人事部門に来たジャネット・チョウは、M&Aチームと技術部門の人事オペレーションの責任者だ。元弁護士のナンシー・リーがピープル・オペレーションズに来て最初に担当したのはプロダクト・マネジメントで、スーザン・ウォジスキ、サラー・カマンガー、マリッサ・メイヤー、ジョナサン・ローゼンバーグとともに働いた。ジョナサンは現在、ダイバーシティと教育に関するピープル・オペレーションズの取り組みを指揮している。

3分割ルールの導入により、私たちの資質のポートフォリオが強化された。人事のプロは、人と組織のパターンを見抜いて影響を与えることについて教えてくれる。コンサルタントは、私たちのビジネスに関する理解を深め、問題解決のレベルを向上させる。分析を得意とする人々は、私たちがするあらゆることの質を高める。

これら3つの才能のコンビネーションがなければ、本書で紹介したことはほとんど成し遂げられなかった。人事部門では、人事の経験がある人だけを雇うのは間違っている。

ピープル・オペレーションズのメンバーに共通する特徴は、数えるほどしかない。ひとりひとりが才能あふれる問題解決の達人だ。自分の知性に対して謙虚で、自分が間違えるかもしれないという可能性を積極的に認め、つねにもっと学ぼうとする。ひとりひとりがとにかく誠実で、グーグラーと会社を心から気にかけている。

ピープル・オペレーションズは多様な集団だ。チーム全体で35以上の言語を操り、元プロアスリートやオリンピック選手、世界記録保持者、退役兵もいる。主要な国籍や宗教、性的指向を網羅し、身体能力のレベルもさまざまだ。自分で会社を興したことがある人、ティーチ・フォー・アメリカやカタリストなどの非営利団体で働いていた人、ほかのＩＴ企業や他業界で働いたことがある人、グーグル以外の会社で働いたことがない人。以前はエンジニアだった人もいれば、営業担当、財務、広報の出身者や、グーグルの法務部門から来た人もいる。よその会社の人事部門で働いていた人までいるのだ。複数の博士号を持つ人に、カレッジの学位がひとつもない人も。家族のなかで初めて大学に進んだという人も数十人いる。実にすばらしいチームだ。彼らと一緒にいると自分をちっぽけな存在に感じ、彼らと働ける特権をかみしめる。

ただし、始まりは一握りの人々だった。自ら高い品質水準を課し、３分割モデルを順守して、約９年をかけて特別な組織を築いてきた。あなたにもできる。まず自分たちのスキルのポートフォリオを徹底的に評価して、得意な分野と強化の余地がある分野を特定する。そのうえでチームを築くためにどのような人を採用するか、それはあなた次第だ。

ピープル・オペレーションズかHRか

ショナのブランディングの直感はすばらしかった。私たちがピープル・オペレーションズという名称を使いはじめると、人事部門の呼び方として業界で人気が高まった。今ではドロップボックスやフェイスブック、リンクトイン、スクエア、ジンガなど20社以上で使われている。

先日、私はほかのＩＴ企業のピープル・オペレーションズの責任者に会った。どうしてこの名称にしたのかと訊くと、彼は言った。「普通のＨＲですよ。いい響きの名前ですしね」。

その瞬間、私の心が泣いていた。

もちろん、誰でも好きな名前を使えばいい。ただし、名前の意味を知らない人々は、普通とは違う、少し優れた何かを築く機会を失っている。

ピープル・オペレーションズで働く私たちを結びつけるのは、仕事で惨めな思いをする必要はないという事実だ。仕事は気高く、精力的で、刺激に満ちたものになれる。その事実が私たちを駆り立てる。

私たちがすべての答えを知っているわけではない。知っているはずがない。答えよりはるかに多くの疑問を抱えているくらいだ。しかし私たちは、グーグラーに多くの洞察と、イノベーションと、注文していないフライドポテトをもたらし、彼らが仕事をどのように経験するかを支えたい。グーグルが多くの国やコミュニティで最も働きたい場所と認められていることを思うと、圧倒され、自分がちっぽけに思えてくる。グーグルから羽ばたいた人々が、グーグルで学んだことをもとに充実した職場を築いている光景は喜ばしい。ランディ・ナフリック（ウエアラブルデバイスで知られるジョウボーンCHRO）、マイケル・ディアンジェロ（ピンタレストの人事責任者）、レニー・アトウッド（ウーバーの人事責任者）、アーノン・ゲシューリー（テスラの人事担当副社長）。キャロライン・ホルンはベンチャーキャピタルのアンドリーセン・ホロウィッツでパートナーを務めている。

あるグーグラーが言った。「人材をめぐる秘密を公言したら、真似されるんじゃないですか？ 優位性が失われるんじゃないですか？」。

別にかまわない、と私は答えた。「採用のスキルが向上したからといって、採用する人数が増えるわけじゃない。自分たちの会社でより成功できるのはどの人か、より適切に見きわめられるということだ。どこでもうまくやれる人じゃなく、私たちの会社で最高のパフォーマンスを発揮できる人が欲しいんだ」。

ほかの会社も自分たちにふさわしい人を採用できるようになれば、そこで働く人たちにとって、仕事は目的を達成する手段ではなくなり、充足感や幸福をもたらす源になるかもしれない。1日が終わるときにみなぎるエネルギーを感じ、自分が成し遂げたことを誇りに思えるかもしれない。

それもまた、うれしいではないか。

謝辞

ラリー・ペイジとセルゲイ・ブリンの比類なきビジョンと野心とサポートがなければ、この本が日の目をみることはなかっただろう。彼らから学び、彼らとともに働けて光栄だ。グーグルの教訓の一部を公開することを、快く許してくれたことにも感謝している。エリック・シュミットとのミーティングでは毎回、貴重な教訓を学んでいる。廊下で5分間の立ち話が、リーダーシップ講座の上級クラスになる。ジョナサン・ローゼンバーグ、デイヴィッド・ドラモンド、ショナ・ブラウンのおかげで、私はグーグルのスピードに馴染むことができ、私とチームはかつてないほど高い水準を維持してきた。当時は不可能に思えたが、いま振り返ってみればグーグルに必要な水準だった。アラン・ユースタス、ビル・コフラン、ジェフ・ヒューバー、ウルス・ヘルツルとは、時間と洞察を惜しまずに議論をする。パトリック・ピシェットはブレインストーミングのすばらしいパートナーであり、社員の送迎について知恵を貸してくれる。スーザン・ウォジスキ、サラー・カマンガー、ステイシー・サリヴァン、マリッサ・メイヤー、オミッド・コーデスタニはグーグルをゼロから立ち上げ、企業文化を勝ち取ってきた。そして、コーチのビル・キャンベルとケント・ウォーカーの賢明な助言がなければ、私は進むべき道を見失っていただろう。

3人の酔狂なググラーが、本書のプロジェクトに個人的な時間を割く価値があると思ってくれた。アニー・ロビンソンの言語とリサーチに関する鋭い嗅覚と、キャスリン・デカスの分析の才能と、ジェン・リンのデザインと明晰さのセンスがなければ、あなたがこの本を手に取ることはなかっただろう。私と人事部門に対するハンナ・チャのあらゆるサポートは、それだけで1冊の本が書ける。彼女がいなければ私の仕事も生活も破綻しているだろう。アンナ・フレーザー、テッサ・ポンパ、クレイグ・ルーベンス、プラサド・セティ、スニル・チャンドラ、ベッキー・ブシッチ、キャリー・ファレル、マーク・エレンボーゲン、スコット・ルービン、エイミー・ランバート、アンディ・ヒントン、カイル・キーオ、レイチェル・ウエットストーン、マーヴィン・チョウ、マイルズ・ジョンソン、ミニ・クラヴェッツ、レズリー・ヘルナンデズ、クリス・ラヌッチリ、ロレイン・ツーヒルの支えと助言にも感謝を。

作家のケン・ダイクトウォルドに背中を押されて、世界最高のエージェントであるアマンダ・アーバンをつかまえることができた。ビンキー、あなたの支援とアイデアと励ましは唯一無二のものだ（私たちを引き合わせてくれたケン・オーレッタにも感謝を！）。

コートニー・ホデルからのメールは、私が何時間もかけて書いた原稿より読み応えがある。彼女はすこぶる優秀な編集者で、励ましの言葉にあふれている。この本を楽しく読んでもらえるなら、それは彼女のおかげだ。楽しく読んでもらえなければ、彼女の助言に耳を貸さなかった私のせいだ!

出版社トゥエルブのショーン・デズモンドとデブ・ファッター、それにリビー・バートンは、初めて本を執筆する私に賭けてくれた(賭けが実りますように!)。『ニューヨーカー』の明快な文章は、毎朝執筆前のウォーミングアップになった。誰もが読むべき——紙で読むべき——最高の雑誌だ。

初期の原稿を読まされるという苦行に付き合ってくれた友人たちに感謝を。クレイグ・ビダ、ジョエル・オーフレヒト、アダム・グラントからのフィードバックは、この本1冊分より多かった。ケイド・マッシーとエイミー・ウェズニスキーからも貴重な提案をもらった。

ガス・マッタマルは、絡み合った考えから首尾一貫した主張を導き出す手助けをしてくれ、毎日のようにブレインストーミングと推敲に付き合ってくれた。ジェイソン・コーリー、君と何年もディベートの原稿を書いた経験が役に立つ日が来るとは思いもしなかった! ジョン・バセンバーグとクレイグ、君たちの友情は最高だ。

両親のスーザン・ボチョスとポール・ボックはあらゆるリスクをおかして私たちに自由

を与えてくれた。私が成し遂げてきたすべてのことは、両親がルーマニアで勇気を振り絞った瞬間と、その後のたゆまぬ勤労と支えのおかげだ。スティーヴ、ずっとそばにいてくれてありがとう。私が君を必要とするときはいつも、私のそばにいてくれた。心からの愛を。

私たちは人生で2つの家族をもつ。自分が生まれた家族と、自分が選んだ家族だ。ゲッリ・アンが私を彼女の家族に選んでくれて、私は世界一の幸せ者だ。君と出会って以来、私の人生は毎日がその前日よりすばらしい。つまり、君が私のそばにいる日は毎日が、人生で最高の日なんだ。執筆のあいだ、君と娘たちは家族で過ごすはずの夜や週末を我慢してくれた。誰よりも君たちを愛している。次の週末が待ち遠しいね！

最後に、私が日々ともに働いているすばらしいグーグラーたちと、ピープル・オペレーションズの最高すぎるチームに感謝している。これまでも、これからもずっと、君たちと働き、君たちから学び、君たちと創造できることは光栄だ。君たちのようなチームは地球上に2つと存在しない。君たちと一緒にいられることは神様からの贈り物だ。

第13章
ワーク・ルールズ……失敗に直面したとき

□自分の間違いを認め、隠そうとしない。
□あらゆる方向に助言を求める。
□壊れたものは修理する。
□間違いから教訓を学び、それを伝える。

第14章
ワーク・ルールズ

①仕事に意味をもたせる。
②人を信用する。
③自分より優秀な人だけを採用する。
④発展的な対話とパフォーマンスのマネジメントを混同しない。
⑤「2本のテール」に注目する。
⑥カネを使うべきときは惜しみなく使う。
⑦報酬は不公平に払う。
⑧ナッジ——きっかけをつくる。
⑨高まる期待をマネジメントする。
⑩楽しもう！（そして、① に戻って繰り返し）

第9章

ワーク・ルールズ……学習する組織を築く

□「デリバレイト・プラクティス（熟考した練習）」――講義を消化しやすい量に分割して、明快なフィードバックを提供し、繰り返し学習する。

□社内で最も優秀な人を教師にする。

□トレーニングを受けた人の振る舞いを変えるようなプログラムに投資する。

第10章

ワーク・ルールズ……不公平な報酬

□社内の摩擦を恐れず、不公平な報酬を払う。パフォーマンスのべき分布を反映して、報酬の決め方に幅をもたせる。

□報酬の内容ではなく実績を称える。

□メンバーが愛を伝え合う環境をつくる。

□熟慮したうえでの失敗に報いる。

第11章

ワーク・ルールズ……効率性、コミュニティ、イノベーション

□社員の生活の負担を減らす。

□イエスと言う理由を見つける。

□人生で最悪の出来事はめったに起こらないが、起きたときは社員に寄り添う。

第12章

ワーク・ルールズ……健康と富と幸福に導くナッジ

□「である」と「であるべき」の違いを理解する。

□小さな実験を数多く行う。

□ナッジは強制ではない。

第5章

ワーク・ルールズ……新入社員を選ぶために

□求める人材の質の基準を高く設定する。

□自分自身で採用候補者を見つける。

□採用候補者を客観的に評価する。

□採用候補者に入社すべき理由を伝える。

第6章

ワーク・ルールズ……社員への権限委譲のために

□ステータスシンボルを廃止する。

□マネジャーの意見ではなく、データに基づいて意思決定を行なう。

□社員が自分の仕事や会社の指針を定める方法を見つける。

□期待は大きく。

第7章

ワーク・ルールズ……業績評価のために

□目標を正しく設定する。

□同僚のフィードバックを集める。

□キャリブレーションを活用して評価を完了させる。

□報酬についての話し合いと人材育成についての話し合いを分ける。

第8章

ワーク・ルールズ……2本のテールを管理するために

□困っている人に手を差し伸べる。

□最高の社員をじっくり観察する。

□調査やチェックリストを使って真実をあぶり出し、改善するよう社員をせっつく。

□自分のフィードバックを公表し、至らなかった点について改善するよう努力して範を垂れる。

WORK RULES

第1章
ワーク・ルールズ……創業者になるために

□自分を創業者と見なすことを選ぼう。
□さあ、創業者のように行動しよう。

第2章
ワーク・ルールズ……すばらしい文化を築くために

□自分の仕事は重要なミッションを持つ天職だと考えよう。
□社員に与える責任、自由、権威の程度を、安心して与えられるよりやや大きくしよう。あなたが不安を感じていないとすれば、十分に与えていないということだ。

第3章
ワーク・ルールズ……採用のために（ショートバージョン）

□資源が限られていることを考え、人事予算をまず第一に採用活動に投資する。
□時間をかけて最高の人材だけを雇う。何らかの点で自分より優れた人材だけを雇う。マネジャーに自チームのメンバーの採用を任せてはならない。

第4章
ワーク・ルールズ……卓越した採用候補者を見つけるために

□自分が求めるものを徹底して具体的に描くことによって、最高の人材を紹介してもらう。
□採用活動を全社員の仕事の一部にする。
□最高の人材の注意を引くには、突拍子もないことでも恐れずやってみる。

クレジット

Google Images & Tessa Pompa：59頁／Google & Burning Man：60頁／The Google Doodle team：61頁／Google Maps：66頁／Google Maps：66頁／Google Maps：67頁／Google Maps（maps.google.com/oceans）：67頁／Google Maps：68頁／Google Maps：69頁／Change.gov：77頁／Google：125頁／Google：125頁／Google：126頁／Google：158頁／Google：172頁／Google：175頁／Google：179頁／Google：182頁／Google Creative Lab：190頁／Photo courtesy of Brett Crosby：207頁／Inspired by Adam Wald：210頁／Google：225頁／Google：227頁／Google：255頁／Google：261頁／Google：267頁／Google：276頁／Google：278頁／Courtesy of Archives & Special Collections at the Thomas J.Dodd Research Center, University of Connecticut Libraries：289頁／Courtesy of Archives & Special Collections at the Thomas J.Dodd Research Center, University of Connecticut Libraries：289頁／Tessa Pompa：289頁／Google：291頁／Google：306頁／Google：307頁／Google：312頁／Google：315頁／Google：316頁／Google：334頁／Google：358頁／Google：359頁／Lycos：360頁／Mindspark / Excite：360頁／Google：360頁／Tessa Pompa & Diana Funk：382頁／Google：388頁／Craig Rubens & Tessa Pompa：389頁／Google：392頁／Google：414頁／Google：419頁／Photo Sphere image courtesy of Noam Ben-Haim：432頁／Courtesy of rAndom International：436頁／Photo by Hiroko Masuike, The New York Times,3/22/13：438頁／Google：453頁／Courtesy of Manu Cornet：456頁／Hachette/Publisher：459頁／Courtesy of Prof. David Hammond, Ph D, University of Waterloo：467頁／Google：468頁／Inspired by the Delboeuf illusion：471頁／Google：527頁

著者紹介

ラズロ・ボック　Laszlo Bock

グーグルのピープル・オペレーションズ（人事）担当上級副社長。人事部門のトップとして、世界70カ所以上のオフィスで働く5万人以上の「グーグラー」の採用、成長、モチベーションの維持に関するあらゆる分野を束ねる。

2006年の就任以来、グーグルはさまざまな場面で優れた企業として評価されている。アメリカ、アルゼンチン、オーストラリア、ブラジル、カナダ、フランス、インド、アイルランド、イタリア、日本、韓国、メキシコ、オランダ、ポーランド、ロシア、スイス、イギリスで「最も働きたい会社」1位。「最も多様性のある雇用主」1位。数多くの国で学部卒業生・MBA修了生・カレッジ卒業生が「最も就職したい会社」1位。テクノロジー業界の女性が「最も働きたい会社」1位。ヒューマン・ライツ・キャンペーンの企業平等指数で満点。ほかにもさまざまな栄誉に輝いている。

若いころからさまざまな仕事を経験しており、コンサルティング会社やスタートアップで働き、俳優としてテレビに出演し、問題を抱える若者を支援する非営利団体の立ち上げに加わった。米西海岸のリベラルアーツカレッジの名門ポモナ・カレッジの評議員や、ベンチャーキャピタルの出資を受けている企業数社の顧問や取締役も務める。ポモナ・カレッジで国際関係学の学士号、イェール大学経営大学院でMBAを取得。

マッキンゼー&カンパニーでは、IT業界やプライベート・エクイティ、メディア業界のクライアントに戦略やオペレーションなど幅広い問題解決を提供した。GEのキャピタル部門の報酬・福利厚生担当副社長を経て、グーグルに入社。

『ウォール・ストリート・ジャーナル』『ニューヨーク・タイムズ』『ワシントン・ポスト』のほか、報道番組の『PBSニュースアワー』と『トゥデイ』で特集されている。移民制度の改革や労働問題について米議会で証言したこともある。

2010年に『ヒューマン・リソース・エグゼクティブ』誌で、人事部門（HR）の年間最優秀エグゼクティブに選出された。2014年には同誌で、過去10年間に「HRに最も影響を与えた10人」に人事部門のエグゼクティブから唯一選ばれた。1671人のグーグラーとともに、ギリシャの民族舞踊シルタキで「世界一長い列」の記録を更新（短期間で破られたのだが）。2012年11月3日、XBoxのゲーム「アサシン・クリード3」で1日に最も多くの敵を殺した。コミックの蔵書はかなり多い。相当持っている。

【訳者紹介】

鬼澤忍（おにざわ　しのぶ）

翻訳家。埼玉大学大学院文化科学研究科修士課程修了。主な訳書にサンデル『これからの「正義」の話をしよう』、同『それをお金で買いますか』、マグレイス『競争優位の終焉』、ワイズマン『滅亡へのカウントダウン』、アセモグル&ロビンソン『国家はなぜ衰退するのか』、マエダ『シンプリシティの法則』ほか。

矢羽野薫（やはの　かおる）

会社勤務を経て翻訳家に。慶應義塾大学法学部卒。主な訳書にファング『ナンバーセンス』、シーゲル『ヤバい予測学』、スクラー『ディズニー 夢の王国をつくる』、ウッド『マイクロソフトでは出会えなかった天職』、パウシュ『最後の授業』、アッシュクロフト『人間はどこまで耐えられるのか』ほか。

ワーク・ルールズ！

君の生き方とリーダーシップを変える

2015年8月13日　第1刷発行

2021年6月1日　第8刷発行

著　者――ラズロ・ボック

訳　者――鬼澤忍／矢羽野薫

発行者――駒橋憲一

発行所――東洋経済新報社

〒103-8345　東京都中央区日本橋本石町 1-2-1

電話＝東洋経済コールセンター　03(6386)1040

https://toyokeizai.net/

ブックデザイン………トサカデザイン（戸倉 巖、小酒保子）

D T P………………アイランドコレクション

印刷・製本…………丸井工文社

編集担当……………佐藤朋保

Printed in Japan　ISBN 978-4-492-53365-9